Inovações em
Psicologia Clínica
O Programa Abrangente Neurodesenvolvimental – PAN

PSICOLOGIA, PSIQUIATRIA e PSICANÁLISE

Outros livros de interesse

- A Ciência e a Arte de Ler Artigos Científicos – **Braulio Luna Filho**
- A Medicina da Pessoa 5ª ed. – **Perestrello**
- A Natureza do Amor – **Donatella**
- A Neurologia que Todo Médico Deve Saber 2ª ed. – **Nitrini**
- Adoecer: As Interações do Doente com sua Doença 2ª ed. – **Quayle**
- Adolescência... Quantas Dúvidas! – **Fisberg e Medeiros**
- As Lembranças que não se Apagam – Wilson Luiz **Sanvito**
- Autismo Infantil: Novas Tendências e Perspectivas – **Assumpção Júnior**
- Chaves/Resumo das Obras Completas (Organização Editorial: National Clearinghouse for Mental Health Information) – **Jung**
- Coleção Psicologia do Esporte e do Exercício – Maria Regina Ferreira **Brandão** e Afonso Antonio **Machado**
  - Vol. 1 - Teoria e Prática
  - Vol. 2 - Aspectos Psicológicos do Rendimento Esportivo
  - Vol. 3 - Futebol, Psicologia e Produção do Conhecimento
  - Vol. 4 - O Treinador e a Psicologia do Esporte
  - Vol. 5 - O Voleibol e a Psicologia do Esporte
- Coluna: Ponto e Vírgula 7ª ed. – **Goldenberg**
- Criando Filhos Vitoriosos - Quando e como Promover a Resiliência – **Grunspun**
- Cuidados Paliativos – Diretrizes, Humanização e Alívio de Sintomas – **Franklin Santana**
- Cuidados Paliativos - Discutindo a Vida, a Morte e o Morrer – **Franklin Santana** Santos
- Cuidando de Crianças e Adolescentes sob o Olhar da Ética e da Bioética – **Constantino**
- Delirium – **Franklin Santana**
- Demências: Abordagem Multidisciplinar – Leonardo **Caixeta**
- Dependência de Drogas 2ª ed. – Sergio Dario **Seibel**
- Depressão e Cognição – Chei **Tung Teng**
- Depressão em Medicina Interna e em Outras Condições Médicas - Depressões Secundárias – **Figueiró e Bertuol**
- Dicionário Médico Ilustrado Inglês-Português – **Alves**
- Dilemas Modernos - Drogas – **Fernanda Moreira**
- Dinâmica de Grupo – **Domingues**
- Distúrbios Neuróticos da Criança 5ª ed. – **Grunspun**
- Doença de Alzheimer – **Forlenza**
- Dor – Manual para o Clínico – **Jacobsen Teixeira**
- Dor Crônica – Diagnóstico, Pesquisa e Tratamento – Ivan **Lemos**
- Dor e Saúde Mental – **Figueiró**
- Epidemiologia 2ª ed. – **Medronho**
- Esquizofrenia – **Bressan**
- Ginecologia Psicossomática – **Tedesco e Faisal**
- Guia de Consultório - Atendimento e Administração – **Carvalho Argolo**
- Guia para Família - Cuidando da Pessoa com Problemas – **Andreoli e Taub**
- Hipnose - Aspectos Atuais – **Moraes Passos**
- Hipnose na Prática Clínica 2a. Ed. – **Marlus**
- Hipnoterapia no Alcolismo, Obesidade e Tabagismo – **Marlus Vinícius** Costa Ferreira
- Introdução à Psicossomática – Maria Rosa **Spinelli**
- Introdução à Psiquiatria - Texto Especialmente Escrito para o Estudante das Ciências da Saúde – **Spoerri**
- Manual: Rotinas de Humanização em Medicina Intensiva 2ª ed – **AMIB** - **Raquel Pusch** de Souza
- Medicina um Olhar para o Futuro – **Protásio da Luz**
- Nem só de Ciência se Faz a Cura 2ª ed. – **Protásio da Luz**
- O Coração Sente, o Corpo Dói - Como Reconhecer, Tratar e Prevenir a Fibromialgia – **Evelin Goldenberg**
- O Cuidado do Emocional em Saúde 3ª ed. – **Ana Cristina** de Sá
- O Desafio da Esquizofrenia 2ª ed. – **Itiro** Shirakawa, Ana Cristina Chaves e Jair J. Mari
- O Livro de Estímulo à Amamentação - Uma Visão Biológica, Fisiológica e Psicológico-comportamental da Amamentação – **Bicalho Lana**
- O Médico, Seu Paciente e a Doença – **Balint**
- O que Você Precisa Saber sobre o Sistema Único de Saúde – **APM-SUS**
- Panorama Atual de Drogas e Dependências – **Silveira Moreira**
- Politica Públicas de Saúde Interação dos Atores Sociais – **Lopes**
- Psicofarmacologia – Chei **Tung Teng**
- Psicologia do Desenvolvimento - Do Lactente e da Criança Pequena – Bases Neuropsicológicas e Comportamentais – **Gesell e Amatruda**
- Psicologia e Cardiologia - Um Desafio Que Deu Certo - SOCESP – Ana Lucia **Alves Ribeiro**
- Psicologia e Humanização: Assistência aos Pacientes Graves – **Knobel**
- Psiquiatria Perinatal – Chei **Tung Teng**
- Psicologia na Fisioterapia – **Fiorelli**
- Psicopatologia Geral 2ª ed. (2 vols.) – **Jaspers**
- Psicossomática, Psicologia Médica, Psicanálise – **Perestrello**
- Psiquiatria e Saúde Mental – Conceitos Clínicos e Terapêuticos Fundamentais – **Portella Nunes**
- Psiquiatria Ocupacional – Duílio Antero de **Camargo** e Dorgival **Caetano**
- Saúde Mental da Mulher – **Cordás**
- Segredos de Mulher - Diálogos Entre um Ginecologista e um Psicanalista – Alexandre **Faisal** Cury
- Série da Pesquisa à Prática Clínica - Volume Neurociência Aplicada à Prática Clínica – Alberto **Duarte** e George **Bussato**
- Série Fisiopatologia Clínica – **Busatto**
  - Vol. 4 - Fisiopatologia dos Transtornos Psiquiátricos
- Série Usando a Cabeça – **Alvarez e Taub**
  - Vol. 1 - Memória
- Sexualidade Humana - 750 Perguntas Respondidas por 500 Especialistas – **Lief**
- Situações Psicossociais – **Assumpção**
- Suicídio: Uma Morte Evitável – **Corrêa (Perez Corrêa)**
- Transtornos Alimentares – **Natacci Cunha**
- Transtorno Bipolar do Humor – José Alberto **Del Porto**
- Tratado de Psiquiatria da Infância e da Adolescência – **Assumpção**
- Tratamento Coadjuvante pela Hipnose – **Marlus**
- Um Guia para o Leitor de Artigos Científicos na Área da Saúde – **Marcopito Santos**

Inovações em Psicologia Clínica
O Programa Abrangente Neurodesenvolvimental – PAN

ORGANIZADORA

MARIA CLARA NASSIF

Assistente social
Psicóloga clínica
Certificada como formadora de terapeutas nos Métodos Ramain,
DIA-LOG e Terapia de Troca e Desenvolvimento (TED)
Membro titular e do Conselho de Administração da *Association
Simonne Ramain Internationale* (ASRI)
Pesquisadora colaboradora na Cooperação Internacional entre
CARI Psicologia e Educação, Universidade de São Paulo (USP) e
Universidade Sorbonne Paris Cité
mc.nassif@uol.com.br

EDITORA ATHENEU

São Paulo — Rua Jesuíno Pascoal, 30
Tel.: (11) 2858-8750
Fax: (11) 2858-8766
E-mail: atheneu@atheneu.com.br

Rio de Janeiro — Rua Bambina, 74
Tel.: (21)3094-1295
Fax: (21)3094-1284
E-mail: atheneu@atheneu.com.br

Belo Horizonte — Rua Domingos Vieira, 319 — conj. 1.104

PRODUÇÃO EDITORIAL: Sandra Regina Santana
REVISÃO DE TEXTOS: Glair Picolo Coimbra
CAPA: Equipe Atheneu

CONSELHO EDITORIAL:
Ana Paula Stefani
Camilla Teresa Martini Mazetto
Maria Clara Nassif

DADOS INTERNACIONAIS DE CATALOGAÇÃO NA PUBLICAÇÃO (CIP)
(CÂMARA BRASILEIRA DO LIVRO, SP, BRASIL)

Inovações em psicologia clínica : o Programa Abrangente Neurodesenvolvimental : PAN /organizadora Maria Clara Nassif. -- São Paulo : Editora Atheneu, 2017.

Vários autores.
Bibliografia.
ISBN: 978-85-388-0798-8

1. Desenvolvimento humano 2. Programa Abrangente Neurodesenvolvimental (PAN) 3. Psicofisiologia 4. Psicologia clínica 5. Transtornos do Espectro do Autismo (TEA) I. Nassif, Maria Clara.

17-04812　　　　　　　　　　　　　　　　　　　　　　　　　　　　　CDD-150

Índice para catálogo sistemático:
1. Psicologia clínica　150

NASSIF MC
Inovações em Psicologia Clínica – O Programa Abrangente Neurodesenvolvimental – PAN

© Direitos reservados à EDITORA ATHENEU – São Paulo, Rio de Janeiro, Belo Horizonte, 2017.

COLABORADORES

Ana Paula Stefani
Psicóloga e neuropsicóloga
Mestranda pela Universidade de São Paulo (USP)
Especialista certificada nos Métodos Ramain e DIA-LOG
Certificada como formadora de terapeutas TED (Terapia de Troca e Desenvolvimento)
Membro titular da *Association Simonne Ramain Internationale* (ASRI)
Pesquisadora colaboradora na Cooperação Internacional entre CARI Psicologia e Educação, USP e Universidade Sorbonne Paris Cité
paulastefani@gmail.com

Aurore Boulard
Psicóloga
Doutora em Ciências Psicológicas pela ASBL IDEAdo
Professora dos cursos de Psicologia do Desenvolvimento e Abordagens Qualitativas do Discurso na Universidade de Liège
aurore.boulard@ulg.ac.be

Camilla Teresa Martini Mazetto
Psicóloga e neuropsicóloga
Mestre e doutora em Psicologia Escolar e do Desenvolvimento Humano pelo Instituto de Psicologia da Universidade de São Paulo (USP)
Pós-doutoranda pela Universidade Paris Descartes – Sorbonne Paris Cité
Certificada como formadora de terapeutas TED (Terapia de Troca e Desenvolvimento) e BECS (Bateria de Avaliação Cognitiva e Socioemocional)
Especialista certificada nos Métodos Ramain e DIA-LOG
Membro titular da *Association Simonne Ramain Internationale* (ASRI)
Pesquisadora colaboradora na Cooperação Internacional entre CARI Psicologia e Educação, USP e Universidade Sorbonne Paris Cité
contato@camillamazetto.com.br

Cathérine Barthélémy
Pediatra, psiquiatra, neurofisiologista
PhD em Medicina
Chefe honorária do Centro de Psiquiatria Infantil do Hospital Universitário da Universidade de Tours
Professora emérita da Faculdade de Medicina da Universidade François Rabelais
Membro da Academia Nacional Francesa de Medicina
catherine.barthelemy@chu-tours.fr

Célia Nézereau
Psicóloga
Doutoranda em Psicologia na Universidade Paris Descartes – Sorbonne Paris Cité (Laboratório de Psicologia e de Processo de Saúde)
c.nezereau@gmail.com

Cindy Le Menn-Tripi
Psicomotricista do *Centre Universitaire de Pédopsychiatrie et Centre de Ressources Autisme – Centre Hospitalier Régional Universitaire de Tours* (CHRU Tours)
c.lemenn@chu-tours.fr

Françoise Morange-Majoux
Professora-assistente de Psicologia do Desenvolvimento do Instituto de Psicologia da Universidade Paris Decartes – Sorbonne Paris Cité
PhD em Psicologia
francoise.morange-majoux@parisdescartes.fr

Frédérique Bonnet-Brilhault
Médica pela Faculdade de Medicina da Universidade de Angers
Residência médica no Hospital Universitário de Rouen
Fellowship em Psiquiatria no Hospital Universitário de Rouen
Fellowship em Fisiologia no Hospital Universitário de Tours
Professor-associado de Psicologia do Hospital Universitário de Tours
Professor de Fisiologia do Hospital Universitário de Tours
f.bonnet-brilhault@chu-tours.fr

Germain Fajardo
Psicólogo, linguista, pedagogo e psicanalista
Vice-presidente da *Association Simonne Ramain Internationale* (ASRI)
Coautor do Método Ramain
Autor do Método DIA-LOG
ramain.isr@wanadoo.fr

Jaqueline Wendland
Professora de Psicopatologia na Primeira Infância e Parentalidade
Especialista em Desenvolvimento do Bebê, Interações Pais-Filhos e Parentalidade
Responsável pela equipe de pesquisa em *"Périnatalité Petite Enfance et Parentalité"* do Laboratório de Psicopatologia e Processo de Saúde da Universidade Paris Descartes – Sorbonne Paris Cité
Participante de missões nacionais e internacionais especializadas nas áreas de Paternidade e da Primeira Infância na Organização Mundial da Saúde (OMS) e Fundo das Nações Unidas para a Infância (Unicef)
Membro da Comissão de Valorização da Primeira Infância e Cultura da Paz do Senado Federal brasileiro
jaqueline.wendland@parisdescartes.fr

Jean-Louis Adrien
Professor emérito da Universidade Paris Descartes – Sorbonne Paris Cité
Médiateur da Universidade Paris Descartes – Sorbonne Paris Cité
jean-louis.adrien@parisdescartes.fr

Joelle Malvy
Psiquiatra infantil no Serviço de Psiquiatria Infantil do Centre Hospitalier Régional Universitaire de Tours (CHRU Tours)
Responsável pela equipe de Psiquiatria Infantil do Hospital Infantil Gatien de Clocheville – CHRU Tours
j.malvy@chu-tours.fr

Maria Pilar Gattegno
PhD em Psicologia
Psicóloga no ESPAS-IDDEES
mpgattegno@espasiddees.fr

Maria Thereza Costa Coelho de Souza
Professora titular do Instituto de Psicologia da Universidade de São Paulo (USP)
Especialista em Psicologia do Desenvolvimento
mtdesouza@usp.br

Marie-Anna Bernard
PhD em Psicologia do Desenvolvimento pela Universidade Paris Descartes – Sorbonne Paris Cité
Psicóloga no ESPAS-IDDEES
marieanna.bernard@gmail.com

Marie-Hélène Plumet
Professora de Psicologia do Desenvolvimento na Universidade Paris Descartes – Sorbonne Paris Cité
marie-helene.plumet@parisdescartes.fr

Magalie Bataille-Jallet
Fonoaudióloga do Departamento de Psiquiatria Infantil da Universidade de Tours
Professora do Centro de Formação de Fonoaudiologia da Universidade de Tours (Universidade François Rabelais)
m.bataille-jallet@chu-tours.fr

Pascale Dansart
Fonoaudióloga no Centre Hospitalier Régional Universitaire de Tours (CHRU Tours)
p.dansart@chu-tours.fr

Romain Taton
Psicólogo
Doutorando em Psicologia pela Universidade Paris Descartes – Sorbonne Paris Cité
romain.taton@gmail.com

Romuald Blanc
Psicólogo clínico do Departamento de Psiquiatria Infantil da Universidade de Tours e da Universidade Paris Descartes – Sorbonne Paris Cité
r.blanc@chu-tours.fr

Wanderley Manoel Domingues
Médico pela Faculdade de Medicina da Universidade Federal do Paraná (UFPR)
Médico pediatra pelo Departamento de Pediatria da Faculdade de Medicina da Universidade de São Paulo (FMUSP)
Médico neurologista e neuropediatra pelo Departamento de Neurologia da FMUSP
Médico psiquiatra do Serviço de Psiquiatria do Hospital do Servidor Público Estadual – Instituto de Assistência Médica ao Servidor Público Estadual (IAMSPE)
Psicanalista pelo Instituto de Psicanálise da Sociedade Brasileira de Psicanálise
doutorwanderleydomingues@gmail.com

DEDICATÓRIA

*Aos meus amorosos pais,
Antonio, que despertou em mim o interesse e amor ao conhecimento, e
Maria Ágata, que me ensinou a enfrentar a vida com firmeza e tenacidade.*

*À minha família, meu marido, Zoilo, meus filhos,
Ana Paula, Renato e Marina, meus filhos do coração, Ari, Scheila e Antonio,
e meus amados netos, pelo incentivo e pela compreensão por tantas horas
de nossa convivência dedicadas a este livro.*

AGRADECIMENTOS

Esta obra é fruto de importantes trocas científicas e de experiências clínicas entre diversas equipes, nacionais e internacionais, e inicialmente expressamos profundos agradecimentos a todos que colaboraram, direta ou indiretamente, nesta árdua e prazerosa missão.

A todos os colegas de equipe da Cari Psicologia e Educação que, ao longo dos anos, colaboraram para o desenvolvimento de nosso trabalho clínico e de pesquisas, fortalecendo na experiência as raízes do que ora publicamos.

Às colegas Beatriz Werneck, Ceni Rabello Marchesan e Maria Rita Marchi, por seu trabalho colaborativo e de apoio às nossas pesquisas.

Ao Prof. Romeu Sassaki, por sua dedicação e apoio à criação e à difusão do Centro de Inserção Socioprofissional (CIS).

Às colegas Gisele Gasparoto e Leila Cambuí Ribeiro, por sua colaboração e dedicação na implantação do programa Centro de Inserção Socioprofissional (CIS).

Ao Dr. Wanderley Manoel Domingues, pelo apoio à nossa iniciativa pioneira, por meio do Centro Pró-Autista Social, que nos possibilitou ampliar e desenvolver pesquisas baseadas no trabalho clínico que dão sustentação ao Programa Abrangente Neurodesenvolvimental (PAN).

Ao Prof. Germain Fajardo, autor do Método DIA-LOG e coautor do Método Ramain, companheiro fundamental no percurso, que me permitiu elaborar as bases do PAN e hoje consolidar, na experiência clínica, as perspectivas desses métodos.

Aos membros da *Association Simonne Ramain Internationale*, em particular aos seus Presidentes, Michel Besson (*in memorian*) e Marie Hélène Devaux, pelo partilhar de tantos anos de reflexões teóricas e de apoio aos nossos projetos.

À Profa. Cathérine Barthélémy, do Centro de Psiquiatria do Hospital Bretonneau, Universidade François Rabelais, em Tours, que nos acolheu com confiança, oferecendo-nos o apoio fundamental ao desenvolvimento de reflexões, pesquisas e formação.

À equipe do Centro de Psiquiatria do Hospital Bretonneau, Universidade François Rabelais, em Tours, e mais particularmente à Profa. Frédérique Bonnet-Brilhault, à Profa. Pascale Dansart, à Profa. Nicole Brunneau, e à Profa. Joelle Martineau, por seu apoio à equipe brasileira e colaboração aos nossos projetos.

Ao Prof. Jean-Louis Adrien, do Laboratório do Centro de Psicopatologia e Processos de Saúde, do Instituto de Psicologia da Universidade Paris Descartes, por seu apoio e diligência aos nossos projetos de pesquisa, por nos incentivar a publicar o PAN e nos dar o necessário apoio institucional a esse fim.

À equipe do Laboratório do Centro de Psicopatologia e Processos de Saúde, do Instituto de Psicologia da Universidade Paris Descartes e mais particularmente à Profa. Jaqueline Wendland, por sua cuidadosa revisão da tradução para o português dos artigos originalmente em francês; Profa. Marie-Anna Bernard, Profa. Marie-Hélène Plumet e Prof. Sylvain Moutier, pelo acolhimento à equipe brasileira e sua colaboração direta em nossas pesquisas e seminários.

Igualmente ao Prof. Antoine Guédeney, da Universidade Paris-Diderot.

À Coopération Franco-Brésilienne, que favoreceu o intercâmbio entre as equipes de pesquisadores das Universidades Sorbonne Paris Cité, mais particularmente Universidade Paris-Diderot e Universidade Paris-Descartes, e as equipes da Universidade de São Paulo, da Cari Psicologia e Educação e do Centro Pró-Autista Social.

À Profa. Maria Thereza de Souza Coelho, do Instituto de Psicologia da Universidade de São Paulo, pela riqueza de trocas e construção conjunta na difusão de saberes.

A todos os colegas autores que participaram desta edição com sua reconhecida *expertise*, meu muitíssimo obrigada.

À colega Thais Vizoná, que se dedicou à organização dos originais, meu muitíssimo obrigada também.

À equipe administrativa da Cari Psicologia e Educação, que nos deu o devido suporte em nosso dia a dia, em especial a Raissa Ruza.

E, em especial, meus agradecimentos às colegas Ana Paula Stefani e Camilla Teresa Martini Mazetto, que, com seu interesse pelas questões clínicas associadas ao campo científico, têm tido a fundamental disponibilidade para a criação, implantação e pesquisa diante dos novos procedimentos de avaliação e de intervenção que se apresentam no PAN.

Também por sua participação e dedicação no comitê editorial, para que esta obra chegasse à sua forma final.

Um agradecimento final aos pacientes e suas famílias, que nos deram a oportunidade de, na busca de ajudá-los, compreender as questões que tocam a todos nós como seres humanos.

APRESENTAÇÃO E PLANO DE TRABALHO

"Pessoa em situação de handicap"

Destaco das palavras do professor Jean Louis Adrien, no prefácio desta obra, essa colocação que muito me agradou, justamente por denotar um aspecto sensível e fundamental que contextualiza o enfoque proposto no que se segue ao longo deste livro: os cuidados dedicados às pessoas em situações dificultosas ou limitantes que impactam sua adaptabilidade ao meio ambiente, em maior ou menor intensidade. Em uma perspectiva dinâmica, busca-se sua possível evolução, em contraposição à visão estática, que encapsula a pessoa em suas limitações, quando falamos "pessoa deficiente".

Com certeza, neste caso a semântica não se trata de um acaso, representa uma escolha, que se traduz em opções tomadas, ao longo de nossa vida profissional, por metodologias e posturas clínicas que favoreçam a evolução global das pessoas, em geral portadoras de dificuldades que buscam ajuda para si mesmas ou a algum de seus familiares.

Essas opções estão descritas em suas diferentes interfaces nesse programa que ora será apresentado, por vezes em um terreno que necessariamente utiliza-se de uma linguagem mais própria das Ciências, por outras vezes de modo mais aberto por estar mais ligada ao âmbito clínico.

Enfim, o que se busca apresentar são contribuições a uma visão global da pessoa em suas diferentes relações consigo, com suas possibilidades e dificuldades atuais e suas potencialidades a serem desencadeadas, por meio de um conjunto de intervenções, gerando-se desenvolvimento. Busca-se favorecer o relacionar-se e o situar-se nas interações mais diversas oferecidas por nosso estar no mundo: família, amigos, sociedade, lazer, escola, trabalho...

O Programa Abrangente Neurodesenvolvimental (PAN) objetiva, por intermédio de seus princípios filosóficos, neurocientíficos, neurodesenvolvimentais e metodológicos, congregar os meios que favoreçam desencadear, pela via experiencial, um processo de criação da mobilidade mental e por esta a evolução contínua de cada pessoa, ao longo de seu percurso de vida, mesmo sendo cada ciclo marcado por diferentes solicitações ou desafios.

Apoiando-se em uma perspectiva global, busca refletir como um espelho a complexidade própria do ser humano de que o homem, sendo intrinsecamente um ser inacabado, em transformação, pode abrir-se à integração entre seu existir, que inclui necessariamente o coexistir, abarcando de uma só vez: cérebro, corpo e mente, razão, emoção e afetividade, genética, cultura e sociedade.

E isso é o que se busca: ativar e reativar, por meio da integração entre pensamento e ação, ou no dizer clássico, entre Epistémé e Práxis, a construção por cada um de seu percurso e caminhar, passo a passo, em direção a realizações mais autônomas, ancoradas na descoberta de sua própria subjetividade, de sua identidade, e da alteridade.

> "... abre-se a esperança sobre a própria existência: já é possível fazer algo por si próprio e pela própria vida; dissolve-se a barreira que delimita o concluído e abre-se a fronteira ao inacabado..." (Nassif, 2014, p. 139).

Um projeto de evolução, aberto, representa uma esperança, uma possibilidade para cada um, para cada família...

O PAN abre-se justamente a esse percurso.

PLANO DE TRABALHO

Considerar o desenvolvimento do ser humano sob a ótica ontogenética implica identificar seu ponto de partida nas etapas mais iniciais da constituição biológica do indivíduo, anteriores até mesmo a seu nascimento. Entretanto, considerar a origem do desenvolvimento humano sob a perspectiva filogenética implica situar seu ponto de partida nas mais antigas heranças evolutivas, ultrapassando-se inclusive o surgimento do homem enquanto tal.

Assim, o critério para definir o início de uma trajetória individual pode apoiar-se em variadas visões conceituais e depende da questão a ser estudada, compreendida. O que se torna, entretanto, indiscutível é a dimensão temporal ligada ao desenrolar da evolução do indivíduo, sua continuidade e movimento constante, assim como sua construção a partir de etapas anteriores.

As intervenções propostas neste livro apoiam-se na ideia de que a trajetória desenvolvimental de um indivíduo pode ser traçada ao longo de toda a sua vida (desde o nascimento até a morte) e prevê a possibilidade de situar seu início em cada uma das etapas propostas no PAN, sem por isso desconsiderar toda sua história prévia.

A presente edição organiza-se de modo a aprofundar os aspectos essenciais desse modelo abrangente de intervenções que podemos assim resumir: partindo de um modelo desenvolvimental e neurofisiológico no Autismo, que inclui a Terapia de Troca e Desenvolvimento (TED) (Barthélémy C, *et al.*, 1995), e a seguir os programas Ramain (Ramain & Fajardo, 1975) e DIA-LOG (Fajardo & Ramain, 1997), os Programas de Adaptação e Desenvolvimento Psicossocial (PADP) e Centro de Inserção Socioprofissional (CIS); de outro lado, ao longo dessas intervenções, tem-se o Programa de Acompanhamento Intensivo e Sistemático aos Pais, o PAIS (Capítulo 15), e o acompanhamento neuropsiquiátrico.

A unidade do PAN se explicita por sua visão integrativa do ser humano de que seu desenvolvimento se dá em *relação* e a importância dessa *relação* como um meio enriquecedor. Particularmente para as pessoas com transtornos do neurodesenvolvimento, busca-se, através desse meio rico, gerar o necessário movimento interior desestabilizando-se as estruturas mentais enrijecidas que se encontram na base dos estereótipos mentais e de ação. A partir dessa desestabilização, busca-se o desencadeamento de novas estruturas cognitivas e socioemocionais que, ao emergirem pouco a pouco, se consolidam e sucessivamente se renovam e se ampliam em direção a patamares de desenvolvimento mais evoluídos.

Esse meio rico apoia-se nos princípios teóricos dos Métodos Ramain e DIA-LOG, os quais oferecem os meios para movimentar o processo evolutivo por intermédio de uma metodologia que abarca simultaneamente os aspectos intelectuais, motor, emocional e social. Por sua característica sistêmica, esses métodos imprimem ao PAN sua coerência integrativa, biopsicossocial. Esses dois métodos contemplam programas neurodesenvolvimentais e ecológicos, grupais, de diferentes níveis evolutivos, imprimem ao PAN a consistência de suas intervenções. Ao longo da trajetória desenvolvimental, traçam uma continuidade por meio de um fio condutor, realizando-se como processo evolutivo, atingindo-se níveis hierárquicos superiores a cada vez, de modo análogo às perspectivas teóricas do desenvolvimento afetivo e cognitivo desenvolvidas por Jean Piaget e os neopiagetianos.

Congruente, tanto às perspectivas piagetianas quanto ramanianas, ocupa o patamar de base do PAN, voltado para as intervenções individuais, a TED, que têm como alvo a intervenção precoce.

O PAN oferece, por esses meios, o perfilar de uma trajetória de longo prazo favorável à estruturação mental e de um consequente processo de adaptação psicossocial das pessoas com transtornos do neurodesenvolvimento, ou especificamente com TEA.

O PAN organiza-se segundo três eixos relativos e congruentes às perspectivas do neurodesenvolvimento em seus aspectos biopsicossociais, e esses três enfoques guiam também a organização desta edição.

Na **Primeira Seção**, apresenta-se a fundamentação teórica que embasa o conjunto de procedimentos organizada segundo dois alvos.

Inicialmente, nos três primeiros capítulos, apresenta-se o campo conceitual que sustenta a coerência da fundamentação teórica do PAN, caracterizando sua unidade biopsicossocial.

No **Capítulo 1**, Nassif apresenta: "Uma condição essencial para a evolução pessoal: a flexibilidade mental", enfocando o desencadear da mobilidade mental, fundamental à emergência do processo de desenvolvimento humano, considerando a integração razão–emoção expressa por atitudes decorrentes do processo de elaboração mental.

No **Capítulo 2**, Fajardo apresenta "Três aspectos do Método Ramain", destacando deste seus fundamentos antropológicos, a função do animador: educador e psicoterapeuta e uma descrição de como se passa uma situação Ramain.

No **Capítulo 3**, Mazetto e de Souza apresentam "Aspectos centrais do desenvolvimento humano: contribuições da teoria piagetiana para um programa de intervenção ao longo do tempo", discorrendo sobre a interação organismo, meio ambiente e desenvolvimento de estruturas cognitivas e socioemocionais, correlacionando esse processo ao PAN.

Na segunda parte dessa Seção I, considerando-se que o PAN tem como objetivo oferecer um programa de intervenções, de enfoque global, multidimensional e ecológico às pessoas com Transtornos do Neurodesenvolvimento, inicia-se com a apresentação destes oferecendo uma visão que evolui de um enfoque abrangente ao modelo neurodesenvolvimental, em sua expressão mais grave, os Transtornos do Espectro do Autismo (TEA), e a seguir às particularidades neurofuncionais do desenvolvimento sociocognitivo do Autismo.

Nessa perspectiva, no **Capítulo 4**, Domingues apresenta os "Transtornos do desenvolvimento infantil" em perspectiva dimensional, segundo o Manual de Diagnóstico e Estatística dos Transtornos Mentais – 5ª edição (DSM-5), apontando as variáveis intervenientes na evolução dos perfis ao longo do tempo, típicos e atípicos, tais como as particularidades genéticas, a interferência dos fatores epigenéticos: as intercorrências pré-, peri- e pós-natais e a estimulação ambiental.

Refinando, no **Capítulo 5**, "Modelo neurodesenvolvimental e hipóteses psicofisiológicas", a professora Frédérique Bonnet-Brilhault apresenta um modelo neurodesenvolvimental dos TEA, baseado notadamente sobre a fisiopatologia do Autismo, reforçando a hipótese de transtornos da organização neurocortical que comportam uma alteração dos processos de tratamento da informação em diferentes níveis do sistema nervoso, da etapa sináptica às redes neuronais estruturais e funcionais.

Refinando ainda mais, no **Capítulo 6**, apresentam-se os "Impactos de um transtorno do neurodesenvolvimento: os caminhos diferentes do desenvolvimento sociocognitivo no autismo" em que a autora, a renomada professora Marie Hélène Plumet, apresenta uma importante meta-análise abrangendo os quadros teóricos da psicologia do desenvolvimento e das neurociências, em estudo específico das disfunções particulares dos TEA, relativas ao desenvolvimento sociocognitivo; considera o nível maturacional, as características particulares de funcionamento e processamento cerebral, suas correlações na evolução da trajetória desenvolvimental, e a importância a partir dessas concepções de correlacioná-las às diferentes modalidades de intervenção e acompanhamento, ressaltando a relevância da precocidade do início das intervenções.

Dada a importância desse último aspecto, o **Capítulo 7**, "As disfunções precoces de crianças com TEA, suas trajetórias desenvolvimentais e as modalidades de seu acompanhamento personalizado", Adrien *et al.* destacam os sinais precoces da vida de bebês ulteriormente diagnosticados autistas (UDA), suas trajetórias desenvolvimentais e as modalidades de seu acompanhamento personalizado, evidenciando os fatores fundamentais preditivos de melhores perspectivas em termos de trajetória do desenvolvimento.

A **Seção II** apresenta como se organizam os três eixos de intervenção do PAN.

O Eixo Metodológico I contempla mais diretamente o aspecto biológico, no qual Domingues apresenta "Tratamento dos transtornos do desenvolvimento e a importância da psicofarmacologia", enfocando a prática clínica, o diagnóstico e o seguimento, no **Capítulo 8**.

O Eixo Metodológico II contempla o contexto da prática clínica, relativo ao enfoque psicológico, por meio das intervenções de base neurodesenvolvimental.

Inicialmente, apresenta duas subestruturas, básicas, por fornecerem os subsídios por meio de avaliações, para a indicação dos procedimentos clínicos mais apropriados à etapa da trajetória desenvolvimental na qual cada paciente se encontra: "Equipe multidisciplinar: sua função estruturante", como núcleo central do trabalho clínico, por Nassif no **Capítulo 9**, e no **Capítulo 10**, apresenta "O exame psicológico de crianças com autismo", pelo Prof. Jean-Louis Adrien e Profa. Maria Pilar Gattegno; neste, os autores elencam uma gama ampla de instrumentos de avaliação, utilizados em âmbito internacional e alguns mais especificamente na França, que agregam valor diferencial à prática clínica. Embora não validados no Brasil, podem despertar o interesse de pesquisadores brasileiros para futuras validações, uma vez que temos uma gama restrita desses instrumentos em nosso meio. A partir de instrumentos que cobrem diferentes domínios, este capítulo oferece um valioso repertório de testes e escalas, que favorecem a eleição de um programa definido particularizado às demandas de cada paciente e também úteis às reavaliações neurofuncionais sistemáticas. Um diagnóstico preciso é uma boa prática à composição de um projeto terapêutico pertinente a cada condição clínica.

Em seguida, ainda no Eixo Metodológico II, apresentam-se as intervenções de base neurodesenvolvimental que constituem as bases do pensamento clínico do PAN, e seu *modus faciendes:* "Terapia de Troca e Desenvolvimento (TED)", pela Profa. Barthélémy *et al.*, no **Capítulo 11**; os "Métodos Ramain e DIA-LOG: subsídios neuropsicológicos e fenomenológicos" por Nassif, no **Capítulo 12**.

O **Capítulo 13** denota uma particularidade em sua forma, compatível com o enfoque metodológico de DIA-LOG. Por meio de uma entrevista que se passa entre os autores do capítulo, Prof. Fajardo, interpelado por Ana Paula Stefani, expõe, por intermédio desse diálogo: "O Método DIA-LOG: comunicação, expressão e criatividade".

Apresentam-se ainda nesse Eixo Metodológico II, no **Capítulo 14**, os programas que objetivam mais diretamente os processos adaptativos e de autonomia, "Intervenções de adaptabilidade de natureza ecológica: Programa de Adaptação e Desenvolvimento Psicossocial (PADP) e Centro de Inserção Socioprofissional (CIS)", por Stefani.

O **Capítulo 15** apresenta o Eixo Metodológico III, "Programa de Acompanhamento Intensivo e Sistemático com pais (PAIS)", que considera a inclusão efetiva da família e da escola como fundamentais à amplificação das experiências em processo multidimensional.

Na **Seção III** serão apresentados exemplos clínicos de como um projeto abrangente para o neurodesenvolvimento pode se concretizar, a cada etapa sucessiva de evolução dos indivíduos.

Com o objetivo de ilustrar as primeiras etapas de intervenção presentes no PAN, mas também sua transição às etapas imediatamente posteriores, Mazetto apresenta, no **Capítulo 16**, "As etapas iniciais do PAN, um estudo de caso: da intervenção precoce TED ao Dossiê Ramain Pré-F em grupo", considerando a evolução de uma criança pequena em relação às características centrais das intervenções propostas a cada etapa.

Em seguida, no **Capítulo 17**, Stefani apresenta, ilustrando por vinhetas clínicas, as etapas intermediárias do PAN: a partir do dossiê Ramain F' e dossiê Ramain de Movimentos, além das atividades próprias ao dossiê DIA-LOG, destinado à mesma etapa desenvolvimental.

E finalmente, no **Capítulo 18**, Stefani apresenta etapas mais avançadas do PAN que serão ilustradas pela apresentação do trabalho com o dossiê Ramain D e dossiê Ramain de Movimentos e DIA-LOG, bem como as atividades do PADP e CIS.

O objetivo desta seção é tornar concreta ao leitor a experiência decorrente desse programa, com suas características bem delineadas, a cada etapa de intervenção.

Desejamos que ao término do livro o leitor tenha ampliado sua compreensão sobre os transtornos do neurodesenvolvimento e desenvolvido um novo olhar sobre as possibilidades de cuidados aos seus portadores.

REFERÊNCIAS BIBLIOGRÁFICAS

Barthélémy, C., Hameury, L., Boiron, M., Martineau, J., Lelord, G. (1995). La Thérapeutique d'Échange et de Développement (TED). Principes, applications, résultats d'une étude sur 10 ans. *Actualités Psychiatriques*, 7, 111-116.

Fajardo, G. & Ramain, S. (1997). *DIA-LOG: Expressão – Comunicação – Criatividade*. São Paulo: Cari – Departamento de Publicações.

Nassif, M. C. (2014). *Neuropsicologia e Subjetividade: Fundamentos do Método Ramain*. São Paulo: Editora Alínea.

Ramain, S., & Fajardo, G. (1975). *Structuration mentale par les Exercices Ramain*. Paris: Epi.

PREFÁCIO

Maria Clara Nassif, psicóloga e chefe de um serviço de diagnóstico e intervenção para pessoas com Transtornos do Espectro do Autismo (TEA) em São Paulo, foi capaz de conceber este livro para finalmente satisfazer às expectativas não só de profissionais, médicos de família e pesquisadores, mas especialmente das famílias, cujo sofrimento é igualado apenas ao desconhecimento das peculiaridades desse transtorno e às formas e modalidades adequadas de cuidados terapêuticos. Por seu talento de comunicação e por sua inteligência e gentileza, Maria Clara Nassif soube reunir especialistas do Brasil e da França num projeto colaborativo e de pesquisa sobre o autismo, para descrever esse distúrbio neurodesenvolvimental que é o autismo, seus sinais precoces, suas disfunções neurofisiológicas, suas trajetórias desenvolvimentais tão atípicas e certas terapias individuais e grupais validadas. Contudo, a grande originalidade de sua obra é a apresentação sutil e detalhada do método de intervenção que ela concebeu e desenvolveu dentro de seu serviço para o benefício de crianças, adolescentes, adultos e suas famílias. Dotada de uma equipe brasileira de psicólogos, educadores, fonoaudiólogos, médicos, ela construiu, graças à colaboração dessa equipe, o Programa Abrangente Neurodesenvolvimental (PAN), que constitui uma postura psicoeducacional e terapêutica coordenada e inteiramente nova no Brasil. Essa postura não está alheia às abordagens educacionais, tanto tradicionais quanto inovadoras no autismo.

E esse programa PAN é intensivo e contínuo, uma vez que abrange todas as fases da vida, desde a tenra infância à infância, até a adolescência e idade adulta, incluindo a fase de envelhecimento; abrange também a reabilitação de todas as funções psicomotoras, que são conhecidas por afetarem pessoas com vários transtornos de neurodesenvolvimento e especialmente com autismo. Esse programa é hierarquizado em atividades próprias de cada etapa do desenvolvimento, construído de modo personalizado e altamente flexível por ser adaptável a cada pessoa que dele se beneficia e ser remanejável a qualquer momento, em função de seus progressos e suas evoluções.

De acordo com os critérios da nova versão do Manual Diagnóstico e Estatístico de Transtornos Mentais – o DSM-5, o TEA é caracterizado por distúrbios da comunicação e interação social, atividades estereotipadas e foco de interesses restritos. Esse distúrbio aparece desde o nascimento, talvez na vida fetal, e suas manifestações clínicas sindrômicas se desenvolvem durante os dois primeiros anos de vida e em formas clínicas variadas de uma criança para outra. Ele é diagnosticado em crianças em torno da idade de dois anos e suas manifestações sintomáticas se atualizam progressivamente durante a infância e estão presentes ao longo da vida. Por isso, é considerado um transtorno do desenvolvimento. Estudos científicos recentes têm demonstrado que ele é causado por distúrbios da função cerebral que é expressa durante os primeiros meses de vida e que podem se atualizar no nível comportamental por anomalias da reatividade sensorial, da percepção, da expressão e da compreensão de emoções e, sobretudo, por alterações das funções de comunicação com o outro e comportamentos estereotipados e focos de interesses restritos.

Esse transtorno "neurodesenvolvimental" constitui uma real desvantagem, uma restrição e limitação das atividades para a pessoa atingida por ele. A concepção usual é considerar que a pessoa que apresenta esse transtorno é "portadora de um *handicap*". Na maioria dos países, essa condição de "pessoa portadora de um *handicap*" abre direito a compensações, assistência social, psicológica e financeira, cuja importância é determinada com a ajuda de critérios como, por exemplo, a idade da pessoa, sua situação social e severidade da seu "*handicap*". Mas uma nova perspectiva e uma outra postura psicossocial passam a considerar não somente a pessoa com autismo como uma "pessoa com um *handicap*", mas, sobretudo, passam a percebê-la e a considerá-la como uma "pessoa em situação de *"handicap"*. Na verdade, não se trata mais de somente considerar seu "estado de *handicap*", mas, principalmente, de se focalizar em situações e fatores ambientais que podem estar na origem das condições incapacitantes e desvantajosas para o seu desenvolvimento e sua realização. E as situações de deficiência não faltam para as pessoas com autismo! Começando com a simples troca de olhares, a interação por meio de gestos e linguagem, a vida familiar e escolar com os seus pares, a vida pessoal com autonomia, a vida social com lazer e atividades profissionais.

É toda essa perspectiva teórica e clínica de Maria Clara Nassif que mobiliza suas ações e aplica o seu programa de intervenção em um contexto que qualificarei como de ecologia desenvolvimental.

Por meio deste livro, Maria Clara Nassif dá-nos a conhecer e compreender os conceitos, ferramentas, técnicas e metodologias para realizar um acompanhamento que permita que as pessoas com autismo tenham um desenvolvimento pessoal e vida social de boa qualidade.

Desse modo, na primeira parte do livro estão definidos os fundamentos teóricos do autismo e são descritos os modelos neurodesenvolvimentais, as hipóteses psicofisiológicas, as manifestações precoces dessa patologia, assim como as diferentes vias e trajetórias de desenvolvimento sociocognitivo de pessoas portadoras desse transtorno. Os fundamentos básicos do Método Ramain desenvolvidos por Maria Clara Nassif para pessoas com autismo também são apresentados em detalhes.

Na segunda parte, é apresentado o Programa Abrangente Neurodesenvolvimental criado por Maria Clara Nassif. Descobrimos as condições ecológicas e metodológicas de organização para sua aplicação e descrição detalhada do conjunto de dispositivos e de técnicas de avaliação médica, psicológica e educacional, assim como os diferentes métodos coordenados de intervenção individual e em pequenos grupos, centrados na troca, comunicação, expressão, criatividade e movimento, tais como a Terapia de Troca e Desenvolvimento criada no hospital de Tours (França), o Método DIA-LOG, mas também no programa desenvolvimento psicossocial e num programa de apoio à inserção profissional. Evidentemente as famílias não são esquecidas, uma vez que se apresenta também um dispositivo original, o Programa de Acompanhamento Intensivo e Sistemático aos Pais.

A terceira parte é dedicada a uma apresentação detalhada do Programa Abrangente Neurodesenvolvimental e suas diferentes etapas iniciais, intermediárias e avançadas correspondendo, respectivamente, à infância, à pré-adolescência e à adolescência e, enfim, à idade adulta. Em cada uma dessas fases são utilizados, de modo apropriado ao período de vida e à sua própria problemática, os diferentes métodos e técnicas descritos na seção anterior.

O livro de Maria Clara Nassif é destinado a estudantes de psicologia, medicina, fonoaudiologia, ciências da educação e da saúde e a todos os profissionais dos diferentes campos da psicologia, educação, social e saúde, sem se esquecer da política. Ele é direcionado a todos os profissionais que estão implicados com as necessidades psicológicas, educacionais e sociais de pessoas com um transtorno do espectro do autismo. Mas este livro também é destinado às famílias dessas pessoas.

Além disso, depois de ler este livro, cada pessoa se sentirá mais competente na área de autismo e saberá compreender melhor e acompanhar as necessidades e as particularidades do desenvolvimento, do funcionamento psicológico e da adaptação dessas pessoas que apresentam diferentes limitações e alterações da comunicação e da socialização, mas também da cognição, da sensorialidade e da motricidade.

Jean-Louis ADRIEN
Professor Emérito e Mediador da Universidade Paris Descartes,
Sorbonne Paris Cité (Paris, França)

SUMÁRIO

Introdução, 1
    Maria Clara Nassif

SEÇÃO I – Fundamentação Teórica do PAN: Uma Visão Integrativa Biopsicossocial

1. Uma condição essencial para a evolução pessoal: a flexibilidade mental, 17
    Maria Clara Nassif

2. Três aspectos do Método Ramain, 33
    Germain Fajardo

3. Aspectos centrais do desenvolvimento humano: contribuições da teoria piagetiana para um programa de intervenção ao longo do tempo, 39
    Camilla Teresa Martini Mazetto
    Maria Thereza Costa Coelho de Souza

Fundamentação Teórica dos Transtornos do Neurodesenvolvimento

4. Transtornos do desenvolvimento infantil, 51
    Wanderley Manoel Domingues

5. Modelo neurodesenvolvimental e hipóteses psicofisiológicas, 63
    Frédérique Bonnet-Brilhault

6. Impactos de um transtorno do neurodesenvolvimento: os caminhos diferentes do desenvolvimento sociocognitivo no autismo, 77
   Marie-Hélène Plumet

7. As disfunções precoces de crianças com TEA, suas trajetórias desenvolvimentais e as modalidades de seu acompanhamento personalizado, 109
   Aurore Boulard
   Françoise Morange-Majoux
   Romain Taton
   Célia Nézereau
   Camilla Teresa Martini Mazetto
   Marie-Anna Bernard
   Maria-Thereza Costa Coelho de Souza
   Marie-Hélène Plumet
   Jean-Louis Adrien

SEÇÃO II – O Programa Abrangente Neurodesenvolvimental – PAN

Eixo Metodológico I

8. Tratamento dos transtornos do desenvolvimento e a importância da psicofarmacologia, 125
   Wanderley Manoel Domingues

Eixo Metodológico II – Subestruturas Clínicas

9. Equipe multidisciplinar: sua função estruturante, 133
   Maria Clara Nassif

10. O exame psicológico de crianças com autismo, 141
    Jean-Louis Adrien
    Maria Pilar Gattegno

Eixo Metodológico II – Modalidades de Intervenção Neurodesenvolvimental Propriamente Ditas

11. Terapia de Troca e Desenvolvimento (TED), 173
    Cathérine Barthélémy
    Romuald Blanc
    Cindy Le Menn-Tripi
    Magalie Bataille-Jallet
    Pascale Dansart
    Joelle Malvy
    Frédérique Bonnet-Brilhault

12. Métodos Ramain e DIA-LOG: subsídios neuropsicológicos e fenomenológicos para o trabalho clínico, 189
    Maria Clara Nassif

13. O Método DIA-LOG: comunicação, expressão e criatividade, 199
    Ana Paula Stefani
    Germain Fajardo

Eixo Metodológico II – Programas de Adaptabilidade de Natureza Ecológica

14. Intervenções de adaptabilidade de natureza ecológica: Programa de Adaptação e Desenvolvimento Psicossocial (PADP) e Centro de Inserção Socioprofissional (CIS), 219
    Ana Paula Stefani

Eixo Metodológico III

15. Programa de Acompanhamento Intensivo e Sistemático com pais (PAIS), 243
    Maria Clara Nassif

SEÇÃO III – A Clínica do PAN

16. As etapas iniciais do PAN, um estudo de caso: da intervenção precoce TED ao Dossiê Ramain Pré-F em grupo, 281
    Camilla Teresa Martini Mazetto

17. Um estudo de caso nas etapas intermediárias do PAN, 293
    Ana Paula Stefani

18. Um estudo de caso nas etapas avançadas do PAN, 311
    Ana Paula Stefani

SEÇÃO IV – Conclusões, Limitações e Perspectivas

19. Conclusões, limitações e perspectivas, 331
    Ana Paula Stefani
    Camilla Teresa Martini Mazetto
    Maria Clara Nassif

INTRODUÇÃO

Maria Clara Nassif

Apresentação do Programa Abrangente Neurodesenvolvimental (PAN)

SITUANDO O PAN NO CENÁRIO INTERNACIONAL E NACIONAL

Gillberg *et al.* (2013) propõem um novo paradigma a partir do quadro conceitual denominado ESSENCE – *Early Symptomatic Syndromes Eliciting Neurodevelopmental Clinical Examination*, pelo qual se dá relevo à precocidade da manifestação de sintomas dos transtornos do neurodesenvolvimento e/ou transtornos neuropsiquiátricos, à importância de seu diagnóstico e de intervenções o mais cedo possível e aos impactos possivelmente incapacitantes desses quadros ao longo da vida de seus portadores, especialmente quando não cuidados na mais tenra infância. Esses pesquisadores consideram ainda que essas patologias são comórbidas em sua maior parte e daí a dificuldade de sua distinção quando do diagnóstico precoce. Em função dessa complexidade, os autores propõem a criação de serviços que se dediquem aos transtornos do desenvolvimento, para crianças, adolescentes e adultos, em detrimento da criação de centros altamente especializados.

Têm-se nos Estados Unidos, mais particularmente em relação aos Transtornos do Espectro do Autismo (TEA), os Modelos de Tratamento Abrangentes – *Comprehensive Treatment Models* (CTMs) – (Odom *et al.*, 2014), que, por sua estrutura, perspectivas e recomendações, diferem do conceito de técnicas focais que visam diretamente ao desenvolvimento de habilidades específicas (Odom *et al*., 2010).

CTMs para crianças e jovens portadores de Transtornos do Espectro do Autismo consideram como modelos os serviços projetados "para promoverem o desenvolvimento, a funcionalidade e o bem-estar da criança e do jovem portador de TEA e de suas famílias" (Odom *et al*., 2014, p. 770), tal como se situam os objetivos do PAN. Esses modelos baseiam-se em um programa organizado e coordenado de intervenções, com instruções e orientações suficientes para que possam ser adotados por outros serviços ou mesmo por redes de prestação de serviços para crianças e jovens portadores de TEA, nos Estados Unidos (Callahan *et al*., 2010). Esses serviços têm se expandido significativamente, nos últimos anos, tendo passado de dez centros, em 2001, para 30, em 2010 (Odom *et al*., 2010).

Odom *et al*. (2010) propõem cinco critérios para que um serviço possa ser reconhecido como um modelo de tratamento abrangente, os quais transcrevemos integralmente por fundamentarem conceitualmente a estrutura desses serviços e também para que, ao longo da presente obra, possam ser referenciados ao PAN: "1) uma descrição que tenha sido publicada em um artigo científico, livro ou capítulo de livro, 2) um guia ou manual processual, 3) uma estrutura conceitual teórica clara, 4) prática que causa mudança no desenvolvimento múltiplo ou nos domínios de habilidades, e 5) intensidade, definida por mais de 25 horas por semana e/ou longevidade (se estende pelo período de um ano), e/ou compromisso (isto é, um conjunto planejado de atividades em que a criança participa através de uma elevada quantidade de tempo)" (p. 770).

O PAN constitui-se numa nova via de compreensão e de intervenção clínica expressa por um *amplo programa original*, composto de modalidades terapêuticas integradas relativas ao campo dos transtornos do neurodesenvolvimento, compatível a essas recomendações do ponto de vista estrutural, enquanto um serviço abrangente, porém, diferenciando-se por suas opções metodológicas.

Concebido por Nassif, o PAN originou-se há mais de 40 anos, tendo alcançado sua estrutura organizada finalmente em 2013. A partir do considerável conhecimento da autora dos Métodos e Metodologias Ramain (Ramain & Fajardo, 1975) e DIA-LOG (Fajardo & Ramain, 1997), do aprofundamento de seus conhecimentos na *Thérapie d'Échange et Développement* (TED) (Barthélémy *et al*., 1995; Lelord *et al*., 1978) e da implementação desta última nos serviços sob sua responsabilidade clínica, Cari Psicologia e Educação e Centro Pró-Autista Social emergiram demandas clínicas. A partir da implantação da TED, que se refere a um contexto individual de intervenção, e das respectivas pesquisas neurofuncionais ligadas a esses procedimentos, evidenciou-se a necessidade de proposição de modalidades terapêuticas para atingir novas etapas de desenvolvimento, por meio da intervenção em pequenos grupos tal como no Método Ramain, cuja estrutura se apresenta organizada nesses moldes.

A TED tem como objetivo mobilizar a atividade dos sistemas integrativos cerebrais, abrangendo as etapas primárias do neurodesenvolvimento, mais diretamente ligadas ao período sensório-motor, segundo a ótica piagetiana (Mazetto, 2011).

Os Métodos Ramain e DIA-LOG, também de base neurofisiológica, que se apoiam sobre a noção de integração dos sistemas cerebrais, oferecem uma possibilidade estruturada de intervenções grupais, com programações específicas para cada etapa desenvolvimental, "os dossiês", porém com um hiato para programas destinados ao período pré-operatório, considerando-se a ótica piagetiana, demanda imediata para a continuidade do atendimento após a etapa desenvolvimental por meio da TED.

Emergiu a criação de um programa nesses moldes, hoje considerado chave para a elaboração do PAN, que foi o Método Neuropsicológico de Estruturação Mental Evolutiva: Dossiê Ramain Pré-F (Nassif, 2011) e o Dossiê Ramain de Movimentos (Nassif, 2011), na medida em que este instrumento constitui o elo, a passagem entre a intervenção individual e o trabalho em pequenos grupos.

Considerou-se importante, então, incluir modalidades de intervenção congruentes em seus princípios, e assim a TED veio a compor os patamares iniciais, intervenção de base individual, seguida pela intervenção em pequenos grupos, representada pelo Método Neuropsicológico de Estruturação Mental Evolutiva: Dossiê Ramain Pré-F e Dossiê Ramain de Movimentos. A partir dessa concepção, e considerando-se a ótica piagetiana, procedimentos próprios para a intervenção precoce relativos ao período sensório-motor por meio da TED, e para o período pré-operatório, pelo Dossiê Ramain Pré-F, começou a emergir a ideia de um programa abrangente que cobrisse as demais etapas evolutivas do desenvolvimento, configurando-se o desenho de um percurso capaz de atender às demandas próprias da infância, adolescência e idade adulta. Assim é que os patamares de intervenção seguintes foram organizados com os demais Dossiês Ramain e DIA-LOG, destinados a essas etapas.

Constituiu-se, assim, a espinha dorsal do PAN, o vetor de intervenções de base neurodesenvolvimental propriamente dito, baseado em Metodologias e Métodos congruentes entre si, que privilegiam o enfoque relacional, em detrimento do valor do exercício e de seus resultados enquanto tal.

Completando as bases desse eixo neurodesenvolvimental, programas de adaptabilidade de natureza ecológica emergiram desde 2007, por demandas na esfera clínica, quando tiveram seu início de estruturação e se compuseram baseados nos princípios dos Métodos e Metodologias Ramain e DIA-LOG. Esses programas organizam-se a partir da noção de situação, como estrutura das intervenções e de exercícios, baseados na dinâmica de DIA-LOG, porém com conteúdos voltados diretamente aos processos inclusivos e adaptativos sociais e laborais: Programa de Adaptação e Desenvolvimento Psicossocial (PADP) e Programa – Centro de Inserção Socioprofissional (CIS) (Capítulo 14), criados por Ana Paula Stefani, da equipe da Cari Psicologia e Educação e do Centro Pró-Autista Social. Esses programas desenvolvem suas programações a partir de linhas mestras, porém com conteúdos apropriados às demandas cognitivas e socioemocionais de seus participantes e incluem uma ampla estimulação visando à apropriação dos bens culturais e sociais, bem como à inserção laboral.

Ainda a própria demanda clínica mobilizou uma reorganização do programa de atendimento aos pais, que sempre se constituiu como um importante vetor de estruturação do trabalho terapêutico da Cari Psicologia e Educação, passando então a um programa semiestruturado, o Programa de Acompanhamento Intensivo e Sistemático aos Pais, o PAIS (Capítulo 15), criado por Maria Clara Nassif, que veio também a compor o protocolo de seguimento com os pais no Centro Pró-Autista Social. Esse programa considera tanto as bases epistemológicas de TED, de Ramain e DIA-LOG, bem como de alguns dos recursos metodológicos destas, para compor as bases de suas intervenções com as famílias, partindo das situações naturais do meio ambiente, a fim de mobilizar um processo evolutivo de base neurodesenvolvimental. Ao longo de todo o PAN, configurou-se, então, um outro eixo, o PAIS, que possibilita o redimensionamento das intervenções ao meio ambiente e busca a qualidade de vida familiar; por essa perspectiva é que os aspectos afetivo-emocionais dos pais se incluem como foco relevante da proposta.

Além desses dois eixos, considerando-se as perspectivas teóricas de compreensão das bases neurobiológicas e neurofisiológicas dos transtornos do neurodesenvolvimento, e também que o diagnóstico e o acompanhamento neuropsiquiátrico (Capítulos 4 e 8) sempre estiveram presentes na articulação do trabalho clínico da Cari Psicologia e Educação, vieram então a se integrar como um dos eixos do PAN.

Assim, a elaboração do PAN se deu a partir de uma longa experiência clínica, em que diversos de seus programas já vinham sendo utilizados, outros criados mais recentemente, com respostas positivas observáveis na evolução clínica, conforme exposto na Seção III deste livro.

A implementação desse programa é coordenada pelo Núcleo Clínico, de Ensino e Pesquisas da Cari Psicologia e Educação (São Paulo, Brasil), recebendo apoio científico das instituições parceiras: a *Association Simonne Ramain Internationale* – (ASRI) (Paris, França), o *Service de Formation Continue* (SUFCO) da *Université François-Rabelais* (Tours, França), o *Laboratoire de Psychopathologie et Santé* (LLPS) da *Université Paris Descartes* (Paris, França), *Université Sorbonne Paris Cité* (Paris, França) e o Laboratório de Estudos sobre Desenvolvimento e Aprendizagem (LEDA) da Universidade de São Paulo. Por intermédio dessas mesmas parcerias, a Cari Psicologia e Educação vem desenvolvendo no Brasil a formação metodológica de educadores, pedagogos, psicólogos e profissionais das áreas afins, bem como vem buscando, por meio de pesquisas, a validação de protocolos de avaliação e de intervenções, procedimentos necessários à sustentação teórico-clínica de uma prática consistente e capaz de ser replicada por outros serviços, tais como aqui no Brasil, no Centro Pró-Autista Social.

PERSPECTIVAS TEÓRICAS E CLÍNICAS

O Programa Abrangente Neurodesenvolvimental (PAN) tem por objetivo a estruturação neurodesenvolvimental de pessoas portadoras de transtornos do neurodesenvolvimento e mais especificamente dos Transtornos do Espectro do Autismo (TEA), capacitando-as a uma melhoria nos níveis de adaptabilidade ao meio ambiente e de qualidade de vida; esses objetivos estendem-se aos familiares, em parte, como decorrência da própria evolução de seus filhos e por intervenções específicas a esse fim.

O PAN constitui-se em um programa de enfoque dimensional, de *natureza global*, que considera a complexidade de fatores presentes nos transtornos do neurodesenvolvimento, suas múltiplas expressões clínicas, seus diferentes graus de intensidade, as alterações em diferentes domínios funcionais, e seu nível de impacto na adaptabilidade ao meio ambiente (APA, 2013).

Do ponto de vista teórico e clínico, baseia-se fundamentalmente na visão do desenvolvimento humano por meio dos conhecimentos trazidos pelas Neurociências e pelas Psicologias – Geral, do Desenvolvimento e da Neuropsicologia – e toma como níveis conceituais abrangentes a importância dos fatores ambientais sobre a manifestação poligênica (Brédart & Van Der Linden, 2012; Karmiloff-Smith & Thomas, 2005). O meio ambiente não só inicia, como age diretamente no *desenvolvimento* das estruturas e das funções cerebrais, configurando o desenvolvimento do cérebro do bebê como um *processo dependente da atividade* (Karmiloff-Smith & Thomas, 2005).

Considera os estudos mais atuais no campo do neurodesenvolvimento, partindo do modelo biológico de etiologia de diferentes patologias que interferem no desenvolvimento infantil. A figura 1 (Ramus, Frank, comunicação pessoal, França, Le Croisic, 4 de Outubro de 2013) ilustra, de modo didático, a dinâmica das inter-relações entre meio ambiente, aparato biológico, cognição e as expressões comportamentais daí decorrentes.

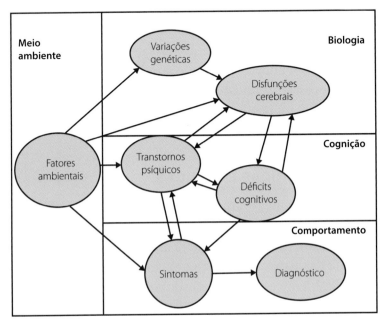

Figura 1. Correlações entre biologia, meio ambiente, cognição e comportamento.
Fonte: Ramus, Frank, comunicação pessoal, França, Le Croisic, 2013.

O PAN propõe modalidades de intervenções terapêuticas, congruentes a essa dinâmica, isto é, que, ao mobilizarem as estruturas cognitivas a partir da perspectiva neurofuncional, em um *setting* de enfoque *relacional* (vide Capítulos 11, 12 e 13), provoquem como decorrência um desenvolvimento integrado, a partir da estimulação das diferentes esferas: cognitiva, motora e relacional, abrangendo os aspectos de comunicação, emocionais e sociais. A mobilização das funções executivas presente nas diferentes modalidades de intervenção visa à evolução dos processos regulatórios, que necessariamente envolvem a percepção de si, do próprio corpo, a percepção do outro, o emergir do sujeito, a consciência de si, o situar-se diante de si e do outro, apontando para uma franca adaptabilidade social.

O PAN desenvolve e descreve novas abordagens teóricas e práticas terapêuticas, apoiado sobre três ideias centrais:
- ✓ coordenação coerente e seriada dos níveis evolutivos de intervenção organizados longitudinalmente segundo os marcadores de desenvolvimento das diferentes etapas evolutivas, da infância à idade adulta, bem como de suas respectivas demandas evolutivas socioemocionais.
- ✓ busca atingir as diferentes etapas do desenvolvimento, incidindo sobre os aspectos cognitivo e socioemocional, com particular atenção à integração neurofuncional e aos processos executivos, regulatórios, por meio de metodologias e métodos coerentes em suas bases epistemológicas.
- ✓ organiza programas personalizados específicos para cada etapa, considerando a noção de processo terapêutico, em perspectiva longitudinal.

A partir dessas ideias centrais, estruturou-se o programa em seu *continuum*, de modo a sustentar, longitudinal e progressivamente, por meio de seus instrumentos e técnicas terapêuticas, a evolução dos processos de neurodesenvolvimento e de estruturação mental possíveis a partir da emergência das potencialidades de cada um.

A especificidade desse conjunto consiste na harmonização de intervenções de bases metodológicas congruentes, que permitem diferentes procedimentos ao longo do percurso clínico, correlacionados às etapas evolutivas, organizados segundo as condições atuais de cada paciente ao início do tratamento, obtidas por meio de um preciso diagnóstico de caráter multidisciplinar. Considera ainda as perspectivas de evolução a partir do desenho de perfis longitudinais.

Os procedimentos são passíveis de ser sucessivamente reorganizados segundo os diferentes patamares evolutivos particulares ao ritmo e à heterogeneidade do desenvolvimento de cada um; considera-se a distinção entre os perfis cognitivo, socioemocional e de autonomia pessoal, relativos ao desenvolvimento típico e atípico, e respectivas características pertinentes a patologias específicas para o desenho de cada projeto terapêutico em particular. Esses procedimentos são definidos por reavaliações sistemáticas, favorecendo a composição do programa de acordo com as demandas específicas de *cada trajetória desenvolvimental*.

Toma a noção de trajetória desenvolvimental (Thomas *et al.*, 2009) como uma das referências para compreensão da evolução dos transtornos do neurodesenvolvimento, bem como essa noção é tomada como eixo organizador de suas modalidades de intervenção, considerando as variáveis intervenientes na evolução dos perfis ao longo do tempo: as particularidades genéticas, o nível de maturação, as características de funcionamento e processamento cerebral, o momento do início e modalidades dos meios de intervenção eleitos, incluídos aqui o nível do engajamento familiar e dos demais cuidadores, e outros fatores ambientais (Adrien, 2011).

Apresenta-se como um programa original de intervenção, constituindo-se em um modelo clínico inovador, estruturado, porém aberto e flexível às diferentes demandas evolutivas, referenciado aos paradigmas do pensamento sistêmico: complexidade, diversidade e flexibilidade (Vasconcellos, 2002).

PAN: SUA ESTRUTURA

O PAN considera a *perspectiva neurodesenvolvimental e relacional* conforme os princípios da Terapia de Troca e de Desenvolvimento (Lelord *et al.*, 1978; Barthélémy *et al.*, 1995) (*vide* Capítulo 11) e dos Métodos Ramain (Ramain & Fajardo, 1975, 1977) e DIA-LOG (Fajardo & Ramain, 1997); considera também os princípios destes últimos como "Pedagogia da Relação", bem como os fundamentos antropológicos que os sustentam, conforme os Capítulos 2, 12 e 13.

O PAN organiza-se segundo três eixos relativos e congruentes às perspectivas do neurodesenvolvimento em seus aspectos biopsicossociais: Eixo I – Seguimento Neuropsiquiátrico, Eixo II – Seguimento Neurodesenvolvimental e Eixo III – Programa de Acompanhamento Intensivo e Sistemático aos Pais (PAIS).

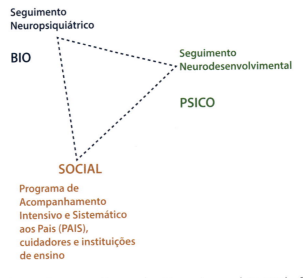

Figura 2. Polos do PAN. Programa Abrangente Neurodesenvolvimental – PAN.
Fonte: Nassif (2014).

Eixo I: Seguimento neuropsiquiátrico

Considera as bases neurobiológicas, afetivas e sociais implicadas na elaboração do *Diagnóstico neuropsiquiátrico*, bem como o acompanhamento evolutivo por meio do seguimento neuropsiquiátrico e tratamento de possíveis comorbidades de cada paciente.

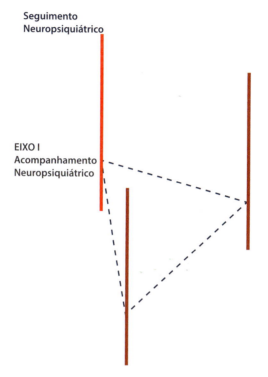

Figura 3. Eixo I – Seguimento Neuropsiquiátrico. Programa Abrangente Neurodesenvolvimental – PAN.
Fonte: Nassif (2014).

Eixo II: Seguimento Neurodesenvolvimental

Este segmento do PAN considera as bases neuropsicológicas, cognitivas e socioemocionais que sustentam as intervenções propostas, de base essencialmente neurodesenvolvimental.

Apoia-se sobre diferentes métodos de avaliação: do desenvolvimento cognitivo, das funções socioemocionais e do comportamento, bem como de diversas modalidades de intervenções terapêuticas: a Terapia de Troca e Desenvolvimento (TED), Métodos Ramain e DIA-LOG, e programas de adaptabilidade de natureza ecológica que podem ser aplicados em diferentes ambientes de vida: o Programa de Adaptação e Desenvolvimento Psicossocial (PADP) e o Centro de Integração Socioprofissional (CIS).

Sintetizando, referenciais teóricos comuns sustentam a coerência entre essas metodologias e os demais eixos do PAN: os princípios básicos de integração dos sistemas funcionais de Luria (Luria *et al.*, 1977), do desenvolvimento cognitivo de Jean Piaget (1936-1987) e dos neopiagetianos, bem como as bases do pensamento fenomenológico de empatia e de disponibilidade ao outro, as particularidades neurofuncionais dos transtornos do neurodesenvolvimento, e mais especificamente dos TEA, conforme os Capítulos 4, 5, 6 e 7.

O eixo II está composto de sete módulos sequenciais organizados segundo patamares evolutivos, primeiramente em intervenções individuais, intervenção precoce e seguimento infantil, por meio da TED, em direção às sucessivas etapas do neurodesenvolvimento cognitivo e socioemocional, estas já em atendimento grupal, trabalhadas por diferentes níveis de programas Ramain, incluindo os de movimentos corporais. Completam esse conjunto de estimulação terapêutica de base neurodesenvolvimental diferentes níveis de programas de base psicolinguística, por meio de DIA-LOG.

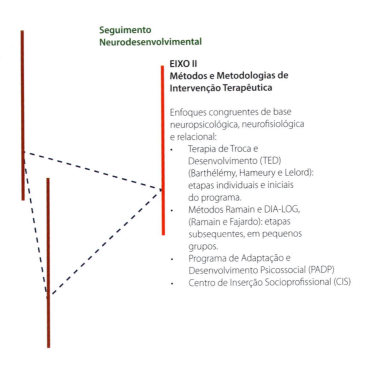

Figura 4. Eixo II – Seguimento Neurodesenvolvimental. Programa Abrangente Neurodesenvolvimental – PAN.
Fonte: Nassif (2014).

O último módulo direciona-se mais especificamente à inclusão ocupacional e/ou à formação profissional, por intermédio do CIS. Já o PADP é complementar aos demais programas e é proposto de acordo com as possibilidades e demandas de cada grupo de pacientes, ou mesmo individualmente quando indicado.

Eixo III: Programa de Acompanhamento Intensivo e Sistemático aos Pais (PAIS)

A família e o meio ambiente constituem fatores essenciais para a intervenção. Um paradigma possível considera de uma parte o papel dos pais como parceiros no tratamento, e de outra parte o ambiente e a estimulação natural como fontes de ampliação do desenvolvimento neurofuncional e afetivo, repercutindo sobre os processos gerais de adaptabilidade ao meio.

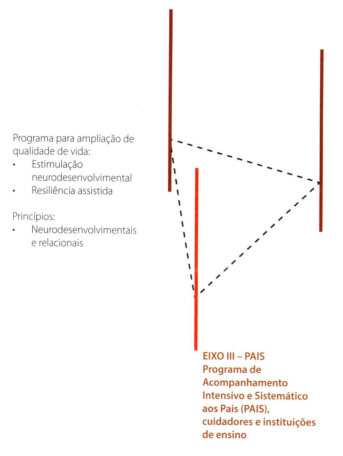

Figura 5. Eixo III – Programa de Acompanhamento Intensivo e Sistemático aos Pais (PAIS).

Ao longo de todo o PAN, o seguimento sistemático aos pais, por meio de um programa semiestruturado, possibilita o redimensionamento das intervenções no meio ambiente e busca a qualidade de vida familiar.

Considera as bases afetivas, ambientais e sociais articuladas por intermédio do PAIS e realiza o acompanhamento da inserção do paciente nos diferentes meios comunitários: escolar, esportes, lazer e cultura.

Dada a complexidade de fatores presentes em um *modelo clínico* como o proposto pelo PAN e a necessidade fundamental de integração destes em sua implementação e operacionalização, é que a efetiva ação de uma *equipe multidisciplinar* toma sua função como núcleo agregador e sustentador dos diferentes procedimentos da dinâmica de trabalho clínico.

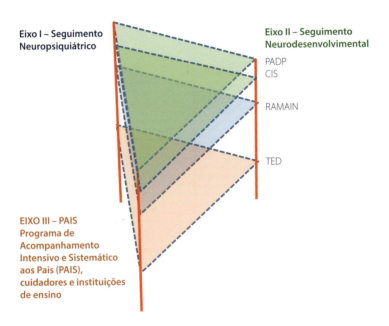

Figura 6. Conjunto dos programas que compõem o PAN e seus respectivos eixos. Programa Abrangente Neurodesenvolvimental – PAN.
Fonte: Nassif (2014).

REFERÊNCIAS BIBLIOGRÁFICAS

American Psychiatric Association (2013). *Manual Diagnóstico e Estatístico de Transtornos Mentais: DSM-5*. São Paulo: Artmed Editora.

Adrien, J. L. (1996). *Autisme du jeune enfant: Développement psychologique et régulation de l'activité*. Paris: Expansion Scientifique Française.

Adrien, J. L. (2011). La psychopatologie du développement de l'enfant permet-elle de mieux explorer et comprendre l'autisme? In: Adrien, J. L. & Gattegno, M. P. (Eds.) *L'autisme de* l'enfant*: évaluations, interventions et suivis* (pp. 17-32). Wavre, Belgique: Mardaga.

Barthélémy, C., Hameury, L., & Lelord, G. (Orgs.) (1995). *L'autisme de l'enfant: la thérapie d'échange et de développement.* Paris; Expansion Scientifique Française.

Brédart, S., & Van der Linden, M. (2012). *Identité et cognition.* Bruxelles: De Boeck.

Callahan, K., Shukla-Mehta, S., Magee, S., & Wie, M. (2010). ABA versus TEACCH: the case for defining and validating comprehensive treatment models in autism. *Journal of Autism and Developmental Disorders*, 40(1), 74-88.

Fajardo, G. & Ramain, S. (1997). *Dossiê DIA-LOG: Expressão – Comunicação – Criatividade.* São Paulo: Cari – Departamento de Publicações.

Gillberg, C., Fernell, E., & Minnis, H. (2013). Early symptomatic syndromes eliciting neurodevelopmental clinical examinations. *The Scientific World Journal.*

Karmiloff-Smith, A., & Thomas, M. (2005). Les troubles du développement viennent-ils confirmer les arguments de la psychologie évolutionniste? Une approche neuro-constructiviste. *Revue française de pédagogie*, 11-19.

Lelord, G., Barthélémy, C., Sauvage, D., & Arlot, J. C. (1978). Les thérapeutiques d'échange et de développement dans l'autisme grave chez l'enfant. *Concours Médical*, 100, 4659-4662.

Luria, A. R., Luria, A., Benítez, M. E., Leontiev, A. N., & Vygotsky, L. S. (1977). *Las funciones corticales superiores del hombre* (No. 616.8: 159.9). Orbe.

Mazetto, C. T. M. (2011).*Reflexões acerca das construções cognitivas no autismo: contribuições piagetianas para uma leitura da Terapia de Troca e Desenvolvimento (TED).* Tese de Mestrado, Instituto de Psicologia, Universidade de São Paulo, São Paulo.

Nassif, M. C. (2014). *Neuropsicologia e subjetividade: Fundamentos do Método Ramain.* São Paulo: Editora Alínea.

Odom, S. L., Boyd, B. A., Hall, L. J., & Hume, K. A. (2014). Comprehensive treatment models for children and youth with autism spectrum disorders. *Handbook of Autism and Pervasive Developmental Disorders,* Fourth Edition.

Odom, S. L., Collet-Klingenberg, L., Rogers, S. J., & Hatton, D. D. (2010). Evidence-based practices in interventions for children and youth with autism spectrum disorders. *Preventing School Failure: Alternative Education for Children and Youth*, 54(4), 275-282.

Ramain, S., & Fajardo, G. (1975). *Structuration mentale par les Exercices Ramain.* Paris: Epi.

Thomas, M. S., Annaz, D., Ansari, D., Scerif, G., Jarrold, C., & Karmiloff-Smith, A. (2009). Using developmental trajectories to understand developmental disorders. *Journal of Speech, Language, and Hearing Research*, 52(2), 336-358.

Vasconcellos, M. J. E. (2002). *Pensamento sistêmico: o novo paradigma da ciência.* São Paulo: Papirus Editora.

SEÇÃO I

Fundamentação Teórica do PAN:
Uma Visão Integrativa
Biopsicossocial

Capítulo 1

UMA CONDIÇÃO ESSENCIAL PARA A EVOLUÇÃO PESSOAL: A FLEXIBILIDADE MENTAL

Maria Clara Nassif

Se um camponês descobre, num dia em que sua terra foi invadida pelas águas, que a sua velha pá pode servir como remo e que ele pode transformar-se em marinheiro, ele se distancia de sua característica de camponês e torna-se criativo (Houziaux, 1973, p. 1).

O MÉTODO

Ao abrir as perspectivas teóricas que sustentam o Programa Abrangente Neurodesenvolvimental (PAN), distinguem-se dois aspectos: os que dizem respeito à esfera neurobiológica, neurofisiológica ou neurofuncional, incluindo as decorrências das alterações ou não, dessas estruturas na adaptabilidade dos indivíduos ao meio ambiente; e as perspectivas que sustentam as bases metodológicas de suas intervenções, estas, de modo coerente, congruentes às primeiras.

Esses aspectos teóricos e as metodologias próprias de cada um dos programas de intervenção serão apresentados ao longo desta seção e na Seção II; neste capítulo trata-se de refinar qual é o coração metodológico do PAN, em sua totalidade. Compete, também, aqui esclarecer em que medida a pedagogia que o sustenta, aliada ao conjunto conceitual e dos procedimentos que o compõem, imprimi-lhe o desígnio de um programa original, diferenciado pela perspectiva global de seus objetivos.

Desde a Grécia Antiga os filósofos já se ocupavam em prescrever aos homens como se libertarem das ideias preestabelecidas que os impediam de assumir o *"governo de si por si em sua articulação com as relações com o outro"* (Foucault, 1997, p. 111) ou ainda de como levá-los a assumir a *"governamentalidade"* (Foucault, 1997) de sua própria vida.

Se essa situação configurava-se, desde então, como própria das dificuldades gerais das pessoas de assumirem o rumo de suas próprias vidas, pode-se hoje, pelo conhecimento que temos, redimensionar o impacto dessa questão para as dificuldades efetivas encontradas pelas pessoas em situação de *handicap*, para assumirem a governamentalidade de suas vidas, de modo mais amplo, ou mesmo circunstanciado, se correlatos às limitações de diferentes ordens, quando presentes.

E esse é o *objetivo global* do PAN, levar a pessoa *a situar-se* na relação consigo e com seu entorno, sempre buscando-se atingir níveis de consciência de si e de autonomia pertinentes a cada condição.

Buscando a percepção de si em *relação* consigo, com o outro e com o contexto, o PAN propõe-se a colocar em marcha um processo de neurodesenvolvimento em que os aspectos cognitivos, socioemocionais, de autonomia pessoal e social possam expressar-se por uma atitude que reflita, *pela via integrativa*, a *manifestação de um sujeito ativo em um dado contexto*.

Considerando-se os paradigmas científicos da pós-modernidade, pautados na noção de complexidade, instabilidade e subjetividade, temos que a capacidade integrativa não se dá por justaposição de saberes, nem por somatória destes. No PAN, a capacidade integrativa advém de um processo contínuo, organizado no tempo e no espaço, por patamares sucessivos, que ao longo do percurso mobilizam continuamente o colocar-se *em relação*.

A ativação das funções superiores, via exercícios, em situação grupal, ou individual nos estádios iniciais, toma o valor experiencial e constitui-se como um pretexto à evolução pessoal. Portanto, o foco da intervenção incide sobre o sujeito e não sobre o objeto (exercício ou resultado a obter).

Nos transtornos do neurodesenvolvimento e mais particularmente nos Transtornos do Espectro do Autismo (TEA), as expressões comportamentais (atípicas), nas esferas de comunicação e interação social, comportamentos estereotipados e restrição de interesses (APA, 2013), correspondem às alterações de ordem neurobiológica, neurofisiológica e neurofuncional desses quadros (*vide* capítulos 4 e 5).

No PAN trata-se de, a partir de um meio rico, estimular pela integração das vias de conexão neural a emergência dos potenciais funcionais e sua consolidação enquanto desenvolvimento das estruturas cerebrais, cognitivas e socioemocionais, em perspectiva longitudinal.

Considera-se, ainda, a noção de *increasing* para a cada vez atingir níveis mais amplos de flexibilidade mental, de percepção de si e do outro e das inter-relações presentes em cada contexto social, favorecendo os processos adaptativos que configuram nos TEA o maior desafio.

Como esse desafio maior tem se mostrado sensível às proposições do PAN, como exemplificado na Seção III desta obra, pode-se apontar que a perspectiva global de seus objetivos se realiza pela experiência observável.

O PAN configura-se como um caminho para se chegar a um fim, e assim podemos propor que ele se constitui como um Método. *Méthodos*, do grego *meta*, rumo, e *hedos*, caminho. *Método* refere-se a um conjunto de procedimentos e regras para se chegar ao resultado desejado e, do ponto de vista filosófico, geralmente ao conhecimento verdadeiro.

O PAN constitui-se em um método clínico que comporta, como veremos, uma metodologia geral de base para atingir seus objetivos.

A ORIGINALIDADE DO PAN

A característica de originalidade poderia lhe ser atribuída por apresentar modelos originais de intervenção, tais como: o Método Neuropsicológico de Estruturação Mental Evolutiva: Dossiê Ramain Pré-F e seu respectivo Dossiê Ramain de Movimentos Corporais (Nassif, 2011); o Programa de Adaptação e Desenvolvimento Psicossocial (PADP); o Centro de Inserção Socioprofissional (CIS), ou o Programa de Acompanhamento Intensivo e Sistemático aos Pais (PAIS), bem como por trazer escalas de avaliação em curso de validação para a população brasileira, tais como a Escala de Avaliação Funcional dos Comportamentos Revisada – EFC-R (Adrien *et al.*, 2001) e a Bateria de Avaliação Cognitiva e Socioemocional (BECS) (Adrien, 2008).

Sim, isso é verdadeiro, pois graças aos estudos preliminares de validação dessas escalas e à criação desses programas é que se tornou possível a elaboração do PAN. Mas temos a considerar que esses mesmos programas ou escalas, bem como outros procedimentos que integram o conjunto de intervenções de sua base neurodesenvolvimental, guardam sua própria identidade e já vêm sendo utilizados em outros contextos, tais como clínico, escolar ou contextos inclusivos em instituições de natureza sociopsicoeducativas.

Porém, o PAN marca sua própria originalidade por trazer de modo coerente uma escola de pensamento que unifica, integrando em uma perspectiva sistêmica um conjunto de referenciais teóricos e de procedimentos clínicos. Estabelece as bases de um amplo protocolo clínico, para diagnóstico e intervenções, desde a intervenção precoce à idade adulta, destinado às pessoas com transtornos do neurodesenvolvimento. Assim, configura-se o método que rege o PAN.

Por tratar-se de um Método e não de um agrupamento de programas, institui uma nova perspectiva de pensamento clínico, estabelecendo-se a correspondência ao paradigma de que o todo representa mais do que a somatória de suas partes (conforme as leis da Gestalt), impondo-se, assim, a questão de situar no campo científico, teórico e clínico algo inédito.

Duas opções, ambas convergentes, designadas por respeitáveis e experientes professores e pesquisadores na esfera dos Transtornos do Espectro do Autismo, foram assim expressas: da parte da professora Cathérine Barthélémy, como uma nova escola de pensamento: *"escola neurodesenvolvimental"* (Comunicação Pessoal, 18/03/2015) e pelo professor Jean-Louis Adrien, situado em um contexto de *"ecologia desenvolvimental",* conforme prefácio desta obra. Ambas situam o PAN no campo desenvolvimental.

A terceira convergência situa o PAN nas mesmas perspectivas teóricas e clínicas dos Métodos Ramain e DIA-LOG, e conforme Germain Fajardo (1999) "Um caminhar ao colocar-se em relação" (*"Une démarche vers la mise en relation"*). Nessa mesma obra, Winckel toma essas perspectivas como "esta dimensão de vida" própria dos Métodos Ramain e DIA-LOG, que o diferencia das reeducações focais.

A perspectiva proposta por esses métodos é abrangente e consolida uma prática clínica que integra simultaneamente os aspectos biopsicossocial. Nesse sentido, não poderíamos deixar de citar Simonne Ramain, que sintetiza essa perspectiva:

> Reduzir o corpo a um conjunto organizado de músculos, de ossos, de nervos, de vasos, é como reduzir uma planta a raiz, caule, folhas, flores, enquanto ela é, ao mesmo tempo, tudo isso e jardim e crescimento, e sombra e murchidão, e sede e estremecimento. Eu não quero um corpo dividido em psique e soma, nem a adição desses dois polos; meu corpo é movimento, entrecruzamento de espaço e tempo, de genética e sociedade, de determinismo e vontade. (Ramain & Fajardo, 1977, p. 7).

Apresenta-se como um modelo integrativo, de base biopsicossocial, que considera a neurobiologia, abrange a neurofisiologia das redes neuronais, considera os aspectos neurofuncionais, e que, ao respeitar as etapas do desenvolvimento, de acordo com a teoria de Jean Piaget, assume a perspectiva de *neuropsicologia desenvolvimental* (*vide* Capítulo 3).

O PAN considera ainda as perspectivas de consciência, de consciência de si, de emergência do eu, de identidade e de alteridade abrangendo a consideração dos processos cognitivos e identitários, conforme Brédart e Van der Linden (2012), Damásio (1999, 1996), Germain Fajardo e Simonne Ramain (Fajardo, 1999; Ramain & Fajardo, 1977; 1975). Destacamos a síntese dessa perspectiva pela citação: "Se o ser é consciência, é desenvolvendo a consciência que se desenvolve o ser" (Simonne Ramain, como citado em Fajardo, 1999, p. 51).

Abarca ainda um arcabouço filosófico em relação ao homem e seu estar no mundo, baseado nos Três Fundamentos do Método Ramain, que regem os preceitos de todos os programas de intervenção, de modalidade grupal (*vide* Capítulo 2).

Trata-se de um modelo sistêmico que é inovador por sua concepção ampla e por seu caráter dimensional, e nesse sentido atende às recomendações mais atuais na esfera dos transtornos do neurodesenvolvimento.

Esses diferentes aportes teóricos que contemplam a estrutura geral do PAN pouco a pouco serão aprofundados nos demais capítulos que se seguem, integrados a outros, tais como as diferentes modalidades de intervenções.

A METODOLOGIA

Elegeu-se aqui apontar certos referenciais que representam um *diferencial significativo* do PAN em relação à construção das estruturas mentais ou reestruturação dessas estruturas, que se evidenciam por atitudes socialmente mais adaptadas, indicadoras de que houve um decréscimo nas disfunções em contrapartida a uma evolução dos processos regulatórios, denotativa de que novos meios relacionais e um aprender a pensar emergiram.

Considera-se a integração harmoniosa dos três conjuntos funcionais conforme Luria *et al.* (1977), incluindo importante mobilização da ação do córtex pré-frontal, que exerce os mecanismos de regulação e de controle executivo, os quais possibilitam o pensar, o aprender, e a flexibilidade mental, básica aos processos adaptativos (Damásio, 1996; Moutier, 2000).

Integra-se a esses aspectos o enfoque de construção da inteligência. Tomam-se as bases piagetianas do desenvolvimento cognitivo, considerando-se as noções: de que a construção do real e das estruturas cognitivas é indissociável; dos estádios sucessivos do desenvolvimento, em emergência progressiva e em espiral, até atingir o sistema lógico formal (pela dinâmica assimilação e acomodação), evolução possível a partir das ações próprias da criança no meio, de sua coordenação e de sua interiorização (Piaget, 1936/1987).

A emergência da flexibilidade mental

Diferentes autores, tais como Tversky e Kahneman (1983), Evans e Over (1997), Evans (1998) e Moutier (2000), desenvolveram estudos convergentes apontando que, independentemente de idade ou grau de instrução, o sistema lógico sofre diretamente a interferência de um outro sistema que minimiza ou não leva em conta provas ou argumentos que parecem contradizer uma ideia prévia ou uma primeira impressão a partir de uma proposição ou situação que se apresente[1].

São numerosos os estudos que demonstram essa prevalência de que, mesmo havendo a lógica mental, o cérebro humano tende mais a se afastar dela do que a aplicá-la, ou ainda tende a não considerar fatores pertinentes ou mesmo privilegiar a credibilidade em vez da lógica. Segundo estudos de Evans, Barston e Pollard (1983), Evans e Over (1996), Evans (1998), e Kahneman (2012), os erros de raciocínio em tarefas de lógica elementar podem ser sistemáticos, estáveis, atingindo entre 80% e 100% dos jovens e adultos normais (Houdé, 2014).

Kahneman (2012) explicita esse modo de funcionamento por meio da postulação de dois sistemas: o Sistema 2 (S2), que corresponde à capacidade de raciocinar logicamente, nos moldes propostos por Jean Piaget; o Sistema 1 (S1), que funciona automaticamente com pouco ou sem esforço nem controle deliberado e caracteriza-se por ser o facilitador das falhas, atalhos ou bifurcações, que confundem a busca de resoluções efetivas. O S1 refere-se ao pensamento intuitivo, rápido e emocional, que não respeita a lógica das probabilidades, e atinge diretamente a capacidade de tomada de decisões pertinentes.

Kahneman (2012) propõe então o Sistema 3 (S3), isto é, *a capacidade de o cérebro resistir* aos vieses do pensamento imposto pelo S1; o S3 representa a capacidade de buscar novas respostas, *inibindo as habituais*, ou ainda, diante da constatação de enganos lidar com as manifestações emocionais daí decorrentes, para lutar a fim de encontrar um novo caminho. Nesse sentido, ao liberar a razão para a reflexão, desvencilhando-a dos aspectos supérfluos das respostas rápidas, automáticas, pode reter as intuições remanescentes do S1, que são pertinentes ao S2. Assim é que o S3, ao inibir o S1, libera o cérebro para raciocinar, isto é, libera o S2. A inibição torna-se possível pela ação do córtex pré-frontal, pelo controle executivo, que faria a articulação entre os aspectos pertinentes das respostas intuitivas e as do sistema lógico, favorecendo o contato direto com o aqui e agora, com a realidade atual, por intermédio de novos caminhos.

Conforme Houdé (2014), o traço de união entre esses sistemas corresponde à teoria do marcador somático de Damásio (Bechara & Van Der Linden, 2005; Damásio, 1999; 1996) ao mesmo tempo biológica e psicológica, o cha-

---

[1] Esses aspectos englobam a noção de *bias*; aprofundar nos autores Houdé e Borst (2014); Kahneman (2012); Evans (1998); Evans e Over (1997); Tversky e Kahneman (1983).

mado cérebro cognitivo-emocional, que age como um guia orientador para integrar emoção e razão (Houdé & Borst, 2015, 2014; Houdé, 2014; Nassif, 2014; Kahneman, 2012; Fajardo, 1999; Damásio, 1996).

Pode-se estabelecer uma relação analógica direta entre esses três sistemas e a metodologia que embasa os dossiês dos Métodos Ramain e DIA-LOG, de imediato, partindo-se da afirmação de Germain Fajardo (Ramain & Fajardo, 1975) de que:

> "As estruturas culturais têm resposta para tudo, relegando muitas vezes a realidade exterior ou interior ao nível de coisas simples, mais ou menos etiquetadas e sobre as quais se reflete pouco. O fato de duvidar da conveniência de tal ou qual designação nos projeta a uma situação de pesquisa da qual nascem a nuança e o novo conceito, perecível este também. A esse respeito gostamos de opor a atitude dos soldados romanos que, vendo pela primeira vez elefantes, espontaneamente os chamaram de 'grandes cavalos', à dos exploradores que, percebendo cangurus pela primeira vez, gritaram: 'que é isto?' sentindo que a imagem visual de sua percepção não correspondia às imagens mentais que eles possuíam". (p. 7)

Denota-se, aqui, a ênfase de Fajardo ao ato de questionar sobre o que se reflete pouco, e a atitude de alerta diante da presença do desconhecido, o que é isto? (S3), liberando, assim, o espaço mental à percepção do novo, à possibilidade de um novo conhecimento, em oposição à atitude dos soldados romanos de um enquadre não pertinente (elefante não é um grande cavalo) que corresponde à resposta imediata, sem reflexão (S1).

Nesse sentido, em 2014, no capítulo A Relação com o Real comentamos: "É justamente sobre essas ideias preestabelecidas, sobre os hábitos, sobre um agir condicionado, que o Ramain vai agir durante todo o processo" (p. 104), a fim de favorecer o contato direto com a *realidade atual, única e efêmera*.

Essa condição apresenta-se como uma variável presente em todas as situações propostas, Ramain ou DIA-LOG, marcando a situação experiencial como fonte do conhecimento verdadeiro. Essa condição decorre de uma pedagogia que envolve a totalidade da pessoa, que mobiliza o sistema de alerta, o controle executivo, o representar-se, os processos metarrepresentacionais e a consciência de si, sintetizando-se no dizer de Fajardo: "E que é compreender senão colocar em relação a si?" (Fajardo & Ramain, 1997, p. 1).

Compreender envolve a capacidade de questionar-se, de representar-se e de correlacionar diferentes aspectos metarrepresentacionais, mobilizando a presença de um sujeito ativo, como quando, no exemplo anteriormente citado, os exploradores, ao buscarem a referência da imagem de um canguru em seu interior e não a encontrando, puderam dar-se conta de sua inexistência, e dessa maneira abriram o espaço mental à percepção de uma *nova* realidade, indagando: "que é isto?".

Essas proposições são correlatas às recomendações de Houdé (2015), que, baseando-se em diversos estudos de psicologia experimental e em neurociências, propõe um novo enfoque para a pedagogia, deslocando sua proposta para a mobilização dos processos executivos e metarrepresentacionais (correção dos desvios por flexibilidade, vicariância), em detrimento de seu enfoque predominante sobre os aspectos do raciocínio e da lógica, para que, finalmente, esta, em si mesma, possa ser eficaz.

Independentemente das particularidades das populações às quais se destinam, por tratar-se de um método, em todos os programas Ramain e DIA-LOG, mantêm-se os mesmos princípios básicos, incluindo-se aqui os apresentados sob a ótica de sua correlação com os três sistemas de Kahneman (2012).

A partir de situações baseadas em exercícios de base cognitiva e socioemocional, vivenciados em grupo, realizados com materiais diversos ou então por intermédio de exercícios corporais, pela precisão e rigor de como suas indicações são apresentadas com vistas a uma realização, correspondem efetivamente ao S2 (capacidade de raciocinar logicamente).

Porém, pelo fato de serem apresentados por meio de coordenadas linguísticas organizadas, e por sua complexidade, tomam um caráter inédito e inabitual, que em geral surpreendem, e solicitam que durante a realização se considerem simultaneamente as variáveis apresentadas nas indicações (o que corresponde à mobilização de mecanismos executivos, à flexibilidade, à vicariância, ou seja, ao S3), contrariando o que seria uma percepção óbvia ou superficial própria do S1.

Nessas circunstâncias, solicita-se a busca de uma resposta que se dará por uma experiência pessoal, de realização, que mobiliza uma atitude de *pesquisa* em relação ao proposto e ao mesmo tempo pesquisar-se, isto é, prestar atenção a si mesmo, desencadeando uma consciência sobre o próprio modo de agir, sobre "o modo de como faço algo". A totalidade do contexto mobiliza uma reação que "puxa" para uma reflexão mental duvidativa (Bachelard, 1996) que precede o fazer, antes da realização; aí, então, temos o S3 operando, pois uma resposta automática, própria do S1, não vai corresponder ao demandado.

Ressalte-se aqui a função do terapeuta em uma situação Ramain ou DIA-LOG, pela qual, nos momentos em que o erro se manifesta, ou a dificuldade de compreensão ou mesmo de realização diante das indicações propostas – por falhas desencadeadas pela ação do S1 e por pouca prevalência do S2 – ou, ainda, por decorrências de *handicaps*, não haverá julgamento de valor sobre os resultados.

Nessas circunstâncias, o terapeuta agirá chamando a atenção sobre um ou outro aspecto, colocando a dúvida para incitar a busca de novas respostas, mobilizando-se o sistema de alerta (S3) de que algo não corresponde ao solicitado e, ao incitar a busca de uma outra resposta, requer a inibição dos estereótipos mentais e de ação, bem como a ativação de busca de novos caminhos resolutivos (é o S3 operando), para um efetivo contato com a *realidade atual, única e efêmera*, configurada pelo exercício (S2).

Esse mecanismo, a partir da ação do S3, implica diretamente o trato das emoções que impulsionam por vezes para um ato impensado, ativa a busca de alternativas diante de um engano cometido e o refazer procedimentos operatórios, solicitando e atualizando os processos superiores para uma resposta, elaborada e não mais automática, integrando-se emoção e razão.

O modo como se passa uma situação Ramain denota sua estrutura: exercício, grupo e atitudes do animador, agindo sobre os processos regulatórios, da heterorregulação suscitando a autorregulação. Durante a situação, buscam-se o engajamento do participante na realização do proposto, a percepção de seus enganos como fonte de uma pesquisa que pode levá-lo a descobrir ou mesmo realizar o que talvez ao início do exercício não passasse de um entendimento muito reduzido da proposição. O modo como a experiência é conduzida possibilita o aflorar de novas possibilidades perceptivas, do realizar, de si mesmo, talvez do outro ou da situação. O participante evolui ao longo do próprio exercício.

Interessa-nos destacar como, num suceder de situações (exercícios), o embate entre os três sistemas de Kahneman (2012) é colocado em processo e como a intervenção que mobiliza continuamente o sistema de vicariância, retomando os desvios de rota impostos pelas respostas automáticas, favorece a evolução do sujeito na direção de sua autopercepção e consciência de si mesmo.

Temos ainda, em correlação a esses três sistemas de Kahneman (2012), dois outros aspectos metodológicos de Ramain e DIA-LOG, tratados mais diretamente nos Capítulos 2 e 12, e que merecem destaque por estabelecerem um contexto que denota a força da via emocional. Um deles refere-se ao caráter não finalístico do exercício, que abre ao sujeito a possibilidade de viver uma experiência enquanto tal e, ao perceber-se agindo, mobilizar sua própria atenção aos processos subjetivos, à consciência de si, favorecendo a emergência do eu e do sujeito.

O outro aspecto refere-se ao trato do erro como uma eventualidade, falha, tratado como um dos elementos de pesquisa da situação, que destitui o caráter de julgamento de valor da pessoa. Esse aspecto, integrado ao do caráter não finalístico do exercício e suas decorrências, pouco a pouco mobiliza o "*l'intérêt a soi*", conceito desenvolvido por Simonne Ramain (1975), pelo qual a pessoa passa a ter um interesse verdadeiro por seu próprio modo de agir, engajando-se no processo de busca de suas próprias perspectivas e realizações de modo assertivo e consciente (aprofundar em Nassif, 2014).

Esses dois aspectos, fundamentais na Metodologia Ramain e DIA-LOG, abrem a situação experiencial Ramain para o campo emocional, de um sujeito agindo em uma dada realidade e não simplesmente realizando exercícios cognitivos.

Diversos estudos apontam o impacto dos transtornos do neurodesenvolvimento sobre os aspectos subjetivos de percepção negativa de si próprio, dos baixos níveis motivacionais, do frágil equilíbrio emocional diante de insucessos ou frustrações (Hallowel & Ratey, 1999). E de fato é pelo complexo conjunto de fatores intervenientes nesses quadros ao qual se atribui seu caráter dimensional e não focal.

Ao mobilizar a pessoa inteira em "um banho emocional" (Vincent, 1998), pois a resposta imediata, própria do S1, entra em confronto com a razão, S2, é que a cada exercício Ramain ou DIA-LOG o sistema S3 é mobilizado, integrando os aspectos emocionais, de modo contundente na tomada de decisões dos caminhos resolutivos a seguir.

Retomando-se a hipótese do marcador somático (Bechara & Van Der Linden, 2005; Damásio, 1996) que busca explicar o papel das emoções e do raciocínio na tomada de decisões, esses autores atribuem ao marcador somático a função de "forçar" a atenção para as consequências e assim poder conduzir para uma ação determinada.

Conforme já exposto, temos numa situação Ramain: a estruturação dos exercícios, seu modo de apresentação e o terapeuta, por meio de suas intervenções, incitam continuamente a que o participante se dê conta do operatório, de seu modo de agir em correlação ao solicitado, e tome decisões em outra direção que não as enganosas; nesse sentido, temos um contexto experiencial rico, que suscita a função autorreguladora a partir da função heterorreguladora da situação Ramain, que se supõe mobilizar continuamente o marcador somático.

Ampliando, um estudo de Bar-On, Tranel, Denburg e Bechara (2003) propõe que a hipótese do marcador somático refere-se a um *conjunto multifatorial de competências emocionais, pessoais e sociais* que influenciam nossa habilidade de enfrentar as demandas diárias ativa e efetivamente. Afirma que o prejuízo da tomada de decisão parece estar relacionado ao prejuízo na autoconsciência e autoexpressão, quer dizer que o sujeito falha em saber adequadamente quem é, o que quer e como alcançar seus objetivos de maneira efetiva. Ressalta ainda que frequentemente os sujeitos que falham em fazer as escolhas certas também são menos efetivos no controle de suas emoções, na manutenção de uma atitude positiva e otimista, e em gerar e selecionar soluções potencialmente efetivas. Esse conjunto fatorial, entre outros aspectos, envolve e incide sobre a ativação de mecanismos neurais, "disparadores" dos processos emocionais, motivacionais, de autorregulação e de adaptabilidade flexível ao meio, condições estas esperadas como decorrências da situação Ramain e DIA-LOG.

CONGRUÊNCIAS ENTRE RAMAIN, DIA-LOG E TED

O Método Ramain constitui-se como base dos diferentes patamares do PAN, para as intervenções de caráter grupal, que se iniciam após os de intervenção individual, centrados na TED – Terapia de Troca e Desenvolvimento (Barthélémy, Hameury & Lelord, 1995), que, embora com um *setting* diferente, porém de modo congruente, incide sobre os estereótipos mentais e de ação, favorecendo o decréscimo das disfunções em direção à estabilização dos processos regulatórios (Mazetto, 2015).

Outros aspectos centrais desses métodos apresentam-se correlatos e congruentes, permitindo que o PAN se organize metodologicamente pela via neurodesenvolvimental, passando de seu embasamento teórico à sua prática clínica, desde a intervenção precoce à idade adulta, baseando-se nos mesmos pressupostos, com o cuidado de adequar o nível de solicitação funcional das diferentes intervenções às condições atuais de cada paciente.

As bases relacionais que solicitam um caminhar para a relação, em Ramain e em DIA-LOG, emergem como situação a partir de exercícios propostos e na TED, e se configuram por propostas-convite à troca e à comunicação. Nesse sentido, a congruência entre essas três linhas de intervenção se caracteriza por uma práxis que provoca uma evolução neurodesenvolvimental, a partir de uma relação terapêutica centrada no valor relacional da experiência.

Pode-se ainda constatar que a dinâmica paciente – "exercício" – psicoterapeuta em TED, e paciente – exercício – o outro – os outros e psicoterapeuta em Ramain e DIA-LOG, tem como foco principal de toda a intervenção a troca e a comunicação com o outro, como ponto de abertura às diferentes *relações* que possam vir a se estabelecer entre sujeito e mundo que o cerca, correlatas, respectivamente, às possibilidades cognitivas e socioemocionais, a cada momento particular da evolução de cada um.

Explicitando essa perspectiva, temos que as três linhas de intervenção se apoiam sobre exercícios que solicitam a participação dos esquemas motores, cognitivos e socioemocionais; se organizam por meio da diversidade de proposições, cada qual considerando o patamar evolutivo ao qual se direciona.

A TED direciona-se mais diretamente aos estádios iniciais do desenvolvimento, correspondendo ao período sensório-motor, conforme referencial piagetiano, e toma como elemento metodológico central as **sequências sensório-motoras** na busca de uma sincronia *relacional* da criança com o outro (Mazetto, 2010); no Método Ramain, seu aspecto metodológico central, correspondente à proposição de trabalho com **os movimentos corporais**, envolve a percepção de si e a percepção de si mobilizada na e pela *relação* com o outro, e com o grupo em seu conjunto; e em DIA-LOG, o eixo central de suas programações, **os movimentos linguísticos e relacionais**, privilegia a expressão e a comunicação, solicitações situadas em diferentes programas correlatos aos demais estádios do desenvolvimento cognitivo.

As situações, baseadas em exercícios propostos nas três metodologias, partem do *valor relacional da experiência*, para buscar a evolução atitudinal dos participantes; além disso, cada situação mobiliza a evolução de atitudes do próprio terapeuta, pois não se trata de apresentar exercícios e sim de viver cada situação baseada em um exercício. Cada vivência, cada experiência, ao longo do processo, busca um "caminhar para colocar-se em relação" (Fajardo, 1999) consigo mesmo, com o outro, com a proposição e com todos os elementos presentes à situação.

Dada essa perspectiva fenomenológica comum às três metodologias, estas privilegiam a importância de um sólido processo formativo do psicoterapeuta, com destaque em suas atitudes à empatia, à disponibilidade emocional ao outro e à mediação das experiências vividas.

Pesquisas por neuroimagem, a partir de intervenção em TED nesses períodos iniciais, confirmam sua ação sobre a evolução e a organização das estruturas cerebrais (Meaux *et al.*, 2014); para os níveis de intervenção grupal por meio do Método Ramain, pesquisas clínicas (Garcia, 2014; Urban, 2003) apontam para a evolução nos níveis funcionais e adaptativo.

As demais intervenções do Método PAN, tais como os programas de adaptabilidade de natureza ecológica (PADP e CIS) (Capítulo 14), bem como o PAIS (Capítulo 15), mediante seus procedimentos específicos, respeitam esses mesmos pressupostos.

O Método PAN considera a pessoa em sua totalidade, nada sendo excluído. Busca integrar homem e contexto, considerando-se sua multidimensionalidade: o homem biológico, psicológico, cultural e suas relações nas diferentes perspectivas sociais que lhe concernem (Capítulo 3).

Retomando, temos que o Método PAN marca a sua própria originalidade por:

- ✓ Trazer de modo coerente uma escola de pensamento que unifica, integrando em uma perspectiva sistêmica um conjunto de referenciais teóricos e de procederes clínicos em perspectiva neurodesenvolvimental e ecológica.
- ✓ Estabelecer as bases de um amplo protocolo clínico, para diagnóstico e intervenções, desde a intervenção precoce à idade adulta, destinado às pessoas com transtornos do neurodesenvolvimento.
- ✓ Considerar em sua abrangência a *práxis* como expressão da *subjetividade*, dando relevo à formação de si, ao *"intérêt à soi"*.

> "A prática de si deve permitir a eliminação dos maus hábitos e das falsas opiniões que se pode receber da massa [...] como também dos parentes e do meio. Desaprender (de-discere) é uma das tarefas importantes da cultura de si." (Platão, O Alcebíades apud Foucault, 1997, p. 124)

- ✓ Apresentar como seu coração metodológico, sua singularidade, uma pedagogia da *relação*, que busca o desvencilhar-se dos estereótipos mentais e de ação; focando no aqui e agora, busca desencadear a mobilidade interna, capaz de favorecer a abertura do espaço mental ao pensar, à emergência do eu em *relação* consigo e com o outro, em *relação* direta com a abrangência da realidade, em seu *continuum* de sucederes.

REFERÊNCIAS BIBLIOGRÁFICAS

Adrien, J. L. (2008). *BECS: Batterie d'évaluation cognitive et socio-émotionnelle: Pratiques psychologiques et recherches cliniques auprès des enfants atteints de TED*. Bruxelles: De Boeck Supérieur.

Adrien, J. L., Roux, S., Couturier, G., Malvy, J., Guerin, P., Debuly, S. & Barthélémy, C. (2001). Towards a New Functional Assessment of Autistic Dysfunction in Children with Developmental Disorders The Behaviour Function Inventory. *Autism*, 5(3), 249-264.

Bachelard, G. (1996). *O novo espírito científico: contribuição para uma psicanálise do conhecimento*. Tradução Estrela dos Santos Abreu. Rio de Janeiro: Contraponto.

Bar-On, R., Tranel, D., Denburg, N. L., & Bechara, A. (2003). Exploring the neurological substrate of emotional and social intelligence. *Brain*, 126(8), 1790-1800.

Barthélémy, C., Hameury, L., & Lelord, G. (1995). *L'autisme de l'enfant: la thérapie d'échange et de développement*. Paris: Expansion Scientifique Française.

Bechara, A., & Van Der Linden, M. (2005). Decision-making and impulse control after frontal lobe injuries. *Current opinion in neurology*, 18(6), 734-739.

Brédart, S., & Van der Linden, M. (2012). *Identité et cognition*. Bruxelles: De Boeck Supérieur.

Damásio, A. R. (1996). O erro de Descartes: Emoção. *Razão e o Cérebro Humano*. São Paulo: Companhia das Letras.

Damásio, A. R. (1999). *O Mistério da Consciência: do corpo e das emoções ao conhecimento de si*. São Paulo: Companhia das Letras.

Evans, J. S. B. (1998). Matching bias in conditional reasoning: Do we understand it after 25 years? *Thinking & Reasoning*, 4(1), 45-110.

Evans, J. S. B., & Over, D. E. (1997). Rationality in reasoning: The problem of deductive competence. *Cahiers de Psychologie Cognitive/Current Psychology of Cognition*.

Evans, J. S. B., Barston, J. L., & Pollard, P. (1983). On the conflict between logic and belief in syllogistic reasoning. *Memory & Cognition*, 11(3), 295-306.

Fajardo, G. (1999). *La Méthode Ramain: Une Demarche vers la mise en relation*. Paris: Association Simonne Ramain Internationale.

Fajardo, G. & Ramain, S. (1997). *Dossiê DIA-LOG: Expressão – Comunicação – Criatividade*. São Paulo: Departamento de Publicações CARI.

Foucault, M. (1997). *Resumo dos Cursos do Collége de France (1970-1982)*. Rio de Janeiro: Jorge Zahar.

Garcia, G. F. (2014). *Metodo Ramain-Dialog y desarrollo de las funciones ejecutivas*. Valencia.

Hallowel, E. M., & Ratey, J. J., 1999. *Tendência à distração: identificação e gerência do distúrbio do déficit de atenção (DDA) da infância à idade adulta*. Rio de Janeiro, Rocco.

Houdé, O. (2014). *Le raisonnement*. Paris: Presses Universitaires de France.

Houdé, O., & Borst, G. (2014). Measuring inhibitory control in children and adults: brain imaging and mental chronometry. *Front Psychol*. 5(616), 10-3389.

Houdé, O., & Borst, G. (2015). Evidence for an inhibitory-control theory of the reasoning brain. *Frontiers in Human Neuroscience*, 9.

Houziaux, A. (1973). *Le désir, l'arbitraire et le consentement: pour une éthique du tragique*. Vol. 25. Aubier Montaigne.

Kahneman, D. (2012). *Système 1/Système 2: les deux vitesses de la pensée*. Paris: Editions Flammarion.

Luria, A. R., Luria, A., Luria, A. R., Benítez, M. E., Leontiev, A. N., & Vygotsky, L. S. (1977). *Las funciones corticales superiores del hombre*. Madrid: Fontamara.

Mazetto, C. T. M. (2010). *Reflexões acerca das construções cognitivas no autismo: contribuições piagetianas para uma leitura da Terapia de Troca e Desenvolvimento (TED)*. Dissertação de Mestrado, Universidade de São Paulo, São Paulo.

Mazetto, C. T. M. (2015). *A criança com autismo: trajetórias desenvolvimentais atípicas à luz da teoria piagetiana da equilibração*. Dissertação de Doutorado, Universidade de São Paulo, São Paulo.

Meaux, E., Hernandez, N., Carteau Martin, I., Martineau, J., Barthélémy, C., Bonnet Brilhault, F., & Batty, M. (2014). Event related potential and eye tracking evidence of the developmental dynamics of face processing. *European Journal of Neuroscience*, 39(8), 1349-1362.

Moutier, S. (2000). Deductive competence and executive efficiency in school children. *Current Psychology Letters: Behaviour, Brain and Cognition*, 3, 87-100.

Nader-Grosbois, N. (2007). *Régulation, autorégulation, dysrégulation: Pistes pour l'intervention et la recherche*. Wavre: Mardaga.

Nassif, M.C. (2011). *Dossier Pré-F: Método de Estruturação Mental Evolutiva*. Disponível em: CARI-Psicologia e Educação. Rua Pedro Morganti, 68, CEP: 04020-070, São Paulo, SP, Brasil ou em Association Simonne Ramain Internationale, 92 bis Boulevard de Montparnasse, 70514 Paris).

Nassif, M. C. (2014). *Neuropsicologia e subjetividade: Fundamentos do Método Ramain*. São Paulo: Editora Alínea.

Piaget, J. (1936/1987). *O nascimento da inteligência na criança*. 4. ed. Rio de Janeiro: LTC.

Platão (ed. 1999). *Os Pensadores: Platão – Vida e Obra*. São Paulo: Nova Cultural.

Ramain, S., & Fajardo, G. (1975). *Structuration mentale par les Exercices Ramain*. Paris: Epi.

Ramain, S., & Fajardo, G. (1977). *Perception de soi par l'attitude et le mouvement*. Paris: Epi.

Tversky, A., & Kahneman, D. (1983). Extensional versus intuitive reasoning: The conjunction fallacy in probability judgment. *Psychological Review*, 90(4), 293.

Urban, M. L. (2003). *O Método Ramain: do tratamento da dificuldade escolar à evolução pessoal*. Dissertação de Doutorado, Universidade de São Paulo, SP, Brasil.

Vincent, J. D. (1998). *Voyage au centre du cerveau: Une enquete d'Eric Fottorino*. França: Odile Jacob.

Capítulo 2

TRÊS ASPECTOS DO MÉTODO RAMAIN

Germain Fajardo

Reflexões elaboradas pelo Grupo de Reflexão e de Estudos Teóricos[1] da Associação Simonne Ramain International, transcritas por Germain Fajardo

I – FUNDAMENTOS ANTROPOLÓGICOS DO MÉTODO RAMAIN

Recentemente, um de nós afirmou que o *RAMAIN* não nasceu de uma *ideia*, mas da *experiência*, o que é verdade, e, no entanto, o *RAMAIN* corresponde bem a uma ideia – uma *intuição* – do que é o ser humano.

Tentemos, portanto, explicitar as bases dessa *antropologia* sobre as quais foi constituído o *corpus* chamado *Método Ramain*, fruto de uma *experiência* lúcida e tenaz, a de Simonne Ramain.

Primeiramente, para Simonne Ramain, todo ser humano é considerado ser *uma pessoa*, totalmente, qualquer que seja sua idade, seu nível mental, sua cultura, sua situação ou seu estado; e nós costumamos dizer: *"Se nasce pessoa"*.

---

[1] Grupo fundado em 1981 sob a direção de Germain Fajardo e atualmente composto por oito membros titulares: Madeleine Allaire, Germain Anavitarté, Danielle Andréoletti, Marie-Paule Blanchard, Marie-Hélène Devaux, Gemain Fajardo, Jean Grippay e Claire Michelis.

Essa criança é frágil, dependente, precisa crescer, do mesmo modo, o homem nunca poderá bastar-se a si mesmo; ele será sempre incompleto e terá necessidade de outros homens para *ser* e *se reconhecer* homem.

O homem é uma *unidade* indivisível e, nesse sentido, indissociável de seus afetos e emoções, de sua experiência e de sua consciência. Ele merece, portanto, um desenvolvimento conjunto de suas capacidades, de modo equilibrado, extensivo e aberto que lhe permita *integrar* tanto seus afetos e emoções, como dizíamos, quanto suas experiências e conhecimentos, sua história, seu presente e suas perspectivas futuras.

O homem deve ser respeitado em seu *corpo*, lugar de sua existência, e a *experiência de si* deve ser privilegiada como processo de *unificação* da pessoa, cuja disponibilidade física, mental e psíquica é obstruída pela *divisão* do ser.

O homem é único e *diverso*, singular e *universal*; nesse sentido, ele escapa ao número. Como ser social, em todo grupo, ele será *um*, ele mesmo, entre outros, com seus deveres e direitos.

Pessoa, direitos e deveres estão destinados a tornar-se objeto de *reconhecimento* tanto pela sociedade quanto pelo próprio sujeito. Pode acontecer que, em tal situação, o reconhecimento seja talvez mais virtual do que efetivo; porém, é prioritariamente em meio à família, à escola, nos lazeres e no trabalho que ele deverá ser respeitado em sua *dignidade* inalienável. Cabe, portanto, ao profissional *RAMAIN*, impregnado dessas opções fundamentais, fazer delas um pré-requisito nas relações que estabelecerá e trabalhar para que esse *reconhecimento* se torne *realidade.*

A esta altura de nosso trabalho citemos mais uma vez Simonne Ramain: *"Homem é um ser inacabado, munido de um passado e de um futuro, de necessidades e aspirações, de desejos e receios. Em sua diversidade intrínseca, o homem é capaz de evolução, de ir além. O homem é movimento".*

Prossigamos com nossas palavras, porque a antropologia que sustenta o *RAMAIN* comporta igualmente um amplo campo que trata, justamente, de *evolução*:

O homem é habitado por uma *pulsão* de vida que o leva a *exteriorizar-se* e a colocar-se em *relação*. Nesse sentido, ele é capaz de *interesse*, não somente de estar interessado, mas de *interessar-se* como meio de *entrar em relação*; o que nós traduzimos por *"É preciso entrar em relação para criar relações".*

O desejo de *compreender* e de encontrar um *sentido* ao real é inerente ao homem. O homem *compreende* ao relacionar e é a *experiência da relação* que cria o *conhecimento*; portanto, é compreendendo que o homem *aprende* tanto de si e sobre si quanto de seu ambiente e sobre seu ambiente.

O homem é um ser não determinado e complexo que, *exteriorizando-se*, pode desenvolver sua *consciência de ser* e sua *relação com a realidade* de maneira a reconstruir esta, reconstruindo-se ao mesmo tempo a partir da *experiência pessoal*.

A *escuta* não é obrigatoriamente um fenômeno auditivo. Escuta-se com os olhos, as mãos, as narinas... A escuta é uma ligação, um nexo com a *realidade* que desenvolve a capacidade de *pensar*. Pensamento e ação definem o *ato*, *expressão* de um indivíduo que tem *consciência* de sua *existência* e de sua *implicação* no real.

Todo homem é destinado a uma *superação* de si que passa por si próprio e leva à *transcendência*.

II – A FUNÇÃO DO ANIMADOR: EDUCADOR E PSICOTERAPEUTA

Contrariamente ao que é habitual tanto no âmbito educativo quanto no terapêutico, o que o profissional *RAMAIN* propõe não é uma *tarefa a realizar* tendo em vista a obtenção – que se supõe benéfica – de um objeto material ou imaterial, tal como a solução de um problema matemático, mas *fazer uma sequência de si* em uma situação *problemática* na qual o sujeito "existindo e trabalhando com outros, não cessa de ser ele próprio e de realizar-se a si próprio em seus atos"[2].

O *Ramain* é uma estrutura de *pesquisa* em que o que sou manifesta-se no que faço: ocasiões de *confrontação*, aqui e agora, entre o que se acredita verdadeiro e a *realidade* da *experiência*; entre um universo finito e o infinito das potencialidades do que resta a criar.

Desde o primeiro contato e a cada encontro, o animador procurará desenvolver nos participantes, por meios diversos e concomitantes, a *consciência* de sua *unicidade* e contribuirá para que eles se tornem, para si e para os outros, um ser em *evolução*, único e indissociável.

A *receptividade* que o profissional possui para com as emoções, as incertezas, as dúvidas, as aproximações, as inabilidades, os erros como os sucessos, assim como com o inesperado, facilitará aos participantes a *integração* desses aspectos constitutivos do *ser em relação*.

Em toda situação o animador procurará alimentar e ampliar a *atenção* de uns e outros de maneira a desenvolver a *vigilância*, elemento fundamental na *percepção* da *complexidade* do real ao qual cada um pertence.

---

[2] K. Wojtyla in *"Personne et acte"* ["Pessoa e ato"] citado por Guilhermo Ferris *"La pédagogie du sujet: Ramain e Dia-Log"* ["A pedagogia do sujeito: Ramain e Dia-Log"].

Do mesmo modo, que cada experiência seja uma oportunidade de *confrontação* entre *linguagem* e *ação*; a linguagem refletindo o pensamento, confrontá-la à realidade percebida transforma a *consciência* tanto da realidade quanto da linguagem que a ela se refere.

O animador conservará na memória que o homem é um ser inacabado, que é preciso acompanhar para ajudá-lo a atingir sua plena *realização*.

Esse acompanhamento será vigilante, ativo e compreensivo, tendo em mente que todo homem é destinado a *unificar-se* para realizar-se e que ele deve *confrontar-se* à *realidade* para perceber-se, tomar consciência de si e tornar-se *sujeito*, corresponsável de seus atos, cocriador de seu destino.

III – O COTIDIANO DAS SESSÕES

O animador dirige-se ao grupo privilegiando a palavra. Sua linguagem é fluida, rica e viva de forma a refletir a riqueza e a complexidade do real.

Ele descreve a situação que propõe e convida a agir de acordo com a compreensão que cada um teve. Ele chama a atenção sobre o que foi acordado interrogando o grupo todo; de tempos em tempos, alguém em particular, em voz alta, sem excluí-lo do grupo.

Sua proposição, embora fácil, era complexa. Teria-se "esquecido" ou abandonado tal aspecto, no entanto, claramente mencionado? O animador interpela e em seguida propõe geralmente a mesma coisa, às vezes algo semelhante num contexto diferente.

No grupo, cada um se pergunta "o que é preciso fazer" – que o animador não "faz" no lugar dos outros – mas continua-se a buscar, às vezes quase às cegas. E então, de repente, para-se tudo a pedido do animador. Os participantes relembram-se juntos de que se trata e logo após retomam a experiência.

O animador prossegue em busca de uma elaboração. Ele incentiva; às vezes, aprova: "É isto, mas..." ou *"Não é bem isto, lembrem-se do que foi dito..."* Ele chama a atenção em relação a um determinado aspecto: *"Recomecem, levando em conta..."* O grupo, fazendo, continua buscando.

E depois, ao final de "n" minutos, inexoravelmente, o exercício termina. Recolhe-se o material e passa-se a outra coisa.

O exercício seguinte é, talvez, mais complexo, consistindo numa atividade que implica o grupo todo. O animador explica de que se trata e depois pergunta: *"O que vocês entenderam?... Certo, até onde?... e durante esse tempo?... e depois?"* Em seguida, ele afirma: *"Parece-me que está faltando alguma coisa..."* e impulsiona o grupo à ação.

Apesar da desordem evidente, o animador não interrompe os participantes; ele *lembra que...* ele *chama a atenção sobre o que está ocorrendo...* ele *observa que contrariamente ao que foi dito* – enquanto eles trabalham. Depois, para-se. Um pequeno comentário e volta-se à experiência, não necessariamente mais "bem-sucedida" que a precedente, mas o objetivo não é "ensaiar" para um espetáculo a ocorrer... outro dia...

O terceiro exercício deverá ser vivido em subgrupos de 3 ou 4 participantes, dentro do grupo. Instruções claras mais uma vez, definindo uma situação problemática necessariamente complexa, com seu quinhão de dificuldades sem dúvida de outra ordem. Ao final de um certo tempo, o exercício será encerrado.

A sessão está para se acabar; recorda-se o acontecido: alguém observa determinado aspecto do ocorrido que mais chama particularmente sua atenção; outro participante comenta tal outro aspecto e, se não houver um quarto exercício, após alguns comentários ainda, a sessão[3] termina.

Fazem-se as despedidas *"até quinta"* ou *"até a semana que vem"* e cada um volta para a casa ou para seu trabalho nutrido de uma experiência singular que lhe diz respeito.

---

[3] Entre 1h15 e 2h com grupos de crianças ou adolescentes; e até 3h30 ou 4h com adultos.

Capítulo 3

ASPECTOS CENTRAIS DO DESENVOLVIMENTO HUMANO: CONTRIBUIÇÕES DA TEORIA PIAGETIANA PARA UM PROGRAMA DE INTERVENÇÃO AO LONGO DO TEMPO

Camilla Teresa Martini Mazetto
Maria Thereza Costa Coelho de Souza

O objetivo deste capítulo é fornecer ao leitor as bases conceituais que permitem compreender uma visão particular sobre desenvolvimento que articula uma teoria clássica da psicologia a estudos recentes de neurofisiologia, por ligarem-se diretamente às propostas interventivas apresentadas neste livro.

A articulação entre os conceitos piagetianos (Piaget, 1896-1980) e o atual conhecimento no campo das neurociências é atestada por renomados estudiosos pós-piagetianos (Houdé & Meljac, 2004; Karmiloff-Smith, 1998; 2009) com diversos pontos de conexão, mas também de discussão, que contribuem para aprofundar o conhecimento teórico, *mas* que se voltam também para a prática com crianças em contextos atípicos de desenvolvimento.

Nossa tarefa será situar alguns conceitos centrais da teoria de Piaget que, mesmo se referindo classicamente ao desenvolvimento típico, serão relevantes para a transição dos conceitos de uma *psicologia do desenvolvimento à psicopatologia do desenvolvimento*, sobre a qual se apoia, do ponto de vista psicológico, a compreensão dos processos e das intervenções apresentadas nesta obra.

Um primeiro aspecto será compreender a noção de desenvolvimento em Piaget, apoiada em bases biológicas e compreendida como construção das estruturas mentais, com a característica principal de regular-se por um equilíbrio móvel e progressivo, que leva de patamares de menor equilíbrio a outros de maior e melhor equilíbrio.

Um segundo ponto será apresentar brevemente a visão piagetiana sobre a relação entre afetividade e inteligência, o que permite situar sua teoria de desenvolvimento em relação a outras abordagens e também compreender melhor as bases epistemológicas, éticas e psicológicas sobre as quais se apoia o programa de intervenção, que é objeto deste livro.

DESENVOLVIMENTO: O FATOR TEMPORAL E O PROCESSO DE EQUILIBRAÇÃO

Comecemos então por situar o que é, afinal de contas, o *desenvolvimento* em termos piagetianos.

O termo desenvolvimento encerra a noção de um processo temporal por excelência, integrando as transformações e as conservações ocorridas ao longo do ciclo vital, isto é, do nascimento à morte de um indivíduo.

De modo bastante original, mesmo que atualmente nos pareça corriqueiro, e fazendo jus à sua origem de biólogo, Piaget (1967/2003) traçou um paralelo central entre o desenvolvimento psicológico e o desenvolvimento biológico, atribuindo a ambos a característica de construção, isto é, de uma organização progressiva das estruturas (mentais ou orgânicas). A premissa de base ligada ao ato de conhecer (central ao desenvolvimento psicológico) é que ele se dá pela *atividade do sujeito sobre o meio*. Ora, essa atividade tem início nos primeiros atos reflexos, apoiados em bases biológicas, inatas.

Assim, admite-se que os processos psicológicos ligados ao ato de conhecer o mundo e, portanto, ligados à possibilidade de um organismo adaptar-se a ele são fruto de uma *inter-ação* entre o sujeito e o mundo circundante, e não estão situados apenas sobre o sujeito (com sua programação inata e suas características filogenéticas e ontogenéticas próprias) ou sobre o objeto externo a ele, que se imporia "de fora para dentro". O desenvolvimento está, assim, intimamente relacionado à relação dialética (no sentido de interdependente) entre sujeito e objeto.

Isso confere à ideia de desenvolvimento uma característica de *construção* ao longo do tempo, com todas as vicissitudes que podem ocorrer em um processo compreendido como dinâmico e aberto...

Assim, Piaget e Inhelder (1966/1998) distinguem os fatores inseparáveis e irredutíveis necessários ao desenvolvimento e que podem influenciar seu desenlace, a saber: a maturação do organismo, com a progressiva organização do funcionamento dos sistemas nervoso e endócrino, principalmente. A experiência adquirida na ação, que pode ser a experiência física sobre os objetos, mas também a experiência lógico-matemática (que se refere às coordenações *mentais* advindas da relação com os objetos), e as transmissões e interações sociais, nas quais são adquiridos e compartilhados os conhecimentos, tais como na transmissão escolar. E finalmente a equilibração, que representa o mecanismo interno que permite a passagem de um estágio ao seguinte pelas compensações ativas do sujeito às perturbações que ocorrem ao sistema de conhecimento estruturado a um dado momento. A equilibração se dá, então, fundamentalmente entre a assimilação (incorporação do objeto ou novidade ao sistema conhecedor) e a acomodação (ajuste do sistema para incorporar) gerando adaptação.

Todo desenvolvimento, biológico ou psicológico, depende do fator tempo como fator essencial do ciclo vital e supõe uma duração. Porém, o tempo não conta apenas como *duração*, mas também como *ordem de sucessão*, o que é muito bem traduzido pela teoria dos estágios proposta por Piaget (1936/1987). Esta é organizada como uma sequência ou sucessão de construções e não como determinação cronológica maturacional (como frequentemente compreendido). Com relação ao desenvolvimento da inteligência, essa perspectiva é, muitas vezes, pouco compreendida e simplificada, gerando muitas confusões e erros conceituais...

Apesar da característica epistêmica (teórica) do sujeito piagetiano, a psicologia do desenvolvimento, como um campo mais abrangente do conhecimento, tem a criança *real* no centro de sua argumentação, sendo uma *psicologia do processo*, isto é, interessa-se em investigar o que permitiu à criança chegar até uma certa etapa de seu desenvolvimento, e para onde ela poderá encaminhar-se na sequência.

Tomar a criança real como ponto de origem é aspecto relevante dessa abordagem, distinguindo-a de outras perspectivas relacionadas ao desenvolvimento humano. Para Piaget, a criança permite então estudar o desenvolvimento psicológico, pois revela o que se transforma e o que se conserva ao longo do tempo. Revela ainda como o processo de autorregulação se dá desde o nascimento, no dinamismo e equilibração entre o sujeito conhecedor (criança) e seu mundo de objetos (físicos e sociais). Desse processo contínuo de autorregulação, resulta o desenvolvimento psicológico.

Essa também é a preocupação da *psicopatologia do desenvolvimento*, ao lidar com os processos de desenvolvimento alterados, ou atípicos. Nesse sentido, a necessidade de intervir sobre os processos globais ou específicos do desenvolvimento, que podem apresentar particularidades, também suscita do psicólogo clínico a consideração dos aspectos *temporais* de sua intervenção. Conhecer a ordem de sucessão das aquisições cognitivas e da estruturação mental permite melhor adaptar a intervenção às necessidades do indivíduo a cada etapa, o que é contemplado de modo original pelo programa apresentado nesta obra.

A psicopatologia do desenvolvimento refere-se ao estudo dos transtornos psíquicos ou alterações observadas ao longo do desenvolvimento da criança. Seus objetivos são descrever e analisar os distúrbios na construção das capacidades mentais e emocionais, considerando os fatores internos e ambientais, além de identificar as diferenças na sintomatologia de patologias diversas, individualizando também a evolução diferencial de cada criança (Adrien *et al.*, 2002). Apoia-se sobre estudos clássicos do desenvolvimento normal, informando também sobre os mecanismos de desenvolvimento e correlacionando constantemente o estudo do desenvolvimento atípico com a referência necessária ao desenvolvimento em sua expressão mais típica.

O estudo da psicopatologia do desenvolvimento objetiva realizar o diagnóstico desenvolvimental, criar instrumentos de avaliação adaptados às particularidades desses quadros e vislumbrar modalidades de intervenção – individual, familiar e do ambiente social.

Assim, considerando-se o desenvolvimento psicológico e apoiando-se em Piaget (1970/1978), pode-se distinguir o aspecto *espontâneo* do desenvolvimento do seu aspecto *psicossocial*, o que significa considerar que há aquilo que a criança aprende por si mesma e aquilo que é aprendido pela transmissão social, pelos pais, pela escola... (tal como descrito a respeito dos fatores de desenvolvimento). É o aspecto espontâneo que leva tempo, e que é a condição *necessária* para as aquisições escolares, por exemplo, sendo o desenvolvimento psicossocial subordinado ao desenvolvimento espontâneo.

Esse aspecto espontâneo do desenvolvimento também deve ser considerado em um processo de intervenção psicológica, ou *desenvolvimental*, considerando-se que as próprias intervenções clínicas constituem-se um fator psicossocial a influenciar os processos de estruturação mental, que, entretanto, mantém um ritmo e uma trajetória próprios.

Considerando por ora os aspectos da teoria piagetiana ligados às construções cognitivas, mas lembrando desde já o paralelismo funcional entre as estruturas cognitivas e afetivas (discutidas posteriormente), deve-se lembrar que os sistemas de conhecimento derivam uns dos outros e dependem sempre de coordenações nervosas e orgânicas, de tal maneira que o conhecimento é necessariamente solidário com a organização vital em conjunto. Assim, todo conhecimento encerra uma organização, e a organização é uma característica central do desenvolvimento.

Piaget (1975) considera a vida como um processo de autorregulação, tanto do ponto de vista biológico quanto dos processos de conhecimento.

Do ponto de vista da fisiologia, a regulação é o conjunto dos mecanismos que permitem a manutenção da constância de uma função, em um dado organismo (Adrien, 1996). Numa perspectiva psicológica, de acordo com a terminologia piagetiana (Piaget, 1967/2003), a regulação é a capacidade que um organismo possui para modificar uma resposta em função de uma informação transmitida pelo meio interno ou externo.

Assim, ela supõe e exige que esse organismo seja sensível a essas informações, que ele as assimile e integre a esquemas preexistentes e que possa se modificar se as condições o exigirem em tempo hábil para que o equilíbrio inicial seja retomado (Adrien, 1996).

A função da regulação é, portanto, manter constante o equilíbrio segundo um eixo temporal e numa distribuição espacial, tomando em conta os impulsos do desenvolvimento, fonte de modificações internas, e as contingências do ambiente, na origem das diferentes perturbações externas (Adrien, 1996).

De fato, segundo Piaget (1964/2007), em condições típicas o desenvolvimento psicológico é orientado para o equilíbrio, sendo em si mesmo uma equilibração progressiva. No entanto, a forma de equilíbrio atingida pelo crescimento orgânico é mais estática que aquela para a qual tende o desenvolvimento da mente, sendo que as funções da inteligência e da afetividade tendem a um "equilíbrio móvel", em reequilibrações sucessivas, com melhora das estruturas anteriores (Piaget, 1975).

Nesse contexto, nas fases de construção inicial das funções cognitivas, podem-se considerar as estruturas mentais sucessivas que produzem o desenvolvimento como formas de equilíbrio, em que cada uma constitui um progresso sobre as precedentes. No caso de uma criança sem distúrbios, o desenvolvimento mental aparecerá, então, em sua organização progressiva como uma adaptação sempre mais precisa à realidade (Piaget, 1964/2007), o que ocorre de modo particular no caso de crianças com alterações nos processos globais de desenvolvimento, tais como nos casos dos transtornos do neurodesenvolvimento.

Entretanto, Karmiloff-Smith (2012) defende que muitos estudos envolvendo desordens neurodesenvolvimentais ignoram aspectos fundamentais propostos pela teoria piagetiana, tais como a própria história de desenvolvimento do organismo. A construção da inteligência, de acordo com a epistemologia de Piaget (1936/1987), se dá ao longo da ontogênese, e, mesmo que não tenha proposto uma generalização de sua teoria para o desenvolvimento do cérebro enquanto tal, pode-se afirmar atualmente que, ao longo do desenvolvimento progressivo do cérebro, ocorrem significativas mudanças estruturais, funcionais e bioquímicas.

A hipótese que rege as intervenções propostas nesta obra é a de que, mesmo no contexto de um transtorno, o desenvolvimento mantém a característica de um processo dinâmico, fonte de mudanças e de evoluções constantes, e não existem déficits absolutos de tudo ou nada. Assim, as trajetórias atípicas de desenvolvimento guardam características comuns com o desenvolvimento típico, especialmente em relação à hipótese de um processo de regulação central, que permite a ampliação do desenvolvimento socioemocional e cognitivo, mesmo que a um ritmo próprio (Mazetto, 2015). A mobilização interna suscitada pelas intervenções pode apoiar-se sobre as potencialidades e capacidades preservadas e contar com a plasticidade cerebral, graças a qual a experiência individual contribui para modelar as redes neuronais (Tardif, 2014).

Assim, apoiar-se nos princípios piagetianos para justificar um programa de intervenção de base neurodesenvolvimental encontra sua atualidade na própria evolução recente da psicologia e da ciência cognitiva, que integram mais do que nunca os aspectos da biologia (Houdé & Meljac, 2004). Além disso, é presente na literatura a busca de quadros teóricos de compreensão do desenvolvimento que considerem mais do que módulos funcionais isolados ou princípios cognitivos específicos. Nota-se a crescente relevância de modelos que busquem a integração entre diversos domínios, estudando como cada parte de um sistema em desenvolvimento se conecta com os demais, e especialmente como o efeito cascata de pequenas perturbações pode influenciar as trajetórias posteriores (Houdé & Meljac, 2004; Karmillof-Smith, 2009).

DESENVOLVIMENTO COGNITIVO E DESENVOLVIMENTO AFETIVO

Considerar o desenvolvimento sob a ótica biológica permite compreender as bases teóricas de um programa de intervenção *neurodesenvolvimental*. Torna-se coerente compreender os processos de integração neurofuncional subjacentes à estruturação dos conhecimentos e, portanto, da progressiva adaptação do organismo.

Entretanto, resta lançar luz não apenas sobre os processos internos considerados – e que delineiam a posição dessa abordagem em relação às demais – mas também considerar uma questão central, que se refere não ao *como*, mas ao *porquê* do movimento em direção a uma evolução.

Trata-se de compreender, sob a ótica piagetiana, o que rege o processo de equilibração do ponto de vista da motivação para superar as perturbações que incidem sobre o organismo, isto é, considerar os aspectos energéticos das condutas, a afetividade.

Apesar de pouco difundidas, Piaget (1953/1954) apresentou suas teses a respeito das relações entre afetividade e inteligência, postulando a correspondência entre os estágios de desenvolvimento intelectual e afetivo, bem como sua integração e interdependência mútua. O objetivo do autor foi o de enfrentar e superar a dicotomia entre afetividade e inteligência; razão e emoção, propondo que ambas se relacionassem no desenvolvimento psicológico, possuindo estatutos, naturezas e papéis diferentes.

As estruturas cognitivas são definidas como as formas de organização da atividade mental, variáveis a cada etapa e correlatas do ponto de vista do desenvolvimento motor e intelectual, mas também afetivo, com suas dimensões social e individual (1964/2007).

A cognição apoia-se na energética afetiva, isto é, depende dos processos ligados ao interesse e às valorizações, por exemplo, para que uma determinada perturbação possa também suscitar do indivíduo a necessidade de superação e, portanto, de equilibração progressiva. A afetividade, por sua vez, apoia-se sobre as estruturas cognitivas já construídas, mantendo características que se assemelham às dessas mesmas estruturas.

Assim, nos estágios de desenvolvimento do período sensório-motor, a afetividade é caracterizada pela presença de sentimentos intraindividuais (sentimentos de prazer e desprazer ligados às percepções), sendo que na ausência da linguagem as primeiras construções cognitivas não são socializadas. Já nas etapas de desenvolvimento nas quais a representação está presente, podem surgir os sentimentos intuitivos e seminormativos (sentimentos sociais elementares, sentimentos morais heterônomos), e, juntamente com a conquista do pensamento lógico, sentimentos normativos (sentimentos morais autônomos) e posteriormente sentimentos "ideológicos" (estes envolvidos na elaboração da personalidade e que se voltam a objetivos coletivos abstratos), nas etapas sucessivas da organização do pensamento operatório (concreto e formal).

A afetividade por si mesma não gera as estruturas, e também não as modifica, mas tem um papel importante no funcionamento do pensamento. Para Piaget, não haveria conduta nem unicamente afetiva nem somente cognitiva, defendendo a relação dialética entre elas como o aspecto central dos processos de regulação. Assim, a afetividade torna-se um fator regulador, pertencente ao contexto de desenvolvimento, que é o âmbito no qual o desenvolvimento se dá.

Considerar o aspecto afetivo a partir de Piaget (1953/1954) significa considerar o motor da evolução progressiva das estruturas na própria energética afetiva que suscita a motivação para a conduta, o que significa dizer que o desenvolvimento não está baseado em um reforçador externo, mas sim no próprio interesse em superar uma situação de desequilíbrio interno causado por uma necessidade, ou pelo desejo de conhecimento decorrente de uma situação de falta de conhecimento. A perturbação exterior só tem sentido, portanto, se for assimilada e se promover também a acomodação do sistema, no sentido piagetiano dos termos, conforme apontado anteriormente.

Em suma, a reequilibração será resultado de novas regulações entre a assimilação e acomodação e terá como resultado cognitivo, afetivo e social o melhor desenvolvimento e a adaptação dinâmica ao mundo.

CONSIDERAÇÕES FINAIS

Considerando brevemente alguns pontos da teoria piagetiana, sem pretendermos exaurir as possibilidades de articulação entre os construtos piagetianos e as abordagens posteriormente descritas, buscamos situar a proposta de intervenção apresentada nesta obra como uma proposta que considera o desenvolvimento em sua dimensão temporal (traduzida pela definição de etapas progressivas no programa de intervenção, associadas igualmente às técnicas adaptadas a cada uma dessas etapas), além de centrar-se sobre aspectos fortemente apoiados na capacidade de regulação e equilibração progressiva, ou majorante (traduzida pela compreensão dos aspectos neurofuncionais de integração das funções cognitivas, motoras, afetivas e sociais, que se mobilizam mutuamente, e não de modo compartimentado).

Além disso, a proposta de intervenção neurodesenvolvimental, que é objeto deste livro, foca a *evolução global da pessoa*, o que quer dizer que, independentemente de seu nível atual de desenvolvimento, novas etapas e condições podem ser alcançadas, para além das restrições colocadas, por exemplo, por um transtorno de ordem neurofuncional, afetiva e desenvolvimental. Em termos piagetianos, significa a busca da passagem de um estado de menor equilíbrio para outro, de maior equilíbrio, o que se reflete na melhor adaptação do sujeito ao seu ambiente.

Entretanto, não estaríamos satisfeitos em demonstrar apenas as correlações possíveis entre essa proposta de intervenção clínica, suas bases neurofuncionais e a teoria clássica piagetiana se não considerássemos a atualidade da teoria piagetiana, constantemente ressignificada pelos novos contextos que pode interpelar. Ademais, torna-se parte de nossa tarefa buscar justificar a própria originalidade e a especificidade dessa proposta clínica abrangente, considerando sua particularidade diante das propostas de intervenções psicológicas mais tradicionais.

Nesse sentido, encontramos na tese de Piaget sobre afetividade e inteligência (1953/1954) uma possível resposta para compreender *como* e *por que* a evolução da pessoa é possível nesse contexto, muito ligado à inter-ação no aqui e agora com uma proposta que tem por objetivo voluntário mobilizar a pessoa criando as causas de um desequilíbrio que por hipótese pode gerar a necessidade de sua própria superação, e a posterior reorganização e reestruturação mental global. Aliás, o que torna essa abordagem particular, para além de sua ênfase da própria ação do sujeito (em contraposição a intervenções que se apoiam em trocas eminentemente verbais), é sua aposta na espontaneidade do desenvolvimento, considerando-se a tese piagetiana, e o impulso afetivo para o desenvolvimento, que prescinde de um reforçador artificial, ou externo ao sujeito.

É evidente que, do ponto de vista clínico, esta não é uma tarefa simples, mas a experiência clínica direta e os estudos das trajetórias individuais fornecem evidências de sua efetividade, o que traz às pessoas implicadas em um contexto de transtorno, bem como aos profissionais da área, uma alternativa interessante, embasada e efetiva para uma intervenção global e desenvolvimental.

REFERÊNCIAS BIBLIOGRÁFICAS

Adrien, J-L. (1996). *Autisme du jeune enfant: développement psychologique et régulation de l´activité*. Paris: Expansion Scientifique Française.

Adrien, J-L., Bobet, R., Blanc, R., Bonnet-Brilhault, F. & Barthélémy, C. (2002). Psychopathologie et neuropsychologie de l´enfant. *Approche Neuropsychologique des Aprentissages chex l´enfant* (ANAE), 68, 181-186.

Houdé, O., & Meljac, C. (2004). *L'esprit piagétien: hommage international à Jean Piaget*. Paris: Presses Universitaires de France.

Karmiloff-Smith, A. (1998). Development itself is the key to understanding developmental disorders. *Trends in cognitive neuroscience,* l2(10), 389-398.

Karmiloff-Smith, A. (2009). Nativism Versus Constructivism: rethinking the study of developmental disorders. *Developmental Psychology, 45*(1), 56-63.

Karmiloff-Smith, A (2012). Development is not about studying children: the importance of longitudinal approaches. *American Journal on Intellectual and Developmental Disabilities*, 117 (2), 87-89.

Mazetto, C. T. M. (2015). *A criança com autismo: trajetórias desenvolvimentais atípicas à luz da teoria piagetiana da equilibração.* Tese de Doutorado, Instituto de Psicologia, Universidade de São Paulo, São Paulo.

Piaget, J. (1936/1987). *O nascimento da inteligência na criança.* 4. ed. Rio de Janeiro: LTC.

Piaget, J. (1953/1954). *Las relaciones entre la inteligencia y la afectividad en el desarrollo del niño.* On: Delahanty, G. & Perres, J. Piaget y el psicoanálisis. México: Ed. Universidad Autónoma Metropolitana, 1994.

Piaget (1964/2007). *Seis estudos de psicologia.* Rio de Janeiro: Forense Universitária.

Piaget, J. (1967/2003). *Biologia e conhecimento: ensaio sobre as relações entre as regulações orgânicas e os processos cognoscitivos.* 4. ed. Petrópolis, RJ: Vozes.

Piaget, J. (1970/1978). A Epistemologia Genética. (N. C. Caixero, trad.) In: *Os pensadores: Piaget.* (p. 3-64). São Paulo: Abril Cultural.

Piaget, J. (1975). *L'équilibration des structures cognitives: problème central du développement.* Paris: PUF.

Piaget, J & Inhelder, B. (1966/1998). *A psicologia da criança.* 15. ed. Rio de Janeiro: Bertrand Brasil.

Tardif, C. (2014). Développement et variabilités: les désordres du spectre de l'autisme. In: Le Sourn-Bissaoui, S.; Le Maner-Idrissi, G.; Dardier, V.; Bonjour, E. & Lacroix, A. (Orgs). *Développement et variabilités.* 121-140. Rennes: Presses Universitaires de Rennes.

Fundamentação Teórica dos Transtornos do Neurodesenvolvimento

Capítulo 4

TRANSTORNOS DO DESENVOLVIMENTO INFANTIL

Wanderley Manoel Domingues

INTRODUÇÃO

Ao longo da Evolução Humana, o cérebro se desenvolveu como um órgão capaz de processar informações tanto do meio interno do organismo, quanto vindas do exterior. Essa evolução se processou a partir do aparecimento dos primeiros seres unicelulares, evoluindo para os gânglios da porção anterior nos celerados, até a organização cerebral bastante complexa como conhecemos atualmente por meio da organização em neurônios, redes neurais interligando estruturas altamente especializadas. Seu peso médio é de 1.500 gramas e possui cerca de 1 bilhão de neurônios interligados por 1 trilhão de conexões entre si (Holloway, 1996). Cientistas da computação estimam que a capacidade de armazenamento cerebral encontra-se entre 10 e 100 terabytes, podendo ser maior ou menor, na dependência das atividades que estão sendo processadas, lembrando que as sinapses não são independentes e várias delas são por vezes necessárias para processar uma única informação e que cada neurônio teria uma velocidade de processamento em torno de 1 quilo-hertz. Esse processamento computacional é realizado pela conjugação de fenômenos elétricos, químicos e humorais (Holmboe *et al.*, 2011) e, segundo vários estudos neurofisiológicos recentes, a propagação dos impulsos nervosos estaria próxima a 100 m/seg, ou seja, 360 km/hora, o que significa 1/3 da velocidade do som (Holloway, 1979).

Trata-se de um órgão de extrema complexidade e que não nasce pronto como os demais órgãos e sistemas do corpo humano. Sua estrutura e suas funções (Bystron, Blakemore & Rakic, 2008; Clowry, Molnár & Rakic, 2010; APA, 2013) vão se desenvolvendo ao longo dos anos, desde a concepção até a vida adulta, em torno dos 23 anos de idade. Essas estruturas cerebrais seguem uma evolução morfológica e funcional ao longo da vida e se tornam interatuantes em um grau altamente complexo, utilizando fenômenos de neurogênese, migração neuronal desde as estruturas mais internas (Grossmann & Johnson, 2007; Holloway, 1967; Holloway, 1966) no seu início, indo para a superfície cerebral, multiplicando as ligações sinápticas entre os neurônios. Tais conexões ocorrem durante toda a vida, moldando-se de acordo com as solicitações do meio interno ou do habitat, isto é, podendo variar de acordo com fatores genéticos ou ambientais quando ocorrem reforços de conexões para consolidação das memórias na dependência da repetição do seu funcionamento ou eliminação, caso não sejam utilizadas pelo seu portador (Holloway, 1967).

Graças a vários estudos recentes (Johnson, 2000), sabe-se que as conexões sinápticas nos primeiros anos de vida são bem maiores em número do que nos adultos. Em torno dos 24 meses de vida, ocorre uma "poda" sináptica para aquelas que não são utilizadas ou muito pouco utilizadas nesses primeiros 2 anos de idade. O cérebro, pela orquestração genética e epigenética (Johnson, 2003; Johnson, 2007), por meio da interação entre os genes e as experiências vividas entre o indivíduo e o mundo, vai se moldando ao longo da infância e adolescência (Johnson, 2000), até o início da idade adulta; e de maneira presente ao longo da vida, com uma velocidade mais lenta de desenvolvimento, estimulada dentro de um processo denominado de Plasticidade Neuronal (Selemon, Begovic & Rakic, 2009). Cumpre lembrar também o surgimento da mielinização, que seria o revestimento das vias de condução pela mielina, axônios e dendritos dos neurônios, aumentando o poder de condução e de velocidade das informações pelos neurônios envolvidos no processamento dessas mesmas informações.

À medida que as estruturas cerebrais se desenvolvem, vão dando substrato ao aprimoramento das funções sensoriais, perceptuais, de memória, de atenção e concentração, de linguagem, de capacidade de aprendizado, de autorregulação de comportamentos, de discernimento lógico, de capacidade de organização, de planejamento de atividades mentais e motoras, de tomada de decisões, elaboração de métodos e estratégias para resolução de problemas, escolhas afetivas e trocas de afeto, de elaboração de autocrítica, de linguagem musical, linguagem matemática e tantas outras funções que caracterizam o ser humano (Johnson *et al.*, 2005). É do funcionamento interdependente das inúmeras estruturas cerebrais, cerebelares, medulares, autonômicas, e dos nervos periféricos ao longo do tempo, que tais funções vão se estabelecendo e se relacionando, dando como resultante a complexidade do comportamento humano (Johnson, Grossmann & Cohen Kadosh, 2009) – lembrando que todo esse funcionamento vem intermediado por neurotransmissores químicos: dopaminas, serotonina, acetilcolina, norepinefrina, adrenalina, GABA, fator P, entre tantos, cujo balanceamento no sistema nervoso é fundamental para garantir um harmonioso estado vital. Além disso, há a intervenção de neuromoduladores e hormônios, também fundamentais para garantir esse estado vital (Johnson & Munakata, 2005).

Vemos, dessa maneira, que o sistema nervoso como um todo depende de um evoluir geneticamente determinado (Mountcastle, 1998), porém que necessita de boas condições de desenvolvimento para que possa dotar o ser humano das funções que o capacitem a lutar pela sobrevivência, pensar, decidir, amar, se tornar autônomo, constituir família e gerar seus descendentes da melhor maneira possível. Todo esse desenvolvimento é, portanto – e nunca é demais repetir –, resultante das condições genéticas determinantes, aliadas às experiências no convívio com o mundo, que vão moldando, organizando e estruturando nossa maneira de ser e de agir ao longo da vida. Isso é o que podemos considerar como o desenvolvimento normal para a espécie humana desde seus primórdios (Arellano & Rakic, 2011), ao longo da sua evolução filogenética e ontogenética (Mountcastle, 1998). Esse desenvolvimento do cérebro é que o coloca no topo da pirâmide da vida no planeta, em termos de sua alta complexidade estrutural e funcional.

Porém, nem sempre esse desenvolvimento é harmônico como esse que está sendo descrito. Vários fatores podem interferir nesse ciclo evolutivo, sejam eles de natureza biológica ou de experiências ao longo da vida. A atuação de fatores estranhos pode determinar variações nesse desenvolvimento, interferindo de maneira maior ou menor, e ocasionar alterações transitórias ou definitivas nesse ciclo tão complexo de evolução, e que vai desde as condições de orquestração e combinação genéticas, até o surgimento de situações de risco que podem ocorrer na gestação, no parto, no pós-parto e nas primeiras etapas do desenvolvimento infantil. Herança, mutações genéticas durante a concepção ou imediatamente após, ocorrência de infecções intrauterinas, subnutrição, uso de drogas antes e durante a gestação, traumatismos de parto, infecções precoces no período pós-natal imediato, prematuridade, traumatismos cranioencefálicos, alterações metabólicas, acidentes vasculares cerebrais precoces por malformações arteriovenosas congênitas, surgimento de epilepsia ao longo da infância etc. – são elementos que podem alterar esse desenvolvimento tão frágil e tão vulnerável nesse início de vida (Johnson *et al.*, 2005).

Tais fatores podem atuar em conjunto com a genética, ou não (Holloway, 1967) e, dessa forma, suscitar alterações na sequência evolutiva tida como natural. A partir da atuação desses fatores, o cérebro e suas estruturas podem sofrer uma perturbação estrutural, subestrutural ou química que redundará num funcionamento diferenciado, anômalo, originando o que conhecemos clinicamente como Transtornos do Desenvolvimento Infantil ou Transtornos do Neurodesenvolvimento. Importa ainda lembrar que alterações consequentes ao envelhecimento natural do ser humano também podem contribuir para o Transtorno de Desenvolvimento dos Adultos durante o curso da vida, como a Esclerose Múltipla e demais doenças desmielinizantes, os vários tipos de Demências, os Transtornos Mentais como a esquizofrenia, os estresses pós-traumáticos, as Epilepsias, as Psicopatias etc.

Porém, aqui vamos nos ocupar com as alterações que ocorrem na infância e que são decorrentes das perturbações no desenvolvimento natural dessa faixa etária, com seus diversos quadros clínicos.

Segundo o último Manual Diagnóstico e Estatístico de Transtornos Mentais, DSM-5 (APA, 2013), os Transtornos do Neurodesenvolvimento englobam uma série de condições clínicas que ocorrem no período inicial do desenvolvimento do ser humano. Essas condições clínicas aparecem precocemente, antes mesmo de a criança ir para a escola, e se caracterizam por dificuldades no desenvolvimento socioemocional, cognitivo, de linguagem e motor, sensorial e perceptual, que determinam prejuízos no funcionamento pessoal, social, acadêmico e/ou profissional. Os déficits de desenvolvimento variam desde limitações muito específicas na aprendizagem, até no controle das funções executivas com prejuízos globais em habilidades sociais ou no funcionamento cognitivo, emocional, de linguagem e de inteligência. Ainda de acordo com o DSM-5, é frequente a ocorrência de mais de um transtorno do neurodesenvolvimento; por exemplo, indivíduos com Transtornos do Espectro do Autismo (TEA) frequentemente apresentam deficiência intelectual (transtorno do desenvolvimento intelectual) e muitas crianças com transtorno de déficit de atenção/hiperatividade (TDAH) apresentam também um transtorno específico da aprendizagem. No caso de alguns desses transtornos, as manifestações clínicas incluem sintomas tanto de excesso quanto de déficits e atrasos em atingir os marcos referenciais esperados para a idade. Por exemplo, o TEA somente é diagnosticado quando os déficits característicos de comunicação social vêm acompanhados por comportamentos excessivamente repetitivos, interesses restritos, falta de flexibilidade mental, dificuldades de interação social e de adaptação ao meio onde vivem, além das dificuldades de comunicação.

Sempre segundo o DSM-5 (APA, 2013), temos a seguir as categorias nosológicas (aqui apenas elencadas), que caracterizam os vários transtornos do desenvolvimento infantil.

DEFICIÊNCIAS INTELECTUAIS

Três critérios diagnósticos devem ser contemplados para o diagnóstico das deficiências intelectuais ou deficiência mental:
- ✓ Déficits em funções intelectuais – raciocínio, solução de problemas, planejamento, pensamento abstrato, juízo, aprendizagem acadêmica, e aprendizagem de experiências – confirmados pela avaliação clínica e por testes padronizados de inteligência.
- ✓ Déficit nas funções adaptativas que redundam em fracasso para o desenvolvimento compatível com a idade, dificuldades na comunicação, participação e autonomia pessoal nos vários ambientes em que vive.
- ✓ Início dos déficits intelectuais adaptativos durante o período do desenvolvimento.

Quanto ao grau de severidade, temos as deficiências leve, moderada, grave e profunda. Trata-se de um transtorno que apresenta uma prevalência geral na população ao redor de 1%. Quanto às causas, elas podem ser genéticas ou adquiridas.

TRANSTORNOS DA COMUNICAÇÃO

Eles incluem déficits na linguagem, na fala e na comunicação, lembrando que a fala é a produção expressiva que inclui a articulação, a fluência, a voz e a qualidade da comunicação do indivíduo. A linguagem inclui a fórmula, a função e o uso de um sistema convencional de símbolos – palavras faladas, linguagem de sinais, palavras escritas, figuras – com conjunto de regras para a comunicação. E a comunicação inclui todo o comportamento verbal e não verbal que influencia o comportamento e as ideias ou as atitudes de outro indivíduo. Os testes que medem as capacidades de fala, linguagem e comunicação devem levar em conta o contexto cultural e linguístico do indivíduo, principalmente os bilíngues.

Transtorno da linguagem

Os critérios diagnósticos para este transtorno incluem dificuldades persistentes na aquisição e no uso da linguagem nas suas diversas modalidades – falada, escrita, linguagem de sinais ou outras por dificuldades na compreensão ou na produção com vocabulário reduzido, estrutura limitada de frases, além de prejuízos no discurso. Tais evidências ocorrem num grau abaixo do esperado para a idade, havendo limitações funcionais na comunicação efetiva, na participação social, no sucesso acadêmico ou desempenho profissional, com o surgimento nos períodos precoces no desenvolvimento não atribuíveis à deficiência auditiva ou outro prejuízo sensorial, disfunção motora ou outra condição à deficiência mental ou atraso global do desenvolvimento.

Transtornos da fala

São déficits persistentes na produção da fala que interferem na inteligibilidade desta ou impede a comunicação verbal de mensagens. A comunicação não é eficaz, interferindo no convívio social, no sucesso acadêmico que tem um início precoce no desenvolvimento. Essas dificuldades não podem ser atribuídas a condições congênitas ou adquiridas, como a paralisia cerebral, a fenda palatina, a surdez e a lesão cerebral traumática.

Transtorno da fluência (gagueira)

A gagueira é uma alteração da fluência verbal normal, com alterações no padrão temporal da fala, de maneira frequente, com repetições de sons e sílabas, prolongamentos sonoros das consoantes e das vogais, palavras interrompidas, bloqueio audível ou silencioso, substituições de palavras para evitar palavras problemáticas, excesso de tensão física na produção destas, com repetições de palavras monossilábicas. Todas essas alterações complicam a participação social e o desempenho acadêmico. Tais alterações não podem ser decorrentes de disartria, alterações sensórias, acidente vascular cerebral, tumor, nem decorrente de transtornos mentais.

Transtorno da comunicação social (pragmática)

Dificuldades persistentes no uso social da comunicação verbal e não verbal, com déficit no uso da comunicação com fins sociais, prejuízo na capacidade de adaptar a comunicação para se adequar ao contexto ou à necessidade do ouvinte, assim como dificuldades em acompanhar regras para conversar e contar histórias, além de dificuldades na inferência de significados. Essas alterações acabam limitando a comunicação efetiva no contexto social e na produção acadêmica. Elas têm aparecimento precoce e não podem ser atribuíveis a condições médicas ou neurológicas.

TRANSTORNO DO ESPECTRO DO AUTISMO

Indivíduos com um diagnóstico do DSM-4 bem estabelecido de transtorno autista, transtorno de Asperger ou transtorno global do desenvolvimento sem outra especificação devem receber o diagnóstico de TEA. Indivíduos com déficits acentuados na comunicação social, cujos sintomas, porém, não atendam, de outra forma, a critérios de TEA devem ser avaliados em relação a transtorno da comunicação social (pragmática).

Os portadores do TEA podem apresentar ou não comprometimento intelectual concomitantemente, e/ou comprometimento da linguagem.

Sabe-se, atualmente, que o TEA é o mais grave comprometimento a acometer o desenvolvimento infantil. E, de acordo com o DSM-5, os níveis de gravidade são definidos nas áreas da comunicação social (necessidade de muito apoio, apoio substancial e exigência de apoio) e na intensidade dos comprometimentos restritivos e repetitivos. As características diagnósticas estão expressas pelo prejuízo na comunicação social recíproca e na interação social, além de padrões restritos e repetitivos de comportamento, de interesses ou de atividades, presentes desde a mais tenra infância, com consequentes prejuízos no funcionamento diário. A classificação atual de TEA engloba os quadros descritos anteriormente na DSM-4, como o autismo infantil precoce, autismo infantil, autismo de Kanner, autismo de alto funcionamento, autismo atípico, transtorno global do desenvolvimento sem outra especificação, transtorno desintegrativo da infância e transtorno de Asperger.

Além das manifestações referidas anteriormente, os pacientes também apresentam comprometimento na linguagem (por exemplo, atraso da fala, atrasos na aquisição da linguagem, disfasia de expressão, ausência de fala, disfasia de compreensão, déficit na comunicação social recíproca, ecolalia). Os comprometimentos na reciprocidade socioemocional também estão presentes e são bastante precoces, como a diminuição da capacidade de envolvimento emocional, compartilhamento de ideias, de atenção e de sentimentos, imitação reduzida – lembrando que a imitação é uma das primeiras funções que levam ao aprendizado por observação e repetição. O compartilhamento das emoções é um fenômeno universal, e seu comprometimento é um sinal bastante precoce no TEA, assim como a dificuldade na atenção compartilhada e em apontar objetos a serem compartilhados. Os gestos funcionais de comunicação pré-verbal existem, porém são restritos. E mesmo aqueles que apresentam inteligência normal ou acima da média denotam um perfil irregular nas suas capacidades de comunicação.

No TEA, estão presentes déficits motores com marcha atípica, falta de coordenação tronco-membros, dos braços ou das pernas, bem como situações sociais de graves desregulações de comportamento, pelo baixo nível de tolerância às frustrações, com consequentes comportamentos disruptivos/desafiadores em crianças e adolescentes, além da presença de quadros de ansiedade e de depressão de humor. Não se trata de um transtorno degenerativo, progressivo, sendo comum que a aprendizagem e mecanismos de compensação se desenvolvam durante a vida. Os comportamentos podem ser estereotipados, com rituais de repetição que são mais acentuados e frequentes do que na população infantil normal. Na vida adulta, o transtorno pode apresentar maior dificuldade de identificação, em decorrência de mecanismos de adaptação e, na maioria das vezes, a suspeita de autismo se dá pelo fato de haver outros portadores de TEA na família, ou por rompimento de relações familiares ou profissionais.

Quanto à evolução ao longo da vida, alguns mostram uma desorganização de comportamentos maior no período da adolescência, enquanto outros desenvolvem maiores interesses pelas relações sociais. Adultos tendem a desenvolver estratégias adaptativas, porém uma minoria consegue se tornar independente.

Quanto aos fatores que podem sinalizar um melhor prognóstico de evolução, podemos citar a ausência de deficiência mental, de epilepsia e alterações de linguagem. Por exemplo, a presença de uma linguagem funcional em torno dos 5 anos pode fazer prever um melhor prognóstico para a vida adulta, assim como a ausência de outros problemas mentais.

O diagnóstico diferencial deve ser feito com a Síndrome de Rett, mutismo seletivo, transtornos de linguagem e transtorno da comunicação social (pragmática), deficiência intelectual, transtorno do movimento estereotipado, transtorno de déficit de atenção e hiperatividade, e esquizofrenia.

Muitos portadores de autismo apresentam sintomas psiquiátricos – comorbidades – que não fazem parte dos critérios diagnósticos do espectro. A presença de comorbidades pode ocorrer em 70% dos portadores, dos quais 40% apresentam mais de uma delas. Entre as mais comuns, destacam-se o transtorno de ansiedade, transtornos da coordenação, transtornos de humor, transtornos de sono, transtorno de oposição e desafio, epilepsia, assim como os transtornos alimentares.

Os demais transtornos do desenvolvimento infantil listados pelo DMS-5 são:

TRANSTORNO DE DÉFICIT DE ATENÇÃO/HIPERATIVIDADE

O Transtorno de Déficit de Atenção/Hiperatividade (TDAH) vem caracterizado por oscilações frequentes nos diversos níveis de atenção – seletiva, alternada e concentrada com hiperfoco para atividades que despertam motivação importante com hipofoco para as atividades que demandam maior esforço de compreensão. Essas oscilações podem se acompanhar de instabilidade neuropsicomotora – hiperatividade e impulsividade elevada, as quais interferem no rendimento escolar e no convívio social. O TDAH ocorre predominantemente em meninos, na proporção de 4:1, habitualmente com início em torno de 6 anos de idade, de maneira persistente por, no mínimo, seis meses de duração, restrição no vocabulário, déficit na reciprocidade socioemocional. A desatenção é predominante no quadro clínico. Sua incidência nos vários estudos neurológicos é de 5% na infância e na adolescência e 2,5% nos adultos. Temos vários subtipos: apresentação predominantemente desatenta, apresentação predominantemente hiperativa/impulsiva, ou com apresentação combinada desses dois subtipos, podendo ser em grau leve, moderado ou grave. Os fatores determinantes são genéticos, ao redor de 70% em outros membros da família.

TRANSTORNO ESPECÍFICO DE APRENDIZAGEM

Fatores observáveis:
- Persistência por mais de seis meses
- Leitura imprecisa – Dislexia
- Déficit de interpretação de textos
- Dificuldades na escrita
- Disgrafia
- Discalculia
- Dificuldades no raciocínio
- Mau desempenho escolar
- Nível intelectual normal
- Prevalência de 5% a 15% na infância e de 4% nos adultos

Os graus de comprometimento podem ser: leves, moderados e graves. Estão envolvidos fatores genéticos e fisiológicos, havendo elevada herdabilidade na incapacidade de leitura.

TRANSTORNOS MOTORES

- ✓ Transtorno no desenvolvimento da coordenação
- ✓ Aquisição e execução de habilidade motora substancialmente abaixo do esperado para a idade
- ✓ Déficits persistentes
- ✓ Início precoce
- ✓ Problemas de postura, equilíbrio, marcha, hipotonia muscular do tipo não progressivo
- ✓ Ausência de outras patologias motoras: paralisia cerebral, distrofia muscular, doença degenerativa

TRANSTORNO DO MOVIMENTO ESTEREOTIPADO

O comportamento motor repetitivo é aparentemente direcionado sem propósito, interferindo nas atividades sociais, acadêmicas ou outras, o que pode resultar em autolesão, e o início também se dá precocemente no desenvolvimento infantil. A prevalência encontra-se em torno de 3% a 4% na população infantil.

TRANSTORNOS DE TIQUES

- ✓ Transtorno de Tourette
- ✓ Transtorno de Tique Motor ou Vocal Persistente Crônico
- ✓ Transtorno de Tique Transitório

O Transtorno de Tourette se manifesta por tiques motores associados a um ou mais tiques vocais, não necessariamente ao mesmo tempo. Eles aumentam ou diminuem em frequência, mas persistem por mais de um ano desde o início do primeiro tique. Pode ocorrer até os 18 anos de idade, não havendo evidências de substâncias psicoativas ou outra condição médica como doença de Huntington ou encefalite pós-viral.

OUTROS TRANSTORNOS DO NEURODESENVOLVIMENTO

Transtorno do desenvolvimento especificado

Aqui não há o preenchimento de todos os critérios diagnósticos para o transtorno de tique ou para qualquer transtorno na classe diagnóstica de transtorno do neurodesenvolvimento.

Transtorno do neurodesenvolvimento não especificado

Segundo o DSM-5, esses são os transtornos do desenvolvimento infantil, havendo evidências clínicas e de exames complementares bastante consistentes de que eles são secundários e, portanto, decorrentes de comprometimentos neurofuncionais na estruturação do sistema nervoso central. As manifestações clínicas surgem precocemente na infância, resultando em evidências de comprometimento das áreas cognitivas, socioemocionais, motoras e de comunicação social. Maiores e mais profundas investigações, principalmente para a neurobiologia do TEA, são necessárias para elaboração de melhores e mais eficazes abordagens terapêuticas.

REFERÊNCIAS BIBLIOGRÁFICAS

American Psychiatric Association (2013). *Manual Diagnóstico e Estatístico de Transtornos Mentais: DSM-5*. São Paulo: Artmed Editora.

American Psychiatric Association. (1994). *Manual de Diagnóstico e Estatística de Distúrbios Mentais DSM-4*. São Paulo: Manole.

Arellano, J. I., & Rakic, P. (2011). Neuroscience: Gone with the wean. *Nature*, 478(7369), 333-334.

Bystron, I., Blakemore, C., & Rakic, P. (2008). Development of the human cerebral cortex: Boulder Committee revisited. *Nature Reviews Neuroscience*, 9(2), 110-122.

Clowry, G., Molnár, Z., & Rakic, P. (2010). Renewed focus on the developing human neocortex. *Journal of Anatomy*, 217(4), 276-288.

Grossmann, T., & Johnson, M. H. (2007). The development of the social brain in human infancy. *European Journal of Neuroscience*, 25(4), 909-919.

Harari, Y. N. (2015). *Sapiens – Uma breve história da humanidade*. Porto Alegre: L&PM Editores.

Holloway, R. L. (1966). Cranial capacity and neuron number: a critique and proposal. *American Journal of Physical Anthropology*, 25(3), 305-314.

Holloway, R. L. (1967). The evolution of the human brain: Some notes toward a synthesis between neural structure and the evolution of complex behavior. *General Systems*, 12, 3-19.

Holloway, R.L. (1979). Brain size, allometry, and reorganization: toward a synthesis. In: *Development and evolution of brain size: behavioral implications* (ed. M.E. Hahn, C. Jensen, and B.C. Dudek), p. 59-88. Academic Press, New York.

Holmboe, K., Nemoda, Z., Fearon, R. M. P., Sasvari Szekely, M., & Johnson, M. H. (2011). Dopamine D4 receptor and serotonin transporter gene effects on the longitudinal development of infant temperament. *Genes, Brain and Behavior*, 10(5), 513-522.

Johnson, M. H. (2000). Cortical specialization for higher cognitive functions: beyond the maturational model. *Brain and Cognition*, 42(1), 124-127.

Johnson, M. H. (2003). Development of human brain functions. *Biological Psychiatry*, 54(12), 1312-1316.

Johnson, M. H. (2007). Developing a social brain. *Acta Paediatrica*, 96(1), 3-5.

Johnson, M. H. (2012). Executive function and developmental disorders: the flip side of the coin. *Trends in cognitive sciences*, 16(9), 454-457.

Johnson, M. H., Griffin, R., Csibra, G., Halit, H., Farroni, T., De Haan, M., Baron-Cohen, S. & Richards, J. (2005). The emergence of the social brain network: Evidence from typical and atypical development. *Development and Psychopathology*, 17(03), 599-619.

Johnson, M. H., Grossmann, T., & Kadosh, K. C. (2009). Mapping functional brain development: Building a social brain through interactive specialization. *Developmental Psychology*, 45(1), 151.

Johnson, M. H., & Munakata, Y. (2005). Processes of change in brain and cognitive development. *Trends in Cognitive Sciences*, 9(3), 152-158.

Mountcastle, V. B. (1998). Brain science at the century's ebb. *Daedalus*, 127(2), 1-36.

Rakic, P., Ayoub, A. E., Breunig, J. J., & Dominguez, M. H. (2009). Decision by division: making cortical maps. *Trends in Neurosciences*, 32(5), 291-301.

Rakic, P., Hashimoto-Torii, K., & Sarkisian, M. R. (2008, February). Genetic determinants of neuronal migration in the cerebral cortex. In: *Cortical Development: Genes and Genetic Abnormalities: Novartis Foundation Symposium 288* (pp. 45-58). John Wiley & Sons, Ltd.

Selemon, L. D., Begovi, A., & Rakic, P. (2009). Selective reduction of neuron number and volume of the mediodorsal nucleus of the thalamus in macaques following irradiation at early gestational ages. *Journal of Comparative Neurology*, 515(4), 454-464.

Capítulo 5

MODELO NEURODESENVOLVIMENTAL E HIPÓTESES PSICOFISIOLÓGICAS

Frédérique Bonnet-Brilhault

INTRODUÇÃO

Os Transtornos do Espectro do Austimo (TEA) formam um grupo de patologias neurodesenvolvimentais heterogêneas que, ao inverso das patologias neurológicas focalizadas, envolvem diferentes setores do funcionamento cerebral (socioemocional, de linguagem, perceptivo, motor, executivo). A semiologia comportamental observada é, hoje, a única útil e necessária ao diagnóstico dos TEA e resulta do acometimento desses diferentes setores com consequentemente transtornos da comunicação, da interação social e da adaptação do comportamento ao ambiente. Por outro lado, segundo os critérios do DSM-5, essas diferentes disfunções devem estar presentes na infância, o que faz do autismo (ao contrário dos transtornos desintegrativos) um transtorno, clinicamente, muito precoce do desenvolvimento.

Nesses últimos anos, progressos notáveis foram realizados na pesquisa de anomalias da estrutura e do funcionamento cerebral no autismo e nos TEA. No entanto, atualmente, não existe modelo fisiopatológico preciso que leve em conta o conjunto da semiologia. Inseridas no modelo neurodesenvolvimental que, em nossos dias, é amplamente admitido, diferentes hipóteses psicofisiológicas são levantadas para correlacionar particularidades cognitivas e comportamentais com mecanismos neurofisiológicos.

MODELO NEURODESENVOLVIMENTAL

Os TEA são de origem neurodesenvolvimental. Isso significa que uma ou várias etapas do desenvolvimento cerebral foram perturbadas. Por oposição, não se trata de um transtorno neurodegenerativo que corresponde à perda progressiva de células neuronais já estabelecidas. As diferentes etapas do desenvolvimento cerebral são: neurogênese, migração, diferenciação, crescimento axonal, crescimento dendrítico, sinaptogênese, seleção sináptica, apoptose (morte celular programada). Todas essas etapas são implicadas na fisiopatologia do autismo, mas um interesse crescente (reforçado pelos resultados dos estudos genéticos) se focaliza no desenvolvimento e na manutenção das conexões sinápticas, assim como no crescimento axonal e na implantação dos tratos, ligando as diferentes áreas cerebrais entre si. Essa hipótese neurodesenvolvimental foi progressivamente sendo desenvolvida ao longo dos últimos 30 anos com base em observações clínicas que tratam principalmente do crescimento cerebral e a partir de estudos anatômicos e anatomopatológicos.

Padrão particular de crescimento cerebral

Um dos resultados mais robustos e mais replicados na área da neuroanatomia do autismo é que o volume cerebral dos pacientes autistas é, em geral, maior do que a média (Courchesne, Redcay, & Kennedy, 2004). Por outro lado, 20% dos pacientes apresentam uma macrocefalia, contra 2% da população geral quando a macrocefalia é definida por um perímetro craniano superior ao 98º percentil. Estudos sobre o volume cerebral a partir da medida do perímetro craniano, das imagens por ressonância magnética (IRM) e das análises anatomopatológicas revelaram a noção de um padrão particular de crescimento cerebral, com uma aceleração do crescimento durante os dois primeiros anos de vida, para, em seguida, desacelerar esse crescimento cerebral (Redcay & Courchesne, 2005). Os mecanismos fisiopatológicos que se encontram na base desses processos ainda não são compreendidos, assim como sua cronologia precisa. Os dados relativos ao perímetro craniano no nascimento são contraditórios com certos estudos que mostram um aumento ou uma diminuição, mas globalmente a maioria dos estudos apresenta atualmente no nascimento um perímetro craniano na média. Os estudos de imagiologia anatômica implicam a substância branca e a substância cinzenta, mas com vários trabalhos insistindo no papel das fibras brancas radiadas (Carper, Moses, Tigue, & Courchesne, 2002; Courchesne *et al.*, 2001; Hazlett *et al.*, 2005; Herbert *et al.*, 2004). Esse aumento de volume foi encontrado, segundo os estudos, no nível do cerebelo e dos diferentes lóbulos cerebrais. Estudos são, assim, a favor de um gradiente anteroposterior (Carper *et al.*, 2002; Courchesne & Pierce, 2005), enquanto outros mostram um aumento significativo do volume cerebral nos níveis temporal, parietal e occipital, porém não no nível frontal (Piven, Arndt, Bailey, & Andreasen, 1996).

Dados de imagiologia anatômica

Os primeiros dados de imagiologia anatômica datam do final dos anos 1980 e foram fundamentais na gênese da hipótese neurodesenvolvimental do autismo. Em 1988, Courchesne *et al.* observaram uma hipoplasia dos lóbulos VI e VII do vermis cerebelar utilizando os primeiros dados de IRM. Na sequência IRM convencional, anomalias não específicas da substância branca também são encontradas mais frequentemente do que na população geral (Boddaert *et al.*, 2009). Paralelamente aos dados argumentando o aumento do volume cerebral e as modificações do padrão de crescimento anteriormente descritos, as novas técnicas que possibilitam analisar de forma mais apurada a estrutura cerebral são agora aplicadas ao autismo. Podemos, assim, citar os dados obtidos em DTI (*diffusion tensor imaging*) que permitem estudar os tratos de fibras brancas, assim como as análises em VBM (*voxel-based morphometry*) que permitem uma análise precisa da estrutura cerebral. Os estudos ainda preliminares com esse tipo de metodologia demonstraram diminuição ou aumento da densidade da substância branca, segundo as localizações cerebrais e comparativamente às populações de controle (Ke *et al.*, 2009).

Estudos anatomopatológicos

Paralelamente a esses dados macroscópicos, os estudos anatomopatológicos e as descrições que eles fornecem da organização citoarquitetural do tecido cerebral também trouxeram argumentos a favor do modelo neurodesenvolvimental (Casanova, 2007; DiCicco-Bloom *et al.*, 2006). Os limites desses estudos abrangem as populações limitadas que eles envolvem, os possíveis vieses ligados aos métodos de análise e, enfim, a comorbidade frequente no caso de um retardo mental ou uma epilepsia. No entanto, entre os resultados mais frequentemente replicados, há uma diminuição das células de Purkinje e sinais de modificação da organização cortical em minicolunas com um aumento do número das minicolunas e uma redução de sua largura que podem refletir modificações nos sistemas GABAérgicos (Casanova, Buxhoeveden, Switala, & Roy, 2002). Esses resultados estão ligados à hipótese de um transtorno da conectividade cerebral descrevendo, assim, uma hiperconectividade local à custa de uma conectividade de longa distância, religando as diferentes áreas cerebrais entre elas e permitindo os processos integrativos (Courchesne, & Pierce, 2005). Um estudo (Zilbovicius *et al.*, 2000) demonstrou uma reação glial, um aumento dos marcadores imunitários, tais como o TNF-alpha que pode refletir um processo inflamatório. Entretanto, esses fenômenos e marcadores estão igualmente implicados nos processos de desenvolvimento sináptico e de apoptose e poderiam assim refletir principalmente o transtorno neurodesenvolvimental. Recentemente, os trabalhos da equipe de Courschene apresentaram ainda argumentos sobre esses transtornos da organização citoarquitetural e mais especificamente da organização laminar em camadas histológicas no nível do córtex pré-frontal e temporal (Stoner *et al.*, 2014).

Estudos dos neurotransmissores

Entre as hipóteses monoaminérgicas, a hipótese de perturbação da transmissão serotoninérgica foi a mais desenvolvida, ao contrário da esquizofrenia onde a hipótese dopaminérgica foi a que prevaleceu amplamente. A função dos neurotransmissores no sistema nervoso central não está unicamente ligada ao funcionamento sináptico, mas também aos processos de desenvolvimento e de maturação cerebrais (Pardo, & Eberhart, 2007). Um dos resultados frequentemente reafirmados envolve a presença de uma hiperserotoninemia plasmática (relativa principalmente à serotonina plaquetária) que estaria ligada a uma hiperatividade do transportador serotoninérgico plaquetário (Prasad, Steiner, Sutcliffe, & Blakely, 2009). Paralelamente, alguns estudos genéticos encontraram uma associação entre autismo e um polimorfismo do gene SLC6A4 que codifica o transportador da serotonina. Clinicamente, a presença de comportamentos repetidos que podem se aproximar das formas de TOC e a eficácia em alguns casos dos inibidores da recaptura da serotonina comportam também argumentos suplementares. Enfim, estudos de imagiologia (PET, SPECT) evidenciaram recentemente uma ausência do pico de síntese de serotonina (normalmente observado em criança sadia por volta dos 2 anos) em crianças com autismo, assim como uma redução do *binding* dos receptores 5-HT2A no nível do córtex cerebral (Chandana *et al.*, 2005; Murphy *et al.*, 2006).

Paralelamente a essa hipótese monoaminérgica, desenvolveu-se um interesse crescente pelas vias glutamatérgicas e GABAérgicas (Zimmerman, Connors, & Pardo, 2006); ainda nesse caso o interesse não recai unicamente na transmissão sináptica, mas na implicação desses sistemas no neurodesenvolvimento. Sabe-se, por exemplo, que a ativação de receptores GABAérgicos e glutamatérgicos está implicada durante a migração celular, notadamente na regulação da migração radial e tangencial (Manent, & Represa, 2007). A balança entre uma transmissão excitadora (glutamatérgica) e inibidora (GABAérgica) é, por outro lado, indispensável ao bom desenvolvimento e funcionamento cerebral. A implicação desses neurotransmissores na fisiopatologia do autismo e dos transtornos invasivos do desenvolvimento é argumentada principalmente a partir dos dados de estudos genéticos e anatomopatológicos. Estudos de associação tendo como genes candidatos os genes que codificam os receptores glutamatérgicos e GABAérgicos mostraram para alguns pesquisadores uma associação com o autismo. Estudos do tecido cerebral também colocaram em evidência um aumento da expressão de determinados genes associados às vias glutamatérgicas e uma redução de receptores GABAérgicos.

Desenvolvimento e funcionamento sináptico

Desde 2003, diversos estudos genéticos evidenciaram mutações funcionais nos pacientes portadores de autismo (e/ou de deficiência mental) nos genes que codificam proteínas parceiras no nível da sinapse glutamatérgica. Os primeiros estudos implicaram genes da família das neuroliginas (NLGN4, NLGN3 (Jamain *et al.*, 2003; Ke *et al.*, 2009), moléculas de adesão pós-sinápticas, e depois de seu parceiro pré-sináptico, as neurexinas (Feng *et al.*, 2006). Essas moléculas estão implicadas no desenvolvimento e na manutenção sináptica, com notadamente um papel no controle da balança entre a transmissão excitatória e inibitória. Outros estudos também implicaram genes que codificam proteínas da sinapse glutamatérgica. A proteína SHANK3, cujo gene foi mutado nos pacientes com autismo (Muhle, Trentacoste, & Rapin, 2004), liga-se às neuroliginas e permite vincular as proteínas membranares ao citoesqueleto no nível da sinapse. Da mesma forma, o gene KCNMA1 (com mutação em um paciente autista) codifica um canal pós-sináptico implicado na regulação da excitabilidade neuronal (Laumonnier *et al.*, 2006). A hipótese de um déficit do desenvolvimento e do funcionamento sináptico está atualmente em primeiro plano nas pesquisas da fisiopatologia do autismo.

Fatores ambientais e neuroimunitários

O papel de fatores ambientais na fisiopatologia do autismo ou na variabilidade da expressão fenotípica está sendo conjeturado há muitos anos. A exposição a determinados fatores pré- ou perinatais (CMV, vírus da rubéola, talidomida, ácido valproico) pode ser encontrada no autismo, mas com uma frequência pequena e principalmente quando esses fatores decorreram primeiramente dos danos cerebrais (Muhle *et al.*, 2004). Os estudos epidemiológicos recentes mostraram que a exposição a certas vacinas não era um fator causal do autismo (Chen, Landau, Sham, & Fombonne, 2004).

Estudos anatomopatológicos demonstraram, por outro lado, a presença de reações astrogliais e neurogliais, sugerindo um fenômeno neuroinflamatório. Diferentes fatores (vulnerabilidade genética, fatores maternais, exposição a fatores pré-natais) podem desencadear essas reações neurogliais. Níveis de sangue elevados de citocinas também foram encontrados (Ashwood, Wills, & Van de Water, 2006).

Fenômenos de estresse oxidativo poderiam igualmente estar implicados como revelam os estudos dos níveis plasmáticos de substâncias antioxidantes (diminuição do nível de superóxido dismutase, transferrina) ou sinais de estresse oxidativo (peroxidação lipídica).

Enfim, um outro campo de pesquisa diz respeito à presença no soro de mães de crianças autistas de autoanticorpos que podem interagir com proteínas fetais cerebrais. Um estudo recente demonstrou um perfil desse tipo de anticorpos diferente em mães de criança com autismo (Singer *et al.*, 2008), porém, em um outro estudo que explorou o soro analisado sistematicamente durante a gravidez, os resultados não são significativos (Croen *et al.*, 2008). Todavia, o desenvolvimento de estudos em animais com exposição *in utero* a esse tipo de anticorpos é uma via de pesquisa interessante (Singer *et al.*, 2009).

Estudo metabolômico

Novas técnicas permitem mensurar o conjunto dos metabólitos de um organismo que se constitui de pequenas moléculas, frutos das diferentes vias bioquímicas de metabolismo. Elas refletem assim, de maneira geral, o produto da interação entre o genoma e o ambiente chegando ao metabolismo celular. Um ponto de interesse se destaca assim no autismo, visto que uma parte dos metabólitos está ligada aos fatores alimentares e ao metabolismo ligado à microbiota intestinal. Esses dados, ainda muito preliminares, oferecem um caminho interessante (Nadal-Desbarats *et al.*, 2014).

HIPÓTESES PSICOFISIOLÓGICAS

No plano psicofisiológico, várias hipóteses são atualmente consideradas, não excludentes umas das outras, algumas apresentando inclusive conceitos comuns. As principais estão aqui resumidas. O autismo poderia assim ser explicado por um:

Transtorno da percepção sensorial uni- ou multimodal

As particularidades sensoriais (hiper- e hipossensibilidade, distorção, cortes/extinção) observadas em todas as modalidades, mas também nas particularidades do funcionamento social, seriam colocadas em relação com uma alteração do tratamento perceptivo do conjunto dos estímulos auditivos e visuais e, em particular, daqueles com conteúdo social, tais como a voz ou os rostos (Hill, 2004). Os dados da imagiologia funcional e eletrofisiológica colocaram assim em evidência particularidades do funcionamento dos sistemas sensoriais. Entretanto, e principalmente no plano auditivo dos padrões de ativação particulares, foram encontrados com a utilização de estímulos elementares (tipo tones) sem conteúdo social. Uma hiporreatividade temporal esquerda foi assim descrita nos primeiros estudos eletrofisiológicos e desenvolvida depois nos estudos de imagiologia (Bruneau, Roux, Adrien, & Barthélémy, 1999; Zilbovicius *et al.*, 2000). Um interesse crescente por uma zona temporal precisa (o sulco temporal superior) desenvolveu-se nesses últimos anos com a hipótese de que essa zona responderia especificamente à voz humana (Gervais *et al.*, 2004). Os avanços na área da imagiologia funcional e os estudos que se seguiram permitiram demonstrar uma rede de ativação de diferentes áreas cerebrais. No plano visual, particularidades do tratamento visual e do tratamento multimodal de tipo auditivo-visual também foram relatadas. Os estímulos visuais com conteúdos sociais, tais como os rostos, foram amplamente estudados e os estudos revelam uma hipoativação do giro fusiforme quando da visualização de rostos em pessoas com autismo. Paralelamente ao tratamento sensorial cortical, particularidades do comportamento ocular (olhar circular, ausência de focalização na zona dos olhos, ausência de estratégia levando em consideração a dominância ocular) foram exploradas graças ao sistema de acompanhamento do olhar (*eye tracking system*) (Guimard-Brunault *et al.*, 2013; Hernandez *et al.*, 2009; Klin, Jones, Schultz, Volkmar, & Cohen, 2002).

"Déficit da coerência central" e "falha de conectividade"

Um tratamento atípico dos estímulos visuais e auditivos estaria implicado, favorecendo o tratamento local à custa de um tratamento mais global que permite a integração dos diferentes elementos em um todo coerente. Muito mais do que verdadeiros déficits sensoriais, essas particularidades do tratamento da informação refletiriam um estilo cognitivo particular (Happé, 1999). Essa hipótese pode ser colocada em relação com as anomalias da conectividade cerebral, em um plano anatômico e funcional, definidas por uma falha de conectividade de longa distância em benefício de uma hiperconectividade local (Courchesne, & Pierce, 2005). As áreas atingidas no autismo (comunicação, socialização, interesses) supõem uma integração rápida de diferentes informações provenientes de áreas cerebrais distanciadas umas das outras. Esse tipo de integração pode ser facilmente perturbado por disfunções menores mas difusas da neurotransmissão, como, por exemplo, no nível sináptico.

Déficit da "teoria da mente" e "cérebro social"

Um déficit na capacidade específica em atribuir estados mentais para si mesmo e para os outros definida pela "teoria da mente" estaria envolvido (Frith, 2001). No plano fisiológico, o "cérebro social" corresponde às redes neuronais especializadas no tratamento e na integração das informações sensoriais ligadas à aparência, ao comportamento e às intenções do outro. Embora um conjunto variado de regiões possa estar implicado, algumas áreas, tais como o sulco temporal superior, o giro fusiforme e o córtex orbitofrontal, são mais particularmente destinados ao tratamento dos estímulos sociais (Adolphs, 2003). Um déficit de funcionamento desse cérebro social estaria envolvido. Particularidades do sistema dos "neurônios-espelho", ativado quando da percepção de um movimento significante, podem igualmente estar correlacionadas com esses déficits de tratamento dos estímulos sociais (Rizzolatti, & Fabbri-Destro, 2008). Entre os diferentes estudos de imagiologia, um estudo em DTI (*Diffusion Tensor Imaging*) demonstra uma redução do grau de anisotropia no nível da substância branca adjacente ao córtex pré-frontal, no giro cingular anterior, assim como no sulco temporal superior, sugerindo perturbações dos tratos de fibras brancas no nível das regiões implicadas no tratamento das informações com conteúdo social (Baron-Cohen, 2009).

Transtorno das funções executivas e córtex pré-frontal

Nos processos de inibição, de flexibilidade, de generatividade (produção espontânea de um novo comportamento numa situação nova), de planejamento, a flexibilidade seria a mais alterada (Hill, 2004). Os déficits das funções executivas observados em jovens adolescentes e adultos autistas responderiam na criança mais nova a padrões de desenvolvimento mais complexos, considerando o aspecto tardio da maturação desses processos (Ozonoff, South, & Provencal, 2005).

"*Empathizing-systemizing*" e "*extreme male brain theory*"

Esta teoria se refere a fenótipos cognitivos e emocionais caracterizando a população normal (Baron-Cohen, 2009; Baron-Cohen, Knickmeyer, & Belmonte, 2005). O fenótipo *"empathizing"* (mais frequente em mulheres) corresponde à capacidade de atribuir estados mentais a outros e de ter uma reação emocional apropriada, enquanto o fenótipo *"systemizing"* (mais frequente em homens) descreve a capacidade de compreender e antever o comportamento de sistemas, tais como os sistemas abstratos, técnicos ou biológicos. Um déficit do primeiro tipo, associado em determinados casos a um hiperfuncionamento do segundo, explicaria o fenótipo comportamental de alguns indivíduos com autismo (Baron-Cohen, 2009; Baron-Cohen, Knickmeyer, & Belmonte, 2005). Essa hipótese é colocada em relação com a *"Extreme male brain theory"*, segundo a qual os autistas funcionariam essencialmente de acordo com o tipo *systemizing*, dependente da impregnação hormonal em testosterona (Chapman *et al.*, 2006).

Déficit de motivação social

Mais recentemente, levantou-se a hipótese de um déficit de motivação social e possivelmente de acometimento dos circuitos de "recompensa" com relação social (Chevallier, Kohls, Troiani, Brodkin, & Schultz, 2012). Esses estudos são pouco numerosos e difíceis de argumentar, visto que necessitam pesquisas com crianças na mais tenra idade, com a identificação de marcador do *"wanting"* social e do *"liking"*. Não deixa de ser verdade que se pode considerar a hipótese de que particularidades do tratamento das informações sociais observadas muito precocemente em crianças autistas possam levar a um déficit de desenvolvimento de motivação social.

CONCLUSÃO

A fisiopatologia precisa do autismo ainda é desconhecida. A totalidade dos dados oriundos das diferentes áreas de pesquisa (clínica, imagiologia, eletrofisiologia, bioquímica, genética) reforça a ideia de um conjunto heterogêneo de transtornos neurodesenvolvimentais com prováveis vias fisiopatológicas diferentes. Entre os resultados mais replicados, encontram-se o padrão particular de crescimento cerebral e a implicação dos lóbulos frontais e temporais. Todos esses resultados reforçam a hipótese de transtorno da organização neurocortical desencadeando uma alteração dos processos de tratamento da informação em diferentes níveis do sistema nervoso e da etapa sináptica às redes neuronais estruturais e funcionais. Os futuros estudos implicarão grandes populações, mas também, em casos específicos, o estudo conjunto de marcadores clínicos, biológicos, genéticos e de imagiologia, a fim de avançar na identificação dessas cascatas fisiopatológicas.

REFERÊNCIAS BIBLIOGRÁFICAS

Adolphs, R. (2003). Cognitive neuroscience of human social behaviour. *Nature Reviews Neuroscience*, 4(3), 165-178.

Ashwood, P., Wills, S., & Van de Water, J. (2006). The immune response in autism: a new frontier for autism research. *Journal of Leukocyte Biology*, 80(1), 1-15.

Barnea-Goraly, N., Kwon, H., Menon, V., Eliez, S., Lotspeich, L., & Reiss, A. L. (2004). White matter structure in autism: preliminary evidence from diffusion tensor imaging. *Biological Psychiatry*, 55(3), 323-326.

Baron-Cohen, S. (2009). Autism: The empathizing-systemising (E-S) theory. *Annals of the New York Academy of Science*, 1156: 68-80.

Baron-Cohen, S., Knickmeyer, R. C., & Belmonte, M. K. (2005). Sex differences in the brain: implications for explaining autism. *Science*, 310(5749), 819-823.

Boddaert, N., Zilbovicius, M., Philipe, A., Robel, L., Bourgeois, M., Barthélémy, C., Seidenwurm, D., Meresse, I., Laurier, L., Desguerre, I., Bahi-Buisson, N., & Bahi-Buisson, N. (2009). MRI findings in 77 children with non-syndromic autistic disorder. *PLoS One*, 4, 2: e4415.

Bruneau, N., Roux, S., Adrien, J. L., & Barthélémy, C. (1999). Auditory associative cortex dysfunction in children with autism: evidence from late auditory evoked potentials (N1 wave-T complex). *Clinical Neurophysiology*, 110(11), 1927-1934.

Carper, R. A., Moses, P., Tigue, Z. D., & Courchesne, E. (2002). Cerebral lobes in autism: early hyperplasia and abnormal age effects. *Neuroimage*, 16(4), 1038-1051.

Casanova, M. F. (2007). The neuropathology of autism. *Brain Pathology*, 17(4), 422-433.

Casanova, M. F., Buxhoeveden, D. P., Switala, A. E., & Roy, E. (2002). Neuronal density and architecture (gray level index) in the brains of autistic patients. *Journal of Child Neurology*, 17(7), 515-521.

Chandana, S. R., Behen, M. E., Juhász, C., Muzik, O., Rothermel, R. D., Mangner, T. J., ... & Chugani, D. C. (2005). Significance of abnormalities in developmental trajectory and asymmetry of cortical serotonin synthesis in autism. *International Journal of Developmental Neuroscience*, 23(2), 171-182.

Chapman, E., Baron-Cohen, S., Auyeung, B., Knickmeyer, R., Taylor, K., & Hackett, G. (2006). Fetal testosterone and empathy: evidence from the empathy quotient (EQ) and the "reading the mind in the eyes" test. *Social Neuroscience,* 1(2), 135-148.

Chen, W., Landau, S., Sham, P., & Fombonne, E. (2004). No evidence for links between autism, MMR and measles virus. *Psychological Medicine*, 34(03), 543-553.

Chevallier, C., Kohls, G., Troiani, V., Brodkin, E. S., & Schultz, R. T. (2012). The social motivation theory of autism. *Trends in Cognitive Sciences*, 16(4), 231-239.

Courchesne, E., Karns, C. M., Davis, H. R., Ziccardi, R., Carper, R. A., Tigue, Z. D., ... & Lincoln, A. J. (2001). Unusual brain growth patterns in early life in patients with autistic disorder an MRI study. *Neurology*, 57(2), 245-254.

Courchesne, E., & Pierce, K. (2005). Brain overgrowth in autism during a critical time in development: implications for frontal pyramidal neuron and interneuron development and connectivity. *International Journal of Developmental Neuroscience*, 23(2), 153-170.

Courchesne, E., & Pierce, K. (2005). Why the frontal cortex in autism might be talking only to itself: local over-connectivity but long-distance disconnection. *Current Opinion in Neurobiology*, 15(2), 225-230.

Courchesne, E., Redcay, E., & Kennedy, D. P. (2004). The autistic brain: birth through adulthood. *Current Opinion in Neurology*, 17(4), 489-496.

Courchesne, E., Yeung-Courchesne, R., Hesselink, J. R., & Jernigan, T. L. (1988). Hypoplasia of cerebellar vermal lobules VI and VII in autism. *New England Journal of Medicine*, 318(21), 1349-1354.

Croen, L. A., Braunschweig, D., Haapanen, L., Yoshida, C. K., Fireman, B., Grether, J. K., ... & Van de Water, J. (2008). Maternal mid-pregnancy autoantibodies to fetal brain protein: the early markers for autism study. *Biological Psychiatry*, 64(7), 583-588.

DiCicco-Bloom, E., Lord, C., Zwaigenbaum, L., Courchesne, E., Dager, S. R., Schmitz, C., ... & Young, L. J. (2006). The developmental neurobiology of autism spectrum disorder. *The Journal of Neuroscience*, 26(26), 6897-6906.

Feng, J., Schroer, R., Yan, J., Song, W., Yang, C., Bockholt, A., ... & Sommer, S. S. (2006). High frequency of neurexin 1β signal peptide structural variants in patients with autism. *Neuroscience Letters*, 409(1), 10-13.

Frith, U. (2001). Mind blindness and the brain in autism. *Neuron*, 32(6), 969-979.

Gervais, H., Belin, P., Boddaert, N., Leboyer, M., Coez, A., Sfaello, I., ... & Zilbovicius, M. (2004). Abnormal cortical voice processing in autism. *Nature Neuroscience*, 7(8), 801-802.

Guimard-Brunault, M., Hernandez, N., Roché, L., Roux, S., Barthélémy, C., Martineau, J., & Bonnet-Brilhault, F. (2013). Back to basic: do children with autism spontaneously look at screen displaying a face or an object?. *Autism Research and Treatment*, 2013.

Happé, F. (1999). Autism: cognitive deficit or cognitive style?. *Trends in Cognitive Sciences*, 3(6), 216-222.

Hazlett, H. C., Poe, M., Gerig, G., Smith, R. G., Provenzale, J., Ross, A., ... & Piven, J. (2005). Magnetic resonance imaging and head circumference study of brain size in autism: birth through age 2 years. *Archives of General Psychiatry*, 62(12), 1366-1376.

Herbert, M. R., Ziegler, D. A., Makris, N., Filipek, P. A., Kemper, T. L., Normandin, J. J., ... & Caviness, V. S. (2004). Localization of white matter volume increase in autism and developmental language disorder. *Annals of Neurology*, 55(4), 530-540.

Hernandez, N., Metzger, A., Magné, R., Bonnet-Brilhault, F., Roux, S., Barthélémy, C., & Martineau, J. (2009). Exploration of core features of a human face by healthy and autistic adults analyzed by visual scanning. *Neuropsychologia*, 47(4), 1004-1012.

Hill, E. L. (2004). Executive dysfunction in autism. *Trends in Cognitive Sciences*, 8(1), 26-32.

Iarocci, G., & McDonald, J. (2006). Sensory integration and the perceptual experience of persons with autism. *Journal of Autism and Developmental Disorders*, 36(1), 77-90.

Jamain, S., Quach, H., Betancur, C., Råstam, M., Colineaux, C., Gillberg, I. C., ... & Bourgeron, T. (2003). Mutations of the X-linked genes encoding neuroligins NLGN3 and NLGN4 are associated with autism. *Nature Genetics*, 34(1), 27-29.

Ke, X., Tang, T., Hong, S., Hang, Y., Zou, B., Li, H., ... & Liu, Y. (2009). White matter impairments in autism, evidence from voxel-based morphometry and diffusion tensor imaging. *Brain Research*, 1265, 171-177.

Klin, A., Jones, W., Schultz, R., Volkmar, F., & Cohen, D. (2002). Visual fixation patterns during viewing of naturalistic social situations as predictors of social competence in individuals with autism. *Archives of General Psychiatry*, 59(9), 809-816.

Laumonnier, F., Bonnet-Brilhault, F., Gomot, M., Blanc, R., David, A., Moizard, M. P., ... & Laudier, B. (2004). X-linked mental retardation and autism are associated with a mutation in the NLGN4 gene, a member of the neuroligin family. *The American Journal of Human Genetics*, 74(3), 552-557.

Laumonnier, F., Roger, S., Guérin, P., Molinari, F., M'Rad, R., Cahard, D., ... & Romano, V. (2006). Association of a functional deficit of the BK Ca channel, a synaptic regulator of neuronal excitability, with autism and mental retardation. *American Journal of Psychiatry*.

Manent, J. B., & Represa, A. (2007). Neurotransmitters and brain maturation: early paracrine actions of GABA and glutamate modulate neuronal migration. *The Neuroscientist*, 13(3), 268-279.

Manning, M. A., Cassidy, S. B., Clericuzio, C., Cherry, A. M., Schwartz, S., Hudgins, L., ... & Hoyme, H. E. (2004). Terminal 22q deletion syndrome: a newly recognized cause of speech and language disability in the autism spectrum. *Pediatrics*, 114(2), 451-457.

Muhle, R., Trentacoste, S. V., & Rapin, I. (2004). The genetics of autism. *Pediatrics*, 113(5), e472-e486.

Murphy, D. G., Daly, E., Schmitz, N., Toal, F., Psych, M. R. C., Murphy, K., ... & Kerwin, R. (2006). Cortical serotonin 5-HT2A receptor binding and social communication in adults with Asperger's syndrome: an in vivo SPECT study. *American Journal of Psychiatry*. 163(5): 934-936.

Nadal-Desbarats, L., Aïdoud, N., Emond, P., Blasco, H., Filipiak, I., Sarda, P., ... & Andres, C. R. (2014). Combined 1 H-NMR and 1 H–13 C HSQC-NMR to improve urinary screening in autism spectrum disorders. *Analyst*, 139(13), 3460-3468.

Ozonoff, S., South, M. & Provencal, S. (2005). Theoretical perspectives: Executive Functions. In, Volkmar, F. R., Paul, R., Klin, A. & Cohen, D., *Handbook of autism and pervasive developmental disorders, Vol. 1: Diagnosis, development, neurobiology, and behavior* (3a ed.). (pp. 606-627). Nova Jersey: John Wiley & Sons Inc.

Pardo, C. A., & Eberhart, C. G. (2007). The neurobiology of autism. *Brain Pathology*, 17(4), 434-447.

Piven, J., Arndt, S., Bailey, J., & Andreasen, N. (1996). Regional brain enlargement in autism: a magnetic resonance imaging study. *Journal of the American Academy of Child & Adolescent Psychiatry*, 35(4), 530-536.

Prasad, H. C., Steiner, J. A., Sutcliffe, J. S., & Blakely, R. D. (2009). Enhanced activity of human serotonin transporter variants associated with autism. *Philosophical Transactions of the Royal Society of London B: Biological Sciences*, 364(1514), 163-173.

Redcay, E., & Courchesne, E. (2005). When is the brain enlarged in autism? A meta-analysis of all brain size reports. *Biological Psychiatry*, 58(1), 1-9.

Rizzolatti, G., & Fabbri-Destro, M. (2008). The mirror system and its role in social cognition. *Current Opinion in Neurobiology*, 18(2), 179-184.

Singer, H. S., Morris, C. M., Gause, C. D., Gillin, P. K., Crawford, S., & Zimmerman, A. W. (2008). Antibodies against fetal brain in sera of mothers with autistic children. *Journal of Neuroimmunology*, 194(1), 165-172.

Singer, H. S., Morris, C., Gause, C., Pollard, M., Zimmerman, A. W., & Pletnikov, M. (2009). Prenatal exposure to antibodies from mothers of children with autism produces neurobehavioral alterations: a pregnant dam mouse model. *Journal of Neuroimmunology*, 211(1), 39-48.

Stoner, R., Chow, M. L., Boyle, M. P., Sunkin, S. M., Mouton, P. R., Roy, S., ... & Courchesne, E. (2014). Patches of disorganization in the neocortex of children with autism. *New England Journal of Medicine*, 370(13), 1209-1219.

Vargas, D. L., Nascimbene, C., Krishnan, C., Zimmerman, A. W., & Pardo, C. A. (2005). Neuroglial activation and neuroinflammation in the brain of patients with autism. *Annals of Neurology*, 57(1), 67-81.

Zilbovicius, M., Boddaert, N., Belin, P., Poline, J. B., Remy, P., Mangin, J. F., ... & Samson, Y. (2000). Temporal lobe dysfunction in childhood autism: a PET study. *American Journal of Psychiatry*. 157(12), 1988-1983.

Zimmerman, A. W., Connors, S. L., & Pardo, C. A. (2006). Neuroimmunology and neurotransmitters in autism. In: *Autism: A Neurological Disorder of Early Brain Development*. RTuchman, IRapin (eds), pp. 141-159. International Child Neurology Association: London, Mac Keith Press.

Capítulo 6

IMPACTOS DE UM TRANSTORNO DO NEURODESENVOLVIMENTO: OS CAMINHOS DIFERENTES DO DESENVOLVIMENTO SOCIOCOGNITIVO NO AUTISMO

Marie-Hélène Plumet

As crianças que apresentam um Transtorno do Espectro do Austimo (TEA segundo o DSM-5, APA, 2013) são particularmente desprovidas do desenvolvimento das competências e conhecimentos implicados nas relações sociais. Diferentemente dos lactentes não autistas, que dispõem de maneira muito precoce de meios de ser "de inteligência" com o outro, ao menos em um nível básico, e depois sob formas cada vez mais sofisticadas, as crianças autistas em tenra idade não parecem providas dos mesmos recursos neurodesenvolvimentais para envolver-se espontaneamente em relações interpessoais recíprocas e coordenadas, para ali encontrar interesse, prazer, assim como pontos de referência a fim de construir, compartilhar e transmitir significações. Essas crianças parecem, ao contrário, desde a mais tenra idade, mostrar pouco interesse espontâneo para os estímulos sociais ou ser muito rapidamente sobrecarregadas pela grande variedade e complexidade dos fluxos de informações a levar em conta em situação social. Por conseguinte, elas só conseguem chegar a uma compreensão e a uma adaptação social à custa de esforços cognitivos e emocionais muito importantes. Além disso, dado que seu desenvolvimento não está cristalizado apesar de suas dificuldades, à medida que essas crianças adquirem alguns conhecimentos sociais, com o auxílio principalmente de um acompanhamento adaptado, a aplicação funcional e ajustada desses conhecimentos em função das variações do contexto permanece muitas vezes mal controlada.

Por que o desenvolvimento da inteligência social, que se efetua sem aprendizagem explícita na criança normal, pela simples prática, requer esforços de explicitação, de regulação atencional, emocional e comportamental muito maiores nas crianças com autismo? A articulação dos conhecimentos oriundos de observações clínicas, estudos experimentais comportamentais e desenvolvimentais, assim como trabalhos sobre as anomalias do funcionamento neurocerebral no autismo, fornece uma elucidação preciosa no que diz respeito ao desenvolvimento sociocomunicativo atípico. O diagnóstico é somente uma etapa, mas, em seguida, uma caracterização global de um "déficit de comunicação" ou de um "déficit cognitivo" não é suficiente para compreender essas crianças, em sua diversidade e suas trajetórias de evolução. Ultrapassar as abordagens muito gerais de capacidades concebidas de maneira absoluta como alteradas *versus* funcionais no plano relacional e comunicativo para substituí-las por abordagens desenvolvimentais é essencial para apoiar e acompanhar a criança em sua apropriação progressiva dos meios de interação (Tager-Flusberg *et al.*, 2009), desde seus componentes mais elementares até os mais integrados e elaborados.

Após ter referenciado brevemente a pluralidade dos cenários conceituais sobre os quais se apoiam as pesquisas relativas ao desenvolvimento sociocognitivo, apresentaremos um panorama sintético das descobertas empíricas sobre suas particularidades nas pessoas com TEA e os processos atípicos que as sustentam. Concluiremos colocando em perspectiva os principais modelos que foram propostos pelos pesquisadores para organizar e interpretar esse feixe de singularidades em sua trajetória desenvolvimental, concepções que oferecem numerosas perspectivas em termos de intervenção e de acompanhamento.

CENÁRIOS TEÓRICOS ARTICULANDO DESENVOLVIMENTO SOCIAL E COGNITIVO: DA PSICOLOGIA DO DESENVOLVIMENTO ÀS NEUROCIÊNCIAS

O interesse pela interface entre processos sociais e cognitivos do desenvolvimento se apoia em vários modelos teóricos. Em psicologia do desenvolvimento, ele deve muito às abordagens socioconstrutivistas e interacionistas (Vygotski, 1934/1997; Bruner, 1983), segundo as quais os processos adaptativos da criança e a construção de representações significantes do mundo estão desde o início da vida ancorados em suas experiências sociais. Para esses autores, a criança sem transtorno do desenvolvimento (designada por "típica" ou "normal" neste capítulo) elabora suas competências cognitivas superiores por meio de suas interações com parceiros sociais mais adiantados que ela no plano do desenvolvimento cognitivo e comunicativo: a inter-regulação das condutas e das significações sustenta progressivamente sua intrarregulação. Quando transtornos precoces alteram os recursos da criança em tenra idade para interagir e comunicar, é o conjunto desses processos habitualmente integrados e sustentados que será modificado, tanto no plano social quanto no plano cognitivo.

Por outro lado, o campo das neurociências desenvolvimentais, em plena expansão há vinte anos, também investiu fortemente na exploração da cognição social, típica e atípica. Sob o ângulo do estudo do "cérebro social", esses trabalhos trazem uma elucidação complementar, integrando o nível neurobiológico, à compreensão dos mecanismos funcionais e processos desenvolvimentais em jogo (Saxe, 2006; Pelphrey, Shultz, Hudac, & Vander Wyk, 2011). A fim de não sucumbir a tentativas de explicação reducionistas, as disfunções devem ser exploradas nesta dinâmica interacionista, inerente a todo transtorno do desenvolvimento, entre anomalias neurocerebrais e perturbações das interações sociais e cognitivas que elas induzem, com efeitos por sua vez retroativos na organização neurofuncional (Karmiloff-Smith, 1998).

Que interesse há neste duplo apoio teórico (construtivismo interacionista desenvolvimental e neurociências do desenvolvimento) para a compreensão dos TEA? Faz-se necessário especificar, a título de preâmbulo, que as pesquisas que sintetizaremos aqui não tratam diretamente da *etiologia* dos TEA, mas da apreciação fina das modalidades particulares de *funcionamento* e de *desenvolvimento* dessas crianças, o que é determinante para um atendimento em idade precoce. Atualmente, com o recuo de milhares de trabalhos científicos acumulados, a maioria dos pesquisadores pensa que não há uma origem única no autismo, mas várias etiologias diferentes possíveis, correspondentes a uma heterogeneidade clínica do espectro. Assim, existiriam diversas combinações possíveis de fatores (vulnerabilidades multigênicas e fatores ambientais de tipo epigenético, pré-, peri- e pós-natais) chegando a uma "via final comum", um grupo conjugado de alterações que afetam o desenvolvimento cerebral de uma maneira que impacta particularmente um sistema funcional normalmente integrado, principalmente o da comunicação e das relações sociais, mas não unicamente. Essas singularidades neurodesenvolvimentais precoces induziriam no bebê modalidades de tratamento das informações e uma reatividade – sensorial, emocional e comportamental – atípicas, fragilizando suas possibilidades adaptativas, e com isso perturbariam seu meio relacional como suas experiências com o mundo, com repercussões em cascata em todos os setores de funcionamento e desenvolvimento do indivíduo.

Na maioria dos casos, embora habilidades às vezes excepcionais possam se manifestar em algumas áreas, o risco é, portanto, muito grande para a criança, na ausência de acompanhamento e suporte precoces adaptados, de desenvolver deficiências restringindo muito seriamente o campo de seus comportamentos e interesses, sua vida relacional e social, sua autonomia, seu desenvolvimento afetivo, a construção e a comunicação de representações socialmente compartilhadas.

SÍNTESE DAS PESQUISAS SOBRE AS PARTICULARIDADES DO DESENVOLVIMENTO SOCIOCOGNITIVO NO AUTISMO

As crianças TEA apresentam, comparativamente a crianças com desenvolvimento típico ou globalmente retardado emparelhadas em termos de idade mental, particularidades de tratamento das informações sociais desde seus níveis mais elementares. Os estudos comportamentais em conjunto com a neuroimagiologia revelam que não se tratam de simples anomalias quantitativas (ex.: ser menos atraído pelo humano, com menos reações ou com desempenho social inferior), mas de modalidades qualitativamente diferentes de integração das informações requeridas em situação social que interferem, se não interviermos de forma precoce, na possibilidade das crianças de se interessar, de tratar e desenvolver, nessas situações, comportamentos e unidades de sentido pertinentes às relações interpessoais.

Detecção dos movimentos biológicos

Nos bebês com desenvolvimento típico, observa-se desde o nascimento uma preferência para os movimentos biológicos (Simion, Regolin & Bulf, 2008): os bebês com algumas horas de vida distinguem e preferem olhar um conjunto de pontos luminosos cujo movimento reproduz a silhueta de um homem numa ação dirigida (ex.: que anda) em vez de um conjunto do mesmo número de pontos em movimentos aleatórios. Além disso, essa preferência é sensível à orientação vertical e desaparece se a silhueta luminosa móvel é mostrada invertida. Ela parece ter um papel importante para orientar rapidamente os recém-nascidos em direção a seus congêneres e participar da decodificação da intencionalidade das ações percebidas no outro. No plano neurocerebral, a apresentação desses estímulos ativa zonas especializadas muito cedo no tratamento dos elementos expressivos e móveis da face (olhares, mímicas).

Os pesquisadores quiseram saber se essa capacidade do sistema visual – funcional desde o nascimento e importante para identificar os parceiros sociais em um ambiente móvel – era alterada nas pessoas autistas. Nos estudos com indivíduos autistas, considerando a idade do diagnóstico, não se pode propor a experiência a recém-nascidos, mas ela foi reproduzida nas crianças ou adultos. Os resultados revelam que as crianças com TEA, de 3 a 7 anos, não têm preferência significativa para os movimentos biológicos (Annaz, Campbell, Coleman, Milne & Swettenham, 2012) e têm uma preferência inabitual pelos movimentos correspondentes a um pião. Vários autores confirmam esses dados junto a crianças TEA com idade de 2 anos (Klin *et al.*, 2009) e adultos (Nackaerts *et al.*, 2012). As pessoas TEA adultos com QI muito elevado podem, no entanto, apresentar essa preferência (Freitag *et al.*, 2008; Rutherford & Troje, 2012). Os efeitos da experiência poderiam, ao menos para alguns indivíduos, ter um impacto favorável na atenção aos movimentos biológicos, mas a constatação de que não é tão óbvio para as crianças autistas em tenra idade evoca perturbações neurocognitivas precoces em um componente adaptativo que facilita habitualmente a orientação social do bebê desde seu nascimento.

Tratamento dos rostos e de seus componentes expressivos

Além de uma atração pelos movimentos característicos dos humanos, os bebês típicos possuem desde o nascimento uma atenção muito privilegiada por rostos (Gliga, 2003) e principalmente pela região dos olhos, em particular se o olhar é dirigido para eles e só para eles, o que favorece a fixação do olhar em relação diádica. A atração pelas configurações "rostos" lhes permite muito rapidamente reconhecer pessoas específicas de seu meio mais próximo (mãe, pai etc.) a partir de 2 meses e talvez ainda mais cedo (de Schonen, 2002). Uma outra força das capacidades de tratamento perceptivo dos recém-nascidos é sua capacidade de integração perceptiva transmodal: eles são sensíveis às associações que observam entre índices visuais do rosto (movimentos faciais) e sonoros (voz humana). Sua apresentação combinada aumenta a preferência pelos rostos, tornando-os mais salientes (Guellai & Streri, 2011; Guellai, Coulon & Streri, 2011), e contribui para identificar pessoas específicas. A integração transmodal constitui uma grande vantagem para que o recém-nascido possa abordar as pessoas e as estimulações que elas produzem durante interações como padrões coerentes e articulados, quer seja no plano perceptivo ou no plano da imitação. Salientamos que, ao longo do primeiro ano, a discriminação dos rostos dos bebês se especializa com a experiência: ela torna-se muito fina para os estímulos frequentes em seu ambiente, mas perde em sensibilidade para as categorias mais distanciadas dos protótipos de seu meio. Essa focalização progressiva permite uma economia cognitiva. No plano neurobiológico, esta é acompanhada de uma especialização cerebral: a partir de 2 meses, quando o bebê está em frente a um rosto, observam-se ativações maiores no córtex inferotemporal direito no nível giro fusiforme direito ("*Fusiform Face Area*" – FFA), enquanto os outros estímulos visuais ativam outras regiões do córtex visual.

Um último elemento essencial do tratamento dos rostos diz respeito ao *reconhecimento dos padrões faciais de expressividade emocional*. Esse exige muito mais que a simples discriminação perceptiva das mímicas e implica uma construção progressiva das categorias de significações emocionais, para além de seus detalhes de execução (ex.: reconhecer um rosto alegre, esteja a boca aberta ou fechada). A partir de 4 a 5 meses, os bebês constroem tais categorizações e as afinam nos múltiplos diálogos emocionais durante interações sociais precoces face a face e depois triádicos (eu-outro-ambiente), enriquecendo, assim, seus meios de compreender, comunicar e regular suas emoções de uma maneira mais ativa e intencional a partir do final do primeiro ano.

A pesquisa científica sobre o tratamento dos rostos e de seus componentes expressivos em crianças e adultos autistas vem sendo objeto há mais de 30 anos de inúmeros estudos, tanto comportamentais quanto de seus correlatos fisiológicos e neurocerebrais (cf. as sínteses de Golarai, Grill-Spector & Reissa, 2006; Sasson, 2006; Campatelli, Federico, Apicella, Sicca & Muratori, 2013). Entretanto, a heterogeneidade dos resultados dificulta uma interpretação global coerente. Na verdade, faltam aos estudos uma abordagem desenvolvimental, e acumulam dados das amostragens de idade geralmente avançada (adolescentes e adultos), junto a indivíduos que têm, em sua maioria, uma eficiência intelectual de alto nível ("*high functioning*"). Os dados coletados são interpretados como características das competências ou déficits dos indivíduos TEA (tais como marcadores cognitivos), sem levar suficientemente em consideração processos evolutivos que esses indivíduos puderam estabelecer no decurso de suas experiências sociais e de sua maturação (fazendo variar, por exemplo, a saliência relativa dos estímulos, seus recursos compensatórios...), a fim de encontrar referências, por menores que sejam, no tratamento dos rostos e expressões faciais. Apesar das divergências entre estudos, destacaremos a seguir os resultados predominantes que podem ser obtidos.

Os rostos não suscitam o interesse e o tratamento específico habitual

Durante tarefas de atenção seletiva, *falta aos indivíduos autistas a atração preferencial pelos rostos* em relação aos objetos ou ao corpo. Os rostos também não constituem objeto de um tratamento integrativo da configuração dos elementos que o compõem (olhos/nariz/boca...) nem de associações transmodais (movimentos/voz) constatados nos indivíduos controles. No plano neurocerebral, os rostos parecem ser tratados como qualquer outro estímulo visual e não ativam a zona especializada do giro fusiforme (Schultz *et al.*, 2000; Critchley *et al.*, 2000; Pierce, Müller, Ambrose, Allen & Courchesne, 2001; Hubi *et al.*, 2003; Apicella, Sicca, Federico Campatelli, Muratori, 2013).

Uma exploração visual atípica dos elementos internos dos rostos

Com o auxílio da técnica de *eye-tracking*, que permite acompanhar os pontos de fixação visual de um indivíduo diante de um estímulo, observou-se que as crianças autistas exploram muito pouco a região dos olhos em um rosto e fixam muito mais na boca ou nas partes externas ao rosto. Elas não têm preferência pelos olhares diretos, esses, ao contrário, parecem provocar nelas uma reação mais intensa de alerta (mensurada pela condutância cutânea ou imagiologia pela ativação da amígdala) potencialmente associada aos sentimentos de desconforto. Além disso, elas têm dificuldade para extrair e levar em conta as informações veiculadas pelo olhar, de tipo direcional (os olhares e suas mudanças de direção informam sobre o que uma pessoa olha, e com isso sobre seus desejos e as ações que ela se prepara para fazer) e de tipo emocional (o olhar participa na expressividade, na interpretação do sentimento do outro). Esse duplo problema, tanto atencional/motivacional como de captação das informações socialmente significantes dos olhares, manifesta-se por meio das grandes dificuldades que as crianças autistas têm para estabelecer e provocar a *atenção conjunta*, competência-chave do desenvolvimento comunicativo e do compartilhamento referencial (Mundy, Sullivan & Mastergeorge, 2009).

Capacidades não deficitárias de reconhecimento da identidade dos rostos, mas implementando processos qualitativamente diferentes

O reconhecimento da identidade das pessoas por intermédio de diversas apresentações diferentes de fotos de seus rostos (ângulo de vista, expressão etc.) traz relativamente pouca dificuldade específica às crianças autistas em comparação às crianças controle. Suas boas capacidades discriminativas dos traços faciais lhes permitem ser bem-sucedidas nessas tarefas, mesmo se, às vezes, ligeiramente menos rápidas do que para objetos complexos. Todavia, mesmo com nível de *performance* similar, as comparações entre condições experimentais revelam que elas utilizam estratégias diferentes do grupo de controle para reconhecer uma pessoa. Seu tratamento parece muito mais localista (pareamento traço a traço) que configural (impressão global isolada do rosto), como mostram um mínimo efeito de inversão e seu mais fraco apoio do que no grupo de controle na região dos olhos para esse reconhecimento.

Resultados heterogêneos relativos ao reconhecimento das configurações emocionais faciais

O estudo do reconhecimento das emoções faciais apresenta resultados muito variáveis (cf. revisão da questão de Harms, Martin & Wallace, 2010), em função das escolhas metodológicas relativas às tarefas (estímulos mais ou menos próximos das condições ecológicas de percepção emocional: estáticas *versus* dinâmicas, esquematizadas ou realistas, tempo de apresentação longos ou curtos, tipo de emoção...), às medidas (reatividade emocional implícita com estímulos ou categorização explícita) ou ainda às amostragens comparadas (nível de desenvolvimento dos indivíduos TEA, recrutamento dos grupos controles para emparelhamento da idade verbal ou não verbal etc.). Se na vida cotidiana inúmeras observações clínicas indicam dificuldades de decodificação e de ajuste às emoções do outro nos indivíduos TEA, elas nem sempre são confirmadas nas situações experimentais estruturadas e depuradas de triagem ou denominações de expressões, em que os desempenhos dos indivíduos autistas para reconhecer as emoções de base na apresentação estática não diferem nitidamente dos indivíduos de controle de mesma idade mental. No entanto, estudos revelam um menor reconhecimento pelos indivíduos autistas de algumas emoções negativas (medo, raiva ou repugnância). Outros observam que as emoções básicas são bem reconhecidas (alegria, tristeza, raiva, medo), mas que as dificuldades se devem muito mais às emoções mais complexas, implicando um componente avaliativo cognitivo (surpresa, embaraço, orgulho...), e compreendidas mais tardiamente durante o desenvolvimento (Jones *et al.*, 2011).

Em contrapartida, os desempenhos podem ser alterados desde o nível das emoções básicas nas tarefas em que o reconhecimento emocional implica estímulos dinâmicos, correspondências multimodais (ex.: parear expressões faciais e vocais de uma mesma emoção) ou requer uma conscientização muito rápida, holística, da significação emocional em virtude de um tempo de apresentação muito curto, que não permite analisar detalhadamente cada um dos índices perceptivos de superfície. Esses trabalhos confirmam assim diferenças qualitativas de modos de tratamento dos elementos do rosto nos indivíduos TEA, com predominância localista e segmentária, que podem ser suficientes à triagem das expressões faciais estáticas isoladas, mas dificultam consideravelmente uma compreensão global dos padrões expressivos quando eles são móveis, flutuantes, e combinados com vários outros índices (sonoros, visuais, táteis etc.), tal como é o caso nas interações naturais.

A combinação dessas tarefas com medidas eletrofisiológicas (reação electrodermal) ou de imagiologias funcionais sugere, além disso, que, no reconhecimento emocional, são os processos intuitivos da empatia no nível elementar e não controlado que parecem apresentar mais problemas às pessoas autistas, enquanto processos mais sofisticados (embora provavelmente mais custosos, tais como a análise perceptiva detalhada, a inferência racional, a rotulagem verbal etc.) poderiam se desenvolver entre as mais adiantadas (*high functioning*) por compensação, a fim de poder identificar-se minimamente entre as principais categorias emocionais.

Tratamento da voz humana e da prosódia

Nos recém-nascidos normais, a atração preferencial para os estímulos humanos se exerce não somente no plano visual (movimentos, rostos), mas também no plano auditivo. Assim, eles preferem uma voz humana a qualquer outro som desde o nascimento (Beauchemin *et al.*, 2011) e pôde-se identificar uma preferência do feto pela voz maternal desde o período no útero (Kisilevsky *et al.*, 2009). No plano neurocerebral, uma zona especializada é ativada quando da escuta de uma voz humana (mesmo que essa voz não pronuncie fala articulada): o Sulco Temporal Superior (STS), região que se distingue das zonas de ativação para os sons não vocais. Essa região é, por outro lado, sensível a toda uma série de sinais comunicativos (olhares, movimentos biológicos). Essa especialização neurofuncional do tratamento da voz emergiria entre 4 e 7 meses (Grossman, Oberecker, Koch & Friederici, 2010) ou até mesmo, de acordo com trabalhos recentes, desde os primeiros dias de vida (Cheng, Lee, Chen, Wang & Decety, 2012).

As crianças com TEA não demonstram atração preferencial significativa pela voz humana, inclusive na forma de "motherese" (manhês) (Klin, 1991; Kuhl, Coffey-Corina, Padden & Dawson, 2005), nem especialização cerebral no nível do STS para o tratamento da voz (Gervais *et al.*, 2004). Elas têm, no entanto, boas capacidades *discriminativas* auditivas (timbre, melodia, altura...), o que lhes permite reconhecer a identidade das pessoas pela voz. Porém, contrariamente aos bebês típicos, não se observa nelas vantagem discriminativa ou acuidade pelos sons humanos (*versus* não humanos) nem sensibilidade específica na direção de destino da voz (Watson *et al.*, 2012). Elas conservam para, além dos primeiros meses, competências inabituais para discriminar a altura tonal das palavras (habilidade encontrada também em seu reconhecimento das melodias). Apesar desses pontos fortes de seu funcionamento perceptivo auditivo, as crianças TEA têm dificuldades em usá-los para extrair as significações expressivas dos padrões prosódicos e para apoiar-se nas entonações para identificar as emoções ou intenções veiculadas pela voz (McCann & Peppé, 2003).

Imitação, sincronização e ressonâncias de si/do outro: processos elementares de empatia

A participação precoce dos bebês nas interações sociais, assim como a construção progressiva das significações sociais, baseia-se, como vimos, na atração pelos estímulos sociais e na identificação dos índices significantes pertinentes provenientes das pessoas (rostos, olhares, emoções, vozes...), mas também numa capacidade *de coordenação dinâmica temporal entre si e o outro*. Isso inclui fases de emparelhamentos simultâneos (agir/sentir junto) e de reciprocidade sequencial (agir/sentir em resposta ou para provocar uma resposta). O bebê normal tem a chance de dispor desde as primeiras semanas de um equipamento sensorial, motor e cognitivo que lhe permite detectar os isomorfismos e dependências espaciais e temporais entre as percepções ligadas a suas próprias condutas e as ações percebidas no outro, conservando uma distinção de si/do outro pelo menos no nível corporal (Rochat, 2002). Essas habilidades de sincronização e de coordenação sensório-motora se manifestam desde o nascimento nas imitações chamadas "neonatais" (principalmente movimentos da boca). Elas contribuem à apropriação pelo bebê da estrutura e do *timing* das interações sociais, na forma de "protoconversações", no decorrer dos seis primeiros meses, implicando uma previsibilidade maior das interações baseada na construção e na interiorização de expectativas prototípicas de uma interação social (Rochat, Querido & Striano, 1999). Essas competências participam também da instauração da regulação emocional recíproca em meio às interações e aos fundamentos dos processos empáticos primários. Baseadas nos processos de contágio e de simulação interna das condutas do outro por ressonância, elas permitem à criança a captação, numa espécie de abstração sensório-motora, dos objetivos e intenções do outro desde os 12 aos 18 meses (Meltzoff, 2002; Grezès & de Gelder, 2005).

No autismo, segundo Jacqueline Nadel (2011), as perguntas correntes neste campo são geralmente mal formuladas por serem muito globais ("A criança autista imita?" "Ela é incapaz de reciprocidade ou sincronização social?"). Quando se examinam os dados clínicos e científicos mais de perto, veem-se frequentemente observações paradoxais entre elementos quantitativos e qualitativos, entre as disposições instrumentais de base e os usos funcionais dessas competências. Na verdade, as capacidades das crianças autistas para reproduzir, imediatamente ou de forma defasada, comportamentos do outro estão longe de ser ausentes: encontram-se até mesmo na maioria delas repetições em eco, literais, de blocos gestuais, vocais ou verbais, qualificadas de ecopraxias ou ecolalias, em razão de seu caráter ao mesmo tempo repetitivo e muito preciso na cópia dos detalhes de execução (ex.: frase repetida com entonação exata do locutor), mas sem que a criança dê a impressão de ter compreendido o sentido ou o contexto de uso socialmente apropriado. A capacidade de reprodução, vocal ou gestual, parece, portanto, funcional no plano instrumental, mas é seu uso atípico e pouco modulável que leva os parceiros sociais da criança a não considerar nem sentir esses comportamentos como imitação, principalmente sob o ângulo de um meio relacional.

Gergely (2001) explora a esse respeito uma hipótese interessante: as crianças autistas podem ter dificuldades em coordenar espontaneamente suas condutas com as do outro ou em efetuar emparelhamentos intermodais em razão do "grão" muito fino de suas discriminações perceptivas, conduzindo-as a preferir ou a serem mais atentas às sincronias temporais "quase exatas" ou, em todo caso, muito mais precisas que as que organizam as sincronizações comportamentais sociais durante as interações. Por essa razão, elas não reconhecem necessariamente como interdependentes sequências de ação-resposta nem sincronias com intervalo para elas muito grande, nem mesmo como comparáveis formatos de interação que não se repetem de modo idêntico (por exemplo, considere-se a busca de imutabilidade nessas crianças). Segundo o autor, esse limiar fino de sensibilidade às contingências dinâmicas existe no bebê típico, mas evolui em três meses para um grão um pouco menos fino, permitindo-lhe reconhecer e apreciar as relações de sincronia interpessoal mesmo que elas sejam imperfeitas. A criança autista pode se diferenciar por uma manutenção desse nível muito preciso de sensibilidade às sincronias até idades muito mais avançadas (em ligação com uma anomalia neurodesenvolvimental), o que perturbaria o desenvolvimento de regulações interpessoais recíprocas dos comportamentos, motivações e emoções, e usos sociocomunicativos da imitação. Resultados de imagiologia funcional sugerem que essas formas de "hiperimitação" podem estar ligadas a déficits dos mecanismos inibidores e de modulação *top/down* do uso seletivo da imitação (Spengler, Bird & Brass, 2010).

As investigações experimentais comportamentais nesses campos foram frequentemente circunscritas a testes de imitação a pedido, sem suficientemente se interessar pelo que a criança autista imita espontaneamente ou por sua sensibilidade pelo fato de ser imitada por outra. Assim, a pedido e a partir de um modelo, as crianças autistas podem imitar em algumas condições (De Myr *et al.*, 1972; Whiten & Brown, 1999; Vivanti, Nadig, Ozonoff & Rogers, 2008): ações dirigidas a um objetivo e cuja consequência concreta faz sentido à criança (ex.: ações da vida cotidiana, utilização de instrumentos...) em vez de movimentos corporais, mesmo simples, se esses não têm significação para ela; ações concretas em vez de simbólicas; comportamentos que têm efeitos sensoriais, visuais ou aditivos (Ingersoll, Schreibman & Tran, 2003), comportamentos que não comportam muitas etapas antes de alcançar o objetivo.

Várias pesquisas enfatizam que as crianças autistas, embora imitem muito pouco de maneira espontânea, são sensíveis a uma imitação reforçada de suas condutas, incluindo seus comportamentos estereotipados (Dawson & Adams, 1984; Dawson & Galpert, 1990; Nadel, 2011; Stephens, 2008; Katagiri, Inada & Kamio, 2010; Sanefuji & Ohgami, 2011; Field, Ezell, Nadel, Grace, Allender & Siddalingappa, 2013). Elas reagem a essas positivamente (aumento dos sorrisos, olhares para o outro, vocalizações), e observa-se, à medida que sessões repetidas em que o adulto imita intensamente a criança, que o repertório comportamental social da criança se amplia em vez de limitar-se às atividades estereotipadas. Berger & Ingersoll (2013) confirmam a capacidade das crianças autistas em reconhecer que são imitadas, o que provoca respostas de interesse pelo outro ou pelos objetos que manipulam paralelamente.

Resumindo, as singularidades do uso da imitação nas crianças TEA, que fazem às vezes os parceiros duvidarem de sua funcionalidade social, são de diversas ordens (Vanvuchelen *et al.*, 2013). Elas não parecem ser tão espontâneas, rápidas e flexíveis quanto às crianças típicas: a) saber *quando* e *o que* imitar (seletividade da imitação social, centramento na forma e no objetivo das ações, modulação pertinente em relação ao contexto = aspectos sociocognitivos; b) saber *como* imitar (correspondência entre eu e o outro, acoplamentos percepções/ações sequenciais dinâmicas = nível da integração sensório-motora e da regulação interpessoal da atenção e dos comportamentos).

No plano neurobiológico, pesquisadores puderam observar, durante tarefas de observação ou de reproduções de ações ou emoções, nos indivíduos

TEA ativações mais fracas ou com latência retardada nas regiões cerebrais que corresponderiam ao "sistema de neurônios-espelho (SNE)" (Nishitani, Avikainen, Hari, 2004; Oberman *et al.*, 2005; Dapretto *et al.*, 2006; Raymaekers, Wiersema, & Roeyers, 2009). Essa rede inclui a porção anterior do lóbulo parietal inferior (área 40 de Brodman, o setor inferior do giro pré-central e setor posterior do giro frontal inferior, podendo corresponder com a parte posterior da área 44 de Broca). Esse sistema estaria implicado nos processos de correspondência rápida entre eu e o outro e de partilha de representações motoras. Ele se ativaria tanto durante a execução de uma ação intencional específica (por exemplo, comer uma fruta), quanto durante observação da mesma ação em um congênere (daí a ideia de espelho), e durante a simulação mental dessa mesma ação (para se preparar a ela ou apenas imaginá-la). Essas descobertas no plano neurobiológico suscitaram ao mesmo tempo entusiasmo e controvérsias, na medida em que, embora promissoras, elas são provenientes de modelos animais e ainda não se conhece totalmente seu funcionamento e, sobretudo, seu desenvolvimento no homem.

Levando-se em consideração atitudes mentais das pessoas: teoria da mente implícita e explícita

A expressão "teoria da mente" faz referência ao sistema de interpretação das condutas construídas pela criança acerca das pessoas e apoia-se numa forma de conceitualização de sua vida mental. Ela designa, *do ponto de vista da criança*, sua teoria ingênua que lhe permite antecipar e explicar as condutas humanas, atribuindo às pessoas (a outra como a ela própria) atitudes psicológicas para com o mundo – desejos, intenções, pensamentos etc. – que mediatizam seus comportamentos (Gopnik & Wellman, 1992). Por exemplo, ao ver seu irmão se locomover, uma criança pode dizer a si mesma: "meu irmão vai até a cozinha com um sorriso, pois ele *sabe* que o bolo está pronto, e ele *adora* bolo e por isso ele *quer* comê-lo o mais rápido que pode". Essa dimensão subjetiva do funcionamento das pessoas está no centro da maioria das interações comunicativas humanas. Pouco a pouco, graças à experiência das interações, a criança encontra os sinais que lhe permitem dar um sentido ao mundo mental das pessoas, descobrindo que seus estados internos podem ser compartilhados, mas também são diferentes dos do outro.

Muitos trabalhos foram dedicados a identificar as etapas de desenvolvimento dessa psicologia ingênua na criança e a explorar em que medida ela é alterada ou segue uma trajetória atípica nas crianças com TEA. O estudo pioneiro de Baron-Cohen, Leslie e Frith (1985), adaptando um paradigma de psicologia do desenvolvimento de Wimmer & Perner (1983), foi o primeiro a mostrar as dificuldades das crianças autistas em atribuir estados mentais às pessoas, comparativamente às crianças com deficiência mental de idade de desenvolvimento comparável. Nessa tarefa, as crianças eram confrontadas com uma breve história com o uso de bonecos e deviam, ao final, adivinhar onde um personagem iria procurar um objeto. Para isso, elas deviam levar em conta a perspectiva mental do personagem que não viu o deslocamento do objeto e acredita que ele se encontra sempre no lugar em que havia sido posto. Os resultados demonstram que crianças autistas com idade verbal teoricamente suficiente para serem bem-sucedidas (> 4 anos) fracassam em 80% nessa prova (elas designam a localização atual do objeto), enquanto as crianças controles emparelhadas em idade verbal têm 80% de êxito. Os autores propuseram assim uma interpretação apoiada nesses dados segundo a qual o módulo cognitivo especializado na teoria da mente, habitualmente maduro aos 4 anos, se encontra defeituoso nas crianças autistas e provoca nelas uma "cegueira dos estados mentais" (*mind-blindness*) (Baron-Cohen, 1998). Essa prova engenhosa infelizmente foi vítima de seu sucesso e de uma simplificação e hipergeneralização das interpretações que se podia tirar delas. Na verdade, toda a teoria da mente não está concentrada no sucesso ou fracasso desta prova, longe disso.

A teoria da mente não é unitária e resulta de um processo desenvolvimental de vários anos, fruto de uma combinação de diferentes habilidades:

- ✓ algumas com desenvolvimento precoce, apoiam-se nas capacidades de ressonância e compartilhamento empático, de coordenação recíproca e de simulação em ação e depois mental das condutas do outro, evocadas anteriormente. Elas permitem desde o final do 1º ano o surgimento de competências implícitas que levam em conta intenções, desejos, emoções, interesse do outro, numa forma de psicologia em ação que se afina entre 18 meses e 3 anos (Dunn, 1988; Nadel, 1999; Poulin-Dubois, Brooker, & Chow, 2009; Veneziano, 2009).
- ✓ outras baseiam-se nas capacidades mais distanciadas de tomada de perspectiva, de raciocínio inferencial e de diferenciação dos pontos de vista quando esses não estão necessariamente em correspondência (eu/outro, crença/real, aparência/realidade...) e permitem uma concepção metarrepresentacional da mente humana. Essas competências emergem aos 4 anos. Seu domínio em contextos variados progride notavelmente entre 5 e 7 anos, para constituir uma teoria da mente cada vez mais explícita que continua enriquecendo-se até a adolescência e a idade adulta.

No autismo, a questão não é, portanto, como inicialmente exposto de forma muito simplista, saber se as crianças autistas *têm* ou *não têm* uma teoria da mente. Ela deve antes compreender *como*, considerando suas particularidades sociocognitivas, seus meios de interpretar o funcionamento humano se desenvolvem diferentemente, quais dificuldades podem sentir para acessar a decodificação de uma variedade de estados mentais em ligação com o contexto interacional, e quais processos e estratégias compensatórias alguns adotam para se situar, tanto quanto possível, na antecipação e na explicação das condutas das pessoas.

As crianças autistas apresentam, já no nível das competências psicológicas *implícitas,* dificuldades significativas em relação a crianças controles emparelhadas em idade de desenvolvimento, e isso em toda a gama das condutas consideradas como precursoras de habilidades mentalistas (cf. a síntese de Plumet, 2014, p. 135-136). Em suas interações sociais, tanto na iniciativa como na resposta, para compartilhá-las ou modificá-las, elas têm muito mais dificuldades que as outras crianças a levar em conta os estados mentais do parceiro, quer se trate de:

- ✓ seus objetos de *atenção* ou *interesses* (atenção conjunta);
- ✓ suas *emoções* ou *desejos* (referenciação social, humor, ofertas espontâneas e apropriadas de reconforto, iniciativas de trapaça...);
- ✓ suas *intenções* e *representações* do mundo (fazer de conta, humor, estratégias para enganar, negociações e justificações de pontos de vista...).

Quando algumas dessas condutas emergem, sua flexibilidade adaptativa permanece fraca ou frágil. As crianças têm, por exemplo, tendência a reiterar as mesmas provocações, ou as mesmas ações de fazer de conta, essas últimas permanecendo pouco distanciadas do real (trata-se de evocações de situações fora de contexto, mas seu conteúdo deve permanecer próximo da vida corrente). A gestão do desenvolvimento dessas condutas permanece frequentemente centrada em um polo (interação dirigida pela criança, ou a criança se deixando dirigir) em vez de integrar uma alternância de papéis e de contribuições recíprocas com o parceiro.

Um número crescente de autores considera a necessidade de explorar muito mais os processos elementares, intuitivos, que contribuem à gênese de uma teoria da mente no nível implícito para melhor compreender e auxiliar as pessoas autistas em suas relações sociais cotidianas, visto que alterações desses processos básicos adquiridos durante o exercício precoce das interações (< 3-4 anos) continuam a incomodar mesmo aquelas que são relativamente avançadas em suas capacidades de raciocínio mentalista em situação experimental (Boucher, 2012; Callenmark, Kjellin, Rönnqvist, & Bölte, 2014). Para compreender o que perturba seu desenvolvimento metarrepresentacional, assim como para intervir de maneira precoce, é primordial considerar esses componentes intuitivos da teoria da mente em ação.

Até aqui, os níveis de teoria da mente mais explorados pelas pesquisas (e frequentemente também os mais trabalhados em campo) referem-se aos raciocínios *explícitos* empregados pelas crianças quando solicitadas, a partir de situações sociais fictícias, para comentar e adivinhar os comportamentos de personagens apoiando-se na interpretação de seus estados mentais. Os cenários utilizados requerem um leque variado de habilidades que vai da atribuição de falsas crenças de 1ª ordem (nível 4 a 5 anos), de 2ª ordem (tal como compreender que alguém pode não *saber* que o outro *sabe* algo, nível 7 a 8 anos), até níveis mais avançados (> 9 a 10 anos) em que o indivíduo deve ligar casualmente as referências aos estados mentais a suas origens ou consequências, explicitar as intenções por trás dos enunciados não literais (Happé, 1994; Kaland *et al.*, 2002), explicitar as intenções e emoções expressas somente com os olhares (ex.: *"Reading mind in the eyes test"*, Baron-Cohen *et al.*, 2001), articular compreensão das cognições e das emoções (Teste "Falsos Passos", Baron-Cohen *et al.*, 1999); teste de consciência das inferências sociais (TASIT, Mathersul, McDonald, & Rushby, 2013), avaliar a gravidade de um ato (julgamento moral) baseada na detecção de intencionalidade e de agentividade causal (Rogé & Mullet, 2011; Buon *et al.*, 2013).

Para todas essas tarefas, comparativamente aos indivíduos controles, as pessoas autistas cometem frequentemente erros de interpretações das intenções e pensamentos das pessoas, tendo tendência em basear suas respostas em tratamentos de superfície ou em elementos perceptivos ou materiais salientes em detrimento da apreensão dos determinantes psicológicos que possibilitam explicar ou adivinhar os comportamentos sociais. Salientamos, entretanto, de forma similar às pesquisas sobre a compreensão emocional, que taxas de êxitos bem elevadas para esse tipo de tarefa são observadas apesar de tudo, em pessoas TEA de alto nível (*high functioning)*, mostrando um potencial de raciocínio social mentalista não desprezível. Parece que esses resultados positivos são observados essencialmente com tarefas experimentais utilizando suportes de cenários estruturados, nas quais as informações-chave para inferir as representações mentais dos personagens são bem delimitadas (atencionalmente dirigidas), em um ritmo mais pausado do que na vida real e em que as emoções do indivíduo analisado (em posição de observador) são relativamente pouco implicadas. Assim, poderia tratar-se de situações suficientemente "estilizadas" e desprovidas de verdadeiros desafios para permitir às pessoas autistas de bom nível ficarem atentas e produzirem raciocínios sociocognitivos corretos, sem muita sobrecarga cognitiva e/ou emocional, ou usando processos de compensação, como revelam o tempo de resposta longo e alguns dados sobre os correlatos neurocerebrais durante essas tarefas.

Em contrapartida, inúmeros estudos mostram defasagens intraindivíduo entre o nível de desempenho em teoria da mente em contexto experimental e dificuldades persistentes para aplicar esses conhecimentos em contexto ecológico nas interações sociais no cotidiano (Fombonne, Siddons, Achard, Frith & Happé, 1994; Frith, Happé & Siddons, 1994; Leekam & Prior, 1994; Plumet & Tardif, 2003; Peterson, Garnett, Kelly & Attwood, 2009). De alguma maneira, as pessoas situadas no polo mais eficiente do espectro do autismo têm toda a tendência de tornar-se "*teóricos* da mente" (e muitos livros escritos por essas pessoas dão provas disso), mas a quem a *prática* de uma psicologia cotidiana ajustada às variações de contextos e de desafios apresenta problema.

Enfim, as pesquisas que abordam esse campo com um protocolo desenvolvimental (comparações transversais de idades desenvolvimentais variadas ou acompanhamentos longitudinais) confirmam que a teoria da mente não é um processo de tudo ou nada, do qual seriam capazes ou incapazes as pessoas autistas. Não se trata também de um simples retardo, mas de trajetórias diferentes de construção dessas habilidades, e que podem variar segundo os indivíduos (cada um dispondo de mais ou de menos recursos compensatórios), tal como confirmam diversas pesquisas (Steele, Joseph & Tager-Flusberg, 2003; Peterson, Wellman, & Liu, 2005; Peterson, Wellman, & Slaughter, 2012; Hoogenhout & Malcolm-Smith, 2014).

Compreensão e produções de linguagem: um exame por meio da perspectiva sociocognitiva

O retardo ou o aspecto bizarro da linguagem constituem um dos motivos principais de inquietude e de primeira consulta das famílias de crianças com TEA. Portanto, a abordagem sociocognitiva é essencial para distinguir entre TEA e Distúrbios Específicos de Linguagem. Na verdade, no autismo, os meios receptivos (auditivos) e expressivos (vocais e verbais) estão disponíveis, porém o que causa problema é a apropriação de sua significação e as modalidades de sua utilização *comunicativa*, o que se traduz ao mesmo tempo por anomalias de forma e de função. Nos estudos analisando as diferentes dimensões da linguagem, constata-se que, nas duas vertentes (receptivas e produtivas), os aspectos fonológicos ou sintáxicos são geralmente menos gravemente afetados nas crianças autistas do que os aspectos semânticos e pragmáticos (Wilkinson, 1998; Tager-Flusberg, Paul & Lord, 2005; Groen, Zwiers, van der Gaag, & Buitelaar, 2008). Seu interesse pelo código linguístico segue uma trajetória atípica, em que parecem inicialmente predominar os aspectos perceptivos e formais (centramento nos sons da fala e na forma das letras em vez de sua significação), antes de apreender a diversidade das funções de interação social, de compartilhamento de intenções e de informações (Prizant, 1983). Assim, essas crianças têm, às vezes, um acesso de grande desempenho na decodificação da linguagem escrita comparativamente a seu domínio da linguagem oral, mas sem que a compreensão do texto lido seja também necessariamente de um bom nível (Brown, Oram-Cardy & Johnson, 2013).

Os distúrbios de linguagem inscrevem-se, portanto, para os TEA num contexto mais amplo de desenvolvimento perturbado do conjunto dos meios de comunicação (verbais e não verbais), de seu uso funcional conjugado e convencionalizado para a transmissão ou a compreensão de uma diversidade de intenções dos locutores, em adequação com o contexto social e suas mudanças. Essas particularidades pragmáticas (Tager-Flusberg, 1994; 2000; Volden, Coolican, Garon, White & Bryson, 2009) das pessoas autistas podem ser observadas em vários níveis de habilidades:

- ✓ saber *para que* pode servir a linguagem,
- ✓ saber *como* selecionar e modular suas formas múltiplas em função da situação, quer seja na produção (encontrar a maneira de dizer pertinente para se fazer compreender) ou na compreensão (decodificar as diferenças ou similitudes de intenções atrás das variações de expressão de linguagem em ligação com o conjunto dos indícios comunicativos e do contexto de enunciação, assim como com os conhecimentos prévios compartilhados com o interlocutor).

Constata-se que a linguagem é utilizada pelas pessoas autistas segundo uma gama mais reduzida de finalidades sociais, com uma dominante de funções instrumentais (para pedir um objeto ou uma ação, protestar, regular suas próprias condutas...) ou descritivas para si (comentário em voz alta), e mais rara ou mais tardiamente durante o desenvolvimento nas outras funções (comentários dirigidos, compartilhamento de informações, de interesses, de opiniões, persuasão, ironia, função fática de estabelecimento das relações etc.).

As singularidades do desenvolvimento da linguagem estão estreitamente associadas, podemos ver, nas dificuldades de teoria da mente em suas dimensões de ajuste conversacional e de compartilhamento de pontos de vista. É por essa razão que estudos mais naturalistas e ecológicos da cognição social *in vivo* são necessários com as crianças TEA quando das comunicações cotidianas com parceiros familiares, de verdadeiros desafios interpessoais, dos contextos familiares (cf., por exemplo: o estudo das negociações e justificações de desacordos em família, de Plumet & Veneziano, 2014), a fim de analisar as condições funcionais de desenvolvimento dessas competências em toda sua complexidade, e identificar não somente as disfunções que necessitam dos acompanhamento específicos, mas também o que funciona e pode servir de apoio à trajetória específica de desenvolvimento de cada criança.

MODELIZAÇÕES E PERSPECTIVAS

Os trabalhos científicos acumulados nos últimos trinta anos referentes ao desenvolvimento psicológico e neurocerebral das crianças autistas oferecem um panorama rico para melhor compreender as especificidades de suas modalidades de funcionamentos no plano da comunicação, do tratamento das informações sociais, da construção e regulação das representações necessárias às relações. Evidentemente, um simples inventário descritivo não é suficiente, e os pesquisadores tentam integrar essas singularidades, tanto em seus pontos fortes quanto fracos, a modelos coerentes, a fim de reconstituir a trajetória diferencial, as dependências ou independências entre processos neurobiológicos, cognitivos e sociais, que determinam essas modalidades inabituais de desenvolvimento das crianças TEA. Simultaneamente, a interpretação desses dados empíricos abre perspectivas para as modalidades de acompanhamento e de apoio que se pode propor na prática a essas pessoas e a suas famílias.

Não apresentaremos aqui cada um dos inúmeros modelos propostos pelos pesquisadores, mas vamos nos ater a destacar três principais maneiras de conceber as particularidades sociocognitivas em ligação com as anomalias neurodesenvolvimentais no autismo (Plumet, 2014).

Uma abordagem "campo-específica"

A hipótese básica aqui, nos TEA, é que as anomalias neurodesenvolvimentais afetam seletivamente o funcionamento de estruturas cerebrais que são imediatamente especializadas ou pré-programadas para a cognição social (Pelphrey *et al.*, 2011) e vão perturbar em cascata um grande número de outras funções. Essa abordagem já estava presente nos anos 1970 nos trabalhos de pesquisa sobre transtornos funcionais das áreas da linguagem. Eles se voltam atualmente muito mais a uma rede cerebral implicada na comunicação e na compreensão social, desde seus níveis pré-verbais intuitivos e em parte automáticos até seus níveis mais sofisticados e controlados. Essas concepções são herdeiras de modelos neuropsicológicos com forte opção maturacionista e localizacionista, procurando correspondências entre o alcance de módulos cognitivos (por exemplo, tratamento dos movimentos, dos rostos, das vozes próprias aos humanos, sistemas primários de ressonância motora e emocional eu-outro, atenção conjunta, teoria da mente) e anomalias funcionais ou estruturais de áreas cerebrais consideradas especializadas nesses tratamentos (córtex extraestriado, sulco temporal superior, giro fusiforme, amígdala, sistema dos neurônios-espelho, córtex pré-frontal ventromedial e suas projeções na amígdala e na ínsula, cerebelo, junção temporoparietal e polos temporais). Sob esse prisma, todas as pessoas autistas não apresentariam necessariamente o mesmo nível de dificuldades segundo a extensão das disfunções.

Os procedimentos de intervenção resultantes desses modelos "campo-específicos" visam compensar as deficiências induzidas pela alteração dos sistemas pré-programados para a cognição social e por meios alternativos que contornam ou substituem os tratamentos inacessíveis espontaneamente por meios muito mais ao alcance dos indivíduos TEA (por exemplo, aprendizagem explícita ou armazenamento em *tablet* de listas de cenários sociais para situar-se na vida social, treino no reconhecimento emocional facial ou vocal etc.). Essa abordagem também tem implicações na detecção precoce dos sinais de alerta, na medida em que estudos prospectivos de crianças com vulnerabilidade maior de TEA (irmãos) mostram nas áreas sensíveis da rede do "cérebro social" a existência de sinais neurofuncionais precoces, pré-sintomáticos, naqueles que, depois, desenvolvem efetivamente a síndrome (Lloyd-Fox *et al.*, 2013).

Uma abordagem "campo-geral"

As proposições teóricas desenvolvidas a seguir têm em comum o fato de considerar que, se se constata nas crianças autistas dificuldades maiores de comunicação e de compreensão interpessoal, as singularidades cognitivas ultrapassam, na verdade, amplamente o campo social e poderiam até mesmo estar em sua origem, antes do desenvolvimento da síndrome, e abranger inicialmente processos de baixo nível, tendo progressivamente consequências nos processos mais integrados. Essa abordagem apresenta a vantagem de não considerar o autismo unicamente sob o ângulo deficitário, uma vez que as singularidades neurodesenvolvimentais iniciais resultariam, segundo o campo e os parâmetros situacionais, em adaptações variáveis, na forma de deficiências/disfunções, mas também de funcionamentos adaptados ou até de competências excepcionais.

Esses modelos enfatizam que as crianças autistas apresentam processos atípicos na organização das informações perceptivo-motoras, na regulação dos recursos atencionais, motivacionais e emocionais para com seu ambiente. Se essas particularidades são muito precoces, suas repercussões são potencialmente mais graves na vida social e relacional, devido a coerções particulares exercidas pelos contextos sociais na aplicação desses recursos. O ajustamento às interações e a construção de esquemas de compreensão socialmente significantes revelam-se para elas especialmente custosos em recursos de tratamento, e pesados para gerir. Diferentes dimensões da cognição "campo-geral" foram propostas como suscetíveis de perturbar em cascata mais sensivelmente a cognição social: transtornos da integração e a modulação sensorial (Kapp, 2013), um superfuncionamento perceptivo com um viés a favor dos tratamentos localistas de baixo nível (Mottron, 2004), em detrimento da coerência central (tratamento mais global do conjunto de informações, Happé & Frith, 2006), das dificuldades de tratamento dos movimentos e fluxos rápidos de informações (Gepner, 2014), das anomalias do desenvolvimento das funções executivas (Pellicano, 2012), e das anomalias da regulação comportamental, emocional, motivacional (sistemas de recompensa) e cognitiva (Adrien, 2005; Gaigg, 2012).

No plano cerebral, os processos subjacentes à integração informacional e à regulação ação-emoção-cognição são procurados nos sistemas de conectividade "redes distribuídas" ou "redes interdependentes" em larga escala no cérebro, e raramente circunscritos a zonas locais. Uma ideia comum a esses modelos (ver, por exemplo, a síntese de Grössberg, 2014) é que se desenvolve, no cérebro dos indivíduos autistas, uma conectividade desequilibrada intra- e inter-rede: comparativamente aos indivíduos não autistas, observa-se uma subconectividade cortical a longa distância e uma superconectividade a curta distância, uma fraca neuromodulação dos processos de baixo nível por processos mais elaborados, afetando, sobretudo, a conectividade entre neocórtex e sistema límbico. Conectividades cerebrais excessivamente densas em escala local estariam correlacionadas com as hipersensibilidades sensoriais e os apegos aos detalhes, enquanto a relativa fraqueza das conectividades em larga escala (entre hemisférios, entre zonas associativas perceptivas e zonas ligadas à regulação emocional, entre zonas de controle e modulação *top-down* e processos elementares) explicaria dificuldades observadas em tratamentos flexivelmente modulados e integrativos. Nas crianças autistas, a persistência de zonas de densidade sináptica inabitualmente elevada poderia revelar uma perturbação da fase de poda funcional que sucede normalmente na proliferação dendrítica do primeiro ano. Seguiriam uma sensibilidade e habilidades perceptivas finas e às vezes excepcionais, mas uma dificuldade para o distanciamento cognitivo e emocional que requerem inúmeras formas de adaptação funcional a situações sociais como aos ambientes físicos muito densos e flutuantes.

Essas perspectivas abrem abordagens de intervenção novas e complementares, baseadas em exercícios de remediação cognitiva que ultrapassam o campo social e das quais se esperam influências positivas nesse campo. Elas justificam igualmente toda uma série de adaptações do ambiente educativo para otimizar as condições favoráveis a aprendizagens como as interações sociais lúdicas, de maneira que se adapte às necessidades e modalidades próprias das crianças TEA (estruturação, redução das distrações, apoio à motivação etc.). Elas fornecem também novas pistas para a busca de sinais de alerta precoces, tanto no plano comportamental quanto cerebral, orientando a atenção também e talvez inicialmente nos campos não especificamente sociais, tais como o engajamento atencional, a regulação dos sentimentos diante da novidade ou do planejamento motor (Jones *et al.*, 2014).

Modelos neurodesenvolvimentais: déficit de especialização social adquirida e desenvolvimento de uma especialização neurocognitiva atípica

Este último tipo de abordagem é mais construtivista e interacionista em sua concepção do desenvolvimento das habilidades adaptativas comportamentais e neurocognitivas em ligação com seus campos de aplicação. A especialização das habilidades sociocognitivas não é concebida como um dado predeterminado do equipamento neurocognitivo do bebê, mas numa visão mais plástica, como o resultado de uma especialização adquirida em meio às frequentes interações sociais precoces. O bebê é visto como um indivíduo ativo na construção de seus conhecimentos: suas condutas adaptativas, e o sentido dado a suas experiências e os recursos alocados por seu cérebro a determinados campos evoluiriam à medida de suas relações com o ambiente.

Um TEA poderia surgir quando particularidades constitucionais do bebê perturbam sua capacidade em capturar e organizar as diferenças de experiências entre objetos e pessoas (no plano cognitivo, emocional e motivacional), e não lhe permitem construir habilidades específicas pertinentes para cada campo. Algumas disfunções neurodesenvolvimentais poderiam diminuir o valor de reforço emocional-motivacional das pessoas (por exemplo, anomalias subcorticais, perturbações de neuromediadores implicados na motivação social) e/ou levar a uma superação das possibilidades de modulação perceptiva da criança pelo fato de que as pessoas produzem intensas fontes de estímulo multimodais e com mudanças rápidas. Isso levaria a diminuir o interesse social e a empobrecer as experiências interacionais. A criança TEA em tenra idade apresentaria assim uma falta de especialização social adquirida (inclusive no plano cerebral) e poderia, por outro lado, desenvolver especializações nos campos inesperados mais ajustados a seus interesses e possibilidades de engajamento comportamental e de tratamento.

Há cerca de quinze anos emergiu nesse sentido na psicopatologia do desenvolvimento uma perspectiva neuroconstrutivista (Karmiloff-Smith, 2009, 2010), criticando as concepções oriundas do desenvolvimento das neurociências com característica/preponderância nativista-modularista, defendendo uma conscientização verdadeiramente desenvolvimental dos processos em jogo no plano cognitivo como neurocerebral na trajetória singular de cada indivíduo, processos mediatizados por suas experiências do ambiente (ver também Perret & Faure, 2006). Alguns autores integram também as influências socioculturais em uma abordagem chamada "socioneuroconstrutivista" do autismo (Lopez, 2013).

No plano da especialização neurocerebral, um número crescente de pesquisadores especialistas em neuroimagiologia no autismo considera que as subativações observadas nas pessoas autistas nas áreas reputadas especializadas no tratamento dos estímulos sociais (a do rosto, a da voz humana) devem ser interpretadas como um processo desenvolvimental (déficit de especialização adquirida precoce) em vez de indicadores de módulos cerebrais deficientes pré-programados para a cognição social. Eles consideram, na linhagem dos cognitivistas, que as distribuições atípicas de ativações cerebrais registradas em crianças TEA face a estímulos sociais ou não sociais resultam de vários parâmetros combinados (motivacionais e perceptivos), reduzindo suas oportunidades de se tornarem socialmente especializadas, ao passo que a apresentação de estímulos correspondentes a seus campos de especialização atípica mas privilegiada (por exemplo, trens, dinossauros etc.) ativa efetivamente o giro fusiforme (área de especialização e não somente "rostos").

No plano do acompanhamento clínico, existem perspectivas muito ricas atrás dessas maneiras de focar as relações entre neurodesenvolvimento e experiências do bebê humano. Isso confere ao cérebro e à ontogênese das funções cognitivas maior poder e flexibilidade de adaptação, demonstrando toda a gama das diferenças interindividuais, do que se as competências básicas já estiverem estruturadas de maneira compartimentada. Em psicopatologia desenvolvimental, isso dá a esperança de que perturbações ou variações extremas num *continuum* de certos parâmetros da configuração geral básica (como, por exemplo, uma reatividade excessivamente sensível do sistema às novidades), identificadas muito cedo como desequilibrantes e fragilizantes da adaptação, possam se regular se houver uma identificação e uma intervenção muito precoces, com o auxílio de exercícios apropriados que transformam os ajustes gerais e os tornam mais eficazes e ajustados. Cada vez mais, programas são elaborados com o objetivo de retomar na criança um desenvolvimento sociocognitivo e neurocerebral mais funcional, apostando na sua plasticidade, dando à criança oportunidades de exercer esses esquemas sociocognitivos que ela custa a mobilizar espontaneamente, por meio de uma organização do quadro das solicitações ajustado a suas particularidades e lhe dando progressivamente a oportunidade de tomar muito mais iniciativas e de construir, desse modo, meios significativos de relações sociais (por exemplo, TED – Terapias de Troca e Desenvolvimento; ESDM – Modelo de Denver; programas de apoio à imitação; programa de acompanhamento das famílias...). É nessa mesma abordagem conceitual que se inscreve o Programa Abrangente Neurodesenvolvimental (PAN) descrito neste livro.

Lembremos para concluir que as crianças TEA, como todas as crianças, evoluem num ritmo certamente mais lento e de modo diferencial, mas a deficiência não as cristaliza num determinado funcionamento cognitivo, comunicativo e cerebral. Seus comportamentos inabituais, ainda que difíceis de entender, devem incitar-nos a nos decentralizar de nosso próprio funcionamento mental e imaginar relações diferenciais no mundo, sem pressupor que essas pessoas compartilham imediatamente nossos sistemas de significações e de comportamentos. Favorecer seu desenvolvimento sociocognitivo não significa levá-las a um caminho normatizado, calibrado no desenvolvimento típico, mas sim estar atento a seus centros de interesses, sua lógica, não confundir "não pode" com "não quer", nem "nunca poderá". O desafio das crianças TEA aos pesquisadores, tanto quanto aos especialistas, é comprovar uma teoria da mente flexível, aberta, para considerar uma mente diferente e inovar, estar pronto para modificar os procedimentos de apoio que utilizamos normalmente com as crianças não autistas, para nos ajustar a essas diferenças, com o objetivo de sustentar o desenvolvimento social e cognitivo dessas crianças e ajudar seus acompanhantes, familiares ou profissionais a fazê-lo. Nos capítulos que se seguem serão expostas as respostas elaboradas para responder a esse desafio por meio dos diferentes eixos do Programa Abrangente Neurodesenvolvimental.

REFERÊNCIAS BIBLIOGRÁFICAS

Adrien, J. L. (2005). Vers un nouveau modèle de psychopathologie de l'autisme: la dysrégulation fonctionnelle et développementale. *PsychoMédia*, 3, 37-41.

American Psychiatric Association (2013). *Diagnostic and Statistical Manual of Mental Disorders (DSM-5)*, 4th ed. Washington (DC): American Psychiatric Association.

Annaz, D., Campbell, R., Coleman, M., Milne, E., & Swettenham, J. (2012). Young children with autism spectrum disorder do not preferentially attend to biological motion. *Journal of Autism and Developmental Disorders*, 42(3), 401-408.

Apicella, F., Sicca, F., Federic, R. R., Campatelli, G., & Muratori, F. (2013). Fusiform gyrus responses to neutral and emotional faces in children with Autism Spectrum Disorders: a high density ERP study. *Behavioural Brain Research*, 251, 155-162.

Baron-Cohen, S. (1998). *La cécité mentale. Un essai sur l'autisme et la théorie de l'esprit.* Presses Universitaires de Grenoble.

Baron-Cohen, S., Leslie, A. M., & Frith, U. (1985). Does the autistic child have a "theory of mind"? *Cognition*, 21(1), 37-46.

Baron-Cohen, S., O'Riordan M., Stone, V., Jones, R., & Plaisted, K. (1999). Recognition of faux pas by normally developing children and children with Asperger syndrome or high-functioning autism. *Journal of Autism and Developmental Disorders*, 29(5), 407-418.

Baron-Cohen, S., Wheelwright, S., Hill, J., Raste, Y., Plumb, I. (2001). The "Reading the Mind in the Eyes". Test revisited version: a study whith normal adults ans adults with Asperger syndrome or high-functionning autism. *Journal of Child Psychology and Psychiatry*, 42, 241-251.

Beauchemin, M., Gonzalez-Frankenberger, B., Tremblay, J., Vannasing, P., Martinez-Montes, E., Belin, P., Beland, R., Francoeur, D. Carceller, A.-M., Wallois, F., Lassonde, M. (2011). Mother and stranger: an electrophysiological study of voice processing in newborns, *Cerebral Cortex*, 21 (8), 1705-1711.

Berger, N. I., Ingersoll, B. (2013). An exploration of imitation recognition in young children with autism spectrum disorders. *Autism Research*, 6 (5), 411-416.

Boucher, J. (2012). Research review: structural language in autistic spectrum disorder – Characteristics and causes. *Journal of Child Psychology and Psychiatry*, 53(3), 219-233.

Brown, H., Oram-Cardy, J., Johnson, A. (2013). A meta-analysis of the reading comprehension skills of individuals on the Autism Spectrum. *Journal of Autism & Developmental Disorders*, 43 (4), 932-955.

Bruner, J. (1983). *Le développement de l'enfant: savoir faire, savoir dire.* Paris, PUF.

Buon, M., Dupoux, E., Jacob, P., Chaste, P., Leboyer, M., & Zalla, T. (2013). The role of causal and intentional judgments in moral reasoning in individuals with high functioning autism. *Journal of Autism and Developmental Disorders*, 43(2), 458-470.

Callenmark, B., Kjellin, L., Rönnqvist, L., & Bölte, S. (2014). Explicit versus implicit social cognition testing in Autism Spectrum Disorder. *Autism*, 18, 684-693.

Campatelli, G., Federico, R. R., Apicella, F., Sicca, F., & Muratori, F. (2013). Face processing in children with ASD: Literature review. *Research in Autism Spectrum Disorders*, 7(3), 444-454.

Cheng, Y., Lee, S. Y., Chen, H. Y., Wang, P. Y. & Decety, J. (2012). Voice and emotion processing in the human neonatal brain. *Journal of Cognitive Neuroscience*, 24(6), 1411-1419.

Critchley, H. D., Daly, E. M., Bullmore, E. T., Williams, S. C., Van Amelsvoort, T., Robertson, D. M., Rowe, A., Phillips, M., McAlonan, G., Howlin, P., & Murphy, D. G. (2000). The functional neuroanatomy of social behaviour: changes in cerebral blood flow when people with autistic disorder process facial expressions. *Brain*, 123, 2203-2212.

Dapretto, M, Davies, M. S., Pfeifer, J. H., Scott, A. A., Sigman, M., Brookheimer, S. Y., & Iacoboni, M. (2006). Understanding emotions in others: mirror neuron dysfunction in children with autism spectrum disorders. *Nature Neuroscience*, 9, 28-30.

Dawson, G. & Adams, A. (1984). Imitation and social responsiveness in autistic children. *Journal of Abnormal Child Psychology*, 12, 209-226.

Dawson, G. & Galpert, L. (1990). Mother's use of imitative play for facilitating social responsiveness and toy play on autistic children. *Development and Psychopathology*, 2, 151-162.

De Myer, M. K., Alpern, G. D., Barton, S., DeMyer, W. E., Churchill, D. W., Hingtgen J. N., Bryson, C. Q., Pontius, W., & Kimberlin, C. (1972). Imitation in autistic, early schizophrenic, and nonpsychotic subnormal children. *Journal of Autism and Childhood Schizophrenia*, 2, 264-287.

De Schonen, S. (2002). Le développement de la reconnaissance des visages: modularité, apprentissage et préorganisation. *Intellectica*, 34(N° Special), 77-97.

Dunn, J. (1988). *The beginnings of social understanding*. Cambridge, MA: Harvard University Press.

Field, T., Ezell, S., Nadel, J., Grace, A., Allender, S. & Siddalingappa, V. (2013), Reciprocal imitation following adult imitation by children with autism. *Infant and Child Development*, 22, 642-648.

Fombonne, E., Siddons, F., Achard, S., Frith, U. & Happé, F. (1994). Adaptive behaviour and theory of mind in autism. *European Child and Adolescent Psychiatry*, 3, 176-186.

Freitag, C. M., Konrad, C., Häberlen, M., Kleser, C., von Gontard, A., Reith, W., Troje, N. F., & Krick, C. (2008). Perception of biological motion in autism spectrum disorders. *Neuropsychologia*, 46(5), 1480-1494Frith, Happé & Siddons, 1994.

Gaigg, S. B. (2012). The interplay between emotion and cognition in autism spectrum disorder: implications for developmental theory. *Frontiers in Integrative Neuroscience*, 6, 113.

Gepner, B. (2014). *Autismes: Ralentir le monde extérieur, calmer le monde intérieur*. Paris: Odile Jacob.

Gergely, G. (2001). The obscure object of desire-Nearly, but clearly not, like me: Contingency preference in normal children versus children with autism. *Bulletin of the Menninger Clinic*, 65(3: Special issue), 411-426.

Gervais, H., Belin, P., Boddaert, N., Leboyer, M., Coez, A., Sfaello, I., Barthélémy, C., Brunelle, F., Samson, Y., & Zilbovicius, M. (2004). Abnormal cortical voice processing in autism. *Nature Neuroscience*, 7, 801-802.

Gliga, T. (2003). La reconnaissance des visages par le nourrisson, *Médecine & Enfance*, 2003, 556-564.

Golarai, G., Grill-Spector, K., & Reissa, A. L. (2006). Autism and the development of face processing. *Clinical Neuroscience Research*, 6 (3-4), 145-160.

Gopnik, A., & Wellman H. M. (1992). Why the child's theory of mind really is a theory. *Mind & Language*, 7(1-2), 145-171.

Grezès, J. & de Gelder, B. (2005). Contagion motrice et émotionnnelle. In : Andres C., Barthélémy C., Berthoz A., Masson J., & Rogé B. (Eds), *L'autisme: de la recherche à la pratique*, Paris: Odile Jacob.

Groen, W. B., Zwiers, M. P., van der Gaag, R. J., & Buitelaar, J. K. (2008). The phenotype and neural correlates of language in autism: an integrative review. *Neuroscience & Biobehavioral Reviews*, 32(8), 1416-1425.

Grossberg, S. (2014). Neural dynamics of autistic behaviors: Learning, recognition, attention, emotion, timing, and social cognition. In: *Comprehensive Guide to Autism* (pp. 1795-1829). Springer New York.

Grossmann, T., Oberecker, R., Koch, S. P. & Friederici, A. D. (2010). The developmental origins of voice processing in the human brain. *Neuron*, 65 (6), 852-858.

Guellai, B., Coulon, M., & Streri, A. (2011). The role of motion and speech in face recognition at birth. *Visual Cognition*, 19(9), 1212-1233.

Guellai, B., & Streri, A. (2011). Cues for early social skills: direct gaze modulates newborns' recognition of talking faces. *PloS One*, 6(4), e18610.

Happé, F. G. (1994). An advanced test of theory of mind: understanding of story characters' thoughts and feelings by able autistic, mentally handicapped, and normal children and adults. *Journal of Autism and Developmental Disorders*, 24(2), 129-154.

Happé, F. & Frith, U. (2006). The weak coherence account: detail-focused cognitive style in autism spectrum disorders. *Journal of Autism and Developmental Disorders*, 36(1), 5-25.

Hoogenhout, M. & Malcolm-Smith, S. (2014). Theory of mind in autism spectrum disorder: Does DSM classification predict development? *Research in Autism Spectrum Disorders*, 8(6), 597-607.

Hubl, D., Bölte, S., Feineis-Matthews, S., Lanfermann, H., Federspiel, A., Strik, W., Poustka, F., & Dierks, T. (2003). Functional imbalance of visual pathways indicates alternative face processing strategies in autism. *Neurology*, 61(9), 1232-1237.

Ingersoll, B., Schreibman, L., Tran, Q. H. (2003). Effect of sensory feedback on immediate object imitation in children with autism. *Journal of Autism and Developmental Disorders*, 33(6), 673-83.

Jones, E. J., Gliga, T., Bedford, R., Charman, T., & Johnson, M. H. (2014). Developmental pathways to autism: a review of prospective studies of infants at risk. *Neuroscience & Biobehavioral Reviews*, 39, 1-33.

Jones, C. R., Pickles, A., Falcaro, M., Marsden, A. J., Happé, F., Scott, S. K., Sauter D., Tregay, J., Phillips, R. J., Baird, G., Simonoff, E., & Charman, T. (2011). A multimodal approach to emotion recognition ability in autism spectrum disorders. *Journal of Child Psychology and Psychiatry*, 52(3), 275-285.

Kaland, N., Møller-Nielsen, A., Callesen, K., Mortensen, E. L., Gottlieb, D., & Smith, L. (2002). A new advanced'test of theory of mind: evidence from children and adolescents with Asperger syndrome. *Journal of Child Psychology and Psychiatry*, 43(4), 517-528.

Kapp, S. K. (2013). Empathizing with sensory and movement differences: moving toward sensitive understanding of autism. *Frontiers in Integrative Neuroscience*, 7.

Karmiloff-Smith, A. (1998). Development itself is the key to understanding developmental disorders Review Article. *Trends in Cognitive Sciences*, 2, 10, 389-398.

Karmiloff-Smith, A. (2009).Nativism versus neuroconstructivism: rethinking the study of developmental disorders. *Developmental Psychology*, 45(1), 56-63.

Karmiloff-Smith, A. (2010). Neuroimaging of the developing brain: taking "developing" seriously. *Human Brain Mapping*, 31(6), 934-941.

Katagiri, M., Inada, N., & Kamio, Y. (2010). Mirroring effect in 2-and 3-year-olds with autism spectrum disorder. *Research in Autism Spectrum Disorders*, 4(3), 474-478.

Kisilevsky, B. S., Hains, S. M., Brown, C. A., Lee, C. T., Cowperthwaite, B., Stutzman, S. S., Swansburg, M. L., Lee, K., Xie, X., Huang, H., Ye, H. H., Zhang, K., & Wang, Z. (2009). Fetal sensitivity to properties of maternal speech and language. *Infant Behavior & Development*, 32 (1), 59-71.

Klin, A. (1991). Young autistic children's listening preferences in regard to speech: a possible characterization of the symptom of social withdrawal. *Journal of Autism and Developmental Disorders*, 21 (1), 29-42.

Klin, A., Lin, D. J., Gorrindo, P., Ramsay, G., & Jones, W. (2009). Two-year-olds with autism orient to non-social contingencies rather than biological motion. *Nature*, 459(7244), 257-261.

Kuhl, P. K., Coffey-Corina, S., Padde, D., & Dawson, G. (2005). Links between social and linguistic processing of speech in preschool children with autism: behavioral and electrophysiological measures. *Developmental Science*, 8: F1-F12.

Leekam, S. R. & Prior, M. (1994). Can autistic children distinguish lies from jokes? A second look at second-order belief attribution. *Journal of Child Psychology and Psychiatry*, 35, 901-915.

Lloyd-Fox, S., Blasi, A., Elwell, C. E., Charman, T., Murphy, D., & Johnson, M. H. (2013). Reduced neural sensitivity to social stimuli in infants at risk for autism. *Proceedings of the Royal Society B: Biological Sciences*, 280(1758):20123026.

López, B. (2013). Beyond modularisation: the need of a socio-neuro-constructionist model of autism. *Journal of Autism and Developmental Disorders*, 2013, DOI 10.1007/s10803-013-1966-9.

Mottron, L. (2004). *L'autisme: une autre intelligence*. Bruxelles: Mardaga.

Mathersul, D., McDonald, S., & Rushby, J. A. (2013). Understanding advanced theory of mind and empathy in high-functioning adults with autism spectrum disorder. *Journal of Clinical and Experimental Neuropsychology*, 35(6), 655-668.

McCann, J., & Peppé, S. (2003). Prosody in autism spectrum disorders: a critical review. *International Journal of Language and Communication Disorders, 38*(4), 325-350.

Meltzoff, A. N. (2002). Imitation as a mechanism of social cognition: origins of empathy, theory of mind, and the representation of action. *Blackwell handbook of childhood cognitive development*, 6-25.

Mundy, P., Sullivan, L. & Mastergeorge, A. M. (2009). A parallel and distributed-processing model of joint attention, social cognition and autism. *Autism Research, 2*: 2-21.

Nackaerts, E., Wagemans, J., Helsen, W., Swinnen, S. P., Wenderoth, N., & Alaerts, K. (2012). Recognizing biological motion and emotions from point-light displays in autism spectrum disorders. *PloS One, 7*(9), e44473.

Nadel, J. (1999). Théorie de l'esprit: la question des conditions nécessaires. *Enfance, 3*, 277-284.

Nadel, J. (2011). *Imiter pour grandir – Développement du bébé et de l'enfant avec autisme.* Paris: Dunod.

Nishitani, N., Avikainen, S. & Hari, R. (2004). Abnormal imitation-related cortical activation sequences in Asperger's syndrome. *Annals of Neurology, 55*, 558-562.

Oberman, L. M., Hubbard, E. M., McCleery, J. P., Altschuler, E. L., Ramachandran, V. S., & Pineda, J. A. (2005). EEG evidence for mirror neuron dysfunction in autism spectrum disorders. *Cognitive Brain Research, 24*(2), 190-198.

Pellicano, E. (2012). The development of executive function in autism. *Autism Research and Treatment. Special issue: Autism: Cognitive Control across the Lifespan, 2012*, Article ID 146132.

Pelphrey, K. A., Shultz, S., Hudac, C. M., & Vander, Wyk, B. C. (2011). Research review: constraining heterogeneity: the social brain and its development in autism spectrum disorder. *Journal of Child Psychology and Psychiatry, 52*(6), 631-644.

Perret, P., & Faure, S. (2006). Les fondements de la psychopathologie développementale. *Enfance, 58*(4), 317-333.

Peterson, C. C., Garnett, M., Kelly, A., Attwood, T. (2009). Everyday social and conversation applications of theory-of-mind understanding by children with autism-spectrum disorders or typical development. *European Child and Adolescent Psychiatry*, 18(2):105-15. Peterson, Wellman, & Liu, 2005.

Peterson, C. C., Wellman, H. M., & Slaughter, V. (2012). The mind behind the message: advancing theory-of-mind scales for typically developing children, and those with deafness, autism, or asperger syndrome. *Child Development, 83*(2), 469-485.

Pierce, K., Müller, R. A., Ambrose, J., Allen, G., & Courchesne, E. (2001). Face processing occurs outside the fusiform face area'in autism: evidence from functional MRI. *Brain,* 124(10), 2059-2073.

Poulin-Dubois, D., Brooker, I., & Chow, V. (2009). The developmental origins of naïve psychology in infancy. In: P. J. Bauer (Ed.), *Advances in Child Development and Behavior, 37*, 55-104. San Diego, CA: Elsevier Academic Press.

Plumet, M. H. (2014). *L'autisme de l'enfant: un développement sociocognitif différent*, Collection Cursus, Paris: Armand Colin.

Plumet, M. H. & Tardif, C. (2003). Théorie de l'esprit et communication chez l'enfant autiste: une approche fonctionnelle développementale. *Cahiers d'Acquisition et de Pathologie du Langage, 23*, 121-141.

Plumet, M. H. & Veneziano, E. (2014). Typical and atypical pragmatic functioning of ASD children and their partners: a study of oppositional episodes in everyday interactions. *Journal of Autism and Developmental Disorders, Special Issue: Communicative and Symbolic Development.* DOI 10.1007/s10803-014-2164-0.

Prizant, B. M. (1983). Language acquisition and communicative behavior in autism: Toward an understanding of the "whole" of it. *Journal of Speech and Hearing Disorders, 48*(3), 296-307.

Raymaekers, R., Wiersema, J. R., & Roeyers, H. (2009). EEG study of the mirror neuron system in children with high functioning autism. *Brain Research, 1304*, 113-121.

Rochat, P. (2002). Naissance de la co-conscience. *Intellectica, 1*(34), 99-123.

Rochat, P., Querido, J. G., & Striano, T. (1999). Emerging sensitivity to the timing and structure of protoconversation in early infancy. *Developmental Psychology, 35*(4), 950.

Rogé, B., & Mullet, E. (2011). Blame and forgiveness judgements among children, adolescents and adults with autism. *Autism, 15*(6), 702-712.

Rutherford, M. D., & Troje, N. F. (2012). IQ predicts biological motion perception in autism spectrum disorders. *Journal of Autism and Developmental Disorders, 42*(4), 557-565.

Sanefuji, W. & Ohgami, H. (2011). Imitative behaviors facilitate communicative gaze in children with autism. *Infant Mental Health Journal, 32*(1), 134-142.

Sasson, N. J. (2006). The development of face processing in autism. *Journal of Autism and Developmental Disorders, 36*(3), 381-394.

Saxe, R. (2006). Uniquely human social cognition. *Current Opinion in Neurobiology, 16*(2), 235-239.

Schultz, R. T., Gauthier, I., Klin, A., Fulbright, R. K., Anderson, A. W., Volkmar, F., Skudlarski, P., Lacadie, C., Cohen, D. J., & Gore, J. C. (2000). Abnormal ventral temporal cortical activity during face discrimination among individuals with autism and Asperger syndrome. *Archives of General Psychiatry, 57*(4), 331-340.

Simion, F., Regolin, L., & Bulf, H. (2008). A predisposition for biological motion in the newborn baby. *Proceedings of the National Academy of Sciences, 105*(2), 809-813.

Spengler, S, Bird, G, Brass, M. (2010). Hyperimitation of actions is related to reduced understanding of others' minds in autism spectrum conditions. *Biological Psychiatry, 68*(12), 1148-1155.

Steele, S., Joseph, R. M., & Tager-Flusberg, H. (2003). Brief report: Developmental change in theory of mind abilities in children with autism. *Journal of Autism and Developmental Disorders, 33*(4), 461-467.

Stephens, C. E. (2008). Spontaneous imitation by children with autism during a repetitive musical play routine. *Autism,* 12(6), 645-71.

Tager-Flusberg, H. (1994). Dissociations in form and function in the acquisition of language by autistic children. In: H. Tager-Flusberg (Ed.), *Constraints on language acquisition: Studies of atypical children.* Hillsdale, N. J.: Erlbaum.

Tager-Flusberg, H. (2000). Understanding the language and communicative impairments in autism. *International Review of Research on Mental Retardation,* 20, 185-205.

Tager-Flusberg, H., Paul, R., & Lord, C. (2005). Communication in autism. In F. Volkmar, A. Klin, R. Paul, & D. Cohen (Eds.) *Handbook of autism and pervasive developmental disorders,* 3rd Edition (pp. 335-364). N.Y.: Wiley & Sons.

Tager-Flusberg, H., Rogers, S., Cooper, J., Landa, R., Lord, C., Paul, R., Rice, M., Stoel-Gammon, C., Wetherby, A., & Yoder, P. (2009). Defining spoken language benchmarks and selecting measures of expressive language development for young children with autism spectrum disorders. *Journal of Speech, Language, and Hearing Research,* 52, 643-652.

Vanvuchelen, M., Van Schuerbeeck, L., Roeyers, H., & de Weerdt, W. (2013). Understanding the mechanisms behind deficits in imitation: do individuals with autism know 'what' to imitate and do they know 'how' to imitate? *Research in Developmental Disabilities,* 34(1):538-45.

Veneziano, E. (2009). Language and internal states: a long developmental history at different levels of functioning. *Rivista di Psicolinguistica applicata/Journal of Applied Psycholinguistic,* 9(3), 9-27.

Vivanti, G., Nadig, A., Ozonoff, S. & Rogers, S. (2008). What do children with autism attend to during imitation tasks? *Journal of Experimental Child Psychology,* 101(3), 186-205.

Volden, J., Coolican, J., Garon, N., White, J., & Bryson, S. (2009). Brief report: Pragmatic language in autism spectrum disorder: Relationships to measures of ability and disability. *Journal of Autism and Developmental Disorders,* 39, 388-393.

Vygotski, L. S. (1934). *Pensée et langage* (Traduction & Edition Française 1997). Paris: Éd. La Dispute.

Watson, L. R., Roberts, J. E., Baranek, G. T., Mandulak, K. C., & Dalton, J. C. (2012). Behavioral and physiological responses to child-directed speech of children with autism spectrum disorders or typical development. *Journal of Autism and Developmental Disorders,* 42(8), 1616-1629.

Whiten, A. & Brown, J. (1999). Imitation and the reading of other minds: perspectives from the study of autism, normal children and non-human primates. In: S. Braten (Ed.), *Intersubjective communication and emotion in ontogeny: A sourcebook* (pp. 260-280). Cambridge: Cambridge University Press.

Wilkinson, K. M. (1998). Profiles of language and communication skills in autism. *Mental Retardation and Developmental Disabilities Research Reviews,* 4(2), 73-79.

Wimmer, H., & Perner, J. (1983). Beliefs about beliefs: Representation and constraining function of wrong beliefs in young children's understanding of deception. *Cognition,* 13(1), 103-128.

Capítulo 7

AS DISFUNÇÕES PRECOCES DE CRIANÇAS COM TEA, SUAS TRAJETÓRIAS DESENVOLVIMENTAIS E AS MODALIDADES DE SEU ACOMPANHAMENTO PERSONALIZADO

Aurore Boulard

Françoise Morange-Majoux

Romain Taton

Célia Nézereau

Camilla Teresa Martini Mazetto

Marie-Anna Bernard

Maria-Thereza Costa Coelho de Souza

Marie-Hélène Plumet

Jean-Louis Adrien

CONTEXTO

Os Transtornos do Espectro do Autismo (TEA) estão presentes desde os primeiros meses de vida da criança, e sua expressão progressiva (distúrbios das interações e comportamentos estereotipados e repetitivos que correspondem a uma falha de regulação) constitui deficiências notáveis na primeira socialização da criança junto à sua família, em suas aprendizagens e em seu desenvolvimento cognitivo, emocional e em sua adaptação social ulteriores. De acordo com as recomendações da HAS (Haute Autorité de la Santé – Alta Autoridade da Saúde, 2010, 2012), a detecção e a identificação dessas particularidades e disfunções devem ser realizadas o mais cedo possível, principalmente a partir de 18 meses de idade, com o auxílio do instrumento de detecção válido (M-CHAT, Robins *et al.*, 2001). No entanto, a sintomatologia difere em intensidade de uma criança à outra durante o período de desenvolvimento dos dois primeiros anos, a partir do qual é possível fazer um diagnóstico de TEA. Na verdade, em algumas crianças, essas disfunções somente são realmente visíveis e observáveis durante o segundo semestre do segundo ano, período durante o qual as exigências e as expectativas das pessoas mais próximas em matéria de interação, de comunicação social pela linguagem principalmente e de adaptação às modificações e às mudanças ligadas à vida cotidiana, à educação, às aprendizagens cognitivas, socioemocionais e de autonomia podem atualizar e revelar as limitações e as deficiências da criança em todas essas diferentes áreas de desenvolvimento.

PRECOCIDADE DOS SINAIS DE AUTISMO

Se o autismo não pode ser diagnosticado antes da idade de 3 anos (Goin-Kochel *et al.*, 2006), sinais de disfunções podem ser observados desde os primeiros meses de vida. Assim, 30% dos pais de crianças portadoras do autismo expressam suas preocupações em relação ao comportamento de seu filho antes da idade de 1 ano, e 80% dos pais identificam comportamentos preocupantes desde os 2 anos de idade (Baghdadli *et al.*, 2003; Werner *et al.*, 2000). Essa diferença entre o período de identificação dos primeiros sinais e o do diagnóstico resultou em inúmeras pesquisas, motivadas por um acesso mais precoce aos cuidados e à educação para essas crianças (Jones *et al.*, 2013; Gliga *et al.*, 2012; Ozonoff *et al.*, 2010; Barbaro *et al.*, 2009). Depois de alguns anos, houve um crescente interesse pelo desenvolvimento precoce da criança com autismo e pela detecção de sinais precoces que de fato emergiu, principalmente guiado pela ideia de que uma intervenção precoce ligada a uma identificação pode favorecer um melhor desenvolvimento e adaptação a longo prazo para os indivíduos portadores de TEA (Dawson, 2008). Diferentes tipos de estudos surgiram: de um lado, estudos prospectivos em que o desenvolvimento das crianças com alto risco de desenvolver um TEA (irmãos e irmãs de crianças portadoras de autismo) é comparado ao de crianças com menor risco (em que não há diagnóstico de autismo na família) (Ozonoff *et al.*, 2010; Landa & Garret-Mayer, 2006); e de outro, estudos retrospectivos baseados ora em entrevistas com os pais (Hobson *et al.*, 2000), ora em análises de vídeos familiais (Watson *et al.*, 2013) que se centram em elementos precoces da vida de bebês Ulteriormente Diagnosticados Autistas (UDA).

Os resultados de todos esses estudos prospectivos e retrospectivos demonstram que, a partir de 1 ano de idade, os bebês UDA têm uma atenção social menor do que os bebês com desenvolvimento típico (DT), uma pobreza dos contatos visuais, um déficit nas respostas às palavras que lhes são dirigidas e dificuldades na participação em jogos ou interações sociais (Wimpory *et al.*, 2000; Webb & Jones, 2009; Trevarthen e Daniel, 2005; Adrien *et al.*, 1992,

1991; Hameury *et al.*, 1990) e padrões atípicos na comunicação social e principalmente na atenção conjunta, na orientação social (Zwaigenbaum *et al.*, 2009), no apontar e apresentar objetos (Osterling e Dawson, 1994).

Em contrapartida, os resultados com bebês UDA com menos de 1 ano de idade são mais heterogêneos. Em seu estudo prospectivo, Ozonoff *et al.* (2010) revelam que, aos 6 meses, os olhares, os sorrisos compartilhados e as vocalizações dos bebês UDA são comparáveis aos de outros bebês DT, mas que eles declinam significativamente após os 6 meses de idade. Nadig *et al.* (2007) obtêm resultados semelhantes ao colocar em evidência que esses bebês de 6 meses não respondem menos aos chamados pelo nome que os bebês-controles, enquanto Bolton *et al.* (2012) observam diferenças significativas na comunicação e na motricidade fina a partir de 6 meses de idade. Em compensação, o estudo de Yirmiya *et al.* (2006) mostra que, a partir de 4 meses de idade, irmãos e irmãs de crianças diagnosticadas com TEA envolvem-se menos do que outros bebês-controles nas interações em face a face com sua mãe. Durante a experiência do face a face, os bebês em risco utilizariam mais afeto neutro e seriam menos perturbados pela neutralidade do rosto da mãe.

Os estudos retrospectivos realizados com auxílio de vídeos familiais durante o período do primeiro ano de vida mostram que os bebês UDA têm dificuldades para responder ao chamamento de seu nome, para olhar e sorrir aos outros e apresentam disfunções motoras (Sauvage *et al.*, 1987; Hameury *et al.*, 1990; Adrien *et al.*, 1991, 1992; Malvy *et al.*, 1999). No que tange ao desenvolvimento motor dos bebês UDA, foram realizadas poucas pesquisas. No entanto, Adrien *et al.* (1991; 1993) identificaram dificuldades motoras e uma hipotonia nesses bebês. Outros pesquisadores puderam identificar distúrbios globais da postura, como posturas imaturas (Esposito *et al.*, 2009), e distúrbios mais específicos, como um retardo para manter a cabeça erguida (Flanagan *et al.*, 2012), ou a posição sentada (Bryson *et al.*, 2007). Teitelbaum *et al.* (1998), por meio de uma microanálise auxiliada por um aplicativo informatizado que permite identificar finíssimos comportamentos motores, colocam em evidência dificuldades precoces na motricidade dos bebês UDA durante o período de 2 meses a 1 ano de idade. Essas dificuldades são observadas simultaneamente na motricidade geral (por exemplo, os padrões de movimentos durante deslocamentos) e na motricidade fina (preensão de objetos) (Bath *et al.*, 2011). Também Bryson *et al.* (2007) observaram um controle motor limitado em bebês UDA a partir dos 6 meses, e Zwaigenbaum *et al.* (2005) mostraram que esses bebês tinham igualmente dificuldades para antecipar as ações do adulto quando esse desejava colocar o bebê na posição sentada. Mais recentemente, Brisson *et al.* (2012) obtiveram resultados similares quanto à antecipação da abertura da boca dos bebês UDA quando a mamadeira era-lhes mostrada. Eles constataram que essa dificuldade de antecipação pode ser observada a partir de 4 meses e que ela continua mais tarde a se acentuar.

Ao mesmo tempo e paradoxalmente, várias pesquisas mostram que os funcionamentos precoces observados em bebês UDA nem sempre vão na direção de um déficit. Dessa forma, Jones e Klin (2013) demonstram que os bebês UDA de 2 meses olham por maior tempo nos olhos do que os bebês com desenvolvimento típico. Yirmiya *et al.* (2006), por sua vez, observam um aumento da resposta ao nome dos bebês UDA de 4 meses antes que essa resposta se reduza e seja significativamente inferior aos 12 meses.

TRAJETÓRIAS DESENVOLVIMENTAIS E LIMITAÇÃO DAS ATIVIDADES

Existem pesquisas que se centraram também na ligação entre as disfunções precoces observadas desde os primeiros meses de vida, o desenvolvimento linguístico, cognitivo ulterior e o grau de retardo das crianças UDA. O estudo de Receveur *et al.* (2005), com base na observação de vídeos familiais, evidencia que os bebês UDA que apresentam um déficit severo de interação terão uma trajetória desenvolvimental pior que os bebês UDA que apresentam um déficit menos severo de interação. Ao mesmo tempo, esses autores enfatizam que déficits elevados da imitação estão correlacionados a fracos quocientes de desenvolvimento aos 4 anos de idade.

Young *et al.* (2009) demonstram que, durante as cenas do "jogo do cadê-achou", os bebês UDA de 7 e 14 meses que apresentam uma melhor coordenação dos olhos, da boca e das mãos terão um melhor desenvolvimento da linguagem expressiva aos 36 meses de idade em relação às crianças UDA, que não coordenam esses diferentes movimentos. Begus e Southgate (2012) correlacionam a pobreza da gestualidade das crianças UDA a disfunções cognitivas ulteriores, assim como a um déficit mais elevado da comunicação social. Considerando a imitação como um mecanismo-chave no desenvolvimento das competências sociais posteriores, assim como na aquisição da linguagem (Devouche, 2000), alguns pesquisadores interessaram-se pelas competências imitativas no contexto do autismo e colocaram em evidência que esses comportamentos de imitação geralmente são reduzidos ou até ausentes em bebês UDA (Smith e Bryson, 1994; Mottron *et al.*, 1999). Os autores partem da hipótese de que um dos transtornos-chave do autismo estaria no déficit da organização perceptiva dos movimentos que veicularia a imitação.

Igualmente, é no decorrer do primeiro semestre de vida que aparece o gesto de preensão, que se constrói progressivamente com o surgimento de uma antecipação manual, uma rapidez controlada, uma trajetória mais diretamente orientada ao objeto e que conduz à manipulação dos objetos (Morange-Majoux *et al.*, 2000; Morange-Majoux e Dellatolas, 2010; Morange-Majoux *et al.*, 2012; Morange-Majoux *et al.*, 2013). Essa manipulação é essencial ao desenvolvimento sociocognitivo e está na origem do que se chama ulteriormente "jogo". Ora, o jogo é classicamente descrito como pobre em crianças TEA, com manipulações mínimas ou desviadas dos objetos (Ozonoff *et al.*, 2008). Já, desde os 3 meses, os bebês UDA apresentam uma atividade manual reduzida de 10% em relação aos bebês típicos (Brisson *et al.*, 2012), confirmada aos 6 meses por Baranek (1999), que observa uma frequência mais elevada de objetos levados à boca pelos bebês UDA. Quanto a Bryson *et al.* (2007), eles observam um retardo do surgimento do gesto de preensão, sugerindo que o déficit do jogo social poderia ter sua origem em um transtorno de desenvolvimento manual nos primeiros meses de vida. Enfim, a atenção conjunta, que se caracteriza pela coordenação de comportamentos anteriormente descritos (gestos e sorrisos) associados ao olhar alternado entre um objeto e uma pessoa, surge no final do primeiro semestre e assinala a qualidade da interação social. A atenção conjunta é um dos pré-requisitos ao desenvolvimento da linguagem comunicativa (Kasari *et al.*, 2013). Entre as crianças UDA, Osterling e Dawson (1994) observam um déficit na atenção conjunta aos 12 meses e muitos pesquisadores estimam que a falta de atenção conjunta entre a criança autista e o adulto (principalmente a mãe) seria um dos sinais mais confiáveis, o mais precoce e o mais específico de toda a patologia autística. Kasari *et al.* (2013) demonstram que um dos preditores da linguagem falada nas crianças autistas seria a iniciação à atenção conjunta. Esses déficits da imitação, da preensão e da atenção conjunta podem ser considerados uma falha de coordenação sensório-motora (Parma *et al.*, 2014). Podemos concluir, então, assim como Jones *et al.* (2013), que uma intervenção precoce centrada na atenção conjunta, na imitação e no jogo permitiria um melhor acesso à linguagem oral e às aprendizagens sociais das crianças autistas. No mesmo sentido, Gernsbacher *et al.* (2008) mostraram que as habilidades motoras orais e manuais estão correlacionadas positivamente à facilidade verbal futura das crianças autistas, sugerindo um elo entre comunicação não verbal e verbal.

Assim, mensurar as capacidades relacionadas à aquisição da comunicação e da linguagem (vocalizações, imitação, atenção conjunta, olhar compartilhado, gestos de preensão...) poderia fornecer um bom indicador do desenvolvimento global da criança e de sua trajetória desenvolvimental.

Várias pesquisas foram realizadas nos últimos anos para descrever as trajetórias desenvolvimentais de crianças com TEA, num período de 2 a 15 anos.

Assim, Fountain *et al.* (2012) descrevem seis tipos de trajetórias do desenvolvimento da interação social, da comunicação e dos comportamentos repetitivos e estereotipados. Os autores destacam a heterogeneidade dos modos de evolução para algumas crianças com uma ausência de desenvolvimento, enquanto, para outras, evoluções seguidas de platô e, em seguida, progresso; já, para outras ainda, evoluções regulares seguidas de uma estagnação duradoura. Baghdadli *et al.* (2012) estudaram a evolução dos comportamentos adaptativos de crianças de 3 a 15 anos e observaram que as formas evolutivas são muito variáveis e dependentes dos níveis cognitivos e da linguagem das crianças. Richler *et al.* (2010) estudaram a trajetória dos comportamentos repetitivos e estereotipados de crianças de 2 a 9 anos, ainda aqui os padrões de evolução dos comportamentos estereotipados são muito heterogêneos em crianças com TEA. Assim, todos esses trabalhos demonstram modos de evoluções que são, por um lado, muito diferentes em crianças com TEA, e, por outro, geralmente dependentes de seu nível cognitivo e de seu nível de linguagem avaliados na idade em que a criança recebe o diagnóstico de TEA.

Lord *et al.* (2012) centraram-se em um período mais precoce, de 18 a 36 meses, para descrever padrões de trajetórias desenvolvimentais em crianças com risco de TEA (irmãos). Eles confirmam novamente a variabilidade das trajetórias de crianças com TEA e a necessidade de uma identificação precoce das disfunções. Landa *et al.* (2013) estudam, de forma prospectiva, um período do desenvolvimento mais precoce e mais longo, de 6 a 36 meses, em 204 crianças com risco de autismo (irmãos) testadas aos 6, 14, 18, 24 e 36 meses com auxílio de testes de desenvolvimento mensurando um o funcionamento motor e linguístico, e, outro, de um lado, duas funções sociais, a atenção conjunta e o sentimento positivo compartilhado, e, de outro, a comunicação (sons, palavras...). Esses autores observam a existência de dois tipos de trajetórias desenvolvimentais apresentadas por dois subgrupos de crianças que, aos 3 anos, serão todas diagnosticadas TEA. Trata-se da "Trajetória Precoce TEA, TP-TEA" cujo transtorno da interação (pobreza da linguagem expressiva e sentimentos positivos compartilhados) e os comportamentos estereotipados se expressam de maneira mais importante dos 14 até os 24 meses de idade do que na "Trajetória Tardia TEA, TT-TEA" em que as crianças são menos barulhentas aos 14 meses e durante esse mesmo período até 24 meses. De fato, os autores constatam que, aos 14 meses, as crianças TP-TEA possuem um nível de linguagem expressivo mais baixo e sentimentos positivos compartilhados mais raros e mais pobres do que as crianças com TT-TEA. Aos 18 meses, essas mesmas crianças mostram um grande retardo da linguagem expressiva e receptiva, comparativamente às crianças TT-TEA. A partir dos 24 meses, já não existem mais diferenças entre esses dois subgrupos de crianças com trajetórias distintas e a sintomatologia autística não difere aos 36 meses de idade. O estudo longitudinal das crianças revela a existência de padrões de evolução, tais como a desaceleração do desenvolvimento da comunicação e da motricidade, um platô com estagnação das capacidades, ou uma regressão associada a um retraimento social que aumenta gradualmente com uma diminuição do desempenho. Os autores observam que, aos 6 meses, os bebês que têm esses dois tipos de trajetória possuem um desenvolvimento comparável e similar ao dos bebês que não apresentarão um TEA. Aos 36 meses de idade, esses dois subgrupos de crianças serão semelhantes do ponto de vista da sintomatologia da síndrome de TEA.

Se todas essas pesquisas demonstram bem a variabilidade e a heterogeneidade das trajetórias desenvolvimentais, as que tratam do período de 2 a 15 anos não descrevem as diferentes modalidades de acompanhamento das crianças incluídas nesses estudos longitudinais. Além disso, as que tratam de períodos mais precoces do desenvolvimento afirmam novamente a inexistência de disfunções aos 6 meses de idade, deduzindo-se que antes dessa idade não haveria disfunções. Entretanto, os estudos que exploram esse período, com o auxílio dos vídeos familiais, revelam nos lactentes a existência de algumas disfunções, principalmente no que tange ao contato social, à motricidade e à interação (Degenne *et al.*, 2009; Brisson *et al.*, 2011-a, b), à antecipação motora (Brisson *et al.*, 2012) e às características da prosódia (Brisson *et al.*, 2014).

Por isso, parece-nos importante examinar os comportamentos do bebê UDA durante o período dos 6 primeiros meses, a fim de identificar de maneira mais detalhada as disfunções e verificar em que medida elas estão relacionadas às características de seu desenvolvimento psicológico futuro (trajetória desenvolvimental), às limitações de suas atividades (deficiências) e às modalidades de acompanhamento do qual se beneficiam.

REFERÊNCIAS BIBLIOGRÁFICAS

Adrien, J. L., Faure, M., Perrot, A., Hameury, L., Garreau, B., Barthélémy, C., & Sauvage, D. (1991). Autism and family home movies: preliminary findings. *Journal of Autism and Developmental Disorders*, 21(1), 43-49.

Adrien, J. L., Lenoir, P., Martineau, J., Perrot, A., Hameury, L., Larmande, C., & Sauvage, D. (1993). Blind ratings of early symptoms of autism based upon family home movies. *Journal of the American Academy of Child & Adolescent Psychiatry*, 32(3), 617-626.

Adrien, J. L., Perrot, A., Sauvage, D., & Leddet, I. (1992). Early symptoms in autism from family home movies: evaluation and comparison between 1st and 2nd year of life using IBSE Scale. *Acta Paedopsychiatrica*, 55, 59-63.

Adrien, J.-L. & Gattegno, M.P. (2011). *Autisme de L'Enfant. Evaluations, interventions et suivis*. Bruxelles, Belgique: Mardaga.

Baghdadli, A., Assouline, B., Sonié, S., Pernon, E., Darrou, C., Michelon, C., Picot, M-C., Aussilloux, C., & Pry, R. (2012). Developmental trajectories of adaptive behaviors from early childhood to adolescence in a cohort of 152 children with autism spectrum disorders. *Journal of Autism and Developmental Disorders*, 42, 1314-1325.

Baghdadli, A., Pascal, C., Grisi, S., & Aussilloux, C. (2003). Risk factors for self injurious behaviours among 222 young children with autistic disorders. *Journal of Intellectual Disability Research*, 47(8), 622-627.

Baranek, G. T. (1999). Autism during infancy: a retrospective analysis of sensory-motor and social behaviours at 9-12 months of age. *Journal of Autism and Developmental Disorders*, 29, 213-224.

Barbaro, J., & Dissanayake, C. (2009). Autism spectrum disorders in infancy and toddlerhood: a review of the evidence on early signs, early identification tools, and early diagnosis. *Journal of Developmental & Behavioral Pediatrics*, 30(5), 447-459.

Begus, K., Southgate, V. (2012). Infant pointing serves an interrogative function. *Developmental science*, 15(5), 611-617.

Bolton, P. F., Golding, J., Emond, A., & Steer, C. D. (2012). Autism spectrum disorder and autistic traits in the Avon Longitudinal Study of Parents and Children: Precursors and early signs. *Journal of the American Academy of Child & Adolescent Psychiatry*, 51(3), 249-260.

Brisson, J., Martel, K., Serres, J., Sirois, S., & Adrien, J. L. (2014). Acoustic analysis of oral productions of infants later diagnosed with autism and their mother. *Infant Mental Health Journal*, 35(3), 285-295.

Brisson, J., Warreyn, P., Serres, J., Foussier, S., & Adrien-Louis, J. (2012). Motor anticipation failure in infants with autism: a retrospective analysis of feeding situations. *Autism*, 16(4), 420-429.

Bryson, S. E., Zwaigenbaum, L., Brian, J., Roberts, W., Szatmari, P., Rombough, V., & McDermott, C. (2007). A prospective case series of high-risk infants who developed autism. *Journal of Autism and Developmental Disorders*, 37(1), 12-24.

Corbett, B.A., Swain, D. M., Coke, C., Simon, D., Newsom, C, Houchins-Juarez, N., Jenson, A., Wang, L., & Song. Y. (2013). Improvement in social deficits in autism spectrum disorders using a theatre-based, peer-mediated intervention. *Autisme Research*, DOI: 10.1002/aur.1341.

Dawson, G. (2008). Early behavioral intervention, brain plasticity, and the prevention of autism spectrum disorder. *Development and psychopathology*, 20(03), 775-803.

Delavenne, A, Gratier, M, & Devouche, E. (2013). Expressive timing cues in infant-directed singing are affected by infant age and sex. *Infant Behavior and Development*, 36:1-13.

Devouche, E. (2000). *La situation d'imitation à 8 et 12 mois: Aspects sociaux et cognitifs*. Thèse de doctorat de l'Université Paris V – René Descartes, 28 Janvier.

Devouche, E. (2004). Mother versus stranger: a triadic situation of imitation at the end of the first year of life. *Infant and Child Development*, 13: 35-48.

Devouche, E, Bobin-Bègue, A, Gratier, M, & Morange-Majoux, F. (2014, sous presse). Langage adressé au bébé et patterns d'exploration visuelle chez le bébé de 5 mois. Mise en évidence d'un effet de genre. *Neurpsychiatrie de l'Enfance et de l'Adolescence.* 63(1), 23-29.

Devouche, E, Dominguez, S, Bobin-Bègue, A, Gratier, M, & Apter, G. (2012). Effects of familiarity and attentiveness of partner on 6-month-old infants' social engagement. *Infant Behavior and Development*, 35: 737-41.

Ekman, P., & Rosenberg, E. L. (1997). *What the face reveals: basic and applied studies of spontaneous expression using the Facial Action Coding System (FACS)*. Oxford University Press.

Esposito, G., & Venuti, P. (2009). Symmetry in infancy: analysis of motor Development in autism spectrum disorders". *Symmetry*, 1: 215-225.

Fountain, C., Winter, A. S., & Bearman, P. S. (2012). Six developmental trajectories characterize children with autism. *Pediatrics*. doi: 10.1542/PEDS.2011-1601.

Garez V., Apter G. & Devouche E. (2011). Playing too little and yet too much! When Borderline mothers and their three-month old infant try to interactively unsuccessfully regulate. *Infant Mental Health Journal*, 32(3): 69.

Gernsbacher, M. A., Sauer, E. A., Geye, H. M., Schweigert, E. K., & Hill Goldsmith, H. (2008). Infant and toddler oral- and manual-motor skills predict later speech fluency in autism. *Journal of Child Psychology and Psychiatry*, 49, 43-50.

Gliga, T., Elsabbagh, M., Hudry, K., Charman, T., & Johnson, M. H. (2012). Gaze following, gaze reading, and word learning in children at risk for autism. *Child development*, 83(3), 926-938.

Goin-Kochel, R. P., Mackintosh, V. H., & Myers, B. J. (2006). How many doctors does it take to make an autism spectrum diagnosis? *Autism*, 10(5), 439-451.

Guinchat, V., Chamak, B., Bonniau, B., Bodeau, N., Perisse, D., Cohen, D., & Danion, A. (2012). Very early signs of autism reported by parents include many concerns not specific to autism criteria. *Research in Autism Spectrum Disorders*, 6(2), 589-601.

Hameury, L., Adrien, J.L., Perrot-Beaugerie, A., Barthélémy, C., Sauvage, D. (1990)- Autisme du nourrisson et du jeune enfant. Diagnostic initial et soins précoces. *Concours Médical*, 11, 979-982.

Jones, E. J., Gliga, T., Bedford, R., Charman, T., & Johnson, M. H. (2013). Developmental pathways to autism: a review of prospective studies of infants at risk. *Neuroscience & Biobehavioral Reviews*. 39, 1-33.

Jones, J. D., Klin, A., & Jones, W. (2012). The attunement of visual salience from 2 until 24 months in TD and ASD infants. In: *International meeting for autism research (IMFAR),* Toronto, May (Vol. 18).

Kasari, C., & Smith, T. (2013). Interventions in schools for children with autism spectrum disorder: methods and recommendations. *Autism*, 17(3), 254-267.

Landa, R., & Garrett-Mayer, E. (2006). Development in infants with autism spectrum disorders: a prospective study. *Journal of Child Psychology and Psychiatry*, 47(6), 629-638.

Landa, R., Gross, A., Stuart, E. & Faherty, A. (2013). Developmental trajectories in children with and without autism spectrum disorders: The first 3 years. *Child Development*, 84 (2), 429-442.

Lord, C., Luyster, R., Guthrie, W., & Pickles (2012). Patterns of developmental trajectories in toddlers with autism spectrum disorder. *Journal of Consulting and Clinical Psychology*, 80 (3), 477-489.

Malvy, J., Ducrocq-Damie, D., Zakian, A., Roux, S., Adrien, J. L., Barthélemy, C., & Sauvage, D. (1999). Signes Précoces de l'autisme infantile et approche clinique: revue des travaux de recherche (1989-1999). *Annales Médico-Psychologiques*, Vol. 157, 9, 585-593.

Mason, R., Kamps, D., Turcotte, A., Cox, S., Feldmiller, S., & Miller, T. (2014). Peer mediation to increase communication and interaction at recess for students with autism spectrum disorders. *Research in Autism Spectrum Disorders*, 8, 334-344.

Morange-Majoux, F., Pezé, A. & Bloch, H. (2000). Organization of left and right hand movement in a prehension task: A longitudinal study from 20 to 32 weeks. *Laterality*, 4, 1-12.

Morange-Majoux, F. & Dellatolas, G. (2010). Right-Left approaching and reaching hand movements of 4-month infants in free and constrained conditions. *Brain and Cognition*, 72, 419-422.

Morange-Majoux, F (2012). Manual exploration of consistency (soft vs hard) and handedness in infants from 4 to 6 months old. *Laterality*, 12, 1-21.

Morange-Majoux, F., Lemoine, C. & Dellatolas, G. (2013). Early manifestations of manual specialization in infants: a longitudinal study from 20 to 30 weeks using reaction time, *Laterality*, 18, 231-250.

Mottron, L., Burack, J., Stauder, J. & Robaey, P. (1999). Local bias in autistic subjects as evidenced by graphic tasks: perceptual hierarchization or working memory deficit? *Journal of Child Psychology and Psychiatry*, 40, 743-755.

Nadel J., Croué S., Mattlinger M-J., Canet P., Hudelot C., Lécuyer C. & Martini M. (2000), Do autistic children have expectancies about the social behaviour of unfamiliar people? A pilot study with the still face paradigm, *Autism*, 2, 133-145.

Nadig AS, Ozonoff S, Young GS, Rozga A, Sigman M, & Rogers SJ. (2007). Failure torespond to name is indicator of possible autism spectrum disorder. *Archives of Pediatrics and Adolescent Medicine*, 161, 378-83.

Osterling, J., & Dawson, G. (1994). Early recognition of children with Autism: a study of first birthday home videotapes. *J Autism Dev Disord*. 24, 247-257.

Ozonoff, S., Young, G. S., Goldring, S., Greiss-Hess, L., Herrera, A. M., Steele, J., et al. (2008). Gross motor development, movement abnormalities, and early identification of autism. *Journal of Autism and Developmental Disorders*, 38, 644-656.

Ozonoff, S., Iosif, A. M., Baguio, F., Cook, I. C., Hill, M. M., Hutman, T., & Young, G. S. (2010). A prospective study of the emergence of early behavioral signs of autism. *Journal of the American Academy of Child & Adolescent Psychiatry*, 49(3), 256-266.

Receveur, C., Lenoir, P., Desombre, H., Roux, S., Barthelemy, C., & Malvy, J. (2005). Interaction and imitation deficits from infancy to 4 years of age in children with autism. A pilot study based on videotapes. *Autism*, 9(1), 69-82.

Richler, J., Huerta, M., Bishop, S. L., & Lord, C. (2010). Developmental trajectories of restricted and repetitive behaviors and interests in children with autism spectrum disorders. *Development and Psychopathology*, 22(1): 55-68.

Robins, D. L., Fein, D., Barton, M. L., & Green, J. A. (2001). The Modified Checklist for Autism in Toddlers: an initial study investigating the early detection of autism and pervasive developmental disorders. *Journal of Autism and Developmental Disorders*, 31:131-144.

Sauvage, D., Hameury, L., Adrien, J. L., Larmande, C., Perrot-Beaugerie, A., Barthélémy, C., & Peyraud, A. (1987). Signes d'autisme avant deux ans: évaluation et signification. In: *Annales de Psychiatrie* (Vol. 2, No. 4, pp. 338-350). Expansion scientifique publications.

Smith, I. M., & Bryson, S. E. (1994). Imitation and action in autism: a critical review. *Psychological Bulletin*, 116, 259-273.

Teitelbaum, P., Teitelbaum, O., Nye, J., Fryman, J., & Maurer, R. G. (1998). Movement analysis in infancy may be useful for early diagnosis of autism. *Proceedings of the National Academy of Sciences*, 95(23), 13982-13987.

Trevarthen, C., & Daniel, S. (2005). Disorganized rhythm and synchrony: early signs of autism and Rett syndrome. *Brain and Development*, 27, S25-S34.

Tronick, E. Z. (1980). On the primacy of social skills. In D. B. Sawin, L. O. Walker, & J. H. Penticuff (Eds.), *The exceptional infant: psychosocial risks in infant environment transactions* (pp. 144-160). New York: Brunner/Mazel.

Watson, L. R., Crais, E. R., Baranek, G. T., Dykstra, J. R., Wilson, K. P., Hammer, C. S., & Woods, J. (2013). Communicative gesture use in infants with and without autism: a retrospective home video study. *American Journal of Speech-Language Pathology*, 22(1), 25-39.

Webb, S. J., & Jones, E. J. (2009). Early identification of autism: early characteristics, onset of symptoms, and diagnostic stability. *Infants & Young Children*, 22(2), 100-118.

Weinberg, M. K., & Tronick, E. Z. (1994). Beyond the face: an empirical study of infant affective configurations of facial, vocal, gestural, and regulatory behaviors. *Child development*, 65(5), 1503-1515.

Werner, E., Dawson, G., Osterling, J., & Dinno, N. (2000). Brief report: recognition of autism spectrum disorder before one year of age: A retrospective study based on home videotapes. *Journal of Autism and Developmental Disorders*, 30(2), 157-162.

Wimpory, D. C., Hobson, R. P., Williams, J. M. G., & Nash, S. (2000). Are infants with autism socially engaged? A study of recent retrospective parental reports. *Journal of Autism and Developmental Disorders*, 30(6), 525-536.

Yirmiya, N., Gamliel, I., Pilowsky, T., Feldman, R., Baron Cohen, S., & Sigman, M. (2006). The development of siblings of children with autism at 4 and 14 months: social engagement, communication, and cognition. *Journal of Child Psychology and Psychiatry*, 47(5), 511-523.

Young, G. S., Merin, N., Rogers, S. J., & Ozonoff, S. (2009). Gaze behavior and affect at 6 months: predicting clinical outcomes and language development in typically developing infants and infants at risk for autism. *Developmental Science*, 12(5), 798-814.

Zwaigenbaum, L., Bryson, S., Lord, C., Rogers, S., Carter, A., Carver, L. & Yirmiya, N. (2009). Clinical assessment and management of toddlers with suspected autism spectrum disorder: insights from studies of high-risk infants. *Pediatrics*, 123(5), 1383-1391.

Zwaigenbaum, L., Bryson, S., Rogers, T., Roberts, W., Brian, J., & Szatmari, P. (2005). Behavioral manifestations of autism in the first year of life. *International journal of development.* 23(2-3), 143-152.

SEÇÃO II

O Programa Abrangente
Neurodesenvolvimental – PAN

Eixo Metodológico I

Capítulo 8

TRATAMENTO DOS TRANSTORNOS DO DESENVOLVIMENTO E A IMPORTÂNCIA DA PSICOFARMACOLOGIA

Wanderley Manoel Domingues

Os transtornos do desenvolvimento infantil têm complexas manifestações tanto biológicas quanto psicológicas e o diagnóstico precisa ser cuidadosamente realizado porque não se pode instituir um tratamento único para todos os pacientes com diferentes quadros clínicos. Dessa forma, o diagnóstico médico-neuropsiquiátrico necessita ser efetivado por um profissional especializado no diagnóstico diferencial dos transtornos do desenvolvimento infantil. Tal diagnóstico deve fornecer subsídios ao restante da equipe multidisciplinar a respeito do quadro clínico do paciente e o acompanhamento dele ao longo do tratamento. O diagnóstico diferencial entre os vários transtornos do desenvolvimento é muito importante para a indicação de tratamento, tanto individual quanto grupal.

Convém ressaltar que nem sempre o diagnóstico neuropsiquiátrico inicial é fácil, dado que os transtornos do desenvolvimento ocorrem em uma criança que está ainda com seu sistema nervoso em transformação pela própria evolução natural, com surgimento de funções que antes não estavam presentes e que, ao longo do tempo, podem modificar o quadro inicial. Desse modo, o diagnóstico inicial deve ser o mais cuidadoso possível, devendo se levar em conta os aspectos dinâmicos da evolução humana.

Além do quadro de base dos transtornos do desenvolvimento, há que se identificar a presença ou não das condições clínicas associadas, também conhecidas como comorbidades. Essas associações são frequentes nesses pacientes e, dentre elas, as que mais se destacam são: transtorno de ansiedade, transtorno de déficit de atenção, desregulações no comportamento social, epilepsia, transtornos de sono, transtornos alimentares, transtorno de humor depressivo e transtorno obsessivo-compulsivo. Quando necessário, o médico pode optar por um tratamento farmacológico específico, direcionado às comorbidades em questão.

É importante ressaltar a grande evolução da psicofarmacologia nas últimas décadas que, se bem aplicada, pode auxiliar em muito o paciente, sua família, sua capacidade de aprendizado e apresentar uma interação social bem mais adequada. Para tais tratamentos tanto existem grupos farmacológicos como os anticonvulsivos, antipsicóticos, ansiolíticos, antidepressivos, estabilizadores de humor, indutores do sono, caso os pacientes dele necessitem, assim como fisioterapia, hidroterapia, educação física especializada, equoterapia etc.

Nunca é demais enfatizar que o diagnóstico precoce é fundamental para a implementação da intervenção terapêutica. Em nossa experiência clínica e em inúmeros estudos publicados, existem confirmações dessa assertiva com muitas vantagens do diagnóstico e da intervenção precoces. Efetivamente esses procedimentos garantem uma melhor evolução dos pacientes nos aspectos cognitivo, da linguagem, motor, pessoal-social e, com isso, melhor desenvolvimento para maior e melhor autonomia deles. Simultaneamente, os pais necessitam de boas informações para que se tornem bons parceiros dos diversos profissionais envolvidos no curso do tratamento. Nesse sentido, a experiência clínica mostra que muitos pacientes, portadores de Transtornos do Espectro do Autismo (TEA) de alto e moderado funcionamento cognitivo – comprovado pelas escalas de avaliação padronizadas e validadas internacionalmente, capazes de avaliar o grau de comprometimento e o perfil do TEA –, quando tratados de maneira adequada, evoluem para quadros clínicos de transtorno de déficit de atenção em idades mais avançadas, reduzindo, em muito, a sintomatologia inicial do TEA, com condições de evolução bastante mais benigna.

Lembramos que os critérios diagnósticos utilizados para os diversos quadros clínicos dos portadores de transtornos do desenvolvimento devem preencher os quesitos do Manual Diagnóstico e Estatístico de Transtornos Mentais, 5ª edição (DSM-V), americano, ou da Classificação Internacional de Doenças e Problemas Relacionados à Saúde, 10ª edição (CID-10), europeia. O diagnóstico do transtorno do desenvolvimento apresentado deve ser o mais preciso possível, porque um bom tratamento depende de um bom diagnóstico compreensivo. Os testes de identificação (*screening tests*) desenvolvidos nas últimas décadas têm sido de grande auxílio para os médicos, mesmo para os especialistas, e são normalmente realizados pelos neuropsicólogos, fonoaudiólogos e terapeutas ocupacionais. Eles são bastante fidedignos para se confirmar ou não as hipóteses diagnósticas iniciais.

Destacamos também que o especialista deve obter dados familiares relevantes, assim como o histórico o mais detalhado possível do desenvolvimento infantil do paciente, nas suas várias esferas, cognitivo, da linguagem, motor, pessoal-social etc. O exame neurológico e psiquiátrico é obrigatório e os objetivos são os de estabelecer os equivalentes da idade intelectual e de desenvolvimento dos pacientes, bem como as possíveis etiologias. Deve-se avaliar as condições visuais e auditivas, realizar investigação genética quando possível, eletroencefalograma se houver suspeitas de crises convulsivas ou alterações reiteradas de sono. Segundo as recomendações da Associação Americana de Neurologia e da Sociedade Americana de Neurologia Infantil, os procedimentos diagnósticos invasivos só deverão ser efetivados se houver necessidade estrita.

Como os pediatras são os primeiros médicos a entrar em contato com as crianças, tem sido preconizado, nos países desenvolvidos, um questionário semiestruturado, o CHAT-R (*Checklist for Autism in Toddlers*).

Esse questionário foi desenvolvido no *Guy's Hospital* em Londres, na Universidade de Cambridge e na London College, por Baron-Cohen, Allen e Gillberg em 1992. Seu uso nas rotinas de atendimento é de fácil aplicação e de serventia para identificar, numa primeira abordagem, o estado do seu pequeno paciente, quando houver suspeita de alterações no desenvolvimento neuropsicomotor, a fim de eventual encaminhamento ao especialista, caso necessário.

Quanto ao tratamento farmacológico para os portadores de transtorno do desenvolvimento, destacamos os seguintes grupos de medicamentos, especialmente para aqueles portadores de TEA, que apresentam maiores necessidades de medicação para seus comprometimentos.

- ✓ Antipsicóticos
  - Haloperidol, pimozida, clozapina, risperidona, quetiapina, olanzapina, ziprasidona, aripiprazol, paliperidona, periciazina.
- ✓ Medicamentos para sintomas de hiperatividade e desatenção
  - Metilfenidato, atomoxetina, dimesilato de lisdexanfetamina, lisdexanfetamina, clonidina, guanfacina.

- ✓ Prejuízos sociais
  - D-cycloserina, memantina, ocitocina.
- ✓ Anticonvulsivantes
  - Fenobarbital, fenitoína, primidona, ácido valproico, divalproato de sódio, lamotrigina, carbamazepina, oxcarbazepina, topiramato, lacosamida, levetiracetam.
- ✓ Antidepressivos e ansiolíticos
  - Sertralina, fluoxetina, cloridrato de paroxetina, venlafaxina, citalopram, escitalopram, doloxetina, desvenlafaxina, bupropiona, mirtazapina, trazodona.

Evidências têm mostrado, em estudos randomizados e controlados, que os antidepressivos utilizados atualmente são menos eficazes para as crianças do que para adultos, quando destinados a tratar os comportamentos repetitivos, determinando, ao contrário, um aumento na excitabilidade do comportamento. Os antipsicóticos atípicos são eficazes para o tratamento da irritabilidade nesses pacientes, tanto em crianças, como adolescentes e adultos portadores de TEA. Os psicoestimulantes têm um efeito benéfico no tratamento da desatenção e da hiperatividade dos portadores de TEA, porém com efeitos adversos maiores do que nas crianças portadoras de transtorno do déficit de atenção com hiperatividade (TDAH), sendo a atomoxetina mais efetiva, quando os psicoestimulantes não dão resposta favorável. Apesar de ainda não termos estudos conclusivos, a mirtazapina, assim como a paroxetina, tem sido útil no tratamento das alterações de sono, na conduta sexual não apropriada, na ansiedade, na irritabilidade, nos comportamentos repetitivos.

Maiores e mais completos estudos são necessários para a confirmação desses dados. Também faltam mais amplos e melhores estudos sobre a atuação da D-cycloserina e memantina no controle dos prejuízos sociais. A tolerabilidade de todas essas drogas para esses pacientes tem sido menor do que naquelas doenças-padrão como transtorno obsessivo-compulsivo (TOC), TDAH, transtorno de ansiedade, transtornos de conduta por impulsividade mais elevada, assim como sua eficácia no controle desses diversos quadros clínicos, sugerindo diferenças fenotípicas entre eles, indicando que os mecanismos fundamentais biológicos sejam diferentes, apesar da similitude entre as várias apresentações clínicas.

Necessitamos, portanto, de mais amplos e mais acurados conhecimentos quanto à neurobiologia dos vários transtornos, para podermos alcançar um estágio em que os objetivos do tratamento possam ser mais eficazmente obtidos mediante uma farmacologia com combinações mais sofisticadas, entre os vários medicamentos disponíveis, atualmente, para tão complexas condições clínicas.

BIBLIOGRAFIA

Aman, M. G. (2004). Management of hyperactivity and other acting-out problems in patients with autism spectrum disorder. *Semin Pediatr Neurol*, 11(3), 225-8.

Doyle, C. A., McDougle, C. J. (2012). Pharmacologic treatments for the behavioral symptoms associated with autism spectrum disorders across the lifespan. *Dialogues Clin Neurosci*, 14(3), 263-279.

Doyle, C. A., McDougle, C. J. (2012). Pharmacotherapy to control behavioral symptoms in children with autism. *Expert Opin Pharmacother*, 13(11), 1615-1629.

Findling, R. L. (2005). Pharmacologic treatment of behavioral symptoms in autism and pervasive developmental disorders. *J Clin Psychiatry*, 66 Suppl. 10, 26-31.

Malone, R. P., Gratz S. S., Delaney, M. A., Hyman, S. B. (2005). Advances in drug treatments for children and adolescents with autism and other pervasive developmental disorders. *CNS Drugs*, 19(11), 923-934.

Posey, D. J., McDougle, C.J. (2000). The pharmacotherapy of target symptoms associated with autistic disorder and other pervasive developmental disorders. *Harv Rev Psychiatry*, 8(2), 45-63.

Eixo Metodológico II
Subestruturas Clínicas

Capítulo 9

EQUIPE MULTIDISCIPLINAR: SUA FUNÇÃO ESTRUTURANTE

Maria Clara Nassif

Neste capítulo exporemos a metodologia organizacional de base multidisciplinar, a partir da experiência de uma equipe clínica que funciona nesses moldes há mais de 45 anos, com evidências de tratar-se de um modelo eficiente de estruturação para serviços clínicos na área do neurodesenvolvimento[1].

Do ponto de vista institucional, de acordo com a estrutura de cada serviço e de seus objetivos, diferentes procedimentos normativos, administrativos e organizacionais definem as modalidades gerais de prestação de atendimento. Assim, o perfil da equipe clínica está diretamente ligado à estrutura geral dos objetivos institucionais.

Dada a diversidade de possibilidades de estruturação desses serviços, aqui nos deteremos em reflexões e recomendações próprias às perspectivas de intervenções clínicas na esfera do neurodesenvolvimento, relativas ao enfoque proposto pelo Programa Abrangente Neurodesenvolvimental (PAN). A complexidade dos fatores presentes e interligados nos transtornos do neurodesenvolvimento constitui-se em um desafio ao profissional que pretende atuar nessa esfera.

---

[1] Clínica de referência: CARI Psicologia e Educação. www.caripsicologia.com.br

Como integrar conhecimentos específicos e sua compreensão na dinâmica interfuncional, na globalidade dos sintomas expressa por cada paciente? Como bem avaliar e diagnosticar, especialmente bebês e crianças pequenas? Diagnóstico fechado ou longitudinal? Como escolher os instrumentos de avaliação que possam de fato retraduzir as condições clínicas do paciente em questão, favorecendo a escolha das melhores intervenções? Como obter a parceria dos pais nessa tarefa? Como lidar com as intercorrências clínicas e ambientais, durante o percurso clínico de cada paciente? Como integrar o avanço evolutivo durante esse percurso, com as estruturas exteriores ao serviço? Como manter esses diálogos?

Essas questões encontram-se na base do que trataremos a seguir, por meio de duas subestruturas: a equipe multidisciplinar e o exame psicológico de crianças portadoras de autismo (Capítulo 10). Ambas sustentam o desenrolar do trabalho clínico, favorecendo seu dinamismo, sua eficácia nos procedimentos eleitos e, por consequência, a evolução possível a cada paciente em particular.

Para levar a cabo essa demanda é fundamental a integração entre os três eixos metodológicos do PAN, o que se desenvolve a partir do trabalho da equipe multidisciplinar que coordena a dinâmica dos diversos procedimentos clínicos, de avaliação, intervenção e identificação das demandas específicas para cada paciente.

São funções primordiais da equipe, ou de diferentes subequipes, a depender da demanda e da estruturação de cada serviço:

A – Equipe responsável pela elaboração do diagnóstico, e do projeto terapêutico particularizado de cada paciente: a partir de ampla discussão incluindo os resultados das avaliações específicas, testes e escalas, integrados aos dados obtidos na investigação inicial junto aos familiares (*vide* Capítulo 10), busca-se obter um preciso diagnóstico neuropsicológico, apresentando as disfunções presentes bem como o nível desenvolvimental de cada paciente e estabelecendo recomendações, metas prioritárias, elaboração do relatório diagnóstico, discussão dos resultados com os pais e seu encaminhamento à primeira etapa do Programa de Acompanhamento Intensivo e Sistemático aos Pais (PAIS).

A primeira etapa desse programa tem por objetivo essencialmente o trabalho afetivo com os pais, de compreensão das conclusões diagnósticas, pois a explicitação destas se traduz em um abalo emocional, especialmente quando referidas aos Transtornos do Espectro do Autismo (TEA) (Volkmar, Rogers, Paul & Pelphrey, 2014; Rogé, Hartley *et al.*, 2010; Rogé, Barthélémy & Magerotte, 2008; Prouxl, Helms & Buehler, 2007; Kersh, Hedvat, Hauser-Cram, & Warfield, 2006; Abbeduto *et al.*, 2004; Boyd, 2002; Olsson & Hwang, 2001; Yau & Li-Tsang, 1999) (Capítulo 15).

Outros aspectos abrangem os objetivos da entrevista devolutiva, como as perspectivas evolutivas a partir dos resultados, bem como a mobilização da resiliência assistida, por parte dos pais, para as demandas que sobrevêm a esse diagnóstico, tais como seu engajamento ao programa terapêutico proposto.

Essa etapa do PAIS está organizada em aproximadamente dez sessões consecutivas e posteriormente os pais continuam nesse programa, já na etapa de acompanhamento sistemático. Competem ainda à equipe responsável pelo diagnóstico a coordenação e o encaminhamento dos procedimentos necessários ao início do programa terapêutico.

B – Equipe de tratamento e seguimento: por meio de reuniões clínicas sistemáticas, de protocolos de seguimento, esta se constitui no coração que imprime o necessário dinamismo para gerar a discussão e as tomadas de decisões, conforme uma pauta previamente estabelecida para duas reuniões semanais e três amplas reuniões de reavaliação dos programas individuais a cada semestre.

Três principais aspectos são considerados e integrados como referenciais que geram as reflexões clínicas e a tomada de procedimentos: os dados relatados a partir das intervenções clínicas, do seguimento sistemático com os pais e dos demais ambientes de convivência do paciente. Nesse seguimento contínuo por meio da equipe responsável pelas intervenções de base neurodesenvolvimental de caráter global, busca-se integrar a esse conjunto de dados a discussão com a equipe de coordenação escolar ou outros profissionais, tais como o médico, em geral neurologista ou psiquiatra, ou ainda fonoaudiólogo, terapeuta ocupacional ou demais profissionais envolvidos nos cuidados específicos de cada respectivo paciente. Um fator que tem beneficiado a inclusão efetiva de outros profissionais às reuniões de equipe tem sido a opção pelo uso de mídias, como *Skype*, em grupo, com encontros previamente agendados.

Reavaliações sistemáticas guiam as diferentes etapas do projeto terapêutico, eleição de novas prioridades e metas, estabelecendo pontos-alvo de atenção, por vezes a continuidade no mesmo tipo de intervenção, ou, de acordo com o momento evolutivo em que se encontra o paciente, sugerem-se novos programas terapêuticos. Outras intervenções, como fonoterapia, terapia ocupacional e musicoterapia, podem ou não vir a integrar o conjunto dos cuidados a cada paciente. De acordo com sua evolução, pode-se, por exemplo, sugerir-se a diminuição da frequência da presença de um acompanhante de vida escolar, ou mesmo propor-se a redução na frequência dos encontros sistemáticos com os pais. Na Seção III deste livro, apresenta-se como se passam essas transições na prática clínica.

A partir dos dados de cada reavaliação, serão gerados os diferentes procedimentos de tratamento, bem como o planejamento das intervenções com a família, demais cuidadores e demais equipes que cuidem do paciente em questão, tais como escolar ou esportiva.

Para esse fim, organizou-se um mapa neurodesenvolvimental setorizando os resultados obtidos pelos diferentes domínios investigados, para estabelecer-se a partir desse perfil os pontos-alvo como referencial para as diferentes intervenções terapêuticas e também de base ao trabalho familiar visando ao estímulo do desenvolvimento dos processos cognitivos e socioemocionais que favoreçam a comunicação e a adaptação social de acordo com as potencialidades de cada um.

Considerada a complexidade de variáveis implícita às intervenções globais e abrangentes, tem sido um foco a busca e mesmo a criação de protocolos de seguimento que favoreçam maior precisão nos processos de avaliação evolutiva. Além das escalas específicas de avaliação, o apoio de filmagens, estabelecidas segundo um protocolo de sua frequência, e outros meios, tais como a criação do já citado Mapa de Avaliação Neurodesenvolvimental de apoio ao PAIS, do Mapa de Avaliação Evolutiva Semestral, da tradução de escalas de auto- e heterorregulação (Nader-Grosbois, 2007) têm sido tentativas úteis de melhor controle da evolução dos pacientes.

Um clima de abertura é de fundamental importância para gerar reflexões ricas e profundas na equipe; esta em sua tarefa de criar os melhores meios para a evolução do paciente deve estar atenta, simultaneamente, aos seus próprios procedimentos como equipe, buscando, continuamente, atualizar-se, questionar-se e refletir para a busca de precisão a partir de suas intervenções.

Há de se considerar que a questão é complexa, pois, sendo um campo de ação que abrange a esfera psicológica e, sobretudo, destina-se a atuar sobre os transtornos do neurodesenvolvimento, os fatores afetivo-emocionais tomam relevo, e, para manter seu norte, a equipe solicita de cada um de seus componentes um franco engajamento atitudinal, bem como uma sólida formação pessoal e profissional.

C – Conforme já citado, outras equipes de acompanhamento externo à instituição responsáveis pelo lazer ou esporte, bem como a equipe escolar que acompanha um mesmo paciente, são convidadas a se integrar ao projeto comum.

A integração entre essas equipes toma como polo as condições atuais do paciente e, respectivamente, a partir da especificidade de objetivos de cada uma delas, considera-se a interface precisa de suas intervenções, à qual outras dimensões de ordem não disciplinar são ajustadas, incluindo-se tanto os aspectos regulatórios comportamentais ligados às alterações neurofuncionais, bem como a estimulação das potencialidades a serem priorizadas para cada paciente a partir dos protocolos de avaliação, em cada um dos diferentes espaços de sua convivência. Para tanto, compete à equipe de tratamento e seguimento cuidar da adaptação da linguagem clínica, tornando-a compreensível aos profissionais dos domínios escolar ou outros, assim como aos familiares.

O diálogo entre a instituição clínica e as diferentes parcerias gera uma ação orquestrada capaz de promover, de modo eficaz, a amplificação das estimulações para outros espaços, favorecendo o desenvolvimento da criança. Além disso, fortalece as demais equipes que se sentem seguras para prosseguir em suas intervenções específicas, bem como promove para os familiares um maior nível de confiança e, por consequência, maior tranquilidade.

UM TEMA FUNDAMENTAL: A FORMAÇÃO DE UMA EQUIPE MULTIDISCIPLINAR

Dada a especificidade e complexidade das patologias incluídas nos transtornos do neurodesenvolvimento, a formação de uma equipe multidisciplinar torna-se um desafio. Por essa razão, destacamos que essa formação é da competência, em parte, da própria instituição prestadora de serviços, buscando criar a unidade na diversidade, isto é, onde cada profissional terá suas atribuições específicas. Entretanto, instalada num contexto mais amplo, a equipe demanda a assunção dos paradigmas de um pensar clínico, neste caso, o baseado nos princípios de base metodológica propostos pelo PAN, conforme o teor das seções I e II da presente obra.

Visando à estruturação de sua equipe, a própria instituição deve prever, em seus objetivos, o investimento para a formação pessoal e profissional de seu quadro. Essa formação poderá ser realizada por meio de parcerias com institutos formadores e/ou laboratórios de ensino e pesquisas em universidades nas áreas afins, qualificando sua equipe no segmento de sua especialidade.

Porém, o relevo de base à formação de uma equipe diz respeito inicialmente à formação pessoal de seus membros. O trato de questões profundas quando o foco é relativo aos cuidados de um ser humano mobiliza aspectos que requerem uma formação ética, de base emocional, sem a qual o conhecimento e a formação técnica perdem seu valor. Nos vínculos de engajamento que se estabelecem, é fundamental o respeito ao paciente e aos seus familiares, o respeito entre os colegas de equipe e demais profissionais envolvidos, o comprometimento de cada profissional em suas funções, e ainda a confiança, tanto entre os profissionais como entre estes e a família.

A abertura, a disponibilidade e a flexibilidade do profissional são aspectos emocionais que possibilitam a ele os meios de lidar com as contínuas e diferentes demandas em seu meio de trabalho.

Nessa metodologia apresentada, esses aspectos são cobertos por um processo contínuo de formação pessoal (Ramain & Fajardo, 1977; Ramain & Fajardo, 1975), por meio dos Métodos Ramain e DIA-LOG.

Afora a difusão e implantação dos princípios básicos do PAN em clínicas particulares, e fora de seu âmbito de criação na Cari Psicologia e Educação, este programa teve suas primeiras raízes de implantação externa no Centro Pró-Autista Social (São Paulo, SP), correspondendo aos seus patamares iniciais da Terapia de Troca e Desenvolvimento [*Thérapie d'Échange et de Développement*] (Barthélémy, Hameury & Lelord, 1995) e Método Neuropsicológico de Estruturação Mental Evolutiva, Dossiê Ramain Pré-F (Nassif, 2011), acompanhado dos outros dois eixos metodológicos: o eixo neuropsiquiátrico e o programa de acompanhamento intensivo e sistemático dos pais.

Essa implementação partiu do processo formativo da equipe multidisciplinar pela perspectiva neurodesenvolvimental ao conhecimento dos protocolos utilizados para avaliação inicial, intervenções, seguimento e reavaliações. Deu-se por meio de módulos concentrados ao início de cada semestre, bem como por um programa de formação continuada, realizado semanalmente pelo coordenador de cada setor; por meio do estudo de casos clínicos em reuniões de equipe; do Grupo de Estudos Teóricos, em uma reunião mensal com a participação de todos os setores e da produção de um Guia Orientador contendo as diretrizes básicas às intervenções.

A formação teórico-prática privilegiou o estudo de textos de referência, selecionados, traduzidos e discutidos nesses encontros, ilustrados com a apresentação de vídeos de avaliações dos pacientes ou estudo de sessões terapêuticas, bem como a supervisão de atendimentos clínicos.

A formação às metodologias específicas de intervenção de base neurodesenvolvimental (TED, Ramain e DIA-LOG) se deu por intermédio de processo formativo, incluindo a formação pessoal, seguida da formação metodológica pertinente a cada uma dessas modalidades.

A implementação de um serviço dessa ordem em uma instituição do terceiro setor foi possível, levando à constatação de que o PAN oferece possibilidades de operacionalização replicável.

REFERÊNCIAS BIBLIOGRÁFICAS

Abbeduto, L., Seltzer, M. M., Shattuck, P., Krauss, M. W., Orsmond, G., & Murphy, M. M. (2004). Psychological well-being and coping in mothers of youths with autism, down syndrome, orfragile X syndrome. *American Journal on Mental Retardation*, 109(3), 237-254.

Barthélémy, C., Hameury, L., & Lelord, G. (1995). *L'autisme de l'enfant: la thérapie d'échange et de développement.*

Boyd, B. A. (2002). Examining the relationship between stress and lack of social support in mothers of children with autism. *Focus on Autism and Other Developmental Disabilities*, 17(4), 208-215.

Hartley, S. L., Barker, E. T., Seltzer, M. M., Floyd, F., Greenberg, J., Orsmond, G., & Bolt, D. (2010). The relative risk and timing of divorce in families of children with an autism spectrum disorder. *Journal of Family Psychology*, 24(4), 449-457.

Kersh, J., Hedvat, T. T., Hauser-Cram, P., & Warfield, M. E. (2006). The contribution of marital quality to the well-being of parents of children with developmental disabilities. *Journal of Intellectual Disability Research*, 50(12), 883-893.

Nader-Grosbois, N. (2007). *Régulation, autorégulation, dysrégulation: Pistes pour l'intervention et la recherche.* Editora Mardaga.

Nassif, M. C. (2011). *Dossier Pré-F: Método de Estruturação Mental Evolutiva.* (Disponível em CARI-Psicologia e Educação Rua Pedro Morganti, 68, CEP: 04020-070, São Paulo-SP, Brasil ou em Association Simonne Ramain Internationale, 92 bis Boulevard de Montparnasse, 70514 Paris).

Olsson, M. B., & Hwang, C. P. (2001). Depression in mothers and fathers of children with intellectual disability. *Journal of Intellectual Disability Research*, 45(6), 535-543.

Proulx, C. M., Helms, H. M., & Buehler, C. (2007). Marital quality and personal well being: A meta analysis. *Journal of Marriage and Family*, 69(3), 576-593.

Ramain, S. & Fajardo, G. (1975). *Structuration Mentale par les Exercices Ramain.* Paris: Epi.

Ramain, S. & Fajardo, G. (1977). *Perception de soi par l'attitude et le movement.* Paris: Epi.

Rogé, B., Barthélémy, C. & Magerotte, G. (2008). *Améliorer la qualité de vie des personnes autistes.* Paris, Dunod.

Volkmar, Rogers, Paul & Pelphrey (2014). *Handbook of autism and pervasive developmental disorders.* New Jersey: Wiley.

Yau, M. K. S., & Li-Tsang, C. W. (1999). Adjustment and adaptation in parents of children with developmental disability in two-parent families: A review of the characteristics and attributes. *The British Journal of Development Disabilities*, 45(88), 38-51.

Capítulo 10

O EXAME PSICOLÓGICO DE CRIANÇAS COM AUTISMO

Jean-Louis Adrien
Maria Pilar Gattegno

INTRODUÇÃO

A avaliação psicológica das crianças com desenvolvimento normal e atípico constitui uma das práticas essenciais do psicólogo (Tourrette, 2001, 2011; Rogé, 2012), cujas recomendações recentes na França constituem um ponto de apoio essencial (Conferência de Consenso, 2010). No que diz respeito, e principalmente, às crianças com autismo, se o exame psicológico vem sendo há muito tempo sistematicamente praticado (Adrien, 1986, 1988), hoje tornou-se ainda mais indispensável (Adrien, 2011; Roge, 2012), tal como recomenda claramente a abordagem diagnóstica do Transtorno do Espectro do Autismo (TEA) da nova versão do sistema de classificação dos transtornos mentais da Associação Psiquiátrica Americana (APA, 2013). De fato, para melhor apreender as necessidades específicas da criança com autismo e considerar um programa de intervenção individualizado, nos dias atuais é fortemente recomendado praticar um exame de suas competências intelectuais, de sua linguagem e de seu desenvolvimento socioadaptativo. Para isso, se o psicólogo pode apoiar-se em uma tecnologia constituída de diversos instrumentos (Adrien *et al.*, 1995), é também imprescindível que ele domine e conheça os diferentes modelos teóricos em psicopatologia do desenvolvimento e do comportamento do autismo (Adrien, 1996; Rogé, 1999, 2003; Adrien e Gattegno, 2011). Assim, enriquecido dessa tecnicidade e suporte teórico, o psicólogo pode revelar não apenas as capacidades deficientes ou excepcionais dessas crianças (avaliação desenvolvimental) e as dificuldades específicas das funções cognitivas e socioemocionais (avaliação do funcionamento), mas também os transtornos do comportamento (avaliação comportamental e análise funcional). Os resultados obtidos nessas avaliações, as interpretações que deles são oriundas, assim como os elementos de observação da criança relatados pela família e pelos profissionais constituem a base da intervenção precoce especializada, da elaboração do programa personalizado e do acompanhamento dos progressos adaptativos da criança (Adrien *et al.*, 1988, 1998, 2009; Adrien e Gattegno, 2011).

CONDIÇÕES E ESTRATÉGIAS PARA O EXAME PSICOLÓGICO DA CRIANÇA COM AUTISMO

O exame psicológico da criança com autismo só é possível em condições ambientais precisas e estruturadas e em um contexto relacional específico. Na verdade, o exame só poderá ser eficaz se o psicólogo conhecer e respeitar as particularidades do funcionamento interativo, as dificuldades de atenção, as atividades repetitivas e as preocupações frequentemente densas e invasivas das crianças examinadas por ele (Adrien, 1986, 1988). É indispensável que o psicólogo clínico leve em conta e organize o ambiente da sala de exame. O ambiente deve ser silencioso, calmo e isento de quaisquer fontes de estímulos inúteis. As duas fontes principais de estímulos para a criança são: primeiro, a pessoa do psicólogo, segundo, o material e os jogos dos quais dispõem. O material de teste e de jogo deve ser apresentado de maneira ordenada e sucessiva à criança. O psicólogo apresenta as atividades uma após a outra: propõe uma atividade com os objetos e, uma vez que essa atividade foi efetuada, guarda o material dessa atividade e em seguida propõe uma outra atividade. Proceder de forma que a caixa de jogos ou do teste não seja acessível nem visível pela criança, visto que pode se distrair com um ou com todos os objetos. Alternar os testes verbais e não verbais; incentivar e recompensar a criança quando for bem-sucedida por reforços sociais; criar situações nas quais a criança se envolva facilmente (por exemplo, iniciar uma atividade cantando).

A relação e as atitudes que o psicólogo deve estabelecer e manter com a criança são particulares e até específicas ao exame das crianças com TEA. Primeiramente, requer uma observação perspicaz da criança e de seus comportamentos às vezes inesperados, e uma atenção muito concentrada. Diante de problemas de comportamento (jogar ou quebrar objetos, comportamentos agressivos ou autoagressivos), ele deve permanecer calmo e imóvel, tranquilo, paciente e disponível para acalmar a criança. Ele deve dispensar muita energia para motivá-la e encorajá-la a centrar-se nas atividades propostas, mantendo-a de modo duradouro na atividade. O psicólogo não pode se manter em compasso de espera, observador e distante, esperando com um ar indiferente que a criança expresse espontaneamente suas competências. Para realmente dar todas as chances à expressão dessas, o psicólogo, conhecedor das provas do teste e das atividades a propor à criança, deve saber escolher logo de início as que a interessam e suscitam sua atenção. Além disso, deve saber substituir rapidamente a atividade se a criança não se interessar, propondo uma outra que, por exemplo, mobilize mais o interesse da criança. No decorrer do exame, o psicólogo deve também incentivar a criança a realizar atividades, muitas vezes interrompidas, e entre mostrar a ela a atividade a ser realizada ou dar uma simples demonstração a fim de ativar a competência da criança cuja mobilização seja difícil e lenta.

É necessário respeitar o ritmo da criança e não ignorar que às vezes algumas de suas respostas podem ser postergadas, ou inversamente, imediatas e muito rápidas a ponto de às vezes passarem despercebidas. É preciso ainda propor à criança tempo de pausa durante o qual ela pode manifestar seus comportamentos repetitivos ou proceder a hiperfocalizações nos detalhes característicos de seu funcionamento, que irão permitir-lhe autorregular-se e acalmar-se. Mas, o psicólogo deve então saber mobilizá-la novamente, convidando-a tranquilamente para centrar-se de novo sobre o material de avaliação.

INSTRUMENTOS DE AVALIAÇÃO DO DESENVOLVIMENTO DA CRIANÇA COM AUTISMO

Introdução

Quais são os testes?

Diversos instrumentos podem ser utilizados para avaliar o desenvolvimento da criança com autismo nas diferentes áreas psicológicas pertinentes às suas particularidades. Alguns dentre eles foram elaborados e concebidos especialmente para a criança com autismo, de um lado, utilizando um procedimento de aplicação adaptado, compreendendo conteúdos apropriados a suas alterações e, de outro, tendo como objetivo principal elaborar um projeto psicoeducativo personalizado. Outros são instrumentos mais clássicos e não específicos, utilizáveis em crianças com outras patologias de desenvolvimento, e cujo objetivo principal é, ao mesmo tempo, determinar o nível de desenvolvimento tendo como parâmetro uma escala normativa (Idade de Desenvolvimento) e situar a posição da criança em relação a sua faixa etária (Coeficiente de Desenvolvimento ou Coeficiente Intelectual ou Índice). No que se refere a crianças com autismo, a aplicação desses testes não específicos e a interpretação dos resultados requerem um excelente conhecimento das particularidades de seus funcionamentos. Além disso, como esses testes não têm como objetivo a elaboração de um projeto de intervenção, somente o psicólogo que conhece bem o teste e, simultaneamente, o autismo é capaz de elaborar um projeto de remediação centrado nas áreas deficitárias e levar em conta os pontos fortes. Enfim, a avaliação psicológica não é a única avaliação de investigação da qual a criança com TEA se beneficia. Ela deve fazer parte de uma avaliação pluridisciplinar integrativa. Outras avaliações são necessárias, tais como médicas, psicoeducativas, fonoaudiológicas e de psicomotricidade. Entretanto, a avaliação do desenvolvimento e do funcionamento psicológico realizada pelo psicólogo compreende, ao mesmo tempo, o estudo da cognição, da comunicação, da autonomia e do comportamento adaptativo, e portanto é necessário que ele saiba utilizar conjuntamente vários testes e que possa analisar e interpretar os resultados em colaboração com os outros profissionais implicados, para conhecer melhor o desenvolvimento da criança e elaborar um programa de intervenção que cubra todas essas áreas.

Como escolher o teste adequado?

Os testes são construídos para avaliar o desenvolvimento das crianças de acordo com sua idade e/ou seu nível estimado de desenvolvimento. Portanto, o psicólogo deve escolher o teste que convém às características desenvolvimentais da criança e, antes de iniciar a avaliação, deve efetuar uma estimativa de seu nível de desenvolvimento. Essa estimativa pode ser realizada com a leitura da avaliação médico-psicológica (na qual estão indicados os itens pertinentes), ou durante o encontro com os pais que descrevem os comportamentos de seu filho, ou durante a sessão de exame cuja primeira parte é dedicada à observação do comportamento da criança. Assim, uma criança com autismo e com idade de 8 anos, por exemplo, não será necessariamente examinada com um teste que cubra esse período de idade cronológica, se essa criança não tiver linguagem, com uma utilização sensório-motora dos objetos (leva-os à boca, tamborila neles) e não compreende uma simples palavra. Esses simples elementos de observação bastam para escolher o teste que permitirá apreender o funcionamento cognitivo e socioemocional que corresponde mais ao período dos dois primeiros anos, por exemplo, e escolher a escala Brunet-Lézine e a BECS, ver abaixo). Se no decurso do exame, o psicólogo constatar que a criança tem, por exemplo, competências não verbais que estão acima do limite máximo do teste escolhido, por exemplo acima de 2 anos (devido à grande heterogeneidade desenvolvimental das crianças com autismo), ele pode utilizar um outro teste (por exemplo, o PEP-3, as EDEI-R; ver abaixo) que compreende provas avaliando esse nível de competências (Adrien, 2008). Certamente a prática da associação de diversos testes para avaliação do desenvolvimento de uma criança pode apresentar problemas, visto que as escalas de referência desenvolvimental dos dois testes não são as mesmas. Todavia, o psicólogo responsável por essa escolha deve indicá-la e justificá-la em seu relatório, dado que o objetivo da avaliação é evidenciar as competências da criança. A apresentação a seguir dos instrumentos correspondentes à avaliação dos períodos de desenvolvimento vai de 1 mês a 16 anos de idade.

Avaliar o desenvolvimento psicomotor

Os testes de desenvolvimento habitualmente construídos e com normas para crianças em tenra idade podem também ser empregados tanto para crianças muito novas suspeitas de autismo (antes da idade cronológica de 2 anos) quanto para aquelas com idades maiores com diagnóstico de autismo e o nível de desenvolvimento inferior a 2 anos. Assim, há a escala de desenvolvimento psicológico de Brunet-Lézine-Revisada (Josse, 2001) que abrange o período de 1 mês a 30 meses de idade e permite explorar quatro áreas (posturomotricidade, coordenação oculomanual, linguagem e sociabilidade). Esse instrumento é bastante recomendado, pois foi validado em uma população francesa, ao contrário de outros testes para bebês e crianças.

Geralmente, as crianças com autismo obtêm resultados com a escala Brunet-Lézine (Gráficos 1 e 2) que mostram um perfil heterogêneo do desenvolvimento em que o atraso é mais importante nos campos da linguagem e da sociabilidade (Adrien, 1996).

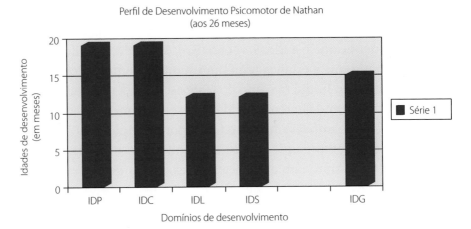

Gráfico 1. Perfil das idades de desenvolvimento psicomotor de uma criança com autismo.
- Eixo das abscissas: campos da escala Brunet-Lézine: IDP = Idade de Desenvolvimento Postural, IDC: Idade de Desenvolvimento da Coordenação oculomanual, IDL = Idade de Desenvolvimento da Linguagem, IDS = Idade de Desenvolvimento da Sociabilidade, IDG = Idade de Desenvolvimento Global.
- Eixo das ordenadas: Idade de desenvolvimento em meses.

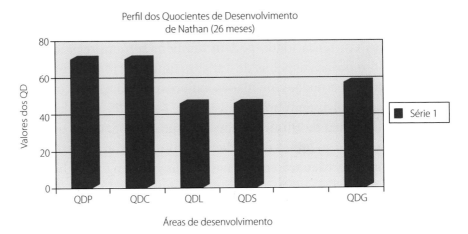

Gráfico 2. Perfil dos quocientes de desenvolvimento psicomotor de uma criança com autismo.
- Eixo das abscissas: áreas da escala Brunet-Lézine: QDP = Quociente de Desenvolvimento Postural, QDC = Quociente de Desenvolvimento Coordenação Oculomanual, QDL = Quociente de Desenvolvimento da Linguagem, QDS = Quociente de Desenvolvimento da Sociabilidade), QDG = Quociente do Desenvolvimento Global.
- Eixo das ordenadas: QD = Quociente de Desenvolvimento.

Avaliar o desenvolvimento da comunicação social precoce

A comunicação, que é o campo particularmente afetado no autismo, deve ser examinada de maneira específica. Para isso, o psicólogo pode utilizar a Escala de Avaliação da Comunicação Social Precoce (ECSP, Guidetti e Tourrette, 2007), em inglês "*Early Social Communication Scale*" (Seibert, Hogan e Mundy, 1982), que foi validada em uma população francófona. Essa escala permite estudar três funções: a Interação Social (IS), a Atenção Conjunta (AC), e a Regulação do Comportamento (RC), e os três modos que permitem atualizá-las: a resposta (R), o envolvimento (I) e a manutenção (M). Assim, oito campos são avaliados: resposta à interação, iniciativa e manutenção da interação (RIS, IIS e MIS) e de atenção conjunta (RAC, IAC e MAC), e resposta e iniciativa da regulação do comportamento (RRC e IRC).

Para o exame da criança, várias situações indutoras são propostas pelo psicólogo (jogar bola, apontar para um objeto, olhar um livro com imagens, brincar com bonecas, carrinhos, de comidinha). As diferentes condutas da criança que ocorrem durante essas situações-típicas são classificadas por função e segundo seu modo e, em seguida, referenciadas no nível do desenvolvimento sensório-motor correspondente aos seis estágios definidos por Jean Piajet.

Diversas pesquisas demonstraram a pertinência da utilização desse instrumento junto às crianças com atraso mental (Nader-Grosbois, 1999) e crianças com autismo. O envolvimento e a manutenção das condutas de atenção conjunta (IAC e MAC) são geralmente perturbados e mais retardados nas crianças com autismo do que nas crianças com deficiência mental de mesma idade de desenvolvimento (Adrien, 1993; Gráfico 3). Além disso, vários autores evidenciaram a qualidade do funcionamento da comunicação e a colocaram em relação com o desenvolvimento de outras capacidades. Assim, quanto mais os níveis de interação social são baixos, mais a desregulação da atividade da criança é elevada (Adrien *et al.*, 2001) e mais o jogo simbólico é pobre (Blanc *et al.*, 2000, 2005). Diversos estudos utilizaram essa escala de avaliação da comunicação junto a crianças com deficiência mental e resultaram em adaptações práticas e psicométricas (Nader-Grosbois, 2006). Enfim, uma versão resumida dessa Escala de Comunicação Social Precoce foi elaborada por Mundy *et al.* (2003), que levam em consideração não somente o nível de desenvolvimento das funções da comunicação, como também frequências dos comportamentos de comunicação da criança.

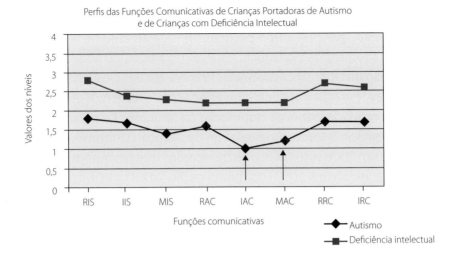

Gráfico 3. Perfis de desenvolvimento (níveis de 1 a 4) dos grupos de crianças com autismo e de deficiência intelectual obtidos com o auxílio da ECSP.
- Eixo das abscissas: Funções comunicativas – Resposta à Interação (RIS), Iniciativa de Interação (IIS), Manutenção da Interação (MIS), Resposta à Atenção Conjunta (RAC), Iniciativa da Atenção Conjunta (IAC) e Manutenção da Atenção Conjunta (MAC), Resposta à Regulação do Comportamento (RRC) e Iniciativa da Regulação do Comportamento (IRC). (Adrien, 2007).
- Eixo das ordenadas: Níveis de desenvolvimento de 1 a 4.

Avaliar o desenvolvimento da atividade simbólica

A atividade do jogo simbólico deve ser avaliada nas crianças com autismo, principalmente as que têm um atraso mental (Wing *et al.*, 1977; Jarrold *et al.*, 1993, 1994). O jogo na criança com autismo é geralmente retardado e atípico em sua atualização e em seu desenvolvimento Goods *et al.* (2011) mostraram que a criança com desenvolvimento típico que produz uma ação de seu nível de desenvolvimento é também capaz de produzir ações chamadas emergentes que são de um nível superior, o que não é o caso da criança com autismo quando não acompanhada.

A avaliação desenvolvimental do jogo pode ser realizada com o auxílio do teste de Lowe e Costello (1976), que cobre o período de 12 a 36 meses e que compreende um material de jogo atrativo (4 tipos de materiais) em que a criança é convidada a utilizar espontaneamente em uma situação de exame. O nível de desenvolvimento é determinado pelo número de ações funcionais de utilização dos objetos produzidos espontaneamente pela criança. Quanto mais encenação houver dos personagens entre eles e dos personagens com os objetos, mais o nível é elevado. O número de ações funcionais está correlacionado à idade cronológica (de 12 a 36 meses). Ocorre que esse teste não foi construído para crianças com autismo; portanto, ele pode constituir uma desvantagem para elas na medida em que apenas ações espontâneas são levadas em consideração. Na verdade, com esse teste, as crianças com autismo são mais suscetíveis de mostrar suas capacidades de utilização funcional dos objetos do que revelar sua habilidade para simbolizar (Jarrold et al., 1994). E elas têm mais condições de exprimir sua habilidade para utilizar os objetos de maneira funcional e simbólica se um adulto especialista estimulá-las a atualizar suas ações (Lewis e Boucher, 1988); Blanc et al., 2000, 2005). Essa é a razão, em complemento a esse teste, da necessidade de utilizar outros procedimentos de avaliação do jogo que levem em consideração não somente a produção da ação funcional ou simbólica da criança, mas também sua frequência e regularidade (Kasari et al., 2006; Rutherford et al., 2007).

Avaliar o desenvolvimento cognitivo e socioemocional

O desenvolvimento cognitivo da criança com desenvolvimento normal ou atípica pode ser avaliado específica e finamente com as escalas de Desenvolvimento Cognitivo Precoce, ajustadas por Nader-Grosbois (2000, 2006) a partir de uma revisão e adaptação das escalas de Uzgirus-Hunt (Nader-Grosbois, 2000). Esse teste cognitivo explora várias capacidades que se desenvolvem durante os dois primeiros anos de vida da criança, tais como a permanência do objeto, a causalidade e a espacialidade, os meios-fins e a imitação. Ele determina níveis de desenvolvimento em cada uma dessas diferentes áreas e um perfil de desenvolvimento, no qual os pontos fracos colocados em evidência podem ser objeto de remediação cognitiva.

Como o perfil comunicativo e sociocognitivo das crianças com autismo apresentam um atraso mental particular e atípico (Wetherby & Prutting, 1984), sua avaliação é indispensável. A Bateria de Avaliação do Desenvolvimento Cognitivo e Socioemocional, BECS (Adrien, 2007, 2008), é um instrumento que foi especialmente concebido para o Exame Desenvolvimental Cognitivo e Socioemocional dessas crianças, cujo nível de desenvolvimento se situa globalmente no período de 4 a 30 meses. Inspirada nas escalas de Uzgiris-Hunt (1975) e na Escala de Comunicação Social Precoce de Seibert-Hogan (1982), ela permite a avaliação de 16 funções cognitivas e socioemocionais (7 funções cognitivas e 9 funções socioemocionais). Cada uma dessas funções é composta de um mínimo de 8 itens que correspondem a comportamentos suscitados pelo examinador propostos no decurso do exame com um material preciso. Esses itens são hierarquizados em quatro níveis de desenvolvimento (1 = 4-8 meses; 2 = 8-12 meses; 3 = 12-18 meses; 4 = 18-30 meses). A avaliação dos itens em 3 níveis (0 = não adquirido; 1 = em emergência; 2 = adquirido) possibilita obter para cada criança 16 pontuações de nível (de 1 a 4) correspondendo aos níveis ótimos de desenvolvimento das 16 áreas avaliadas (pontuação 2) e aos níveis emergentes (pontuação 2). A avaliação conduz a um perfil global e detalhado dos fracassos, das emergências e das aquisições consolidadas. É a partir das emergências que é realizado o projeto de intervenção personalizado que leva em conta tanto as necessidades da criança quanto suas forças (Barthélemy *et al.*, 1994; Adrien, 2008). As avaliações repetidas com o auxílio da BECS durante o tempo das intervenções no qual a criança se beneficia permitem acompanhar sua evolução psicológica e redefinir o projeto em função de seus progressos, de suas estagnações ou de suas perdas (Adrien, 2008; Adrien *et al.*, 1998, 1999, 2002; Barthélémy *et al.*, 1995). A BECS foi objeto de um estudo internacional envolvendo crianças de diversos países (França, Brasil, Espanha, Grécia, Argélia, Bélgica, Canadá/Quebec). As explorações demonstram que todas as crianças com autismo apresentam um perfil heterogêneo muito característico (Bernard *et al.*, 2015).

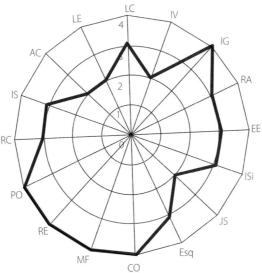

Gráfico 4. Perfil de desenvolvimento cognitivo e socioemocional global de Nathan (aos 33 meses).
- Eixo das abscissas (círculos): ISi = Imagem de Si; JS = Jogo Simbólico; Esq = Esquemas de Relação com os Objetos; CO = Causalidade Operacional; MF = Meios-fins; RE = Relação Espacial; PO = Permanência do Objeto; RC = Regulação do Comportamento; IS = Interação Social; AC = Atenção Conjunta; LE = Linguagem Expressiva; LC = Linguagem Compreensiva; IV = Imitação Vocal; IG = Imitação Gestual; RA = Relação Afetiva; EE = Expressão Emocional.
- Eixo das ordenadas: Níveis de desenvolvimento de 1 a 4.

Avaliar o desenvolvimento psicoeducativo

O Perfil Psicoeducativo, cuja terceira versão foi recentemente editada PEP-3 (Schopler *et al.*, 2008), permite determinar os níveis e o perfil da criança em várias áreas desenvolvimentais (cognição verbal/pré-verbal, linguagem expressiva, linguagem compreensiva, motricidade fina, motricidade global, imitação oculomanual) no período de 2 a 7 anos e 5 meses. Esse teste faz parte da Bateria de Avaliação da Pessoa com Autismo proposta pelo programa TEACCH. Seu objetivo principal é elaborar um projeto psicoeducativo individualizado (PEI) que tem como base os resultados obtidos pela criança. A avaliação dos comportamentos produzidos pela criança durante a sessão de avaliação compreende três graduações: êxitos, emergências e fracassos. A partir dessas avaliações, o psicólogo elabora o projeto psicoeducativo da criança tendo como base emergências observadas (condutas que não são completamente adquiridas, mas cuja expressão parcial é observada pelo examinador). Ele determina as áreas a serem treinadas e indica as diferentes atividades que a criança será convidada a realizar (imitação, linguagem...) com o acompanhante e os pais em seus diferentes lugares e diferentes tempo de vida, cuja organização deve ser estruturada.

O gráfico 5 apresenta o perfil de evolução dos êxitos de uma criança com autismo, Louis. Essa criança foi examinada três vezes. Pode-se observar que seu perfil de desenvolvimento é relativamente homogêneo quando da primeira avaliação (aos 3 anos e 7 meses de vida), as intervenções implementadas permitiram-lhe fazer progressos significativos e regulares em todas as áreas. Seus progressos confirmados pelos dois exames seguintes, no entanto, diferem de uma área para a outra, o que significa um desenvolvimento atípico e heterogêneo.

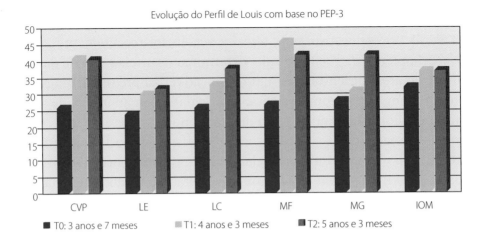

Gráfico 5. Evolução do perfil de Louis com base no PEP-3, aos 3 anos e 7 meses (T0), de 4 anos e 3 meses (T1) e de 5 anos e 3 meses (T2).
- Eixo das abscissas: áreas do PEP-3: Cognição Verbal-Pré-Verbal (CVP), Linguagem Expressiva (LE), Linguagem Compreensiva (LC), Motricidade Fina (MF), Motricidade Global (MG) e Imitação Oculomanual (IOM).
- Eixo das ordenadas: Idade de desenvolvimento em meses.

Avaliar o desenvolvimento da inteligência

É indispensável avaliar o desenvolvimento intelectual das crianças com autismo. Isso é fortemente recomendado atualmente pela nova versão do DSM-5. Entretanto, essas crianças foram por muito tempo consideradas "intestáveis", em virtude de suas dificuldades de adaptação aos testes propostos, principalmente porque os testes utilizados pelos psicólogos não eram apropriados ao seu nível de desenvolvimento e as instruções não lhes permitiam demonstrar suas competências.

Essa avaliação, que abrange tanto as crianças com autismo e atraso mental quanto as que não têm atraso mental ou chamadas de "alto nível de funcionamento", é indispensável à elaboração do programa de intervenção e à perspectiva de uma escolarização ou de uma orientação da criança. A inteligência pode ser explorada com o auxílio de diferentes testes específicos, tais como – para citar os principais – as escalas de Weschler (WPPSI-III, WISC-IV), K-ABC-II (Kaufman e Kaufman, 2008) e NEPSY- II (Korkman *et al.*, 2008/2012). Certamente, esses testes não foram construídos e concebidos para avaliar especificamente a inteligência das crianças com autismo, que pode ser considerada como "outra" e "particular" segundo o modelo modular de Mottron (2004). As regras e os procedimentos de aplicação nem sempre são apropriados às crianças com autismo, que podem ser às vezes penalizadas, por exemplo, com provas cronometradas ou com regras de interrupção que não levam em consideração sua variabilidade de funcionamento. Além disso, suas competências excepcionais podem passar despercebidas, dado que não foram exploradas no teste, ou ainda não ser corretamente avaliadas, visto que o limite máximo do teste na área envolvida foi atingido. Todavia, apesar de todas essas reservas, esses testes permanecem úteis à prática clínica e à pesquisa sobre o autismo, visto que permitem, de um lado, situar a criança em relação a seu grupo etário (QI) e, de outro, determinar seu perfil intelectual, homogêneo ou não (verbal/não verbal), seus pontos fortes e fracos. O psicólogo clínico com experiência em autismo deve saber, de um lado, interpretar os resultados à luz dos conhecimentos que possui, de outro, a criança singular que ele examinou. Enfim, o psicólogo clínico formado e experimentado pode, a partir dos resultados de um ou do outro desses diferentes testes, construir um programa de remediação cognitiva e apoiar-se nas diferentes avaliações sucessivas da criança para objetivar sua trajetória desenvolvimental (Adrien *et al.*, 2007).

Escala WISC-IV

Vários exames sucessivos da inteligência de um adolescente com autismo com idade de 15 anos permitem, com o auxílio da WISC-IV, determinar o perfil de evolução de suas capacidades intelectuais entre 10 e 15 anos de idade.

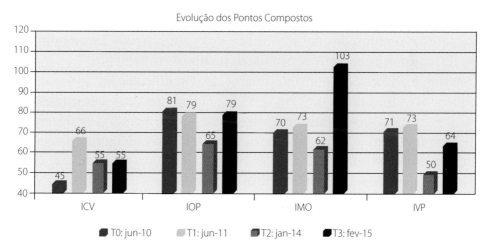

Gráfico 6. Evolução do perfil intelectual de Paul baseada na WISC-IV com idades de 10 anos (azul-escuro), de 11 anos (azul-claro), de 14 anos (cinza) e de 15 anos (preto).
- Eixo das abscissas: áreas da WISC-IV: Índice de Compreensão Verbal (ICV); Índice de Organização Perceptual (IOP); Índice de Memória Operacional (IMO); e Índice de Velocidade de Processamento (IVP).
- Eixo das ordenadas: Nota padrão.

Pode-se observar que no primeiro balanço (azul-escuro) as competências verbais (ICV = 45) eram muito inferiores às competências não verbais (IOP = 81), revelando uma forte heterogeneidade. Além disso, a criança tinha uma memória de trabalho (IMO = 70) e uma velocidade de tratamento (IVP = 71) fracas. Em seguida, observa-se uma grande variabilidade na evolução das competências, quaisquer que sejam elas. Por exemplo, aos 14 anos o ICV desse jovem adolescente é de 65 e aos 15 anos é de 79; aos 14 anos, ele tem uma fraca memória de trabalho (IMO = 62) e aos 15 anos sua memória de trabalho é totalmente normal para sua idade (IMO = 103).

Se esses diferentes testes mensuram corretamente as mesmas funções cognitivas que se desenvolvem na criança (por exemplo, conceitualização, espacialidade, compreensão, linguagem lexical, memória, atenção), os modelos teóricos que estão na base de sua construção e interpretação dos resultados são diferentes. Por isso, o psicólogo que os utiliza deve dominar o modelo teórico para poder dar significação aos dados coletados.

Escala K-ABC-II

Os modelos de inteligência cristalizada e de inteligência fluida e o modelo sequêncial/simultâneo da K-ABC-II podem ser pertinentes para testar a diferença entre os conhecimentos adquiridos e os processos de funcionamento cognitivo. Além disso, ela permite interpretar os tipos de tratamento das informações e identificar as forças e as fraquezas em cada indivíduo. A análise dos padrões obtidos, dos pontos fortes e dos pontos fracos, leva à implantação de remediação cognitiva centrada neste tipo de tratamento.

Assim, a criança com autismo geralmente tem dificuldades de tratamento sequencial (Adrien *et al.*, 1993, 1994, 1997), objetivadas com pontuações mais fracas nas provas sequenciais (movimentos de mãos e memória de algarismos) que nas provas simultâneas (reconhecimento de forma e memória espacial). No entanto, este deve ser modulado, pois Freeman *et al.* (1985) e Allen *et al.* (1991) mostram que existe um padrão sequencial simultâneo, principalmente quando as crianças com autismo possuem um QIV inferior a 70 e um QIP superior a 70, avaliados com a escala WISC. A K-ABC-II, na última versão (Kaufman & Kaufman, 2008), é enriquecida pelo modelo de inteligência cristalizada/fluida, o que permite assim combinar as duas interpretações e enriquecer a compreensão do funcionamento e do desenvolvimento cognitivo da criança (Gráfico 3).

Os subtestes da K-ABC-II estão agrupados em cinco escalas:
1. A escala sequencial composta de dois subtestes avaliando as capacidades da criança de resolver um problema reproduzindo-o na ordem exata de apresentação. Essa escala mensura a memória a curto prazo.

2. A escala simultânea composta de dois subtestes que solicitam à criança perceber, manipular, raciocinar a partir de esquemas e estímulos visuais e proceder a rotações mentais no espaço. Essa escala avalia o tratamento visual.
3. A escala de planejamento é composta de dois subtestes. Ela permite avaliar o raciocínio mediatizado pela linguagem para encontrar a resposta correta. O raciocínio fluido é mensurado por meio dessa escala.
4. A escala de aprendizagem é composta de dois subtestes. Ela avalia a eficácia do armazenamento e da recuperação das informações, a memória a longo prazo e a recuperação e permite avaliar as capacidades de aprendizagem.
5. A escala conhecimentos é composta de dois subtestes e permite avaliar a quantidade de conhecimentos específicos adquiridos por um indivíduo e sua habilidade de aplicá-los de maneira pertinente. Trata-se de uma avaliação da inteligência cristalizada (demonstração da extensão dos conhecimentos culturais adquiridos).

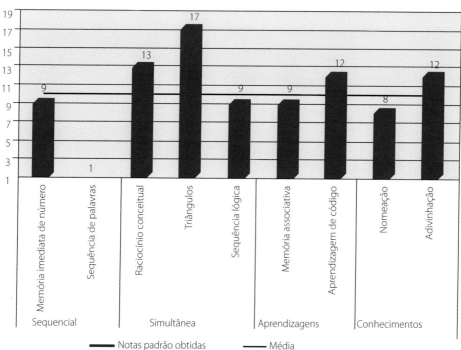

Gráfico 7. Perfil das notas padrão obtidas por Gabriel, que está dentro do Espectro do Autismo, com idade de 5 anos, nas diferentes provas da K-ABC-II. Pode-se notar que a competência "Sequencial" (NS: 9 e 1) é menos eficiente que a competência "Simultânea" (NS: 13, 17, 9).
- Eixo das abscissas: áreas e provas da K-ABC-II = Sequencial; Simultânea; Aprendizagens; Conhecimentos.
- Eixo das ordenadas: Notas padrão (de 1 a 9).

Avaliar as capacidades intelectuais não verbais

A maioria das crianças com autismo não utiliza ou utiliza muito pouco a linguagem para comunicar-se com o outro e atualizar seus conhecimentos e competências. Também, mesmo que todos esses testes comportem provas relacionadas à inteligência não verbal, é possível e recomendável propor testes que avaliam especificamente essa área, como a escala não verbal de inteligência de Weschler (Weschler & Naglieri, 2009), as Matrizes Progressivas de Raven (Raven, 1998), para crianças a partir de 4 anos até a idade adulta ou as Matrizes Progressivas Coloridas Encaixáveis (Raven, 1998) concebidas especialmente para as crianças de 4 anos e 6 meses aos 10 anos de idade.

Em conjunto, os testes de desenvolvimento intelectual permitem situar a criança em relação a seu grupo etário (Quociente Intelectual, QI, Notas padrão), descrevem seu perfil, identificam os pontos fortes e fracos, determinando o programa de remediação e de intervenção (Adrien *et al.*, 1997). A repetição dos exames da criança em intervalos de pelo menos 8 meses possibilita ainda a identificação de sua trajetória desenvolvimental intelectual (Adrien *et al.*, 2007; Gattegno *et al.*, 2006).

Desenvolvimento da Teoria da Mente

A Teoria da Mente, que é uma área cognitiva particularmente afetada no autismo, deve ser avaliada no plano desenvolvimental. Existem várias provas que exploram a Teoria da Mente na criança, que foram utilizadas como método de medição dessa habilidade cognitiva na criança com desenvolvimento normal, depois em crianças com autismo (Baron-Cohen *et al.*, 1985). Essas provas muito conhecidas nos dias atuais podem ser propostas durante o exame da criança. Elas avaliam o pensamento de primeira ordem (eu penso um estado mental de outro) e o de segunda ordem (eu penso que o outro pensa que eu penso). Para o de primeira ordem, para citar apenas os principais, tais como "Sally e Ann", a "Caixa de Smarties" e, para segunda ordem, trata-se de histórias contadas à criança pelo examinador que coloca em cena personagens em que alguns sabem algo que os outros não sabem. A criança em teste deve, em cada uma dessas provas, indicar o que os personagens sabem e não sabem. Embora essas provas não tenham sido objeto de validação junto à população francesa, elas são muito úteis à exploração dessa habilidade na criança com autismo, uma vez que permitem situar seu nível de desenvolvimento da Teoria da Mente (Adrien *et al.*, 1995).

O teste das duas bonecas (Baron-Cohen *et al.*, 1985)

Marc é uma criança de 9 anos de idade com autismo. Foi-lhe proposta a prova da Teoria da Mente de primeira ordem de Baron-Cohen *et al.* (1985), cuja apresentação é a seguinte: Cada uma das duas bonecas (A e B) tem uma caixa (a e b). Em um primeiro momento, o examinador mostra a Marc que a caixa de A (a) está vazia e que a de B (b) contém um cubo ou outro objeto. Em seguida, o examinador pega a boneca B, afasta-a de sua caixa (b) dizendo a Marc que a boneca está indo embora (o examinador coloca a boneca debaixo da mesa de exame). Então, desta vez ele desloca a boneca A e a leva à altura da caixa de B (b). Ela pega o cubo e o coloca em sua caixa (a). O examinador pega de volta a boneca B que não percebeu a substituição do cubo e, antes que esteja à altura da mesa, faz a pergunta-teste a Marc: "Onde a boneca vai procurar seu cubo?".

Marc não dá a resposta correta nas duas tentativas. Cada vez, ele mostra a caixa A onde está atualmente o objeto. Assim, ele não leva em conta o estado mental de "desconhecimento" da boneca B que não viu a substituição do cubo.

A exploração da Teoria da Mente na criança pode também ocorrer de maneira ecológica, utilizando o questionário EASE (Hughes *et al.*, 1997), traduzido e adaptado a uma população francesa por Comte-Gervais e Soares-Boucaud (2008). Ele é preenchido pelos próprios pais, a partir da observação de seu filho em diferentes situações sociais. Ele permite saber se a criança adquiriu ou não a Teoria da Mente de primeira ordem. A partir dessas avaliações, é possível propor atividades que mobilizem essa função em diferentes situações da vida cotidiana ou durante sessões de treinamento em habilidades sociais.

O TOM-test é uma versão revisada do *screening-schaal* (Steerneman, 1994; Steerneman *et al.*, 2000) que foi aplicada na população holandesa com idade de 5 a 15 anos e traduzida para a língua francesa com a autorização do autor (Molisson, 2002). Ele ainda não foi editado e aplicado na população francesa. Esse instrumento original permite mensurar as capacidades da Teoria da Mente em uma perspectiva desenvolvimental. O TOM-test é constituído de 72 itens distribuídos em 20 subtestes que vão globalmente do primeiro nível da Teoria da Mente (TOM 1) até o nível mais elaborado (TOM 3). O teste é constituído de três níveis de desenvolvimento da Teoria da Mente que compreendem cada um componentes dessa habilidade (primeiro nível: percepção/imitação, reconhecimento das emoções; fingimento; reconhecimento entre área física e mental; segundo nível: pensamento de primeira ordem; terceiro nível: pensamento de segunda ordem, compreensão do humor e da ironia). Os itens são compostos de pequenas histórias, cenas ilustradas, pedidos de imitações e, durante uma sessão de exame, a criança é convidada a responder às questões. O TOM-test foi objeto de uma pesquisa cujo objetivo era explorar o desenvolvimento diferencial da Teoria da Mente nas crianças com autismo (Richard *et al.*, 2006). É muito sensível ao desenvolvimento dessa função cognitiva e leva em conta perfis diferenciais das diferentes capacidades das crianças com TEA, permitindo trazer uma remediação cognitiva personalizada para as crianças com TEA (Steerneman *et al.*, 1996). Existem várias outras provas clínicas para a avaliação do desenvolvimento da Teoria da Mente e organização de remediações (Nader-Grosbois, 2011).

Desenvolvimento das funções executivas e da atenção

Como as crianças com autismo têm disfunções executivas e dificuldades de atenção visual e auditiva que podem perturbá-las consideravelmente no planejamento de sua vida cotidiana (escolarização, autonomia pessoal e familiar), é necessário explorar o desenvolvimento dessas funções executivas e da atenção. Inúmeras provas foram utilizadas em várias pesquisas que exploram as disfunções executivas no autismo (Hughes, 1996; Ozonoff *et al.*, 1991). Para a prática psicológica, o teste neuropsicológico para crianças com idade de 3 a 12 anos, o NEPSY-II (Korkman *et al.*, 2008/2012), validado para a população francesa, contém provas mensurando essa área de funcionamento cognitivo e permite assim destacar o perfil de disfunções, em perspectiva com outros componentes de desenvolvimento que são explorados com auxílio desse teste. Por outro lado, o teste de Stroop (Albaret e Migliore, 1999) pode constituir um complemento, visto que é destinado a explorar a capacidade de controle atencional da criança.

Desenvolvimento da linguagem

É necessário aprofundar as particularidades do desenvolvimento da linguagem, sobretudo – e geralmente é o caso – quando a criança com autismo parece não compreender bem as falas do outro. Alguns testes compreendendo ou um material visuoverbal, tal como o teste dos Conceitos de Boehm-3 para idade de Maternal (ECPA), ou um material verbal não verbal (Khomsi, 2009) fornecem indicações preciosas a respeito dos conhecimentos conceituais da criança, acerca de sua compreensão verbal, lexical, sintáxica e sua capacidade de integrar as falas do outro.

Avaliação do desenvolvimento do comportamento socioadaptativo

O comportamento socioadaptativo é definido pelas representações sociais e hábitos de vida, pela prática habitual e não pela competência. Ele é comprovado pela autonomia e responsabilidades da pessoa em seu cotidiano. Para um indivíduo, esse comportamento é considerado adequado por aqueles que vivem, trabalham e interagem com ele. A avaliação desse comportamento adaptativo é realizada com auxílio da escala de Vineland (Doll, 1965; Sparrow et al., 1984/2015) que permite apreciar efetivamente quatro grandes áreas: a comunicação, a autonomia, a socialização, a motricidade e 11 subáreas, para o período de vida indo do nascimento até os 18 anos. Existem três formas e a mais utilizada é a "Edição entrevista em forma de pesquisa", que fornece uma avaliação geral do comportamento adaptativo e leva à elaboração de programas para o atendimento. Ela compreende 297 itens que são preenchidos pelo profissional habilitado durante uma entrevista semidiretiva com os pais ou uma pessoa que intervém e conhece bem a criança, levando em conta a idade da criança e seu desenvolvimento. Um estudo de Fombonne et al. (1995) demonstrou uma grande semelhança das pontuações obtidas por um grupo de 100 crianças com idades de 6 a 12 anos: as notas padrão (NS) obtidas por indivíduos franceses aproximam-se das notas americanas para duas das três áreas exploradas, a comunicação e a socialização (NS = 100), a terceira, a da autonomia cuja NS é de 92. Por conseguinte, esse estudo confirma a validade intercultural da escala para crianças entre 6 e 12 anos de idade. Uma segunda versão da escala Vineland II (em inglês e espanhol), realizada recentemente (Sparrow et al., 2005), abrange o período do nascimento até 90 anos. Existe também uma versão para criança, do nascimento até 5 anos e 11 meses, as escalas socioemocionais para crianças de Vineland que compreendem três subescalas: as relações interpessoais, jogos e atividades, capacidade de adaptação e uma pontuação composta socioemocional. Os autores propõem, a partir dos resultados da avaliação, um programa de intervenção personalizada. Essas versões estão sendo traduzidas e padronizadas para uma edição em francês por Pearson – ECPA.

AVALIAÇÕES DOS TRANSTORNOS E DAS PARTICULARIDADES DO COMPORTAMENTO AUTÍSTICO

A avaliação dos transtornos do comportamento autístico visa quantificar a semiologia autística apresentada pela criança no TEA, e diversos instrumentos franceses validados são utilizáveis.

Escala de Avaliação do Comportamento Autístico – Bebê e Criança Pequena ECA-N

A escala ECA-N (Lelord e Barthélémy, 2003) foi elaborada por Sauvage (1984/1988). Ela foi objeto de apresentação para a avaliação clínica (Sauvage *et al.*, 1986) de um estudo de validação em cerca de 80 crianças (Adrien *et al.*, 1992) e foi utilizada no âmbito de pesquisas clínicas (Adrien *et al.*, 1991). Na prática clínica, ela permite avaliar os transtornos do comportamento autístico de crianças com idade de 12 a 36 meses, com suspeita ou apresentando um TEA. A Escala ECA-N é composta de 33 itens com pontuações de 0 a 4 de acordo com a frequência de surgimento do comportamento na criança. Esses itens referem-se a várias funções conhecidas por seu envolvimento no autismo da criança: o contato (4 itens), a comunicação (3 itens), a socialização (3 itens), a imitação (1 item), a emoção (5 itens), a utilização dos objetos (2 itens), a atividade motora e o tônus (4 itens), a tolerância às frustrações (2 itens), as reações sensoriais e corporais (5 itens), a atenção (1 item), a estabilidade (1 item), o sono (1 item) e a alimentação (1 item).

Essa escala foi validada em um contexto clínico preciso. Dessa maneira, a avaliação de 33 itens é realizada para cada criança durante uma síntese clínica que reúna todos os profissionais que conhecem a criança, assim como seus pais. Essa avaliação pode apoiar-se também no documento vídeo de um exame psicológico ou pedopsiquiátrico. Os dados reunidos pelos profissionais durante essa síntese são fundamentados em observações do comportamento da criança em seu meio de vida (hospital-dia, estabelecimento de acolhimento...), em entrevistas com os pais e em relatórios dos exames realizados (médico, psicológico, fonoaudiológico, psicomotor).

Essa escala pode também ser utilizada por um profissional da saúde a partir da análise de uma parte de elementos clínicos oriundos de uma entrevista com os pais sobre os antecedentes, o comportamento atual da criança em sua vida cotidiana (sono, alimentação, jogo social, relações com o ambiente, reações aos estímulos do ambiente) e de um exame da criança. A escala ECA-N é pertinente no estudo da evolução da criança que recebe um programa de intervenção. Enfim, esse instrumento é utilizável nas pesquisas clínicas relacionadas à trajetória comportamental e à identificação das disfunções precoces a partir da análise dos vídeos familiares (Wendland *et al.*, 2010).

Escala de Avaliação dos Comportamentos Autísticos – Revisada (ECA-R)

A escala ECA-R (Lelord, Barthélémy, 2003) destina-se a crianças nos Transtornos do Especto do Autismo, com idade entre 2 anos e meio e 12 anos. Em sua primeira versão com 20 itens (Lelord e Barthélémy, 1989; Barthélémy *et al.*, 1990) foi objeto de estudo de validação psicométrica (Barthélémy *et al.*, 1997). A avaliação dos transtornos autísticos da criança é realizada pelo profissional da saúde ou pelo educador que conhece suficientemente bem a criança. A ECA-R é constituída de 29 itens que avaliam os transtornos em 12 funções: atenção, percepção, associação, intenção, tônus, motricidade, imitação, emoção, instinto, contato, comunicação e regulação. Cada uma dessas funções é composta de 1, 2, 3 ou 4 itens atribuindo-se de 0 a 4 de acordo com a frequência do comportamento autístico apresentado pela criança. O estudo de validação possibilitou a extração de dois fatores: o primeiro representa o autismo em suas características principais, e o segundo, o transtorno de modulação das atividades. Para a interpretação dos dados coletados, o profissional da saúde pode utilizar uma pontuação global e a pontuação de cada um dos dois fatores. Se a avaliação for realizada semanalmente pelo profissional da saúde, é possível ter um conhecimento preciso e detalhado da evolução sintomática da criança. A ECA-R é utilizada nos acompanhamentos de crianças que se beneficiam de terapias e intervenção comportamental e desenvolvimental (Barthélémy, Hameury, Lelord, 1995) para análise de sua evolução.

Escala de Avaliação Funcional dos Comportamentos (EFC)

A Escala de Avaliação Funcional dos Comportamentos (EFC) (Adrien *et al.*, 1990; Adrien Barthélémy e Lelord, 1995) tem o objetivo de avaliar 13 funções neuropsicológicas referentes a condutas adaptativas da criança em sua vida cotidiana, ou seja: atenção, percepção, associação, intenção, tônus, imitação, motricidade, emoção, contato, comunicação, instinto, regulação e cognição. Cinco itens por função são propostos e avaliados segundo uma escala de tipo Likert que vai de 0 a 4 (0 = ausência do comportamento; 4 = comportamento muito frequente e intenso) a partir da observação da criança em sua vida cotidiana em um período de pelo menos 1 semana. Essa escala foi objeto de um estudo de validação psicométrica (Adrien *et al.*, 2001) e mostra boas qualidades metrológicas. Ela permite identificar precisamente e de modo sensível as funções mais afetadas na criança. A partir dessa avaliação funcional, é possível estabelecer um programa de intervenção psicoeducativo personalizado compreendendo atividades educativas que implicam as diferentes funções afetadas (Mahe *et al.*, 1995). Ela pode também constituir um instrumento de pesquisa para mensurar as disfunções funcionais precoces no autismo, a partir, por exemplo, dos vídeos familiares (Malvy *et al.*, 1994).

Escala de Avaliação dos Comportamentos Repetitivos e Restritos (EC2R)

A Escala de Avaliação dos Comportamentos Repetitivos e Restritos no autismo (EC2R), elaborada por Bourreau (2008) e Bourreau *et al.* (2009a) é um instrumento clínico muito recente e de grande interesse, visto que avalia de modo preciso e detalhadamente todas as manifestações comportamentais da criança com autismo que correspondem ao caráter restrito de seus interesses, a suas atividades ritualizadas, a seus estereótipos, assim como a suas dificuldades de adaptação a acontecimentos novos ou a mudanças menores que ocorrem em seu ambiente. O primeiro estudo utilizando a Escala de Avaliação dos Comportamentos Repetitivos e Restritos, constituída de 43 itens (Bourreau *et al.*, 2009a), foi realizado com 14 crianças cuja observação quantitativa dos comportamentos repetitivos e estereotipados foi relatada pelos pais. Baseados nesse estudo, especialistas clínicos reexaminaram o conteúdo da escala e propuseram uma versão modificada constituída de 35 itens. Os itens são cotados pelos profissionais que cuidam cotidianamente da criança (cuidadores, educadores...) e que podem ter um bom conhecimento de seus comportamentos nas diferentes situações de sua vida cotidiana (refeições, vida em grupo, jogos ...). As informações são também reunidas junto aos pais da criança. A avaliação vai de 0 a 4 (0 = comportamento nunca observado; 4 = comportamento muito característico do indivíduo). O estudo de validação (Bourreau *et al.*, 2009b), que incluiu 145 indivíduos com idade entre 3 e 33 anos de idade (89 crianças, 32 adolescentes e 24 adultos) apresentando TEA (transtorno autístico, TEA-NOS, Asperger) e níveis de atraso mental diferentes e mesmo sem atraso mental, revela que a escala tem excelentes qualidades psicométricas. A análise de Componentes Principais permitiu extrair quatro fatores: primeiro fator compreende 11 itens e é intitulado "estereotipias sensoriomotoras"; o segundo compreende 7 itens que correspondem à "reação à mudança"; terceiro, constituído de 8 itens, corresponde aos "comportamentos restritos" e o quarto, que compreende 7 itens, corresponde a uma "insuficiência de modulação". Os dois fatores "estereotipias sensoriomotoras" e "reação à mudança", que não são influenciados pelo nível de atraso mental e de ansiedade, são independentes da idade das pessoas com autismo que foram estudados e tratam da sintomatologia típica do autismo. Em contrapartida, os "componentes restritos" que estão ligados ao nível de atraso mental, "a insuficiência de modulação", à ansiedade parecem menos específicos do autismo. Esse instrumento é útil para o profissional da saúde que espera conhecer melhor o funcionamento da criança nas áreas dos estereótipos e da reação à mudança. Esse instrumento pode ser utilizado para objetivar uma melhora ou não da criança beneficiada pelas intervenções terapêuticas e educativas centradas nas aprendizagens, nos comportamentos restritos e repetitivos e nas resistências às mudanças em complemento com outras avaliações desenvolvimentais e funcionais (Nezereau, 2008).

Grade de Análise da Desregulação da Atividade (GRAM)

A Grade de Análise da Desregulação da Atividade (GRAM) é uma escala de utilização simples (Adrien, 1996) e tem o objetivo de identificar e quantificar as dificuldades de regulação da atividade da criança (Adrien *et al.*, 1995). Está fundamentada no modelo de insuficiência moduladora cerebral desenvolvido por Lelord (1990), oriundo de pesquisas neurofisiológicas sobre o funcionamento cerebral e o do Transtorno de Regulação da Atividade (Adrien, 1996). Essas pesquisas neurofisiológicas evidenciaram um "comportamento cerebral atípico" a partir da análise dos potenciais evocados corticais auditivos e visuais. Esse comportamento é caracterizado por rupturas das respostas aos estímulos auditivos repetidos ou visuais, por respostas repetitivas e perseverantes, cuja forma é independente da intensidade do estímulo, por uma variabilidade na intensidade e na latência dessas respostas e por uma dessincronização das respostas unimodais (som) e associativas (som-luz) aos estímulos respectivamente unissensoriais e bissensoriais. A observação do comportamento da criança com autismo envolvida em atividades de jogo, de interação e de aprendizagem possibilitou observar a existência dessas características. A escala GRAM também foi construída para avaliar os tipos de disfunções correspondentes ao que denominamos "desregulação". Um estudo de correspondências entre a atividade cerebral e os modos de utilização dos objetos demonstrou uma relação entre a intensidade da disfunção das associações intermodais corticais e a desregulação das ações da criança envolvida em jogos com objetos (Martineau *et al.*, 1998). Na prática clínica, a escala tem por objetivo avaliar as dificuldades da criança para executar uma série de ações sincronizadas e sucessivas e apreciar as deficiências referentes à mobilidade, à disponibilidade e à estabilidade dessas ações envolvidas nas atividades. Ela descreve cinco tipos de anomalias que ocorrem durante a atividade da criança: ruptura, lentidão, perseverança, variabilidade e dessincronização. A observação da criança abrange três tempos de sua atividade: seu início (sua iniciação), seu desenvolvimento (sua manutenção) e seu fim (sua conclusão). A escala compreende 15 itens avaliados de 0 a 4 segundos, a intensidade e a frequência dos comportamentos de desregulação. A avaliação dos comportamentos é realizada durante o exame psicológico da criança. Uma pontuação global, obtida somando as notas de cada item, determina o nível de severidade da desregulação da atividade.

Avaliação das particularidades sensoriais: o perfil sensorial de Dunn (ECAP, 2010)

Se as crianças com autismo têm problemas de interação, de comunicação e comportamentos estereotipados, sabe-se hoje que elas têm um funcionamento sensorial particular (reação paradoxal aos sons; hipersensibilidade a barulhos, à luz; reações tácteis não habituais) geralmente ligado à origem de suas dificuldades de adaptação ao ambiente. Essas modalidades de reatividade sensorial comprovam a presença de um perfil particular da sensorialidade, o qual seria pertinente levar em consideração durante intervenções psicológicas e terapêuticas (Kern et al., 2007). A avaliação do perfil sensorial pode hoje ser realizada na França graças à adaptação francesa do questionário Sensory Profile (Dunn, 1999), o Perfil Sensorial (Dunn 2010, adaptação francesa, ECPA) para crianças com idade cronológica de 3 anos a 10 anos e 11 meses. O questionário compreende 125 questões, às quais respondem os pais da criança ou o cuidador que permanece cotidianamente com ela. As questões cobrem diferentes aspectos do tratamento das informações sensoriais isoladas (auditiva, visual, vestibular, oral) e multissensoriais. As questões permitem explorar 14 performances sensoriais distribuídas em três grandes áreas: tratamento sensorial, modulação sensorial e comportamentos e respostas emocionais. Também é possível estudar os comportamentos sensoriais na forma de nove fatores: pesquisa sensorial, reação emocional, resistência/baixa tonicidade, sensibilidade sensorial oral, desatenção/distração, registro fraco, sensibilidade sensorial, sedentária e motricidade fina/percepção. A avaliação dos itens desses fatores e das três áreas é efetuada com uma escala de cinco graduações de "sempre" até "nunca". As notas brutas se referem a uma escala do questionário que indica se essa pontuação corresponde a uma performance típica da normal, uma diferença provável e uma diferença importante da normal. A avaliação determina assim as áreas de tratamento sensorial cujo funcionamento é particular e atípico e orienta uma intervenção focalizada que visa a uma melhor integração das informações sensoriais.

REFERÊNCIAS BIBLIOGRÁFICAS

Adrien, J-L. (1986). Intérêt des évaluations psychologiques dans les troubles graves du développement. *Neuropsychiatr Enfance Adolesc*, 34, 63-91.

Adrien, J-L. (1988). L'examen psychologique des enfants autistiques. *Neuropsychiatrie de l'enfance et de l'adolescence*, 36(1), 9-18.

Adrien, J-L. (1996). *Autisme du jeune enfant*. Développement psychologique et trouble de la régulation. Paris: Elsevier Masson.

Adrien, J-L. (2007). *Manuel de la Batterie d'Evaluation Cognitive et Socio-émotionnelle (B.E.C.S.)*. Editions du Centre de Psychologie Appliquée (ECPA). Paris.

Adrien, J-L. (2008). *Batterie d'Evaluation Cognitive et Socio-émotionnelle, BECS. Pratiques psychologiques et recherches cliniques auprès d'enfants atteints de TED*. Bruxelles: De Boeck.

Adrien, J-L. (2009). Diagnostic précoce de l'autisme et évaluations psychologiques des enfants avec autisme. *Approche Neuropsychologique des Apprentissages chez l'enfant (A.N.A.E.)*, 100, 240-244.

Adrien, J-L., Barthélémy, C., Etourneau, F., Dansart, P, Lelord, G. (1988). Etude des troubles de la communication et de la cognition d'enfants autistes. *Neuropsychiatrie de l'enfance et de l'adolescence*, 36 (7), 253-260.

Adrien, J-L. (1993/2007). L'ECSP: un outil pour les cliniciens. Application à de jeunes enfants autistes. In: Guidetti M., Tourrette C. *Evaluation de la Communication Sociale Précoce*. EuroTests Editions.

Adrien, J-L., Martineau, J., Barthélémy, C., Roux, S. (1990). Evaluation des fonctions psychophysiologiques chez l'enfant autistique. In: G. Lelord, D. Sauvage (Eds). *"L'Autisme de l'enfant"*, Paris: Masson (éd.) p. 257-264.

Adrien, J-L., Perrot, A., Sauvage, D., Leddet, I., Larmande, C., Hameury, L., Barthélémy C. (1991). Early symptoms in autism from family home movies. Evaluation and comparison between first and second year of life using IBSE-Scale. *Acta Paedopsychiatrica*, 1991, 55, 59-63.

Adrien, J-L., Perrot, A., Barthélémy, C., Roux, S., Lenoir, P., Hameury, L., Sauvage D. (1992). Validity and reliability of the Infant Behavioral Summarized Evaluation (IBSE) for the assessment of young children with autism and pervasive developmental disorders. *Journal of Autism and Developmental Disorders*, 22, 3, 375-394.

Adrien, J.L., Rossignol, N., Barthélémy, C., Sauvage, D. (1993). Évaluation neuropsychologique d'un enfant autiste de bon niveau. A propos de l'hypothèse frontale dans l'autisme. *Approche Neuropsychologique des Apprentissages chez l'Enfant (ANAE)*, 5, 155-161.

Adrien, J-L., Rossignol, N., Zilbovicius, M., Lataste, C., Barthélémy, C., Sauvage D. (1994). Apport du K-ABC à la compréhension des troubles cognitifs présentés par les enfants autistes. In: Kaufman A. A. (éd), ABC, K. *Pratiques et fondements théoriques*. Grenoble, La Pensée sauvage, p. 183-193.

Adrien, J-L., Barthélémy, C., Lelord G. (1995). Evaluation neurophysiologique: une approche fonctionnelle des troubles. In: C. Barthélémy, L. Hameury, G. Lelord. *La Thérapie d'Echange et de Développement dans l'autisme de l'enfant*. Paris, Expansion Scientifique française, Elsevier, p. 87-96.

Adrien, J-L., Couturier, G., Dansart, P. (1995). L'examen neuropsychologique de jeunes enfants autistes. In: Barthélémy C., Hameury L., Lelord, G. *La Thérapie d'Echange et de Développement dans l'autisme de l'enfant*. Paris, Expansion Scientifique française, Elsevier, p. 96-112.

Adrien, J-L., Rossignol, C., Barthélémy, C., Jose, C., Sauvage D. (1995). Développement et fonctionnement de la "théorie de l'esprit" chez l'enfant autiste et chez l'enfant normal. *Approche Neuropsychologique des Apprentissages Chez L'enfant* (ANAE), 35, p. 188-196.

Adrien, J-L., Rossignol, N., Guerin, P., Malvy, J., Gattegno, M. P., Barthelemy, C. (1997). Apport du K-ABC à l'évaluation des troubles du fonctionnement cognitif dans l'autisme de l'enfant. *Revue de Psychologie de l'Education*, 2, 185-195.

Adrien, J-L., Hemar, E., Blanc, R., Boiron, M., Couturier, G., Hameury, L. Barthélémy, C. (1999). Etude du développement cognitif et socio-émotionnel d'enfants sévèrement autistiques. Approche évaluative et thérapeutique. *Revue Québécoise de Psychologie*, 20, 1, 109-125, 1999.

Adrien, J-L., Rossignol, N., Martineau, J., Roux, S., Couturier, G., Barthélémy, C. (2001). Regulation of cognitive activity and early communication development in young autistic, mentally retarded and young normal children. *Developmental Psychobiology*, 39/2, 124-136.

Adrien, J-L., Roux, S., Couturier, G., Malvy, J., Guerin, P., Debuly, S., Lelord, G., Barthélémy C. (2001). Towards a new functional assessment of autistic dysfunction in children with developmental disorders: the Behaviour Function Inventory. *Autism*. 5 (3), 247-262.

Adrien, J-L., Gattegno, M. P., Kremer, A., Abenhaim, N. (2007). Evaluation psychologique longitudinale des enfants avec autisme: étude de la trajectoire développementale. *Approche Neuropsychologique des Apprentissages chez l'enfant (A.N.A.E.)*, 91, 41-47.

Adrien, J-L. (2011). Évaluations psychologiques du développement. In: Adrien, J-L, Gattegno, M. P. *L'autisme de l'enfant: évaluations, interventions et suivis*. Pierre Mardaga, Wavre, Belgique, p. 44-58.

Albaret, J. M., Migliore L. (1999). *Stroop*: test d'attention sélective de Stroop. Paris, ECPA.

Allen, M. H., Lincoln A. J., Kaufman A. S. (1991). Sequential and simultaneous processing abilities of high functioning autistic and language-impaired children. *Journal of Autism and Developmental Disorders*, 21, 4.

A.P.A. (2013). *Manuel diagnostique et statistique des troubles mentaux (DSM-5)*. Association Psychiatrique Américaine. (Traduction de l'anglais coordonnée par M.A. Crocq. Paris: Masson, à paraître en 2015.

Barthelemy, C., Adrien, J. L., Tanguay, P., Garreau, B., Fermanian, J., Sauvage, D. Lelord, G. (1990). The Behavioral Summarized Evaluation (B.S.E.): validity and reliability of a scale for the assessment of autistic behaviors. *Journal of Autism and Developmental Disorders*, 20, 189-204.

Barthélémy, C, Hameury, L., Lelord G. (1995). *La thérapie d'échange et de développement dans l'autisme de l'enfant*. Paris, Expansion Scientifique française, Elsevier.

Barthélémy, C., Roux, S., Adrien, J. L., Hameury, L., Guerin, P., Garreau, B., Lelord, G. (1997). Validation of the revised Behavior Summarized Evaluation scale (BSE-R). *Journal of Autism and Developmental Disorders*, 27, 2, 137-151.

Bernard, M-A., Thiébaut, E., Mazetto, C., Nassif, M-C., De Souza, M. T. C. C., Nader-Grosbois, N., Seynhaeve, I., De La Iglesia Gutierriez, M., Olivar Parra, J-S., Dionne, C., Rousseau, M., Stefanidou, K., Aiad, F., Sam, N., Belal, L., Fekih, L., Blanc, R., Bonnet-Brilhault, F., Gattegno, M.P, Kaye, K., Contejean, Y., Adrien, J-L. (2015, soumis décembre). Etude comparative du développement cognitif et socio-émotionnel d'enfants atteints d'autisme avec déficience intellectuelle, issus de plusieurs pays: France, Belgique, Espagne, Grèce, Algérie, Canada et Brésil. *Revue de Neuropsychiatrie de l'Enfance et de l'Adolescence*.

Blanc, R., Tourrette, Deletang N., Roux S., Barthélémy, C., Adrien J. L. (2000). Regulation of symbolic activity and development of communication in children with autism. *European Review of Applied Psychology*, 50, 4, 369-381.

Blanc, R., Adrien, J-L., Roux, S., Barthélémy C. (2005). Dysregulation of pretend play and communication development in children with autism. *Autism*, 9(3), 229-245.

Baron-Cohen, S., Leslie, A. M., Frith U. (1985) "Does the autistics child's have a "theory of mind"? *Cognition*, 21, 1985, 37-46.

Boehm, A. E. (2009). *Test des Concepts de Boehm-3 Maternelle*. Paris, ECPA.

Bourreau, Y. (2008). *Les comportements répétitifs et restreints dans l'autisme: construction et validation d'une échelle d'évaluation*. Thèse de doctorat, Université de Tours, France.

Bourreau, Y., Roux, S., Gomot, M., Barthélémy, C. (2009a). Comportements répétés et restreints (C2R) dans les troubles autistiques: évaluation clinique. *L'Encéphale*, 35, 340-346.

Bourreau, Y., Roux, S., Gomot, M., Bonnet-Brilhaut, F., Barthélémy, C. (2009b). Validation of the repetitive and restricted behaviour scale in autism spectrum disorders. *European Child and Adolescent Psychiatry*, 18: 675-682.

Comte-Gervais, I., Soares-Boucaud, I. (2008). L'intelligence sociale dans les troubles envahissants du développement et les troubles envahissants du développement non spécifiés. *Approche Neuropsychologique des Apprentissages chez l'Enfant (ANAE)*, 96-97, 20.

Doll, E. A. (1965). *Vineland social maturity scale*, Circle Pines, Mn, American Guidance Service.

Dunn, W. (1999). *Sensory profile*. San Antonio, TX: The Psychological Corporation.

Dunn, W. (2010). *Profil sensoriel*. ECPA, Éditions du centre de psychologie appliquée.

Fombonne, E., Achard, S., & Tuffreau, R. (1995). L'évaluation du comportement adaptatif: l'échelle de vineland. *Handicaps et Inadaptations*, n. 67-68, 79-90.

Freeman, B. J., Lucas, J. C., Forness, S. R., Ritvo, E. R. (1985). Cognitive processing of high functioning autistic children: comparing the K-ABC and the WISC-R. *Journal of Psychoeducational Assessment*, 4, 357-362.

Gattegno, M. P. Abenhaim, N., Kremer, A., Castro, C., & Adrien, J.-L. (2006). Etude longitudinale du développement cognitif et social d'un enfant autiste bénéficiant du Programme IDDEES. *Journal de Thérapie Cognitive et Comportementale*, 16, 4, 157-168.

Guidetti, M., Tourrette, C. (2009). *Évaluation de la Communication Sociale Précoce*. Paris: Eurotest Editions.

Hughes, C., Soares-Boucaud, I., Hochmann, J., Frith, U. (1997). Social behaviour in pervasive developmental disorders: effects of informants, group and "theory of mind". *European Child and Adolescent Psychiatry*, 6, 1997, 191-198.

Hughes, C. (1996). *Théorie de l'esprit et dysfonctionnement exécutif dans l'autisme*. In R. Pry (sous la dir.), Autisme et Régulation. Les Cahiers du CERFEE, Université Paul Valéry, Montpellier III, p. 99-133.

Jarrold, C., Boucher, J., Smith, P. (1993). Symbolic play in autism: a review. *Journal of Child Psychology and Psychiatry*, 28, 2, 281-307.

Jarrold, C., Smith, P., Boucher, J., Harris P. (1994). Comprehension of pretense in children with autism. *Journal of Autism and Developmental Disorders*, 24, 4, 433-455.

Kasari, C., Freeman, S., Paparella, T. (2006). Joint attention and symbolic play in young children with autism: A randomized controlled intervention study. *Journal of Child Psychology and Psychiatry, 47*, 611-620.

Kern, J. K., Carolyn, R. Garver, C. R., Carmody, T., Andrews, A. A., Trivedi, M. H., Mehta, J. (2007). Examining sensory quadrants in autism. *Research in Autism Spectrum Disorders, 1, 2*, 185-193.

Khomsi, A. (2009). *Bilans informatisés du langage oral*. Paris, ECPA.

Korkman, M., Kirk, U., Kemp, S. (2008/2012). *Le bilan neuropsychologique de l'enfant. la NEPSY II*. Pearson-ECPA, Paris.

Leaf, R., Mceachin J. (2006). *Autisme et ABA*: Une pédagogie du progrès. Pearson Education.

Lelord, G. (1990). Physiopathologie de l'autisme. Les insuffisances modulatrices cérébrales. *Neuropsychiatrie de l'Enfance et de l'Adolescence, 38*, 1-2, 43-49.

Lelord, G., Barthélémy, C. (1989). *Echelle d'évaluation des comportements autistiques (ECA)*. Issy-les-Moulineaux, EAP.

Lelord, G., Barthélémy, C. (2003). *ECA-R et ECA-N: Echelles d'évaluation des comportements autistiques*. Paris, ECPA.

Lowe, M., Costello, J. (1976). Symbolic Play Test. Experimental Edition, Windsor, Nfer-Nelson.

Lewis, M., Boucher, J. (1988). Spontaneous, instructed and elicited play in relatively able autistic children. *British Journal of Developmental Psychology, 6*, 325-339.

Malvy, J., Adrien, J. L, Roux, S., Lataste, C., Sauvage, C. (1994). Autisme infantile et films familiaux. Evaluation fonctionnelle des premiers signes. *Approche Neuropsychologique des Apprentissages chez l'enfant (ANAE), 26*, 33-37.

Mahe, C., Adrien, J-L., Laplace, L. (1995). Thérapie et soins. In: Barthélémy, C., Hameury, L., Lelord, G. *La Thérapie d'Echange et de Développement dans l'autisme de l'enfant*. Paris, Expansion Scientifique française-Elsevier, p. 257-268.

Molisson, S. (2002). *Le tom-test, un nouvel instrument d'évaluation du développement de la théorie de l'esprit chez l'enfant autiste*. Mémoire de D.E.A. (Sous la direction de J-L ADRIEN). En Psychopathologie et Psychologie Clinique, Université René Descartes, Paris V.

Mottron, L. (2004). *L'autisme: une autre intelligence. Diagnostic, cognition et support des autistes sans déficience intellectuelle*. Liège, Mardaga.

Martineau, J., Adrien, J-L., Barthélémy, C., Garreau, B., Lelord, G. (1998). Association and regulation disorders in infantile autism. *Journal of Psychophysiology, 12*, 275-285.

Mundy, P., Delgado, C., Block, J., Venezia, M., Hogan, A., Seibert, J. (2003). *A Manual for the Abridged Early Social Communication Scales* (ESCS). Available through The University of Miami Psychology Department, Coral Gables, Florida. Retrieved 2003, from http://www.psy.miami.edu/faculty/pmundy/main. phtml.

Mundy, P., Delgado, C., Block, J., Venezia, M., Hogan, A., Seibert, J. (2003). *A Manual for the Abridged Early Social Communication Scales (*ESCS). Available through The

University of Miami Psychology Department, Coral Gables, Florida. Retrieved 2003, from http://www.psy.miami.edu/faculty/pmundy/main. phtml.

Nader-Grosbois, N. (1999). Patterns développementaux communicatifs d'enfants à retard de développement. *Revue Francophone de la Déficience Intellectuelle*, 10(2), 45-66.

Nader-Grosbois, N. (2000). L'évaluation du développement cognitif précoce: une révision des échelles d'uzgiris-hunt (1975). *Enfance*, 2, 107-125.

Nader-Grosbois, N. (2006). *Développement cognitif et communicatif du jeune enfant: du normal au pathologique*. Bruxelles: De Boeck.

Nader-Grosbois, N. (2007). *Régulation, autorégulation, dysrégulation. Pistes pour l'intervention et la recherche*. Pierre Mardaga.

Nader-Grosbois, N. (2011). *Théorie de l'esprit: entre cognition, émotion et adaptation sociale*. Bruxelles: De Boeck.

Nezereau, C. (2008). *Etude de l'évolution de la résistance au changement, de la dysrégulation, du développement cognitif et des comportements d'enfants avec autisme et autres Troubles Envahissants du Développement bénéficiant d'une intervention comportementale structurée: la méthode A.B.A.* Mémoire de recherche en psychopathologie (sous la direction de J-L Adrien), Université Paris Descartes.

Ozonoff, S., Pennington, B., Rogers, S. J. (1991). Executive functions deficits in high-functioning autistic individuals: relationship to theory of mind. *Journal of Child Psychology and Psychiatry*, 31, 1081-1105.

Partington, J. W. (2006). *The assessment of basic language and learning skills – Revised (The ABLLS-R)*. Pleasant Hill, CA (USA): Behavior Analysts, Inc.

Raven, J. (1998). *PM: Progressive Matrices de Raven*. Paris, ECPA.

Raven, J. (1998). *PM: Progressive Matrices couleurs encastrables*. Paris, ECPA.

Richard, F., Degenne, C., Lesduc-Destribats, S., Adrien J-L. (2006). Etude différentielle du niveau de développement de la théorie de l'esprit d'enfants atteints d'un trouble envahissant du développement. A propos du TOM-Test (Theory of Mind-Test*). Approche Neuropsychologique des Apprentissages chez l'enfant (A.N.A.E.)*, 90, 311-323.

Rogé, B. (1993). Apport de la neuropsychologie dans l'élaboration des stratégies d'évaluation des patients autistes. *Approche Neuropsychologique des Apprentissages chez l'Enfant*, 5, 162-167.

Roge, B. (2012). Examen psychologique et de la communication. In: Barthélémy, C., Bonnet-Brilhault, F. *L'autisme: de l'enfance à l'âge adulte*. Médecine Sciences Publications, Lavoisier, Paris, p. 88-96.

Rogé, B. (2015). *Autisme, comprendre et agir. Santé, éducation et insertion*. Paris, Dunod. 3ème Edition.

Rutherford, M. D., Young, G. S., Hepburn, S., Rogers S. J. (2007). A longitudinal study of pretend play in autism. *Journal of Autism and Developmental Disorders*, 37, 1024-1039.

Sauvage, D. (1984). *Autisme du nourrisson et du jeune enfant*. Paris, Masson (2ème éd., 1988).

Sauvage, D., Hameury, L., Beaugerie, A. (1986). Développement et comportement. L'évaluation clinique en psychiatrie du nourrisson et du très jeune enfant. *Neuropsychiatrie de l'Enfance et de l'Adolescence*, 34, 2, 143-147.

Schopler E., Lansing M. D., Reichler R. J., Marcus L. M. (2008). *PEP-3. Profil psycho-éducatif. Evaluation psycho-éducative individualisée de la Division TEACCH pour enfants présentant des troubles du spectre autistique*. Bruxelles, De Boeck.

Seibert, J. M., Hogan, A. E., Mundy, P. (1982). Assessing interactional competencies: the early social communication scales. *Infant Mental Health Journal*. 3, 244-259.

Skinner, B. F. (1957). *Verbal Behavior*. New York: Appleton-Century-Crofts.

Sparrow, S., Balla, D., Cichetti, D. (1984/2015). *Vineland Adaptive Behavior Scales II (Survey Form)*. Circle Pines, Minnesota: American Guidance Service. Pearson-ECPA, Paris.

Sparrow, S., Cicchetti, D., Balla D. (2005). *Vineland Adaptive Behavior Scales*. Second Edition (Vineland-II).

Sparrow, S., Cicchetti, D., Balla D. *Vineland Social-Emotional Early Childhood Scales (Vineland SEEC)*.

Steerneman, P. (1994). *Theory-of-mind-screening-schaal*. Leuven/Apeldoorn, Garant.

Steerneman, P., Jackson, S., Pelzer H., Muris P. (1996). Children with social handicaps: An intervention programme using a theory of mind approach. *Clinical Child Psychology and Psychiatry*, 1, p. 251-263.

Steerneman, P., Meesters, C., Muris P. (2000). *TOM-test*. Leuven-Apeldoorn: Garant, 2000.

Sundberg, M. L. (2008). *VB-MAPP, Verbal Behavior Milestones Assessment and Placement Program*. Concord, CA (USA): AVB Press.

Tourrette C. (2011). *Evaluer les enfants avec déficiences ou troubles du développement. Déficiences motrices, sensorielles ou mentales. Troubles autistiques et troubles des apprentissages*. Paris: Dunod (2ème édition).

Uzgiris, J. C., Hunt, J. M. V. (1975). Infant psychological development scale. In: *Assessment in infancy*. Urbana, University of Illinois Press.

Wendland, J., Gautier, A-C., Wolff, M., Brisson, J., Adrien J-L. (2010). Retrait relationnel et signes précoces d'autisme: étude préliminaire à partir de films familiaux. *Devenir* 22, 1, 51-72.

Wetherby, A. M., Prutting, C. A. (1984). Profiles of communicative and cognitive-social abilities in autistic children. *Journal of Speech and Hearing Disorders*, 27, 364-377.

Weschler, D. (2004). *WPPSI-III: échelle d'intelligence de Weschler pour la période pré-scolaire et scolaire*, troisième édition.

Weschler, D. (2006). *WISC-IV: échelle d'intelligence de Weschler pour enfants et adolescents*, quatrième édition. Paris, ECPA.

Weschler, D., NaglierI J. (2009). *Echelle non verbale de l'intelligence de Weschler (WNV)*. Paris, ECPA.

Wing, L., Gould, J., Yeates, S. R., Brierley, L. M. (1977). Symbolic play in severely mentally retarded and in autistic children. *Journal of Child Psychology and Psychiatry*, 8, 167-178.

Eixo Metodológico II
Modalidades de Intervenção Neurodesenvolvimental Propriamente Ditas

Capítulo 11

TERAPIA DE TROCA E DESENVOLVIMENTO (TED)

Cathérine Barthélémy
Romuald Blanc
Cindy Le Menn-Tripi
Magalie Bataille-Jallet
Pascale Dansart
Joelle Malvy
Fréderique Bonnet-Brilhault

INTRODUÇÃO

Sabe-se hoje que o autismo é a consequência de um transtorno do neurodesenvolvimento que altera, desde a mais tenra idade da criança, suas capacidades de interação com o ambiente e seus meios de comunicação. Esse transtorno teria suas raízes em anomalias muito precoces do funcionamento de redes neuronais complexas denominadas "cérebro social", que se originam de funções essenciais voltadas à percepção do outro e aos ajustamentos sociais recíprocos: atenção, intenção, associação, imitação etc. (Barthélémy & Bonnet-Brilhault, 2012).

Se a causa do autismo é ainda hoje desconhecida, os mecanismos cerebrais empregados no desenvolvimento da sensório-motricidade intencional recíproca são descritos de forma cada vez melhor: transtorno da exploração visual dos rostos (Hernandez *et al.*, 2009), reatividade atípica dos sistemas cerebrais espelhos (Dapretto *et al.*, 2006), anomalia da decodificação da voz humana (Gervais *et al.*, 2004), problemas de orquestração intencional dos atos motores (Cattaneo *et al.*, 2007; Cossu *et al.*, 2012).

Essas funções cerebrais e esses sistemas neuronais são, na criança dotada de uma "plasticidade", de uma maleabilidade que chegaria ao ápice nos quatro primeiros anos de vida.

É nesse contexto e com base nas concepções de desenvolvimento neurofuncionais e de plasticidade que a Terapia de Troca e Desenvolvimento (TED) (Barthélémy *et al.*, 1995a) tem sua aplicação. Descrita pela primeira vez por Lelord *et al.*, em 1978, essa abordagem que responde "ao exercício habitual da medicina" visa, com base em um diagnóstico funcional preciso, exercitar os sistemas cerebrais da comunicação social durante um jogo a dois, aumentando as capacidades funcionais da criança nesta área.

A TED visa, portanto, reeducar, com base em sessões lúdicas estruturadas, as funções originadas nestes sistemas cerebrais: a atenção ao outro, a intenção, a imitação etc. Essa terapia é adaptada ao perfil de desenvolvimento da criança em todas as áreas, perfil este estabelecido graças às avaliações pluridisciplinares e às explorações efetuadas desde o início com a participação da família.

As trocas induzidas pela TED (comportamento e desenvolvimento) são mensuradas durante o acompanhamento por intermédio de avaliações comportamentais e desenvolvimentais padronizadas.

DO PROJETO À APLICAÇÃO DAS TED

A TED foi progressivamente desenvolvida no Centro Universitário de Pedopsiquiatria do CHU de Tours (Lelord *et al.*, 1987; Barthélémy *et al.*, 1995a). Inicialmente, ela foi aplicada em crianças que apresentavam transtornos autísticos severos e depois se estendeu a crianças com outros transtornos graves do desenvolvimento. Inscrita numa perspectiva desenvolvimental, ela é aplicada em crianças na mais tenra idade a fim de exercitar funcionamentos pivôs deficitários no autismo e intervir no momento em que a plasticidade cerebral é a mais importante.

Avaliação funcional e objetivos terapêuticos

Durante a sessão de TED, a criança é solicitada, acompanhada e orientada nos diferentes jogos, perfeitamente adaptados a seu nível de desenvolvimento, a seus interesses, assim como a suas preferências, a fim de que ela possa realizá-los sem risco de fracasso e de desânimo. As atividades oferecidas a cada criança são definidas após a análise de seus pontos fortes, de seu perfil funcional, de suas capacidades cognitivas e socioemocionais e dificuldades destacadas por uma avaliação pluridisciplinar. Essas avaliações precisas e detalhadas permitem, portanto, oferecer à criança um programa terapêutico individualizado e personalizado, adaptado a suas capacidades, dificuldades e perfil de desenvolvimento.

Essas avaliações são capitais e requerem a utilização de instrumentos clínicos específicos, adaptados e multidimensionais (Hameury *et al.*, 1989; Adrien *et al.*, 2002; Adrien, 2007; Blanc *et al.*, 2005a. A avaliação, realizada pela equipe em colaboração com a família, permitirá definir a linha de base da criança e envolve diversos setores, tais como:

a) Os transtornos funcionais e do comportamento avaliados com o auxílio das escalas ECA-R, Escala dos Comportamentos Autísticos Revisada (Lelord, Barthélémy, 1989; Boiron *et al.*, 1992) e EFC-R, Escala Funcional dos Comportamentos Revisada (Adrien *et al.*, 2001a). A ECA-R é constituída de 29 itens aos quais se atribui notas de 0 a 4 (0 significa que o comportamento é ausente, 4 indica um comportamento severamente perturbado e sempre presente), de acordo com a frequência de surgimento e o nível de severidade do transtorno. Uma pontuação de autismo, composta de 13 itens, pode também ser calculada. Essa escala possibilita obter um perfil individualizado dos transtornos do comportamento da criança e avaliações regulares podem ser realizadas a fim de acompanhar a evolução.

Já a EFC-R permite avaliar detalhadamente as funções perturbadas que são subjacentes do desenvolvimento da comunicação e das interações recíprocas e estabelecer um perfil funcional para cada criança. Essa escala compreende 104 itens distribuídos em treze funções, descritas pelos fundadores das TED como essenciais ao desenvolvimento das habilidades sociocomunicativas (Barthélémy *et al.*, 1995a): atenção, percepção, associação, intenção, tônus, motricidade, imitação, emoção, contato, comunicação, cognição, instinto e regulação.

b) O desenvolvimento das habilidades cognitivas e socioemocionais com o auxílio da Bateria de Avaliação Cognitiva e Socioemocional – BECS (Adrien *et al.*, 2005; Adrien, 2007, 2008; Thiébaut *et al.*, 2010). A BECS explora 16 áreas cognitivas e socioemocionais entre a idade de 0 e 24 meses. Na área socioemocional, ela avalia a regulação do comportamento, isto é, como a criança consegue adaptar seu comportamento ao ambiente, à interação social, ou como a criança entra em contato e em relação com o outro, a atenção conjunta para conhecer a capacidade da criança de compartilhar simultaneamente sua atenção com o outro em torno de um objeto ou de um acontecimento exterior e particularmente pela utilização do gesto de apontar, a linguagem expressiva e compreensiva, a imitação vocal e gestual, sua relação afetiva, assim como sua expressão emocional. Os setores cognitivos envolvem a autoimagem, o jogo simbólico, os esquemas de ação com objetos, a causalidade operacional, ou seja, como a criança consegue encontrar relações causais entre ela, o adulto e os objetos, os meios-fins ou a capacidade da criança de desenvolver meios adequados para chegar a um objetivo, as relações espaciais e a permanência do objeto ou a capacidade da criança para reencontrar e representar para si objetos escondidos.

c) A linguagem e as competências sociocomunicativas com o auxílio de instrumentos validados e padronizados (Dansart *et al.*, 1988; Guidetti & Tourrette, 1993), no âmbito de um exame fonoaudiológico completo (Courtois & Galloux, 2004).

As avaliações sucessivas permitirão posteriormente reajustar os objetivos terapêuticos para que sejam adaptados à trajetória desenvolvimental da criança e, desse modo, assegurar à TED uma constante individualização das estratégias adequadas ao progresso da criança.

As observações clínicas podem ser complementadas com explorações neurofisiológicas, tais como o eletroencefalograma, os potenciais evocados auditivos, o *eye-tracking* e a neuroimagiologia. Esses exames possibilitam não só ajustar o diagnóstico, como também podem evidenciar anomalias no que tange ao tratamento da informação perceptiva e à regulação cerebral (Lelord, 1990).

O projeto terapêutico personalizado é elaborado a partir de todos esses dados, compartilhados durante uma reunião de síntese, reagrupando todos os profissionais da saúde que encontraram e conhecem a criança. Esse projeto e as estratégias educativas e terapêuticas decorrentes serão reajustados sistematicamente em função da evolução da criança.

PRÁTICA DA TED

As avaliações das diferentes áreas de desenvolvimento da criança se integram, no momento em que a indicação da TED é efetuada, à observação inicial chamada "linha de base" que identifica, num contexto próximo daquele da terapia propriamente dita, as potencialidades e dificuldades da criança, suas capacidades emergentes, assim como os contextos e suportes que facilitam a interação. A análise funcional inicial de todos esses dados permite depois ao médico e à equipe guiar a terapêutica, definindo os objetivos e as modalidades da terapia (suportes, estratégias de adequação do terapeuta) que estarão mais aptos para acompanhar a criança em um engajamento bem-sucedido de relação recíproca com o outro.

Princípios gerais

Segundo o termo utilizado por seus criadores, a TED tende de fato a "desembaraçar" a criança de seu autismo, apoiando-se em noções de aquisição livre e de "curiosidade fisiológica": o potencial e a vontade de aprender das crianças autistas quando inseridas em condições favoráveis são incontestáveis. A TED esforça-se, portanto, para favorecer a atmosfera propícia à descoberta respeitando três regras de ouro:

- ✓ A **serenidade** permite instaurar um clima de jogo com a menor distração possível: a criança e seu terapeuta encontram-se em uma sala voluntariamente muito despojada no plano sensorial, as solicitações são simplificadas ao máximo para facilitar a filtragem das informações recebidas e a orientação da criança em relação a seu terapeuta e às atividades que lhe são propostas, impedindo estímulos ambientais que favoreceriam a distração e a labilidade atencional.
- ✓ A **disponibilidade** do terapeuta auxilia a criança a orientar sua aptidão natural às aquisições em relação ao ambiente: ele guia as iniciativas da criança para a troca, solicitando clara e diretamente sua atenção. Assim, cada um se abre ao outro e ao exterior.
- ✓ A **reciprocidade** assim instaurada pelo terapeuta reforça a comunicação pela alternância dos olhares, dos gestos e das ações durante o jogo. Desse modo, a "ressonância social" é suscitada pelas trocas e imitações livres (gestuais, mímicas, vocais). É assim que "as trocas se sincronizam e se inscrevem pouco a pouco em verdadeiras sequências de reciprocidade social com prazer compartilhado" (Barthélémy, 2009).

A instauração desse contexto facilitador possibilita exercer as principais funções descritas pelos autores, tais como atenção, percepção, associação, intenção, tônus, motricidade, imitação, contato, comunicação e regulação.

As sessões propriamente ditas se desenvolvem num clima de êxito e de jogo compartilhado, visto que o terapeuta se ajusta constantemente à criança para envolvê-la em rotinas lúdicas e interativas adaptadas a seu nível de desenvolvimento, sem restrição de aprendizagem, ajudando-a a desenvolver progressivamente sequências de ações e de comunicação mais bem adaptadas. Essas rotinas também têm por objetivo tranquilizar a criança tornando o desenrolar das sessões previsíveis, a fim de favorecer a tomada de iniciativa num contexto tranquilizante.

A equipe terapêutica é constituída de dois adultos que são alternadamente terapeuta e observador. As sessões, geralmente duas vezes por semana, ocorrem nos mesmos dias da semana, nos mesmos horários e no mesmo local, com a finalidade de favorecer a disponibilidade.

Os dois terapeutas compartilham regularmente suas observações, mediante um caderno de observação comum, e se possível com o apoio de registros em vídeo das sessões efetuadas. A esses períodos de troca pode igualmente se juntar um referente de terapia, cuja função de supervisão é essencial à observação dos progressos da criança, assim como nos reajustamentos dos objetivos da terapia e das estratégias de adaptação.

Desenvolvimento de uma sessão

Antes de buscar a criança, o terapeuta prepara a sala e os brinquedos, a fim de que a criança encontre de uma sessão à outra o mesmo ambiente acolhedor. Esse tempo de preparação do material é a ocasião para que o próprio terapeuta prepare a sessão de terapia, rememorando os brinquedos que haviam particularmente dado suporte à interação, ou os pontos mais delicados da sessão anterior. Do mesmo modo, o trajeto até a sala de terapia, preâmbulo da sessão, pode, se for sereno e agradável, facilitar o engajamento da criança em sua sessão.

Os jogos são propostos um após o outro, de acordo com uma ordem definida em função das reações da criança. Atividades interativas constantes e momentos de descontração são propostos alternadamente à criança, de modo que favoreça sua disponibilidade atencional. As sequências perceptivo-motoras e socioemocionais assim instauradas em torno do jogo visam à sincronização progressiva entre a criança e o adulto. Para isso, o adulto encoraja até a mais discreta das manifestações de atenção da parte da criança por meio das valorizações sociais ou emocionais. Por outro lado, quando comportamentos menos adequados ou momentos de agitação ocorrem, o terapeuta não manifesta sua desaprovação, a fim de não reforçá-los por um ato de atenção: ele prossegue serenamente a atividade em curso continuando a solicitar a criança. Com sua calma e paciência, ele consegue remobilizar a criança, evitando-lhe uma situação de fracasso, e sem deixá-la lembrar-se de ter interrompido uma atividade agradável. Enfim, o adulto favorece, à medida do possível, a alternância e introduz progressivamente variações nos cenários propostos, ao longo dos progressos da criança, para que as rotinas instauradas não se ritualizem.

O conjunto desses reajustamentos recíprocos entre a criança e seu terapeuta constitui um pré-requisito essencial ao desenvolvimento ulterior das interações sociais e da comunicação verbal e não verbal, pelo exercício das funções de base anteriormente evocadas.

EFEITOS DA TED NO COMPORTAMENTO E NO DESENVOLVIMENTO DE CRIANÇAS COM AUTISMO E DEFICIÊNCIA MENTAL ASSOCIADA

As pesquisas referentes à eficácia dos atendimentos estruturados no desenvolvimento das crianças com autismo demonstram que as perturbações de contato, de comunicação e de comportamento diminuem (Barthélémy *et al.*, 1995b; Hameury *et al.*, 1989; Blanc *et al.*, 2003, 2005a), no que concerne à TED, e que evoluções desenvolvimentais significativas são observadas (Lovaas, 1987, pelo Método ABA [*Applied Behavior Analysis*]; Birnbrauer & Leach, 1993, pelo "*Murdoch Early Intervention Program*"; Rogers, 1996, pelo programa "Denver"; Adrien *et al.*, 2002; Blanc *et al.*, 2005a; Coadalen *et al.*, 2007, pela TED, Kasari *et al.*, 2012, no que concerne a uma abordagem terapêutica centrada na atenção conjunta e no jogo).

Estudo de acompanhamento de crianças que se beneficiam com sessões de TED

O objetivo desse acompanhamento visa demonstrar as repercussões da TED no desenvolvimento das crianças, assim como na tríade autística. Desse modo, formulamos a hipótese de que a TED facilitaria o desenvolvimento das capacidades cognitivas e socioemocionais das crianças com autismo e favoreceria a diminuição de seus sintomas funcionais e comportamentais.

O estudo foi realizado no período de nove meses e abrangeu 36 crianças com autismo, de dois anos e meio a sete anos e dois meses, atendidas parcialmente em hospital-dia, todas recebendo cuidados educativos, enfermeiros e sessões plurissemanais de TED. Algumas entre elas beneficiaram-se também de um acompanhamento em psicomotricidade (em grupo ou individualmente), de uma reeducação fonoaudiológica e de uma inclusão escolar parcial. Seu diagnóstico foi realizado com o auxílio da ADI-R (*Autism Diagnostic Interview-Revised*) (Lord *et al.*, 1994) e do ADOS (*Autism Diagnostic Observation Schedule*) (Lord *et al.*, 2001) e de uma avaliação com o auxílio da CARS (*Childhood Autism Rating Scale*; Schopler *et al.*, 1986). A pontuação média obtida com a CARS foi de 38,8, revelando um autismo severo nessas crianças.

Nossos parâmetros de avaliação do acompanhamento envolvem:
1) **O comportamento da criança**, avaliado mensalmente com o auxílio da escala ECA-R (Barthélémy *et al.*, 1997) individualmente durante sessões de TED, assim como no grupo educativo.
2) **O desenvolvimento psicológico** avaliado no início e nove meses após o início da TED com o auxílio da BECS (Adrien, 2007), permitindo assim uma avaliação precisa e aprofundada das capacidades cognitivas e socioemocionais das crianças.

A avaliação detalhada do desenvolvimento das capacidades cognitivas e socioemocionais das crianças, realizada com o auxílio da BECS (Figura 1), mostra uma evolução significativa das capacidades; a TED favorece seu desenvolvimento, quer seja das capacidades de imitação vocal ($p < 0,01$) ou gestual ($p < 0,05$), da atenção conjunta ($p < 0,01$), da interação social ($p < 0,01$), conexões espaciais ($p < 0,01$) e causais dos objetos ($p < 0,05$) ou da regulação do comportamento ($p < 0,01$). A evolução de sua expressão emocional é também muito significativa ($p < 0,001$).

Efeitos sobre os comportamentos autísticos

Os distúrbios das interações sociais diminuem significativamente durante a terapia, tanto em situação individual de terapia quanto em grupo educativo ($F (8, 224) = 8.341$, $p < 0,0001$). Essa melhora é mais importante em situação de TED do que em situação de grupo (Figura 2).

Um enriquecimento da comunicação verbal e não verbal (Figura 2) é também notado simultaneamente em grupo e em situação individual, revelando a diminuição dos níveis de severidade dos transtornos da comunicação durante a TED ($F (8, 224) = 8.341$ $p < 0,0001$).

Enfim, em relação à dimensão "resistência às mudanças" (Figura 2), as crianças que receberam uma TED mostram progressivamente melhores capacidades de adaptação, aceitam melhor as mudanças e ajustam melhor seus comportamentos em relação ao ambiente. Tal como nas outras dimensões, a melhora observada é mais lenta no grupo educativo ($F (8, 28) = 4.053$ $p < 0,001$).

Influência do atraso

Em seguida, analisamos se o atraso mental associado ao autismo dessas crianças teria uma influência em sua evolução. Dividimos, portanto, o grupo de crianças em dois em função de seu atraso ($QD < 40$ ou $QD \geq 40$), e nenhuma diferença significativa da velocidade de evolução surgiu entre as que apresentavam menos ($n = 18$) e mais atraso ($n = 18$).

Início do atendimento com a TED

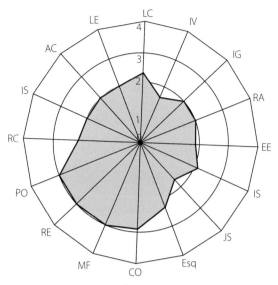

Após 9 meses

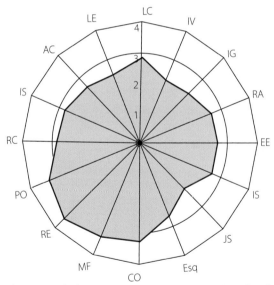

Figura 1. Evolução das capacidades socioemocionais e cognitivas (avaliadas com o auxílio da BECS) das 36 crianças com autismo beneficiadas com uma Terapia de Troca e Desenvolvimento (*Áreas socioemocionais*: RC: Regulação do Comportamento**, IS: Interação Social**, AC: Atenção Conjunta**, LE: Linguagem Expressiva**, LC: Linguagem Compreensiva**, IV: Imitação Vocal**, IG: Imitação Gestual*, RA: Relação Afetiva**, EE: Expressão Emocional***; *Áreas cognitivas*: IS: Imagem de Si**, JS: Jogo Simbólico*, Esq: Esquema de Relação com os Objetos*, CO: Causalidade Operacional*, MF: Meios e fins**, RE: Relações Espaciais**, PO: Permanência do Objeto**).
* $p < 0{,}05$, ** $p < 0{,}01$, *** $p < 0{,}001$.

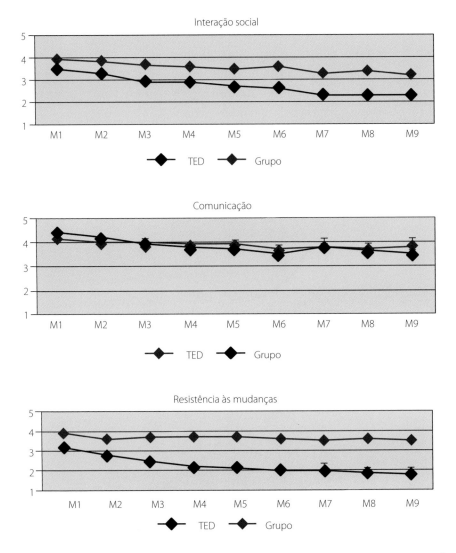

Figura 2. Evolução dos níveis de severidade dos transtornos das interações sociais, da comunicação e da resistência às mudanças (avaliados com o auxílio da ECA-R em situação de TED, *versus* em situação de grupo) das 36 crianças com autismo beneficiadas por uma TED durante os 9 meses de acompanhamento.

Comentários

Embora os perfis evolutivos sejam muito diferenciados de uma criança à outra, os resultados desse acompanhamento evidenciam os progressos importantes das crianças acompanhadas na TED. Seu desenvolvimento psicológico é facilitado, sobretudo a implantação de funções pivôs do autismo (atenção conjunta, interação social, expressão emocional, resistência às mudanças, comunicação etc.). Eles revelam uma diminuição dos comportamentos autísticos das crianças durante o atendimento, reduzindo significativamente os comportamentos autísticos. Essa diminuição fica mais nítida em situação individual, entre uma criança e um adulto, do que em uma situação coletiva, visto que as capacidades de troca, de comunicação e de adaptação são mais facilmente expressas em situações de interação estruturada, facilitadoras, que revelam as dificuldades de regulação das crianças com autismo (Adrien, 1996; Blanc *et al.*, 2005b). Enfim, todos esses resultados são observados, qualquer que seja o nível de atraso das crianças com autismo que participaram do estudo.

CONCLUSÃO

Graças a um programa de intervenção precoce incluindo a TED, a criança desenvolve suas habilidades de troca, de reciprocidade, de comunicação e de adaptação (Blanc *et al.*, 2007; Courteau *et al.*, 2008; Dansart, 2008; Bataille *et al.*, 2010) e torna-se mais apta a beneficiar-se de experiências educativas em situações mais diversificadas, em que os princípios de base da TED são, por exemplo, retomados no âmbito de atividades em pequenos grupos (Boiron *et al.*, 2002; Le Menn-Tripi *et al.*, 2013). A TED faz parte de um projeto global de atendimento, centrado evidentemente na criança, mas no qual estão implicados a família, a equipe de atendimento, a equipe pedagógica e o ambiente social. Com isso, favorece o desenvolvimento psicológico harmonioso da criança, a reeducação de funcionamentos pivôs e sua integração familiar e social (Adrien *et al.*, 2001b; Blanc *et al.*, 2003; Blanc *et al.*, 2007).

Os primeiros resultados de um estudo neurofisiológico utilizando os potenciais evocados corticais e o estudo do acompanhamento do olhar objetivam as modificações do funcionamento cerebral e a retomada do processo desenvolvimental (Meaux *et al.*, 2011). Pode-se legitimamente esperar que, num futuro próximo, a análise dos índices neurofisiológicos facilitará a escolha das funções-alvo para um dado paciente e reforçará, desse modo, a noção de projeto terapêutico individualizado.

REFERÊNCIAS BIBLIOGRÁFICAS

Adrien, J. L. (1996). *Autisme du jeune enfant*. Développement psychologique et régulation de l'activité. Expansion Scientifique Française, Paris.

Adrien, J. L., Roux, S., Couturier, G., Malvy, J., Guerin, P., Debuly, S., Lelord, G., Barthélémy, C. (2001a). Towards a new functional assessment of autistic dysfunction in children with developmental disorders: the Behaviour Function Inventory. *Autism*, 5(3), 249-264.

Adrien, J. L., Blanc, R., Roux, S., Boiron, M., Bonnet-Brilhault, F., Barthélémy, C. (2001b). Enfants atteints d'autisme bénéficiant de Thérapie d'Echange et de Développement. Evolution cognitive, socio-émotionnelle et comportementale. *Journal de Thérapie Comportementale et Cognitive*, 11 (Hors Série), 1.

Adrien, J. L., Blanc, R., Thiébaut, E., Barthélémy, C. (2002). L'évaluation psychopathologique du développement cognitif et socio-émotionnel d'enfants atteints d'autisme et de retard mental. *Revue francophone de la Déficience intellectuelle (IQDI)*, N° spécial, 93-97.

Adrien, J. L., Blanc, R., Thiébaut, E., Gattegno, M. P., Nader-Grosbois, N., Kaye, K., Pluvinage, C., Martineau, C., Clément, M., Marchault, Ch., Hipeau-Bergeron, Ch., Bretière, M., Malandain, Ch., Barthélémy, C. (2005). Etude préliminaire de la validation d'un nouvel instrument, la BECS (Batterie d'Evaluation Cognitive et Socio-émotionnelle) pour l'évaluation du développement psychologique d'enfants avec autisme. *A.N.A.E.*, 83-84, 165-168.

Adrien, J. L. (2007). *Manuel de la Batterie d'Evaluation Cognitive et Sociale* (BECS). Editions du Centre de Psychologie Appliquée (ECPA), Paris.

Adrien, J. L. (Ed). (2008). *BECS, Pratiques psychologiques et recherches cliniques auprès d'enfants atteints de TED*. Editions De Boeck, Bruxelles, 2008.

Barthélémy, C., Hameury, L., Lelord, G. (1995a). *L'autisme de l'enfant. La thérapie d'échange et de développement*. Expansion Scientifique Française, Paris.

Barthélémy, C., Hameury, L., Boiron, M., Martineau, J., Lelord, G. (1995b). La Thérapeutique d'Échange et de Développement (TED). Principes, applications, résultats d'une étude sur 10 ans. *Actualités Psychiatriques*, 7, 111-116.

Barthélémy, C., Roux, S., Adrien, J. L., Hameury, L., Guérin, P., Garreau, B., Fermanian, J., Lelord, G. (1997). Validation of the Revised Behavior Summarized Evaluation Scale. *Journal of Autism and Developmental Disorders*, 27, 2, 139-153.

Barthélémy, C. (2009). L'autisme: actualité, évolution des concepts et perspectives. *Le Bulletin de l'Académie Nationale de Médecine* (2): 271-285.

Barthélémy, C., Bonnet-Brilhault, F. (2012). Thérapie d'échange et de développement: une rééducation neurofonctionnelle de la communication. In L'autisme: de l'enfance à l'âge adulte. *Lavoisier*, 2012: 130-131.

Bataille, M., Dansart, P., Blanc, R., Mahé, C., Malvy, J., Barthélémy, C. (2010). Autisme: La Thérapie d'échange et de développement. In: C. Tardif (Ed.). *Autisme et pratiques d'interventions*, 59-84, SOLAL, Marseille.

Birnbrauer, J., Leach, D. (1993). The Murdoch Early Intervention Program after 2 years. *Behavior Change*, 10, 63-74.

Blanc, R., Roux, S., Bonnet-Brilhault, F., Boiron, M., Barthélémy, C. (2003). Effets de la Thérapie d'Echange et de Développement (TED) dans l'autisme et le retard mental. *Journal de Thérapie Comportementale et Cognitive,* 13 (Hors Série), 50.

Blanc, R., Adrien, J. L., Thiébaut, E., Roux, S., Bonnet-Brilhault, F., Barthélémy, C. (2005a). *Bases neuropsychologies des interactions sociales et des émotions dans l'autisme: de l'évaluation à la thérapeutique.* Neuropsychologie de l'enfant et troubles du développement. C. Hommet, I. Jambaqué, C. Billard, P. Gillet (éditeurs). Editions Solal Marseille.

Blanc, R., Adrien, J. L., Roux, S., Barthélémy, C. (2005b). Dysregulation of pretend play and symbolic communication development in children with autism. *Autism,* 9, 229-245.

Blanc, R., Roux, S., Bonnet-Brilhault, F., Barthélémy, C. (2007). *Intérêt de la Thérapie d'Echange et de Développement dans la rééducation psychophysiologique de jeunes enfants atteints d'autisme et de retard mental.* Colloque Francophone de la FFPP "30 ans de clinique, de recherche et de pratique", 71. DUNOD, Paris.

Boiron, M., Barthélémy, C., Adrien, J. L., Martineau, J., Lelord, G. (1992). The assessment of psychophysiological dysfunction in children using BSE scale before and during therapy. *Acta Paedopsychiatrica,* 55, 203-206.

Boiron, M., Bonnet-Brilhault, F., Mahé, C., Blanc, R., Adrien, J. L., Barthélémy, C. (2002). *Effets de la Thérapie d'Echange et de Développement (TED) sur les fonctions psychophysiologiques d'enfants autistes évaluées sur le groupe éducatif.* 30èmes Journées Scientifiques de l'Association Française de Thérapie Comportementale et Cognitive (AFTCC) – PARIS, Décembre 2002.

Cattaneo, L., Fabbri-Destro, M., Boria, S., Pieraccini, C., Monti, A., Cossu, G., Rizzolatti, G. (2007). Impairment of actions chains in autism and its possible role in intention understanding. *Proc Natl Acad Sci U S A,* 104, 17825-30.

Coadalen, S., Blanc, R., Adrien, J. L., Roux, S., Bonnet-Brilhault, F., Barthélémy, C. (2007). Evolution des capacités d'attention conjointe, de jeu symbolique et d'expression émotionnelle chez des enfants avec TED bénéficiant de thérapie d'échange et de développement. *Revue Francophone de Clinique Comportementale et cognitive,* XII, 3, 3-13.

Cossu, G., Boria, S., Copioli, C., Bracceschi, R., Giuberti, V., Santelli, E., Galleses, V. (2012). Motor representation of actions in children with autism. *PLoS One,* 7, e44779.

Courteau, S., Blanc, R., Roux, S., Bonnet-Brilhault, F., Barthélémy, C. (2008). Etude de l'évolution cognitive et socio-émotionnelle d'enfants avec TED bénéficiant de soins intensifs en hôpital de jour et d'une thérapie spécifique. La Thérapie d'Echange et de Développement. In: Adrien, J. L. (Ed). *BECS, Pratiques psychologiques et recherches cliniques.* Editions De Boeck, 193-214.

Courtois, N., Galloux, A-S. (2004). Bilan orthophonique chez l'enfant atteint d'autisme: aspects formels et pragmatiques du langage. *Neuropsychiatrie de l'enfance et de l'adolescence.* 52, 478-489.

Dansart, P., Barthélémy, C., Adrien, J. L., Sauvage, D., Lelord, G. (1988) Troubles de la communication pré-verbale chez l'enfant autistique: mise en place d'une échelle d'évaluation. *Actualités Psychiatriques,* 4, 38-43.

Dansart, P. (2008), La Thérapie d'Echange et de Développement: pour une approche neurofonctionnelle de la communication. *Actes du colloque L'autisme à l'âge adulte: Ethique et bonnes pratiques, La Crèche, 30-31 janvier 2008.*

Dapretto, M., Davies, M. S., Pfeifer, J. H., Scott, A. A., Sigman, M., Bookheimer, S. Y., Iacoboni, M. (2006). Understanding emotions in others: mirror neuron dysfunction in children with autism spectrum disorders. *Nature Neuroscience*. 9, 28-30.

Gervais, H., Belin, P., Boddaert, N., Leboyer, M., Coez, A., Sfaello, I., Barthélémy, C., Brunelle, F., Samson, Y., Zilbovicius, M. (2004). Abnormal cortical voice processing in autism. *Nature Neuroscience*. 7, 801-2.

Guidetti, M., Tourrette, C. (1993). *Evaluation de la communication sociale précoce (ECSP)*. PassEAP.

Hameury, L., Adrien, J. L, Roux, S., Dansart, P., Martineau, J., Lelord, G. (1989) - Standardisation des données par classification multi-axiale dans les troubles du développement global de l'enfant. *Neuropsychiatrie de l'Enfance et de l'Adolescence*, 37, 550-556.

Hernandez, N., Metzger, A., Magné, R., Bonnet-Brilhault, F., Roux, S., Barthélémy, C., Martineau, J. (2009). Exploration of core features of a human face by healthy and autistic adults analyzed by visual scanning. *Neuropsychologia*, 47, 1004-12.

Kasari, C., Gulsrud, A., Freeman, S., Paparella, T., Hellemann, G. (2012). Longitudinal follow-up of children with autism receiving targeted interventions on joint attention and play. *Journal of American Academy of Child and Adolescent Psychiatry*, 51, 5, 487-495.

Lelord, G., Barthélémy, C., Sauvage, D., Boiron, M., Adrien, J. L., Hameury, L. (1987) Thérapeutiques d'échange et de développement dans l'autisme de l'enfant. Bases physiologiques. *Bulletin de l'Académie de Médecine*, 171, 137-143.

Lelord, G., Barthélémy, C., Sauvage, D., Arlot, J. C. Les thérapies d'échange et de développement (TED) dans les troubles graves de la personnalité chez l'enfant. *Concours Médical*, 1978, 100, 4659-4662.

Lelord, G., Barthélémy, C. (1989). *Echelle d'évaluation des comportements autistiques*. Editions EAP, Issy-les-Moulineaux.

Lelord, G. (1990). Physiopathologie de l'autisme. Les insuffisances modulatrices cérébrales. *Neuropsychiatrie de l'Enfance et de l'Adolescence*, 38, 43-49.

Le Menn-Tripi, C., Blanc, R., Bonnet-Brilhault, F., Barthélémy, C. (2013). La thérapie d'échange et de développement et la psychomotricité: principes partagés, pratiques complémentaires. In: Maffre, T., Perrin, J. (Eds.). *Autisme et rééducation psychomotrice*. Collection psychomotricité, Paris: De Boeck-Solal.

Lord, C., Rutter, M., Le Couteur, A. (1994). Autism Diagnostic Interview-revised: A revised version of diagnostic interview for caregivers of individuals with possible pervasive developmental disorders. *Journal of Autism and Developmental Disorders*, 24, 659-85.

Lord, C., Rutter, M., DiLavore, P. C., Risi, S. (2001). *Autism Diagnostic Observation Schedule-WPS Edition (ADOS-WPS)*, Los Angeles, Western Psychological Services.

Lovaas, O. I. (1987). Behavioral treatment and normal educational and intellectual functioning in young autistic children. *Journal of Consulting and Clinical Psychology*, 55, 3-9.

Meaux, E., Dansart, P., Blanc, R. et al. *Atypical face processing and resistance to change in children with autism and their evolution throughout therapy.* Mallorca (Spain), ICON XI, September 2011.

Rogers, S. J. (1996). Brief report: Early Intervention in Autism. *Journal of Autism and Developmental Disorders,* 26, 243-246.

Schopler, E., Reichler, R. J., Renner, B. R. (1986). *The Childhood Autism Rating Scale (CARS) for diagnostic Screening and Classification of Autism.* New York: Irvington

Thiébaut, E., Adrien, J. L., Blanc, R., Barthélémy, C. (2010). The Social Cognitive Evaluation Battery (SCEB) for children with autism: a new tool for the assessment of cognitive and social development in children with autism spectrum disorders. *Autism Research and Treatment.*

Capítulo 12

MÉTODOS RAMAIN E DIA-LOG: SUBSÍDIOS NEUROPSICOLÓGICOS E FENOMENOLÓGICOS PARA O TRABALHO CLÍNICO

Maria Clara Nassif

OBJETIVOS

Os Métodos Ramain (Ramain & Fajardo, 1975, 1977) e DIA-LOG (Fajardo & Ramain, 1997) atendem às premissas do pensamento sistêmico, contemplando os paradigmas da complexidade, mobilidade e diversidade. Consideram o ser humano em sua complexidade e por meio de sua metodologia, a partir de uma *situação grupal*, buscam movimentar os quatro principais aspectos da personalidade humana: o cognitivo, o motor, o emocional e o social. Os dois métodos buscam desencadear uma evolução pessoal pela qual a pessoa crie uma mobilidade adaptativa a uma realidade em contínua transformação, tal como no mundo em que vivemos.

Ambos se propõem a atuar sobre o mais abrangente dos sintomas: a rigidez mental, a estereotipia de pensamento, conforme exposto no Capítulo 1. Por suas respectivas metodologias, esses métodos incidem sobre os mecanismos repetitivos de pensamento e de ação, o que favorece ao sujeito clarear sua percepção da realidade presente e poder vivê-la, então, de modo mais livre de pré-concepções e assim diretamente relacionado a elas.

Trata-se de um processo complexo que busca movimentar as estruturas mentais estruturando-as, quando se trata de intervenções relativas ao período de desenvolvimento até 6 anos de idade, ou reestruturando-as a partir dessa fase, buscando, em ambas as possibilidades, flexibilizá-las para possibilitar ao sujeito viver de modo ativo sua espontaneidade e criatividade.

OS DOSSIÊS

Dois grandes eixos, integrados, considerados simultaneamente, sustentam o desenvolvimento do processo psicoterápico: o eixo estrutural cognitivo – socioemocional e o eixo fenomenológico.

O primeiro destes tem como unidade metodológica de base o exercício, ou melhor os exercícios, incluindo os corporais, que ao serem apresentados instalam o *setting*, a situação, delimitando uma dada realidade, que se modifica a cada diferente exercício proposto (princípio da diversidade). Os métodos são congruentes à concepção de integração funcional dos sistemas cerebrais (Luria et al., 1977) e mobilizam de modo refinado as funções superiores, com especial destaque às funções executivas e a integração e harmonização neurofuncional (Urban 2003, Garcia 2014). Os diferentes exercícios, distribuídos segundo uma programação, constituem um dossiê.

Um dossiê estabelece, por sua estrutura e organização, a estrutura da sessão, elencando os exercícios que serão apresentados. Os diferentes exercícios, de caráter multimodal, solicitam os diferentes aspectos dos processos mentais superiores, mobilizando a integração funcional dos três sistemas cerebrais (conforme Luria) que são ativados pela tentativa de resolução dos exercícios propostos. Do ponto de vista neuropsicológico, pode-se considerar a diversidade dos exercícios pela natureza da solicitação funcional demandada; e sua distribuição a partir de uma programação não linear em termos das dificuldades propostas, mas correlatas ao conceito de zona proximal de desenvolvimento (ZPD) de Vygotsky (1978).

A estrutura das diferentes programações dos dossiês Ramain está organizada de modo a mobilizar os diferentes aspectos da atividade mental e corporal, desde o nível mais concreto ao mais abstrato, explorando ativamente a dinâmica espaço-tempo em suas mais amplas possibilidades (Nassif, 2014). Respeitando esses mesmos fatores, DIA-LOG propõe exercícios de base linguística, privilegiando os processos de comunicação, expressão e criatividade.

Há na atualidade inúmeros dossiês publicados, destinados a diferentes populações, com ou sem distúrbios. Cada dossiê tem certas características em sua estrutura e organização, que possibilitam sua indicação a uma dada população, considerando-se os parâmetros: patamar evolutivo, idade geral de desenvolvimento, nível cognitivo e socioemocional. As diferentes etapas da vida: infância, puberdade, adolescência, grande adolescência, adultos e terceira idade também são considerados na indicação de um dado dossiê, além das particularidades específicas a determinadas condições clínicas, ambientais e culturais. Ademais desses aspectos, podemos correlacionar o nível de solicitação cognitiva de cada dossiê, à luz da teoria piagetiana, aos diferentes estádios de desenvolvimento cognitivo (Piaget, 1974).

Desenvolvimento à luz de Piaget	Período sensório-motor	Período pré-operatório	Período operacional concreto	Período operacional formal
Propostas correlatas	Terapia de troca e desenvolvimento TED I – Intervenção precoce TED II – Seguimento infantil	Método neuropsicológico de estruturação mental evolutiva Dossiê Ramain Pré-F Dossiê de movimentos	Método neuropsicológico de estruturação mental evolutiva Dossiê Ramain F' Dossiê Dia-Log F' Dossiê de movimentos	Método neuropsicológico de estruturação mental evolutiva Dossiê Ramain D Dossiê DIA-LOG Dossiê de movimentos
			PADP Programa de Adaptação e Desenvolvimento Psicossocial CIS Centro de Integração Socioprofissional	

Figura 1. Correlação entre os programas de intervenção do PAN e os estádios de desenvolvimento cognitivo sob a ótica piagetiana, com destaque aos dossiês Ramain.

Esta figura 1 apresenta, à luz da ótica piagetiana, as referências das intervenções de base neurodesenvolvimental de maior prevalência nas propostas clínicas, pois outros dossiês Ramain e DIA-LOG poderão ser incluídos, flexivelmente, de acordo com demandas evolutivas, tais como os dossiês E, para jovens cuja etapa básica de desenvolvimento cognitivo corresponda ao estádio operacional formal (Piaget, 1974) ou o dossiê C para jovens adultos, correspondente ao estádio de pensamento formal.

A SITUAÇÃO – ASPECTOS NEUROPSICOLÓGICOS

Os exercícios configuram um importante eixo metodológico que se constitui em uma estrutura regular e contínua ao longo do processo psicoterápico. O modo como o Método foi elaborado comporta por meio de seu *setting*, a partir da proposição de cada exercício, e pelas intervenções do psicoterapeuta, uma mobilização direta nos processos regulatórios da atividade cognitiva e socioemocional (Adrien *et al.*, 2001) e sobre os processos heterorregulatórios com vistas ao autorregulatório (Nader-Grosbois, 2007).

O enfoque sobre a regulação geral da atividade (Adrien *et al.*, 2001), fator de particular atenção aos psicoterapeutas, é também claramente mobilizado nos processos de inicialização, de manutenção e de finalização de cada atividade, em seus diversos aspectos, que ao longo do processo psicoterápico favorecem a organização e a estabilização da atividade cerebral, cognitiva e socioemocional, do ponto vista neurofisiológico e neurofuncional.

Metodologicamente é possível apontar a correlação entre neuropsicologia, mais particularmente entre as funções executivas, os processos mentais superiores e o Método Ramain, por meio do estudo realizado por Nassif (2014), no qual são elencados os seguintes fatores fundamentais:

- ✓ As noções de diversidade, complexidade e subjetividade presentes em todos os exercícios de diferentes naturezas e que não se repetem, solicitam o processo de busca de uma resposta inabitual, mobilizam o controle inibitório, inibindo dessa maneira as respostas automáticas, os estereótipos mentais e motores.
- ✓ A diversidade de situações de caráter inabitual e o contexto como cada uma delas é proposta, por meio de coordenadas linguísticas organizadas, implicam a intensa e contínua solicitação e integração dos diferentes processos atencionais, mobilizam a função frontal, envolvendo a programação e a planificação da atividade, também de modo intenso e contínuo. Essa conjunção ativa a integração entre *épistemé* e *práxis*, pensamento e ação, solicitando o representar-se antes do operatório, e a reformulação do processo mental e operatório, caso a resposta não tenha correspondido ao demandado.
- ✓ A ativação da planificação frontal é também mobilizada pela solicitação de caráter multimodal presente em todos os exercícios, envolvendo a solicitação e a integração dos diferentes analisadores: auditivo, visual, tátil e cinestésico.
- ✓ Nesse sentido outro aspecto a considerar é o de que a ativação da região frontal ocorra também pelo valor adverbial das indicações, por meio do qual duas ou mais variáveis devem ser consideradas simultaneamente, mobilizando a flexibilidade mental e os processos associativos.
- ✓ Ademais, supõe-se que o modo particular de como o erro é tratado favoreça o processo de projeção da atividade, bem como o trabalho mental de abertura a novas percepções. O erro não sendo apagado mobiliza a busca de outros caminhos, possivelmente, resolutivos. Assim, impõe-se observar um dado fenômeno sob novos ângulos, ativando a descoberta de novas estratégias, favorecendo a flexibilidade mental.

- ✓ Outro aspecto a ser destacado é o de que a programação dos exercícios se dá por patamares sucessivos e em "dentes de serra", em termos de progressão das dificuldades. Sobrepondo-se a esse aspecto, o fato de que todos os exercícios, pela complexidade que os caracterizam, solicitam do sujeito uma mobilização de ordem cognitiva e socioemocional, que se situa na esfera de suas potencialidades, portanto, solicitando um esforço de compreensão, de elaboração para a atualização de novas respostas.
- ✓ Considere-se ainda que a latência necessária à organização lenta e progressiva dos circuitos neuronais (Antunha, 1995) seja propiciada pelo distanciamento dos exercícios de mesma natureza nas programações Ramain, que não se sucedem exatamente uns após os outros, mas sim intercalados por exercícios de outras séries. Esse aspecto corresponde ao conceito de recorrência (Fajardo, G., Comunicação pessoal, Paris, 08/04/2014) e parece ser uma das chaves de consolidação da estabilidade e integração funcional, configurando-se pela emergência dos processos regulatórios (Nassif *et al.*, 2015).

A SITUAÇÃO – EIXO FENOMENOLÓGICO

Embora seja evidente o desenvolvimento neurofuncional, em Ramain e DIA-LOG, o exercício, ou melhor, os exercícios apresentam-se como um *pretexto,* isto é, situam-se como meio a partir do qual a situação – *setting* terapêutico – se instala como a base relacional para instaurar o aqui e agora, configurando a realidade presente. É sobre a busca do contato e relação com essa realidade presente que se passa o trabalho psicoterápico, no qual as circunstâncias que emergem incluem-se como aspectos a serem trabalhados. Compreende-se essa dinâmica como analógica à vida, na qual a imprevisibilidade que surge a cada momento marca novas implicações que passam a se constituir como parte integrante dessa realidade, em contínua transformação, imprimindo a cada vez um novo sentido ao que se vive e ao que se faz.

Na situação Ramain ou DIA-LOG, a integração contexto – sentido – ação se dará primeiramente pela contextualização, expressa por meio das proposições sobre do que se trata o exercício a realizar; simultaneamente pela entrega dos materiais precisos, os únicos disponíveis a esse fim, e a apresentação das indicações precisas à realização do proposto. Em segundo lugar, esses mesmos aspectos favorecem a possibilidade de compreensão e do sentido da solicitação. Finalmente, como o participante integra esses diferentes aspectos em seu modo de ação.

Outros aspectos tomam relevo: os exercícios propostos não se repetem e, além disso, apresentam um caráter de surpresa, que impacta emocionalmente a pessoa, solicitando sua presença por inteiro.

É relevante ainda considerar que a proposição de cada exercício é realizada por meio de coordenadas linguísticas organizadas, mobilizando os processos cognitivos superiores e solicitando um esforço de escuta, de atenção, de planificação frontal, de realização e de retificação. É por essa via de intensa ativação das funções executivas que pouco a pouco desencadeia-se a flexibilidade mental, que favorece a emergência da capacidade elaborativa.

As circunstâncias que situam o contexto, e as intervenções por parte do psicoterapeuta que buscam ressituar os participantes em seus desvios, favorecem o alcance de uma clara noção da pertinência ou não de suas próprias verbalizações e ações. Apontam-se aqui dois aspectos: o contínuo trabalho sobre funções executivas, correlacionado ao embate entre os sistemas de Kahneman (2012): Sistema 1, no qual predominam os vieses do pensamento imediato e estereotipado; o Sistema 2, o que representa o raciocínio e a lógica, e o Sistema 3, o que é capaz de criar a possibilidade de buscas resolutivas, com a importante mobilização do controle executivo, integrando emoção e razão em uma resposta atualizada e adaptada às circunstâncias do real, em sua complexidade, conforme apresentado no Capítulo 1 desta obra.

Essa condição toma ainda um sentido mais abrangente quando compreendida de modo integrado às outras premissas dos Métodos Ramain e DIA-LOG, que denotam o conceito de situação.

O caráter não finalístico do exercício e o não julgamento moral sobre o visto como certo ou errado marcam o *setting* terapêutico como uma oportunidade para viver-se algo juntos, possibilitando a abertura do campo perceptivo para as diversas relações entre sujeito e exercício, sujeito e terapeuta, sujeito e demais participantes do grupo.

Outros aspectos favorecem esse desencadeamento: o erro, não sendo apagado, torna-se um elemento construtivo e não de julgamento moral, bem como o trato da evasão face às dificuldades ou sobre a frustração diante de uma realização que não corresponda ao esperado. O foco incide sobre a atitude do sujeito face ao demandado e não sobre o objeto ou o resultado da realização em si mesmo.

A realização de um exercício, que passa a ser vivido como situação, mobiliza um foco amplo, que abrange o pesquisar e o pesquisar-se, perceber-se realizando, como estou realizando, como estou em relação com o que me é proposto, como estou em relação com o terapeuta e com os meus colegas, participantes deste grupo. Desse modo, incide sobre os processos metacognitivos, abre ao sujeito a condição de perceber-se em relação consigo mesmo e com seu entorno: a percepção de si, do outro e dos demais aspectos que constituem a realidade e que, por meio dos Métodos Ramain e DIA-LOG, amplia-se e flexibiliza-se (Urban, 2003).

Por esses aspectos, esses métodos dão relevo "ao sentido da subjetividade, incidindo durante o processo sobre o emergir do sujeito e de sua autonomia, favorecendo aclarar sua identidade, pelo reconhecimento da alteridade" (Nassif, 2014, p. 156).

E a apropriação dessa vivência experiencial em um contexto grupal, num tempo e espaço dados, viabiliza-se como cognição pela postura do terapeuta, que no exercício de suas funções busca catalisar, por vezes, em uma só intervenção a atitude que abre o campo à investigação, deslocando o valor do resultado a essa pesquisa mais abrangente: a da percepção de si agindo, à consciência de si.

A vivência integra de modo coeso emoção e razão, estruturação mental e contato com a realidade atual na qual estou incluído. Para Simonne Ramain a cognição coincide com o ato que se desenrola.

> "[...] é importante ressaltar que a noção de corpo-mente-cérebro nesses métodos estende-se a uma visão integrativa das emoções em todos os níveis, incluindo o corporal: a integração do sujeito com o seu entorno, configurando uma só realidade [...] Trata-se sim de uma realidade complexa que procura abarcar o homem na própria pluralidade que o constitui" (Nassif, 2014, p. 28).

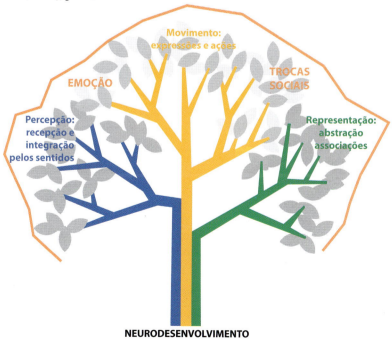

Figura 2. Representação analógica da estrutura de um dossiê Ramain e neurodesenvolvimento em sua complexidade interativa. Fonte: Nassif, 2014.

A figura 2 representa a estrutura de um dossiê Ramain, incidindo sobre a estimulação do neurodesenvolvimento, base da evolução pessoal. Os três grandes galhos correspondem às três grandes ramificações das diferentes séries de exercícios Ramain, em uma programação: à esquerda, os ligados mais diretamente à recepção, o central, ligado aos movimentos e o outro, à direita mais ligado aos processos representacionais e abstratos. Tal como na vida, permeia toda a experiência, em uma situação grupal, a emoção e as trocas sociais.

REFERÊNCIAS BIBLIOGRÁFICAS

Adrien, J. L. (1996). *Autisme du jeune enfant: Développement psychologique et régulation de l'activité*. Paris: Expansion Scientifique Française.

Adrien, J. L., Rossignol-Deletang, N., Martineau, J., Couturier, G., Barthélémy, C. (2001). Regulation of cognitive activity and early communication development in young autistic, mentally retarded, and young normal children. *Developmental Psychobiology*, 39(2), 124-136.

Antunha, E. L. G. (1995), *Ramain: Neuropsicologia e Arte*. Cari Departamento de Publicações.

Fajardo, G., Ramain, S. (1997). *DIA-LOG: Expressão-Comunicação-Criatividade*. Cari – Departamento de Publicações.

Garcia, G. F. (2014). *Metodo Ramain-DIA-LOG y desarrollo de las funciones ejecutivas*. Valencia.

Luria, A. R., Luria, A., Luria, A. R., Benítez, M. E., Leontiev, A. N., Vygotsky, L. S. (1977). *Las funciones corticales superiores del hombre* (No. 616.8: 159.9). La Habana: Orbe.

Nader-Grosbois, N. (2007). *Régulation, autorégulation, dysrégulation: Pistes pour l'intervention et la recherche*. Wavre: Mardaga.

Nassif, M. C. (2014). *Neuropsicologia e subjetividade: Fundamentos do Método Ramain*. São Paulo: Alínea.

Nassif, M. C., Fajardo, G., Adrien, J. L., Marchesan, C., Mazetto, C., Stefani, A. P., Werneck, B., Vizoná, T. (2015). *Étude préliminaire de l'évolution comportementale, fonctionnelle et socio-adaptative d'enfants avec TSA bénéficiant d'une intervention originale, le dossiê Ramain-Pré-F*. Communication affichée à la 13ème Université d'automne de l'arapi: "Le développement n'a pas d'age". 6-10 octobre, Le Croisic, France.

Piaget, J. (1974). *A construção do real na criança*. 2. ed. Rio de Janeiro: Zahar.

Ramain, S., Fajardo, G. (1975) *Structuration mentale par les Exercices Ramain*. Paris: Epi.

Ramain, S., Fajardo, G. (1977). *Perception de soi par l'attitude et le mouvement*. Paris: Epi.

Urban, M. L. (2003). *O método Ramain: do tratamento da dificuldade escolar à evolução pessoal*. Dissertação de Doutorado, Universidade de São Paulo, São Paulo.

Vygotsky, L. S. (1978). *Mind in Society*. Cambridge, MA: Harvard University Press.

Capítulo 13

O MÉTODO DIA-LOG: COMUNICAÇÃO, EXPRESSÃO E CRIATIVIDADE

Ana Paula Stefani

Germain Fajardo

ENTREVISTA ENTRE ANA PAULA STEFANI E GERMAIN FAJARDO A PROPÓSITO DE DIA-LOG em São Paulo, dezembro de 2014

AP: Há pouco tempo, a mãe de um participante que viera me ver comentou que tinha lido uma entrevista sua sobre DIA-LOG publicada faz já alguns anos em Curitiba, que ela gostou muito mas mesmo assim não conseguia entender como e por que seu filho tinha evoluído tanto – "despertando à vida", manifestou – e solicitava de mim, ex-psicoterapeuta do filho, a explicação adequada. Eu falei da multiplicidade dos fatores agindo simultaneamente na globalidade da situação, da importância do grupo, do interesse nascente pela dinâmica da comunicação, da ocasião constantemente renovada de exprimir algo próprio muitas vezes desconhecido, do contato cada vez mais amplo e consciente com a realidade... e ao mesmo tempo, eu me apropriava do questionamento de minha interlocutora achando que nada disso correspondia exatamente ao "como" assim como ao "quando", ao "porque" ou "em que condições"...

GF: Não conte comigo para obter uma resposta firme e definitiva. Você mesma com quase 20 anos de experiência no trabalho de DIA-LOG, com tantos pacientes evoluindo cada um a seu ritmo, sabe muito bem que se trata de um processo e, como em todo *processo*, a multiplicidade dos fatores é a regra. O herói romântico que faz a História...

AP: Concordo; e quando eu li essa entrevista também gostei e achei que a evocação dos fatores era suficiente; mas o que está faltando para mim agora é como "age" cada fator, em que medida ele interfere nos outros fatores e no substrato pessoal de cada participante, como ele se insere na dinâmica grupal e individual, orientando a *pesquisa* que alimenta o *processo*.

GF: Considero sua ideia muito interessante. Que tal revermos juntos essa entrevista e comentá-la acrescentando o que estaria faltando para satisfazer nossa curiosidade oito anos depois?

AP: A entrevista, eu diria, começa de maneira clássica:

A jornalista: "— *Que é DIA-LOG?*"

Germain Fajardo: "— É um *processo* terapêutico vivido em pequenos grupos de *participantes* com um *animador* psicoterapeuta."

"— *Por que é chamado assim?*"

"— DIA-LOG é um nome próprio composto de dois termos gregos:

– o prefixo *dia*, que significa *através de*;

– *log*, que faz referência ao *logos*: palavra, linguagem, inteligibilidade, razão..."

"— *Pelo visto, o nome fala do meio, mas qual a finalidade?*"

"— A *evolução* dos indivíduos, e, através deles, das instituições, da sociedade...

Cada um de nós evolui muito pouco ao longo da vida; cresce, muda de aspecto, aprende coisas novas, mas fica ligado àquele que foi, cada vez mais longe daquele que poderia vir a ser.

"— *DIA-LOG tem a ver, então, com o descobrimento e a exploração das potencialidades do indivíduo?*"

"— Exato! Mas não só com a exploração – como você diz – do desconhecido de nós que já existe, mas também daquilo que podemos *criar* conosco e com os outros. Em realidade, o tempo que passa é uma sucessão de oportunidades de *criação*, geralmente despercebidas."

"— *Como assim?*"

"— Os indivíduos e os grupos sociais tendem a *repetir* comportamentos, maneiras de agir – e também de sentir e de pensar – já conhecidas, *usuais*, *comuns, correntes, habituais, ordinárias, corriqueiras*... – veja a riqueza de sinônimos! – antes de *criar* uma resposta original e talvez mais adequada às necessidades que se apresentam. E à força de *repetição*, produz-se uma *esterilização* das possibilidades de *criação*."

"— Por quê?"

"— Porque o *já conhecido* não surpreende, não perturba, justifica as certezas que se têm, acalma a insegurança... *"Filho de peixe, peixinho é"*, dizem os portugueses, *"Tel père, tel fils"*, os franceses e os espanhóis: *"Más vale un malo conocido que un bueno por conocer"*... tal é o culto da *repetição*! E quando a escola *treina* comportamentos e saberes que algum dia foram novos, não faz outra coisa que *repetir, repetir, repetir,* de modo a tornar gasto – e sem sabor – aquilo que, uma vez, teve o encanto da descoberta e da novidade..."

AP: Mas a entrevista vira logo para algo mais profundo em relação à oposição entre repetição e criação, ainda mais pertinente no meio escolar.

GF: E fora desse meio. Observe que na *repetição* está incluída não só a imitação – somos bípedes porque vivemos entre bípedes, falamos... – mas também a identificação, o retorno, as estereotipias, a moda, os usos e costumes e a "transmissão de valores" que fundamentam uma sociedade, uma cultura, uma civilização. Não é por acaso que em DIA-LOG estudamos os provérbios e até se "brinca" em criar novos. O importante no caso é que a repetição se opõe à criação e que esta é um dos fatores "de valor terapêutico" que você está buscando elucidar.

AP: O engraçado é que geralmente quando um paciente é encaminhado para uma clínica psicológica espera-se um trabalho de quebra de estereotipias, mas não que o paciente se torne criativo; a criação ficando reservada a um núcleo de "escolhidos". Quero aprofundar esse tema, mas antes continuemos com a entrevista de Curitiba:

"— *Como faria o Sr. para obter comportamentos criativos?*"

"— Incitando a *imaginar* e, mais ainda, obrigando a *imaginar*. Eu falei de escola, veja o paradoxo: se eu conheço a resposta – aquilo que é tão valorizado pela escola – ou pior ainda, se eu a sei de cor, eu não preciso *buscá-la, deduzi-la, imaginá-la* para *elaborá-la*... ela é *automática*; eu me comporto como *autômato*. Repare, aliás, que as famílias agem de um modo similar: é muito raro que à pergunta de uma criança alguém responda: *'Busque! Pesquise!'* ou *'Observe e imagine qual seria a melhor solução'*... Geralmente se dá uma resposta que fecha o diálogo e se a criança volta a insistir: *'Você já sabe!'* conferindo ao *saber* o poder de *tolher*."

"— Parece que as perguntas são muito importantes em DIA-LOG."

"— Muito! Muito mais importantes, aliás, que as respostas. Toda pergunta é uma tentativa de diálogo, o que supõe uma tomada de decisão com vistas a iniciar ou manter uma relação. Existem perguntas muito variadas: banais, indiscretas, capciosas, inteligentes, felizes... elas traduzem todas um desejo: de saber, talvez de conhecer ou de compreender, frequentemente mais a pessoa interrogada do que o objeto questionado. Você, com suas perguntas, me obriga a buscar a maneira mais adequada de transmitir uma informação, me ajuda a aprofundar um tema com menor risco de aborrecer o interlocutor, o que eu considero muito feliz!"

"— Por que o Sr. disse que as perguntas são mais importantes que as respostas?"

"— As respostas, duradouras ou efêmeras, são sempre passageiras: veja a ciência, veja a arte...; as perguntas, talvez formuladas diferentemente, são eternas: entre duas pessoas – 'Você me ama?', de mim para Deus – 'Por quê?', de criança a adulto – 'Quando?...'. Não há pergunta sem desejo."

AP: Aqui temos novos fatores "de valor terapêutico" escondidos entre as palavras; um deles, a imaginação...

GF: Não! O *imaginar*, o *ato* de imaginar, porque terapia é também *ação*, de terapeuta *e* pacientes. É ao imaginar que eu abro meu campo à experiência que vai me construir. Até então eu repeti ações seja por obediência, seja porque me dão prazer, seja por tentativas vãs de estabelecer um contato que me é necessário. Minha experiência tanto de mim como da realidade que me envolve é mínima e lembra a de dois mundos estanques. Mas ela existe e aos poucos, graças ao trabalho terapêutico, ela vai crescendo e transformando-se até que um dia eu posso *me imaginar na realidade*. Inicia-se, então, o trabalho da *experiência criadora* e a terapia muda de rumo sem abandonar as águas pelas quais navega.

AP: Essas diferenças que você aponta perturbam meus conceitos e ao mesmo tempo esclarecem realidades que eu já encontrei. A *imaginação* estaria num mundo e o *imaginar* noutro, como a experiência "que se tem" está no mundo do *saber* e a experiência que se realiza – que você chama experiência criadora – está no mundo do *aprender*.

GF: O importante é que, apesar de falarmos de dois mundos diferentes, nós vivemos nos dois simultaneamente e que em realidade eles não são tão estanques quanto os apresentamos, o que está na base de nosso interesse pelas ligações que podemos fazer – tentar, realizar, constatar – entre um e outro.

Uma terapia baseada na concretude de um mundo real – o que seria "objetivamente verdadeiro" – estaria tão errada, seria tão inoperante a meu parecer quanto uma terapia baseada na pura fantasia.

AP: O erro estaria em "virar as costas" para o outro mundo querendo ignorá-lo, em vez de entrar nele para poder fazer as ligações necessárias, verdadeiras pontes entre fantasia e realidade.

GF: A terapia se joga – podemos falar assim em português? – no interjogo entre ambas, no limiar onde se situa – para voltar ao nosso tema – o imaginar.

AP: Infelizmente, o imaginar em nossa sociedade está cada vez mais enfraquecido. Antes de você pensar num objeto que... ele já está no mercado; a televisão nos bombardeia fantasmas imaginados por outras pessoas que superam todos os que você poderia fabricar... Existe uma inflação – e uma poluição – das imaginações que são verdadeiros estorvos para uma percepção mais adequada da realidade.

GF: Sempre existiram lobos que comem chapeuzinhos vermelhos e as fábulas são milenárias, mas sabia-se que eram fábulas; talvez hoje se apresentem certas ficções com a mesma forma e estrutura de alguns documentários sobre terras e populações desconhecidas. E o expectador "engole" ambas sem ter noção da diferença fundamental. Eu confesso sentir certo desconforto quando se diz que tal filme refere um fato acontecido; eu prefiro a resposta de Gustave Flaubert aos que queriam saber quem era Madame Bovary: "Madame Bovary *c'est moi*".

AP: Não quero perder o fio de nossa conversa; e confesso – eu também – que gostei muito daquele "Não há pergunta sem desejo" que acaba o trecho escolhido na entrevista de Curitiba. Que podemos acrescentar?

GF: Simplesmente que todos conhecemos e apreciamos a dinâmica que desencadeia o reconhecimento do próprio desejo. Ninguém discute a função deste – elemento da realidade – na "fabricação", como você diz, dos fantasmas que habitam nossa imaginação; mas vale a pena assinalar a importância do *reconhecimento* – outro "fator de valor terapêutico" – tanto em RAMAIN como em DIA-LOG.

AP: Justamente, nos trechos seguintes, fala-se de RAMAIN e DIA-LOG assinalando o que é comum a ambas as técnicas:

"— *Como acontece uma sessão de DIA-LOG?*"

"— O pessoal se cumprimenta já antes de entrar na sala. Às vezes alguém pergunta: *'O que temos para hoje?'*, porque as sessões são todas diferentes, não só pelo que acontece, mas também pelas propostas diversas que faz o *animador* e que nós chamamos de *exercícios*. O animador apresenta a primeira situação: *Trata-se de...* Os *participantes* intervêm, seja espontaneamente, seja designados pelo animador; as intervenções se comentam, às vezes com um gesto, às vezes com uma gargalhada; e geralmente no final o grupo reflete sobre o acontecido ou simplesmente constata. E tudo isso, veja bem, numa situação-exercício de apenas 10 minutos."

"*— E depois?*"

"— Outra situação, *totalmente diferente,* talvez de 20 minutos... e depois mais uma, até completar os 60, 75 ou 90 minutos da sessão. Porque o mais importante é que dentro desse lapso de tempo, *apesar* de os exercícios *serem diferentes*, cada expressão dos diversos participantes que compõem o grupo está *ligada* às diversas expressões do mesmo sujeito; e toda a sessão, afinal de contas, torna-se um convite para cada um *integrar* suas diversas manifestações reconhecendo-as como *expressões* de si próprio."

"*— Estou brecando a tentação de perguntar outra vez 'e depois?', porque imagino que o Sr. vai me dizer que o pessoal se cumprimenta...*"

"— Exatamente! Mas permita-me acrescentar que na despedida existe sempre um 'até quinta-feira!' ou 'até a próxima semana', porque num *processo, hoje* só adquire sentido numa sucessão de '*hojes*'... O não reconhecido desta vez não se apaga; fica – eu diria – suspenso, 'à espera' de outra expressão própria, ou talvez de um colega, à qual se ligar criando sentido para mim, para ambos, para o grupo."

"*— O Sr. fala de exercícios diferentes; pode especificar como?*"

"— Boa ideia! Sim! Existem diferenças de *tema* como de *objeto,* mas a mudança efetiva só se dá quando a diferença entre dois exercícios é *estrutural,* apesar de tratar do mesmo tema ou de utilizar o mesmo material, o que pode e deve acontecer. A programação dos exercícios está baseada em grande parte na dinâmica suscitada pela passagem sucessiva de um *tipo de exercício* – que nós chamamos de '*série*' – a outro, e dentro de uma mesma *série,* a mudança de enfoque é de regra, por exemplo, descrever o que se está observando é muito diferente de descrever o que se lembra e mais ainda o que se imagina, sobretudo *em grupo!,* já que se trata do mesmo objeto para todos...! Mesmo assim, nunca haverá mais de um exercício de qualquer *série* que seja em cada sessão, composta geralmente de seis ou sete exercícios diferentes."

"— Na sua fala está sempre a palavra "grupo". DIA-LOG pode ser igualmente trabalhado no individual?"

"— Nunca! Imagine em que ficariam os exemplos citados se fossem trabalhados individualmente! A situação grupal, aliás, é a mais normal. Ela precisa de pelo menos três pessoas, significadas desde o princípio da vida por *criança, mãe* e *pai*. Uma situação bipolar – psicoterapeuta e paciente, por exemplo – pode ser válida em outras técnicas; não em *RAMAIN* nem em *DIA-LOG*, em que a diferença entre os exercícios corresponde à diferença entre os participantes. É porque a resposta de fulano à mesma pergunta é diferente da minha, que eu *o* percebo e *me* percebo no mesmo instante... Uma das "rubricas" fundamentais de *DIA-LOG* é a 100 – DIZER. Não existe *dizer* sem seu simétrico *escutar;* ou melhor, só *se diz* porque *se escuta*. Pois bem, essa *escuta* no nosso entender deve ser *múltipla* e possuir três *dimensões*: a de *si mesmo* (a própria), a de *seus pares* (os outros participantes), a do *psicoterapeuta (*o animador)."

AP: Tudo isso fala do *grupo*; não só o último parágrafo.

GF: Efetivamente. Voltando ao tema, eu diria que a terapia começa quando alguém descobre que ele é escutado por outro membro do grupo que não é o animador, quem, ao não responder diretamente às solicitações que recebe, é logo confinado a um papel esterilizante de questionador incompreendido.

AP: É certo, nos primeiros tempos vive-se num mar de incertezas e incompreensões; cada um – entre eles, o animador – buscando um vínculo que ninguém consegue criar. Os exercícios sucedem-se sem que nada aconteça...

GF: Mas *todos* escutam; e de repente alguém comenta a intervenção de outro participante – seja com palavras, com um gesto ou uma gargalhada, como eu disse; comentário que o animador apoia se o estima pertinente – e aquele que formulou a frase comentada descobre que ela tem sentido, que esse *sentido* tem sido *reconhecido* e, ao mesmo tempo, que ela é uma *expressão sua*. As três dimensões têm sido satisfeitas. O participante *nasceu* ao grupo e *fez nascer* o grupo.

AP: A partir daí o grupo entra em efervescência, cada participante tentando "ser feliz" em suas intervenções que já não se dirigem privilegiadamente ao terapeuta mas ao grupo, a quem puder acolhê-las, entendê-las e revirá-las com sentido.

GF: Uma nova dinâmica nasceu da *escuta* e do *reconhecimento do sentido*, que é o próprio do discurso; e o sujeito, ao se exprimir para comunicar, descobrindo o *sentido*, descobre a *relação*.

AP: E tudo isso no suceder-se dos exercícios, a maioria muito rápidos. Você poderia ter enfatizado esse aspecto, fundamental na dinâmica do processo, que tem ainda uma repercussão de fundo: vive-se na *ruptura*. De um exercício se passa a outro que aparentemente "não tem nada a ver" com o anterior e assim em diante, como disse Tomás, na Espanha, "salvo que se trata sempre de mim, com você como animador, com Fulano, Beltrano e Sicrano como outros participantes vivendo atribulações e vicissitudes semelhantes...". Em DIA-LOG não se para, não se "gruda"; tudo é diferente, não só tal exercício de outro, sua frase da minha, minha problemática da dos outros – grupo voluntariamente heterogêneo – contribuindo a perceber-me, a delimitar-*me*, a me sentir na minha *unicidade* com todas as repercussões emocionais de tal processo.

GF: Outro aspecto pelo qual já tenho sido "cobrado" desde o início por não tê-lo enfatizado é quanto o exercício é uma *estrutura vazia de conteúdo*: o animador diz, por exemplo, "Trata-se de fazer uma frase que contenha no meio (ou no início, ou no final) tal palavra" – a mais neutra possível, por exemplo "anteontem" –, sem acrescentar nada mais, *sem dar um exemplo* que poderia "guiar" ou ser copiado. *O conteúdo é seu*. O exercício engaja cada um a *exprimir* algo que não tem sido induzido pelo animador, algo que pertence a seu mundo próprio, que pode surpreendê-lo ou talvez chamar a atenção de outro participante ou talvez passar despercebido; e, como você disse, vamos continuar. Talvez outro dia – os exercícios não podem se repetir; mas as pessoas, sim – sua expressão suscite a reação irritada de tal participante: "Mais uma vez com seu namorado!" desvendando desejos que nesse momento tornam-se públicos, não censurados e não sancionados.

AP: O caso citado me lembra um fato acontecido já faz um tempo. Eu tinha proposto fazer frases que comecem por "Quando chegou" e que incluíssem o grupo rítmico que eu indicara a cada participante solicitado. Quando chegou a vez de Sergio, eu disse "ao porto" e ele exprimiu: "Quando chegou ao porto, não tinha ninguém", o que suscitou imediatamente em Susana o comentário apenado: "Coitado!". A emoção de Sergio e do grupo todo foi enorme; e o que eu quero salientar é que desde esse dia o grupo funcionou como um verdadeiro grupo de trabalho, cujo objeto implícito foi a problemática de cada um, à qual eles mesmos referiam-se de vez em quando, geralmente de maneira jocosa: "Se eu fosse N. eu diria..."; "Sem querer ofender ninguém, eu ..."

GF: Continuemos com a entrevista de Curitiba:

"— *Como nasceu DIA-LOG?*"

"— Por etapas!... Quando eu conheci Simonne Ramain em 1963, *DIA-LOG* tinha já quase 10 anos, diversas opções válidas até hoje e "um certo número" de exercícios que ainda pratico quando trabalho em francês, o que me abriu as portas da equipe de pesquisadores da Direção de Pesquisas e Métodos da Câmara de Comércio de Paris, onde trabalhei junto com Simonne Ramain. Essas opções da primeira etapa são: 1) a de uma *terapia de grupo* baseada no *discurso*; 2) a escolha de *situações problemáticas* (os exercícios) a serem resolvidas pelos participantes – individualmente, por equipes ou pelo grupo inteiro – na presença do psicoterapeuta; 3) a recusa do *"ensino"* (embora eu já fosse na ocasião *Chargé de Cours* na Sorbonne...), que acaba com toda pesquisa e confere ao terapeuta um papel que não convém à sua função.

A segunda etapa – de 1963 a 1975 – foram quase 12 anos de parceria com Simonne Ramain, de quem tive a honra de ser o mais próximo colaborador. A contribuição principal e não única da grande pedagoga e terapeuta a *DIA-LOG* tem a ver com o que se chama de *metodologia,* quer dizer, nesse caso, a *organização,* o *planejamento* e a *orientação*; que supõe a observação atenciosa e constante do trabalho terapêutico.

A intensa colaboração com Simonne Ramain criou uma situação original: o *RAMAIN* tem uma criadora e dois coautores; *DIA-LOG,* dois criadores e um só autor, porque o longo período de redação de *Dossiês de Exercícios* ocorreu durante a terceira etapa – já sem Simonne Ramain – etapa também de implantação progressiva de *DIA-LOG* em Institutos Médico – Educativos e Centros de Saúde Mental franceses, belgas ou suíços de expressão francesa, e de diversificação da técnica para o espanhol e o português – cujas primeiras experiências ocorreram no Instituto Lúcia Bentes do Rio de Janeiro e na Clínica CARI de Santo André[1] –, o que exigiu um grande esforço de nova criação, ainda não acabado. Desde 1995, estamos na quarta etapa..."

"— *Pode-se dizer que DIA-LOG é como RAMAIN?*"

"— Tudo depende do sentido de "como"... São duas técnicas diferentes – o *RAMAIN* mais amplo, mais abrangente, sobretudo por sua dimensão corporal... – com a mesma opção ética e metodológica, o que permite que em certas ocasiões elas possam ser trabalhadas concomitantemente no mesmo grupo terapêutico, por um animador psicoterapeuta."

---

[1] Referência à Cari Psicologia e Educação.

GF: Pouco temos a acrescentar ao que já foi dito, mas desse trecho eu gostaria de comentar o título inicial de DIA-LOG:

"Expressão-Comunicação-Criatividade", recusado de início pela equipe da Câmara de Comércio de Paris, que só o admitira, com razão, como subtítulo, preferindo o nome, porém, transitório de "Discurso e Linguagens".

Expressão-Comunicação-Criatividade é, por um lado, o tripé sobre o qual se baseia todo o processo; e ao mesmo tempo esse título resume a dinâmica que dá vida ao processo: a *expressão* é *criação* – a maior parte, inconsciente – para comunicar e *comunicar-se*. Um gesto automático, um ato reflexo, um "qualquer coisa" não elaborado não é expressão. A *expressão* requer um desejo, uma intenção e uma decisão de ação que se traduzem em processo de criação que só adquire sentido na comunicação com outrem: você, o leitor, aquele que assiste a uma representação teatral ou observa um quadro.

Quando a jornalista de Curitiba, a propósito de "Discurso e Linguagens", me perguntou "Que é o discurso?", eu lhe respondi quase com as mesmas palavras:

"— É a língua concreta, viva, em *situação de comunicação*; em ação, já que *dizer é agir*. O *discurso* é *expressão,* e na expressão existem não só as palavras, mas também o *tom* de voz, o *ritmo* de fala, a *entonação* das frases... e a *intenção de comunicar,* de *exprimir* para o outro, para si e para todos, a realidade do que se sente, do que se pensa, do que se é..."

E ela acrescentou acertadamente:

"— E o *discurso* é o substrato do seu trabalho."

AP: Eu gostaria também de aprofundar as relações entre DIA-LOG e RAMAIN, que eu trabalho desde o ano 1993, mas acredito que esse tema possa ser objeto de um outro encontro. Acho preferível continuar com a entrevista de Curitiba, que aborda o tema central de nossa conversa.

"*— Além da escuta, que outros aspectos sustentam o processo evolutivo?*"

"— A *criação!* Ninguém tem a obrigação de dizer *tal* frase, só, em certos casos, a de fazer *uma* frase com tal palavra ou que comece ou acabe com tal locução ou... o resto é *criação,* expressão de um mundo interior – surpreendente, talvez – que será escutada."

"*— E daí, analisada?*"

"— Não, pelo contrário, *integrada*, acrescentada a um capital que fala de nós e que, aos poucos ou repentinamente, criará sentido unificando o real... E a *partilha!* Tudo o que acontece no grupo é *nosso*, do impropério ao perdão, do erro ao achado, do riso ao pranto, da repetição à mudança... Quanto precisaremos ainda lutar para chegar a entender que o que acontece a um *semelhante* – qualquer que seja sua idade, sua cor de pele, sua crença ou seu QI – *nos* acontece? No grupo, isso não surge imediatamente nem se dá *ipso facto,* mas seu advento marca o início de uma nova etapa no processo terapêutico... 'Você viu que ele não faz mais perguntas à toa e que quando pergunta é porque espera uma resposta?', disse uma moça no grupo de Ceni e, nesse dia, ela cresceu ainda mais."

"— *Em que, mais essencialmente, DIA-LOG é terapêutico?*"

"— Na *atitude do animador*, que acolhe o que emerge do grupo sem censuras e replica sem interpretar, estimulando uma dinâmica que permitirá ir mais além na *expressão* individual e grupal; num "*setting*" apurado onde cada detalhe tem sido objeto de cuidados; a *situação* que é a única realidade vivida juntos por participantes e psicoterapeuta. Tudo acontece no "aqui e agora" dessa *situação,* contexto da experiência vivida em grupo a partir de um exercício proposto pelo animador, pois mesmo a referência ao "fora", ao passado ou ao futuro ocorre nesse "aqui e agora" onde ela adquire sentido."

AP: O que você acrescentaria hoje?

GF: Novamente o *sentido*, palavra pela qual acaba a citação. A descoberta do sentido desvenda uma nova dimensão onde de repente se vê a profundidade do discurso. O discurso não é gratuito, ao contrário, ele é *compromisso*. Ao falar, ao escrever, você se engaja; com a realidade, real ou fictícia, com o outro. E quem a escuta – quem a lê – se engaja ao querer compreendê-la.

AP: Eu lembro ter lido num texto seu: "Que é compreender senão colocar em relação a si? *Compreender* é um ato de *criação*".

GF: E quando o paciente descobre que sua linguagem – seu discurso – é "coisa dele", que o que ele diz corresponde a um pensamento, uma percepção, um sentimento *dele*, então ele se engaja numa busca incessante de si por meio do discurso; como você disse no início da conversa "*pesquisa* que alimenta o processo".

AP: Me deixe relatar o caso de um rapaz de 22 anos portador de autismo grave com nível importante de passividade e dependência materna em seus diferentes âmbitos, cuidados pessoais, comunicação, alimentação, locomoção.

Teve um atraso importante de desenvolvimento e iniciou o processo de fala aos 7 anos, que se estruturou de modo ecolálico, estereotipado e limitado aos contextos conhecidos.

No início do trabalho terapêutico, B. restringia-se a respostas padronizadas e, de forma muito limitada, conseguia estabelecer um pequeno diálogo:

B: "Boa tarde"

AP: "Boa tarde, como você passou?"

B: "Passei bem, e você?"

AP: "Bem, obrigada."

Mas se eu mudasse a forma de saudação, todas as respostas eram ecolálicas, do tipo:

AP: "Como foi o seu fim de semana?"

B: "Como foi o meu fim de semana?"

AP: "Você ficou em casa?"

B: "Eu fiquei em casa?"

E assim por diante.

Nessa situação nunca houve nenhum tipo de cobrança no sentido de ressaltar que não estava respondendo às perguntas, mas sim somente uma resposta à sua pergunta ecolálica, em tom bem humorado:

AP: "Eu não sei, não passei o fim de semana com você, não é?"

Ele gargalhava, ficava um pouco sem jeito, mas continuava assim, sem imaginar como responder a uma pergunta cuja resposta que ele nunca tinha "aprendido".

GF: Eu não conheci B., é claro mas essa risada podia ser um gesto automático ou, talvez, o *reconhecimento* de uma inadequação, sinal de um processo interior em andamento.

AP: Sem dúvida, porque após algum tempo mais de trabalho terapêutico, numa sessão eu comentei com o grupo que na semana seguinte faríamos uma atividade ecológica e deveríamos programar o que seria, ao que ele respondeu imediatamente:

B: "Eu tive uma ideia: eu gostaria de fazer um bolo."

Nesse momento, sua expressão era de surpresa e ao mesmo tempo de muita alegria, o que chamou minha atenção pela emergência de uma atitude expressiva e espontânea, até então inimagináveis. B. parece ter se dado conta que podia encontrar respostas dentro de si, construí-las, sem que alguém lhe ensinasse "o que pensar" ou como responder a cada uma das perguntas que lhe eram feitas no seu dia a dia.

A impressão é que bem à maneira fragmentada, típica dos quadros de TEA, B. contava com um repertório de respostas aprendidas, decoradas e aplicadas nas situações conhecidas, ficando assim a maior parte das vezes sem resposta, já que as perguntas feitas por mim ou pelos colegas de grupo eram particulares a um determinado contexto e não passíveis de respostas padrão a serem aplicadas.

Essa situação foi marcadamente determinante no processo de evolução de B. – a ideia de fazer um bolo, que refletiu uma percepção de sua vida interior, de seus desejos e pôde junto ao grupo e com meu apoio se transformar num *projeto*, do qual decorreram *preparativos* – organizar em grupo a escolha de uma receita, preparar a lista de ingredientes necessários e a compra destes –, para finalmente atingirmos a *concretização do projeto*, ou seja, a sessão seguinte se passando na cozinha para o preparo do bolo e apreciação do resultado. Parece-me que essa transformação de uma ideia em um projeto e do projeto num plano de ação que finalmente se torna algo concreto – palpável e agradavelmente degustável! – foi um impulso ou outro termo para a compreensão do sentido da comunicação decorrente do potencial criativo.

GF: Observe que o bolo não estava na frente dos olhos, nem na mesa nem na vitrine; ele estava na mente de B., como desejo, de bolo e de fazer; e ele soube ler seu desejo e expressá-lo. Tudo isso, fruto do trabalho precedente, liberado da concretude, como já temos dito, de uma "realidade objetiva" como se o homem fosse abelha cuja linguagem – em realidade, um código do qual ela é escrava – se limita a informar sem escolha, incapaz de pensar, de esperar, de imaginar. Você já viu uma abelha mentir ou fingir para fazer uma brincadeira com as outras?

AP: É verdade que DIA-LOG libera, e libera para descobrir e criar. Criar pensamento e ação; descobrir a vida interior e o desejo; imaginar e compreender a realidade.

A partir desse dia, abriu-se uma perspectiva nova na vida de B., *a descoberta da linguagem com a vida interior, a linguagem como criação própria e possibilidade de expressão do mundo interior.*

A maior surpresa para mim, como terapeuta, foi constatar, logo em seguida, após um exercício de DIA-LOG onde trabalhamos a reconstituição de uma letra de música e o que significa cada uma das frases dessa música, que B. descobriu agora aos 21 anos (hoje é cantor, tem alguns CDs gravados, sabe perfeitamente de cor incontáveis letras de músicas, em português e inglês) que cada letra de música tinha um sentido! Até então ele decorava esses conjuntos de palavras como quem decora uma partitura de notas dó, ré, mi, fá, como sons.

A partir daí, B. passou a perguntar, em diferentes momentos do trabalho, o que significava certas frases, de trechos de músicas:

B.: "O que quer dizer: – Que um nasce para sofrer enquanto o outro ri?"

Ou "Ter um sonho todo azul, azul da cor do mar?"

E assim por diante, indagando o sentido, ouvindo as respostas e comentários de um, de outro, se deu conta de que cada palavra tinha um significado, e cada frase e cada música tinham um sentido, a comunicação de uma ideia, de uma crítica, de um sentimento...

Atualmente tem contado com orgulho sobre suas ideias, planos e projetos e como os tem realizado: "Eu tive ideia de ir ao show do Lulu Santos, que vai ser aqui em São Paulo" e contava como tinha explicado para a mãe que não queria ir com ela (aliás o tema da autonomia, tão importante, vai ficar para outra oportunidade...), e que teve ideia de convidar o motorista para vir com ele assistir ao show. E foi assim que foi a diversos shows e passou a fazer planos maiores, como viajar para o exterior, ir para os Estados Unidos e falar outras línguas...

GF: Abrir-se para seu interior foi abrir-se para a vida, para o futuro!

AP: Interessantíssimo esse processo em que o participante vai vivendo as experiências, o terapeuta as compreende e reconhece ali a expressão. O participante cria sem saber se está criando, o terapeuta joga o foco de luz, ilumina essa percepção e assim caminha o processo...

GF: A entrevista, de Curitiba, continua sobre o trabalho de DIA-LOG no âmbito escolar e pedagógico – estávamos num colégio que, apesar de ter mais de 100 anos, é talvez o mais inovador da cidade –, o que não vem ao caso em nossa conversa, mas que valeria a pena explicitar e aprofundar em outra situação; e acaba com o que a jornalista chamou:

"— *Uma pergunta indiscreta: É fácil animar DIA-LOG?*"

"— Não! É empolgante, é dinamizante para o animador, verdadeiro "fio de Ariadne", que acompanha o processo de sessão em sessão, memória do grupo que deve estar atento a cada *expressão* tanto própria quanto dos participantes, que já muito antes de começar a sessão deve ter escolhido ou criado o material a ser utilizado, que durante o trabalho deverá cuidar da dinâmica grupal que se cria em cada sessão... Mas ele tem, por um lado, o respaldo de uma sólida formação adquirida em cursos e seminários de formação terapêutica e didática durante vários anos e, por outro lado, "o prêmio pelo esforço", que é o fato de se trabalhar enquanto trabalha com os outros".

AP: Mais uma vez você se exprime numa linguagem que mantém uma certa distância com a "quentura" da luta quotidiana por resgatar o homem da gulodice de uma sociedade egoísta e avara, da inércia que apaga toda iniciativa libertadora; "quentura" que porém você conhece e vive. Trabalhar DIA-LOG para mim, para a terapeuta que eu sou, representa uma oportunidade de despertar o verdadeiro sujeito no sentido profundo da experiência de cada um, ser sujeito ativo, desejoso, pensante, crítico e criativo num processo dinâmico e enriquecedor que engloba participantes e terapeuta na mesma dimensão.

GF: Obrigado, Ana Paula, e até breve!

Nota do organizador

Essa entrevista nos instiga a refletir sobre a abrangência de DIA-LOG. Sempre teremos algo mais a dizer ou a acrescentar...

DIA-LOG nasceu da experiência de Germain Fajardo na Sorbonne, quando com seus alunos de Psicolinguística, propunha exercícios de natureza ativa e dinâmica. Mas foi a partir do encontro de Fajardo com Simonne Ramain que essa experiência constituiu-se em uma nova metodologia, em um programa, que depois se multiplicou em vários outros.... Destinados como no Ramain a diferentes contextos, mais particularmente escolar ou clínico, ou diferentes demandas, tais como populações em risco de exclusão escolar ou social...

Enfim, DIA-LOG se oferece como um meio enriquecido para favorecer a expressão por meio da *língua que molda nosso pensamento* (Fajardo, 1997), como nos apropriamos da expressão por intermédio dessa língua que sustenta a elaboração de modo refinado e criativo...

Daí advém o ato criativo manifesto por outras diferentes linguagens, por meios mais abrangentes de comunicação, tais como novas formas de expressão plástica, literária, musical, e toda essa criação alimentada pela troca com os pares e pelas emoções que colorem essa vivência.

No esquema simbólico a seguir, por meio da árvore e de seus diferentes ramos, procurei comunicar a estrutura da programação DIA-LOG, privilegiando esses três polos: expressão, criatividade e comunicação.

A árvore, símbolo escolhido por nós para representar a integração proposta, tanto em Ramain quanto em DIA-LOG, entre a natureza que cada homem carrega em si mesmo do ponto de vista filogenético, como o desenrolar de sua ontogênese: sua evolução e conhecimento construído com e por meio de seus pares...

Cada ser se manifestando e buscando se expressar por intermédio de diferentes linguagens, para criar a comunicação com outro e assim, interligados entre si continuamente, constroem suas trajetórias ....

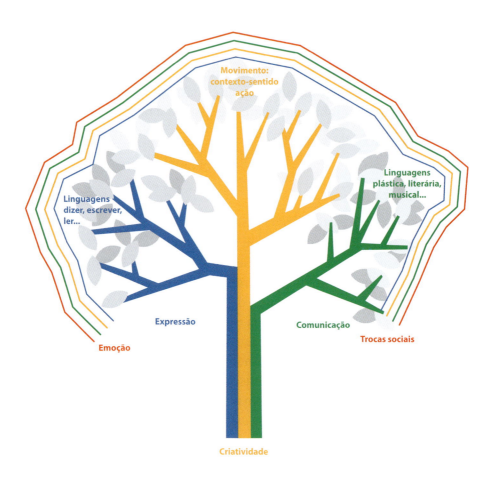

Segue um texto de Fajardo:

"DIA-LOG, da mesma maneira que a pedagogia Ramain, da qual é um prolongamento no âmbito da linguagem, insere-se na tradição humanista, onde a pesquisa é privilegiada com relação ao saber, e a descoberta com relação à trans-

missão de conhecimentos. De um modo mais preciso, DIA-LOG, como o Ramain mais uma vez, privilegia a experiência do sujeito. É o sujeito que ao se exprimir para comunicar, descobre-se e descobre o outro, descobrindo o sentido.

DIA-LOG é um método de alfabetização ou de realfabetização, bem como de aprendizagem e aprofundamento da língua, em que os mais diversificados exercícios têm sempre relação com a linguagem, ou melhor ainda, com as linguagens, sejam gestual, matemática ou literária, em sua ligação com o pensamento. Assim, DIA-LOG busca trabalhar o pensamento tanto próprio quanto alheio, através de sua expressão lingüística, o que supõe o abranger, o interpretar, o compreender.

Compreender o que é dito, o que é escrito ou desenhado, torna-se rapidamente o interesse principal de toda situação, onde descobrir o sentido, tanto como expressar, é um ato de criação.

E que é compreender senão colocar em relação a si?

DIA-LOG é uma vasta reflexão sobre a relação, sobre a língua que molda o pensamento e favorece a expressão, e em suma sobre si e sobre nós através da linguagem."

Germain Fajardo (1997)

REFERÊNCIA BIBLIOGRÁFICA

Fajardo, G., Ramain, S. (1997). *DIA-LOG: Expressão-Comunicação-Criatividade*. São Paulo: CARI - Departamento de publicações.

Eixo Metodológico II
Programas de Adaptabilidade
de Natureza Ecológica

Capítulo 14

INTERVENÇÕES DE ADAPTABILIDADE DE NATUREZA ECOLÓGICA: PROGRAMA DE ADAPTAÇÃO E DESENVOLVIMENTO PSICOSSOCIAL (PADP) E CENTRO DE INSERÇÃO SOCIOPROFISSIONAL (CIS)

Ana Paula Stefani

INTRODUÇÃO

Neste capítulo, serão apresentados dois programas de intervenção ecológicos para adaptabilidade de jovens que apresentem dificuldades de adaptação social, por decorrência de transtornos mentais ou do neurodesenvolvimento.

Inicialmente citaremos as circunstâncias em que esses programas foram criados e os apresentaremos dentro do seu contexto de criação, na experiência clínica com um grupo piloto. A necessidade de criação dos programas surgiu de uma demanda clínica de atendimento de jovens que se encontravam em situação de exclusão social, em decorrência de suas condições particulares de desenvolvimento.

Em seguida, pretendemos demonstrar o diferencial desses programas: seus fundamentos e metodologia incidindo de forma estruturante, no cerne dos transtornos do neurodesenvolvimento, ou seja, sobre a disfunção cerebral. Sendo assim, não se estruturam sobre as dificuldades de comportamento e sim, mais especificamente, sobre a harmonia e a integração das funções cognitivas, notadamente as Funções Executivas, integradas às vivências emocionais e psicossociais.

CONTEXTO DE CRIAÇÃO DOS PROGRAMAS

As raízes que dariam origem à criação desses programas se situam nos anos 1990. Nessa época, por meio de variadas experiências na área de formação e aprimoramento profissional no campo do neurodesenvolvimento, pudemos ter acesso a diferentes modalidades de intervenção, realizadas em instituições de diferente natureza, como escolas, empresas e centros de referência na área de saúde, na França e na Suíça.

Essa diversidade de modalidades aliada à consistência dos programas possibilitou uma reflexão mais ampla sobre as variáveis envolvidas na capacidade de adaptação de jovens e adultos em seus relativos contextos. A escolha metodológica condizente com a natureza da dificuldade alvo, assim como a consistência e coerência de uma proposta de intervenção, está proporcionalmente ligada ao grau de desenvolvimento que o indivíduo pode atingir.

Em uma dessas experiências, pudemos conhecer profundamente um trabalho desenvolvido em Genebra, para desenvolvimento, adaptação social, autonomia e inserção de jovens portadores de necessidades especiais no mercado de trabalho, pelo centro Société Genevoise pour l'Intégration Professionnelle d'Adolescents et d'Adultes (SGIPA).

O SGIPA, mantido integralmente pelo governo suíço, contava com formação pessoal por meio dos Métodos Ramain e DIA-LOG (Ramain e Fajardo, 1975; Fajardo & Ramain, 1997), orientação e cuidados com a saúde, alimentação e orientação sexual (com médicos e nutricionistas), atividades esportivas individuais e em grupo, programa de investimento em cultura geral, formação técnico-profissional (com oficinas de diversas naturezas de interesse, como marcenaria, cozinha, costura, tecelagem, entre outros).

Tratava-se de um programa cuidadosamente organizado e mantido por profissionais especialistas. Além disso, contava com os "Foyers", que são residências nas quais esses jovens podiam morar juntos ou cada um em seu apartamento, organizados em pequenos prédios, onde cada andar contava com um supervisor, que ajudava a monitorar desde questões mais complexas, como pagamento de contas, até mais simples como gerenciamento de roupas sujas, retirada de lixo, alimentação etc.

Dessa experiência surgiu uma indagação: "Por que os portadores de deficiências, suíços, teriam um funcionamento global tão superior em relação aos brasileiros?"

Melhor dizendo, observava-se que na Suíça os portadores de deficiência mental, de psicose, de autismo, tinham um nível de adaptação social, acadêmica, no mercado de trabalho e de autonomia muito diferente das pessoas com mesmo tipo e grau de problemática no Brasil. Esses jovens suíços trabalhavam, pagavam suas contas, moravam sozinhos, participavam de grupos sociais, enquanto no Brasil, nessa época, observavam-se preconceito com as pessoas com necessidades especiais e uma cultura de ocultamento da deficiência, havendo um grande número de jovens reclusos ao espaço da casa, sem nenhuma autonomia ou atividade produtiva.

Começamos a analisar a questão das intervenções vigentes na sociedade, cientes de que uma cultura de inclusão ainda não estava desenvolvida no Brasil. A partir daí pudemos constatar que a natureza do programa desenvolvido pelo SGIPA, de caráter neurodesenvolvimental, não assistencialista, oferecia recursos para que o jovem portador de deficiência ou com transtornos pudesse verdadeiramente se desenvolver do ponto de vista funcional, cognitivo, emocional e social. O programa se mostrava eficaz para aprimorar a percepção de si e do entorno, para desenvolver uma atitude coerente, responsável e engajada e criar estratégias mais efetivas no trato das questões do cotidiano.

Essa proposta se diferenciava muito das vigentes em nosso país, que de forma assistencialista ocupavam-se de treinar algumas técnicas e comportamentos para que o jovem pudesse ter uma adaptação mínima ao trabalho dentro de oficinas abrigadas, porém sem ganho de desenvolvimento global e de autonomia.

A cultura brasileira nessa época, ainda muito normativa, acabava colocando esses jovens no lugar da incapacidade e oferecendo assim poucos recursos para que realmente se desenvolvessem e atingissem um grau de inclusão e adaptação efetivos na sociedade.

Infelizmente a possibilidade de desenvolver esse programa no Brasil parecia um sonho distante, considerando-se a falta de recursos governamentais, aliado à limitação na mentalidade a respeito do tema inserção. Mas, por outro lado, felizmente, abriu-se a perspectiva de desenvolvimento de um trabalho clínico em que tal grau de autonomia seria passível de ser atingido.

GRUPO PILOTO

Dez anos após essa experiência na Suíça, recebemos em nossa clínica alguns jovens que se encontravam em situação de exclusão social. Cada um com suas dificuldades específicas, sendo três deles autistas de alto funcionamento e três deles portadores de deficiência mental (leve ou limítrofe). Alguns deles apresentavam dificuldades motoras e atencionais associadas, e um histórico de dificuldades na escolaridade e comprometimento importante na comunicação, nas relações familiares, pessoais e acadêmicas.

As famílias nos procuravam com queixas importantes como:

"Faz 10 anos que meu filho restringe a vida dele ao seu quarto... Iniciou o ensino superior mas logo abandonou e desistiu de tudo...". Esse mesmo jovem na primeira entrevista disse: "Eu não acredito mais em psicólogo, nem em terapia, já fiz muito e não resolveu nada, acho que nada pode me ajudar, só estou aqui porque meus pais quiseram".

"Meu filho terminou o Ensino Médio com apoio, mas agora está perdido..." Realmente o jovem não apresentava pelo psicodiagnóstico realizado condições de enfrentar um Ensino Superior ou uma situação de exigência de trabalho. Os pais relataram que ele não tinha amigos ou namorada, falava sozinho, tinha uma movimentação motora atípica e desadaptada e não sabia conversar nem conviver com as pessoas. Também relataram que já haviam procurado vários tipos de terapia, sem que seu filho tivesse evoluído.

"Ela precisou de muita ajuda para terminar o Ensino Médio, entrou numa faculdade particular, mas está perdida". De fato a jovem tinha aparência de uma menina, tanto visualmente quanto na maneira de se expressar, nos interesses e administração do seu dia a dia. Encontrava-se excluída socialmente, não acompanhava a proposta acadêmica e não tinha motivação para quase nada, preocupando-se apenas com games ou com seus cachorros, demonstrando pouca compreensão da vida adulta.

"Ela sempre teve dificuldades, desde criança, tem um quadro neurológico, é epilética". Essa moça quase não falava, e sua expressão verbal se resumia a jargões básicos de comunicação. Era uma adulta que sabia se comportar socialmente mas de forma robotizada, além de compreender muito pouco os contextos e não ter opinião a respeito dos assuntos pertinentes à sua vida, inclusive os de ordem pessoal, aceitando passivamente o que decidissem por ela.

Conforme tratado nos capítulos teóricos, na primeira seção deste livro, e tomando como base o modelo neurobiológico, neurofisiológico e neurofuncional, observamos, nesses jovens (grupo piloto), diferentes transtornos psíquicos, déficits cognitivos e socioemocionais em todas as esferas do desenvolvimento.

Diversos autores concluíram que esses déficits são observáveis, em maior ou menor grau, nas diferentes manifestações dos Transtornos do Neurodesenvolvimento, tais como nos Transtornos do Espectro do Autismo (TEA), nos Transtornos do Déficit de Atenção e Hiperatividade (TDAH), nos Transtornos específicos de Aprendizagem, de Linguagem, Motores, de Ansiedade, de Comportamento e de Conduta, nas Deficiências Intelectuais, entre outros. Com relação aos TEA mais especificamente, apesar de expressão muito variável, todos os seus subtipos apresentam um denominador comum: a presença invariável de uma perturbação importante da comunicação e da inteligência social (Akoury-Dirani & Adrien, 2006).

Além disso, sabemos que as dificuldades na regulação da atividade ocasionam uma desarmonia e uma instabilidade no comportamento (Adrien, 1996) e que, somadas aos outros déficits, geram restrição nas atividades, nas experiências, nas trocas, criando um impacto ao longo da vida de seus portadores. Como decorrência, comprometem a adaptabilidade do jovem e sua participação efetiva na sociedade em diferentes vertentes da vida como nas relações familiares, de amizade, afetivas, na adaptação acadêmica e na inserção profissional.

Outro aspecto de relevo é o emocional. Do ponto de vista longitudinal, quando o jovem começa a tomar consciência de suas dificuldades e buscar os contatos, as dificuldades específicas no domínio social e, sobretudo, na capacidade de conversação causam frequentemente uma rejeição por parte dos outros jovens. Com o tempo, essas dificuldades levam a consequências desastrosas sobre a autoestima e o equilíbrio psicológico de maneira geral, aumentando o risco de aparição de problemas de ansiedade e depressão (Fritsch *et al.*, 2009).

De forma sintética, observavam-se nesses jovens (grupo piloto) déficits envolvendo todas as esferas do funcionamento: motor, cognitivo (especialmente em Funções Executivas), de comunicação, dificuldades na regulação do comportamento e as dificuldades emocionais e sociais decorrentes.

Com relação ao contexto clínico (grupo piloto) anteriormente citado, observávamos a seguinte situação: um grupo de jovens com dificuldades adaptativas importantes, muitos deles já desesperançosos a respeito de si mesmos e de seu futuro, uma vez que já haviam se submetido a tratamentos de treinamento cognitivo de habilidades, ou a psicoterapias verbais de base dinâmica (visando à compreensão emocional de suas dificuldades), sem ganhos efetivos em suas demandas de inclusão social e profissional.

Nossa hipótese é de que, para eficácia de um programa de intervenção nessa área, seria fundamental considerar as bases neurofisiológicas e neurofuncionais desses transtornos, com programas clínicos que se valessem de instrumentos e estratégias, que estivessem, portanto, centrados no desenvolvimento das funções da cognição, da cognição social e da regulação da atividade para finalmente alcançar atitudes e comportamentos funcionais e adaptados.

Como decorrência das particularidades desenvolvimentais que geravam inúmeros *handicaps*, esses jovens, sem exceção, não apresentavam suficiente percepção de si e capacidade de integrar ou abstrair informações verbais a respeito do mundo emocional para se beneficiar de uma terapia psicodinâmica.

Por outro lado, parte deles não se beneficiaria de um processo de treinamento, pois, por serem portadores de TEA de alto funcionamento, apresentavam a rigidez mental como base de suas dificuldades. Nesse caso, o treinamento poderia intensificar o fator desencadeante dessas dificuldades, enrijecendo ainda mais o pensamento e inibindo a Flexibilidade Mental e as Funções Executivas ligadas à capacidade de adaptação às complexas solicitações da vida adulta.

Essa inadequação metodológica já vem sendo pesquisada por diversos autores. De acordo com Gutman *et al.* (2010), as intervenções para desenvolvimento de competências sociais mais efetivas, para crianças e jovens autistas de alto funcionamento (HFA), são aquelas que os ajudam a identificar e atribuir significado aos comportamentos motores subjacentes aos pensamentos e sentimentos, tomando como base a teoria do neurônio espelho em autismo (Rizzolatti, 2010).

Assim sendo, as intervenções para competência social mais efetivas começam ajudando as crianças e jovens a compreender as movimentações faciais, gestuais e corporais que transmitam pensamentos e sentimentos. Rizzolatti *et al.* (2009) sugerem que o uso de intervenções puramente cognitivas será ineficaz, já que a maioria das pessoas portadoras de autismo de alto funcionamento tem a capacidade intelectual preservada, ou até superior. Os prejuízos decorrem de uma inabilidade de sintetizar a informação motora integrada à sensação, à cognição e à emoção. Intervenções puramente cognitivas, como, por exemplo, caderno de exercícios, ou exercícios com lápis e papel, que exijam da criança ou jovem decifrar competências sociais por meio de pensamentos, não atingem as deficiências de base na função dos neurônios-espelho. Ou seja, observa-se inabilidade para correlacionar comportamentos motores com experiências sensoriais, intenção cognitiva e compreensão emocional. Há fracas evidências de que a terapia cognitivo-comportamental possa ajudar efetivamente crianças e jovens autistas de alto funcionamento a aprender o uso de competências sociais (Mottron, 2017; Mottron, 2016; White *et al.*, 2010, Lopata *et al.*, 2006; Bauminger, 2002; Hare, 1997; Koegel *et al.*, 1992).

Por outro lado, outras técnicas como o *Role playing* (atividade de representação de papéis, que por meio da criatividade e experienciação de conflitos visa compreender o comportamento social, o papel de cada um nas interações sociais e as formas mais eficazes de resolver problemas) facilitam o uso de competências sociais pela síntese da informação motora, sensitiva, cognitiva e emocional e têm se mostrado muito efetivas para essa população (Beaumont & Sofronoff, 2008; Mrug & Hodgens, 2008; Tse et al., 2007; Solomon et al., 2004; Webb et al., 2004; Cragar & Horvath, 2003; Barnhill et al., 2002). Justamente porque o *Role playing* não é uma cópia simples ao exigir a compreensão da intenção da ação do outro. O *Role playing*, por sua vez, envolve a ligação entre comportamento motor de competências sociais com intenção cognitiva e compreensão emocional (Gutman et al., 2010), assim como os Métodos Ramain (Ramain & Fajardo, 1975) e DIA-LOG (Fajardo & Ramain, 1997) (*vide* Capítulos 12 e 13).

Considerando-se a variabilidade e a complexidade das situações sociais, faz-se necessário desenvolver nesses jovens a capacidade de compreensão dos contextos e seu sentido, assim como dos comportamentos e atitudes dos outros, possibilitando a emergência de uma gama de ações e estratégias condizentes com as especificidades de cada situação.

Sendo assim, como apresentado anteriormente, optamos por iniciar a intervenção com um programa em grupo, de desenvolvimento pessoal por meio dos Métodos Ramain e DIA-LOG (*vide* Capítulos 12 e 13), que aqui chamaremos de Formação Pessoal.

Já nos anos de 1960, André Rey e Simonne Ramain preconizavam a importância da Formação Pessoal e o tempo necessário para adquiri-la. Naquela época, em relação à formação profissionalizante, eles designaram a Formação Pessoal como "Pré-formação", esclarecendo a necessidade de tornar a pessoa mais consciente de si, de seus potenciais, e ao mesmo tempo aprimorar sua percepção e suas representações mentais. Seria essencial desenvolver o que o próprio Rey chamou de "mecanismos de base" para conquistar capacidades e a segurança e o equilíbrio da personalidade (Rey & Ramain, 1960). Nas suas próprias palavras:

> "Será preciso substituir o funcionamento neuropsicológico incompleto e defeituoso que se constituiu na escola e durante os lazeres mal dirigidos, por uma vigilância persistente, por reações rápidas e seguras, por representações claras que não visem mais deliberadamente à instrução, mas à eficácia dos processos de comando e de recepção. Esta reeducação deverá começar de bem baixo e dirigir-se antes de tudo ao movimento e à percepção, mecanismos de base negligenciados, pois considera-se frequentemente que eles funcionam de modo espontâneo, que podemos mobilizá-los a qualquer momento sem que seja necessário desenvolvê-los e consolidá-los em si mesmos". (Rey & Ramain, 1960, p. 12)

Segundo os autores, a percepção e a representação mental são mecanismos que precisam ser desenvolvidos para que a pessoa possa posteriormente assimilar técnicas úteis na vida acadêmica ou profissional. Segundo Rey e Ramain (1960), a condição de adaptabilidade do indivíduo seria muito mais importante para avaliar sua capacidade de aprendizagem do que seus conhecimentos propriamente ditos.

A perspectiva dos Métodos Ramain e DIA-LOG é a de uma formação pessoal ou "Pré-formação", segundo Rey e Ramain (1960), que busca por um lado o desenvolvimento das habilidades cognitivas de percepção, atenção, raciocínio, velocidade de processamento, compreensão, flexibilidade mental, elaboração, planejamento, ponderação, síntese e tomada de decisão. Por outro lado, visa ao desenvolvimento das habilidades socioemocionais, objetivando reestruturar e reorganizar a percepção de si e dos outros e de seus potenciais, do mundo e de suas relações. Busca ainda ajudar a pessoa a situar-se no contexto em que se insere, favorecer a compreensão do sentido das situações, na busca de uma ação mais coerente e adaptada, desenvolvendo os mecanismos de base. Esses mecanismos podem sustentar, posteriormente, a aquisição de habilidades específicas, integrando na experiência os aspectos cognitivos e socioemocionais.

Programa de Adaptação e Desenvolvimento Psicossocial (PADP)

Levando-se em conta os dados até aqui apontados, tais como apresentar a problemática inicial (as dificuldades de adaptação de jovens que, apesar de terem sido submetidos a diferentes tratamentos, ainda se apresentavam em situação de exclusão social), a opção tomada por uma intervenção adequada para enfrentar as dificuldades de base (na esfera neurodesenvolvimental), prosseguiremos analisando as novas problemáticas que surgiram no decorrer do processo.

Após um tempo de trabalho em Formação Pessoal, por volta de 10 meses, pudemos observar que esses jovens haviam realizado progressos interessantes, apresentando desenvolvimento do ponto de vista funcional, cognitivo e emocional. Nessa época, já haviam adquirido boa capacidade de percepção de si, do outro e dos contextos, assim como uma melhor compreensão das situações. Porém, continuavam isolados, ainda em situação de exclusão social, apesar de terem apresentado melhora nas trocas entre si, com parentes e vizinhos. Notadamente se abriram mais às relações e apresentavam desejo de pertença social, de poderem sair com amigos, namorar, trabalhar, ou seja, comportamentos que definem a transição da adolescência para vida adulta.

Considerando a sociedade de uma forma mais ampla, já nos anos 1990, Arnett (2000) sugeriu que a passagem da adolescência para vida adulta é representada por uma sequência normativa das transições das funções sociais, como terminar a escolaridade formal, mudar-se da casa dos pais, casar-se, ter filhos. Essas transições atualmente acontecem de forma mais gradual e desordenada, mas continuam sendo representativas. O mesmo autor identifica três critérios que definem a transição para vida adulta: independência na tomada de decisões, responsabilidade pessoal e independência financeira.

Considerando esses fatores, deparamo-nos com a necessidade de ajudar esse grupo de jovens, ampliando a esfera de intervenção, para que desenvolvessem ferramentas sociais e pudessem ter uma inserção efetiva na sociedade e atingir os objetivos anteriormente citados.

Observávamos que, por um lado, esses jovens apresentavam dificuldades inerentes ao transtorno do neurodesenvolvimento, as quais lutavam para superar, agora com as funções cognitivas (percepção, atenção, velocidade de processamento, compreensão, capacidade de ponderar e tomar decisões) mais desenvolvidas, para enfrentá-las de forma mais efetiva. Por outro lado, apresentavam dificuldades geradas pela privação de experiências sociais no período da infância e adolescência, e imediatamente tomamos *o valor da experiência como fundamento* nesse trabalho.

Assim nasceu o PADP, com os seguintes **objetivos**:

- ✓ Desenvolver a percepção de si, o respeito por si e pelo outro, sensibilizando para o mundo emocional por meio da arte e da música.
- ✓ Melhorar a comunicação, por intermédio do aprimoramento da escuta, da compreensão e da expressão, e principalmente do valor do que é dito.
- ✓ Aprimorar a qualidade das relações pessoais, sociais, familiares, afetivas, acadêmicas e profissionais.
- ✓ Possibilitar a inserção e a adequação social pela compreensão dos diferentes contextos sociais e diferentes níveis de hierarquia.
- ✓ Criar sensibilidade pessoal aos bens sociais e culturais, ampliando a compreensão do contexto onde está inserido: da sociedade e do mundo por meio da aquisição de conhecimentos gerais, históricos e atuais, visando assim ao desenvolvimento da cidadania e à emergência de um sujeito ativo e representativo na sociedade.
- ✓ Promover a autonomia nos cuidados pessoais com a saúde, alimentação e prática de atividades físicas, na gerência das finanças, de locomoção em meios de transporte público e privado, da apropriação e domínio de meios de comunicação atuais e ferramentas tecnológicas.

Com relação à **metodologia**, o programa de intervenção baseia-se nas premissas globais e na própria organização, coerência e estrutura das séries de atividades do Método DIA-LOG, privilegiando a comunicação, a expressão e a criatividade. Busca-se mobilizar um sujeito ativo capaz de expor seus pontos de vista e aprender a trocar com os demais componentes do grupo, a fim de construir uma experiência partilhada por todos.

Com relação ao conteúdo, o programa é de base ecológica. O conceito de Psicologia Ecológica considera os acontecimentos da vida diária como fenômenos da vida real, em condições de vida "natural" (diferentes daquelas condições mais ou menos artificiais, que podem ser geradas ou manipuladas) e considera o ambiente de forma subjetiva, entendendo que, no espaco vital, as ações são influenciadas pelos diferentes contextos, com modelo adequado de comportamento correspondente (Schoggen, 1973; Barker, 1968; Barker & Wright, 1954).

Dessa forma, o PADP se dá por meio de vivências em situações naturais, de acordo com a diversidade e a disponibilidade da programação cultural da cidade. Ressaltamos aqui que a diversidade das propostas se fundamenta no desenvolvimento das Funções Executivas considerando as bases do TEA, mais especificamente a rigidez mental. Pela vivência da diversidade, objetivam-se a ampliação dos interesses, a quebra da adesividade, das estereotipias e da rigidez mental no sentido de favorecer a flexibilidade mental e, finalmente, a adaptação a novos contextos. Sendo assim, as atividades são divididas em três núcleos principais: culturais, sociais e de lazer.

Todas as atividades são estruturadas segundo um eixo organizador e propostas em quatro etapas, visando à apropriação e à integração da experiência de forma enriquecida. A estrutura das atividades favorece, a cada etapa respectivamente, as flexibilizações e ajustes necessários para conciliação dos interesses diversos; a emergência e adequação de conteúdos até então passivos ou não funcionais; a conscientização da adequação social e, finalmente, a apropriação dos diferentes aspectos que integram seu próprio si, favorecendo a construção do processo identitário e de autodeterminação.

No decorrer do atendimento do grupo constatamos que o programa se mostrou eficaz. Observamos que esses jovens apresentaram ganhos significativos de autonomia em diferentes aspectos, como, por exemplo, na apropriação dos bens comunitários (plano da cidade, domínio do acesso e uso de transportes coletivos, gerenciamento de finanças, ampliação da cidadania), no interesse e na busca de programas culturais e de lazer em grupo, ou em pares; na melhora na comunicação e no ganho no respeito por si e pelo outro, de melhor adequação em ambientes sociais na qualidade das trocas e das interações.

Para esses jovens, os progressos foram muito motivadores, considerando que se estenderam para todos os âmbitos da vida cotidiana. Por exemplo, numa situação social, como numa mesa de lanchonete, o grupo inicialmente apresentava-se desadaptado. Do ponto de vista prático, não conseguiam saber como proceder para fazer uma escolha, chamar o garçom, realizar seu pedido, ou finalizar e pagar a conta. Do ponto de vista social permaneciam tensos e calados, não apresentavam sequer uma troca verbal espontânea. Quando eventualmente ocorria alguma verbalização, era frequentemente descontextualizada e sem direção, precisando ser mediada e reorientada pelo terapeuta, no sentido de adaptar o conteúdo e direcioná-lo a alguém.

Pouco a pouco, ao longo das sessões, as conversas começaram a acontecer, as falas descontextualizadas diminuíram, e as trocas entre pares se tornaram mais frequentes, demonstrando maior capacidade nas habilidades sociais de iniciar e manter um diálogo. Em situação social de alimentação, como restaurante por exemplo, mesmo sem nenhum treino específico de habilidades, passaram a ter uma atitude mais adaptada, aparentando maior segurança e naturalidade nos procedimentos práticos, como fazer um pedido, chamar o garçom ou pedir a conta. Do ponto de vista do comportamento, mantinham-se mais à vontade, conversando sem mediação da terapeuta, muitas vezes rindo, se divertindo, usufruindo da situação.

Após um ano de intervenção, observamos uma ampliação da capacidade de compreensão de regras sociais, ampliação no campo de interesses e do repertório de conhecimentos de cultura geral, de noções de cidadania, de política, da sensibilização para o mundo emocional por meio da arte.

Observávamos nessa época que o grupo já interagia com uma dinâmica rica, o interesse pela comunicação era visível, as falas descontextualizadas e sem direcionamento transformaram-se em diálogos e trocas espontâneas, que ocorriam com fluência mesmo na ausência da terapeuta. Criaram espontaneamente um grupo em rede social (*Facebook*) para organizar saídas nos fins de semana, alguns com melhor manejo da ferramenta, outros ainda com algumas restrições, mas as saídas aconteciam geralmente entre três ou quatro participantes do grupo.

Nesse momento começamos a considerar que, para dar continuidade ao processo de adaptação social, seria importante que esses jovens exercessem uma função ativa, de trabalho, na sociedade, o que poderia também facilitar o amadurecimento e o próprio desenvolvimento destes.

Simultaneamente, alguns integrantes do grupo começaram a apresentar desejo de trabalhar, em parte por questões financeiras, mas principalmente pelo desejo de pertença social, seguindo a sequência normativa observada culturalmente, conforme Arnett (2000).

Do ponto de vista teórico, as considerações desse autor apontam que esses critérios que definem a transição para vida adulta dependem de aquisição de capacidades baseadas numa convergência de habilidades individuais, de um contexto estimulante que promova diversas opções e da liberdade de tomada de decisões de maneira autônoma. Do ponto de vista prático, constatamos que essas metas foram atingidas por meio da intervenção.

Por sua vez, sabemos que conquistas na participação social, como frequentar escola ou ter um emprego, podem traduzir-se num melhor funcionamento e gerenciamento de áreas como saúde, saúde mental e sentimento de pertença e bem-estar.

Centro de Integração Socioprofissional (CIS)

Várias pesquisas abordam o valor da atividade laboral, tanto do ponto de vista da realização de uma atividade prática com objetivos e regras bem determinadas, como pela função de sentimento de pertença social (Sarriera et al., 2001; Amaral, 1996).

Ainda se considera a ideia de que o trabalho é uma atividade essencial na constituição do sujeito e de sua identidade (Clot, 2007; Organista, 2006; Perret, 1997; Freyssenet, 1995). Segundo esses pesquisadores, o trabalho, sendo um aspecto essencial da vida social, torna-se fundamental na construção de valores pessoais. Além disso, o trabalho está diretamente ligado à promoção da saúde e ao desenvolvimento do sujeito, considerando que a definição de saúde está vinculada ao ato criativo e, no trabalho, o sujeito cria a todo momento sua tarefa, que não pode ser assimilada à simples reprodução de uma prescrição (Ribeiro & Lima, 2010).

Em contrapartida, a atividade laboral, além de sua importância social de inserção, é em si mesma fonte de desenvolvimento pessoal. Vygotsky et al. (1996) já afirmavam que a deficiência tem um caráter transitório, não permanecendo necessariamente ao longo da vida, e pode ser compensada nesse transcurso por outros dispositivos artificiais além dos progressos que podem ser alcançados por meio de estimulação adequada. O autor diferencia deficiência de *handicap*. A primeira definida como uma falta em comparação às pessoas normais, e a segunda, quando a deficiência se torna empecilho ao desenvolvimento e à adaptação. Segundo Clot (2006), *handicap* é um processo social que vai depender da qualidade das relações vividas pelo sujeito, e a atividade laboral é um fator de estimulação e ao mesmo tempo de adequação social fundamental (Ribeiro & Lima, 2010).

Pereira *et al.* (2008) mostraram que a inserção laboral representa uma perspectiva de transformação da realidade de exclusão social, por uma melhoria do nível de qualidade de vida. Amaral (1996) aprofunda essa visão valorizando o trabalho como fonte de independência financeira, de aceitação e de pertença social nessas pessoas que estiveram, historicamente, às margens das oportunidades.

Achados recentes demonstram que os piores resultados de empregos são de adultos portadores de TEA, sugerindo que essa população tem experimentado dificuldades particulares numa transição de sucesso para o mundo do trabalho. Falta informação para os pais e para os jovens portadores de TEA sobre perspectivas de emprego e orientações em relação à transição para a vida adulta, por prestadores de saúde. O emprego é uma atividade social normativa que geralmente ocupa a maior parte da vida adulta e é um componente-chave para essa passagem. Além disso, empregos remunerados contribuem para o bem-estar econômico e social, se relacionam a uma melhor condição de saúde e são um portal de acesso para seguros de saúde, mais um fator de qualidade de vida (Roux *et al.*, 2013).

Sendo assim, colocou-se um novo desafio: criar programas de empregabilidade com ações e estratégias que garantam o ingresso e a permanência da pessoa com deficiência no mercado de trabalho, fazendo a mediação entre o jovem, a família, a sociedade e a empresa, cada qual com suas necessidades e expectativas.

Durante anos de trabalho clínico tivemos oportunidade de nos deparar com diversos jovens portadores de deficiência mental, autismo, ou outros transtornos do desenvolvimento que se encontravam em situação de "ilusória" inclusão. Melhor dizendo, jovens que tinham uma função laboral "arranjada", geralmente em empresas familiares. Porém, esses postos de trabalho não se efetivavam, pois o jovem, cedo ou tarde, percebia o "faz de conta", invariavelmente tomando consciência de que na realidade não tinha função ou responsabilidade alguma, diferente de todas as outras pessoas do mesmo ambiente de trabalho, paradoxalmente aumentando o sentimento de incompetência e distância maior da desejada sensação de igualdade.

Nessa época, o Brasil já contava com a "Lei de Cotas", que deveria garantir a obrigação dos auditores no trabalho de participarem do processo de capacitação da pessoa, de sua contratação, da adaptação no novo ambiente de trabalho e, eventualmente, de seu desligamento. Enquanto isso, os fiscais teriam o dever de incentivar as empresas a promoverem a qualificação das pessoas com deficiência contratadas, em reuniões com a presença dos empregadores e entidades qualificadoras (Instrução Normativa nº 98, do Ministério do Trabalho e Emprego (MTE) – 16/08 (2012)).

A Convenção da Organização das Nações Unidas (ONU) de 2009 já havia estabelecido o direito das pessoas portadoras de deficiência à oportunidade de se manter num trabalho de sua livre escolha ou aceitação no mercado laboral, em ambiente de trabalho aberto, livre e acessível. Estabeleceu também o dever da sociedade de desconstrução dos obstáculos criados por barreiras existentes à convivência, à realização e à qualidade de vida das pessoas com deficiência (Carmo, 2001), estando a Deficiência Psicossocial aqui incluída.

Constatávamos que a legislação brasileira e a ONU garantiam os direitos das pessoas portadoras de deficiência à inclusão no mundo do trabalho, porém infelizmente sem mecanismos que garantissem sua concretização. Além disso, constatava-se uma oferta reduzida de programas governamentais ou particulares que preparassem esses jovens para entrar e permanecer em postos de trabalho adequados às suas condições e necessidades. Diferentes autores apontam problemas de inserção e de formação profissional das pessoas com deficiência, assim como o diminuto número de jovens autistas inseridos no mercado de trabalho (Sperandio & Wolff, 2015; Wolff *et al.*, 2005).

Diversas pesquisas têm apontado as dificuldades de inserção de adultos autistas no mercado de trabalho e as diferentes razões que tornam essa inserção problemática. Já está constatado que adultos portadores de TEA trabalham menos horas e recebem menor salário semanal que adultos com outras deficiências (Strickland *et al.*, 2013).

Segundo Mavranezouli *et al.* (2014), adultos autistas, além de terem remuneração rebaixada se comparada a de adultos típicos, também estão mais propensos a trocas frequentes de emprego, apresentam mais dificuldades de se ajustar a novas condições de trabalho, justificando a necessidade de programas de emprego apoiado.

Ao mesmo tempo, diversas pesquisas apontam que falhas nas habilidades sociais, além de gerar um déficit nas competências sociais (Gresham *et al.*, 2011), tornam-se frequentemente o principal obstáculo à inserção profissional e geralmente afetam a realização pessoal e relacional (Fritsch, *et al.*, 2009). Mais de 90% de perda de emprego desses indivíduos ocorrem por déficits na comunicação social, enfatizando a importância crítica de aquisição de habilidades e competências nesse domínio (Strickland *et al.*, 2013).

Na prática, com frequência se observava, em nossa sociedade, por um lado a obrigatoriedade por parte da empresa de contratação de uma porcentagem de pessoas com deficiência, no entanto sem conhecimento dos seus respectivos comprometimentos. Por outro lado, ocorria a contratação do jovem completamente despreparado para iniciar uma rotina de trabalho. Essa rotina exige do jovem cumprir horários, respeitar hierarquias, se relacionar com diferentes perfis de pessoas, se adaptar a ambientes muitas vezes não favoráveis, realizar tarefas frequentemente não condizentes com seu nível de funcionamento, entre outras dificuldades relacionadas à adaptação ao ambiente e às condições do posto de trabalho. E, ao mesmo tempo, exigiria da empresa a compreensão das limitações de cada jovem para promover o ajuste adequado na função e no ambiente de trabalho.

As dificuldades na adaptação ao ambiente de trabalho vêm sendo alvo de interesse e estudo no que diz respeito aos aspectos práticos (cumprir horários, respeitar hierarquias, aprender a realizar a tarefa, entre outros), assim como às falhas nas habilidades sociais (respeitar hierarquias, se relacionar com diferentes perfis de pessoas, estabelecer uma comunicação eficiente).

Mas, além desses, a principal dificuldade observada em relação aos aspectos adaptativos era a falta de preparo pessoal. As dificuldades para tolerar a frustração, para se sustentar em situações não favoráveis, a capacidade de manter atitude de trabalho, de conseguir comunicar-se adequadamente, de percepção adequada das intenções expressas pelos comportamentos e falas do outro, e principalmente na capacidade de iniciativa e de tomada de decisão, se tornavam os principais fatores de não permanência nos empregos.

Por um lado, a Lei de Cotas abriu a mentalidade para agregar um setor que estava às margens da sociedade, mas por outro lado a grande rotatividade desses jovens nesses postos acabava gerando uma relação improdutiva para as empresas e muito frustrantes para eles, que não se sentiam capazes de se manter num emprego. Com permanência de apenas dois ou três meses no posto de trabalho, esses jovens acabavam saindo desgastados e frustrados pelo esforço de adaptação não recompensado.

Nesta época já havia no Brasil empresas e serviços particulares que se destinavam a preparar o jovem para o mercado, o que, porém, não garantia a real inclusão no ambiente da empresa contratante, nem a permanência no cargo, possivelmente por oferecerem um treino pontual de regras e comportamentos, além do treino para algumas funções ligadas a rotinas administrativas, ou outras possíveis áreas de atuação. Esse treinamento parecia garantir um maior conhecimento sobre as novas demandas, ligadas ao do mundo do trabalho, mas não do preparo pessoal e das competências sociais para o enfrentamento da complexidade dessa nova etapa.

Para vencermos esses obstáculos, tomamos como base o trabalho realizado no SGIPA, cuja estrutura de base já vínhamos aplicando por meio dos Métodos Ramain e DIA-LOG. Essa estrutura garantiu o desenvolvimento **cognitivo:** principalmente de percepção, compreensão e flexibilidade mental e **emocional:** bases da Formação Pessoal. Para garantir o desenvolvimento e adaptação **social**, contávamos com o PADP, aprimorando habilidades e competências sociais, principalmente na compreensão das ações e intenções de outros, das regras sociais para a tomada de decisões, da capacidade de expressão, visando a uma real inclusão desses jovens.

Seguindo o mesmo modelo de intervenção, foi criado o Centro de Integração Socioprofissional (CIS), adequado a pessoas com transtornos do neurodesenvolvimento, aos portadores de autismo de alto funcionamento, aos portadores de deficiência psicossocial ou de deficiência mental limítrofe ou leve, que tenham condições de se adaptar ao ambiente e rotinas de trabalho de empresas ou instituições.

O programa CIS foi criado com o objetivo prioritário de desenvolver relações sociais e buscar a inclusão na comunidade e no ambiente de trabalho visando garantir o bem-estar e o respeito à dignidade da pessoa. Mais especificamente visando a uma inclusão efetiva, oferecendo escolhas e respeitando aspirações, promovendo a aquisição de competências sociais e profissionais de forma individualizada e oferecendo apoios apropriados.

O objetivo mais amplo é a valorização da atitude por meio de responsabilidade, interesse, dedicação, perseverança diante dos desafios, a descoberta dos diferentes aspectos em jogo na realização de um trabalho, e o reconhecimento do valor do ato produtivo.

O programa CIS foi organizado em diferentes etapas para possibilitar desde a descoberta de afinidades por meio de oficinas experienciais à introdução ao mundo do trabalho e sua apropriação, ao preparo para entrevistas por *role playings*, às buscas e inserção a postos de trabalho (visando à coordenação entre áreas de atividades e vagas no mercado) até finalmente a fase do emprego apoiado com a colocação nos postos após o preparo do jovem e da empresa contratante.

Pudemos constatar, na prática, a importância de cada uma dessas fases. Na fase inicial observamos que as oficinas experienciais propiciaram uma ampliação da percepção das afinidades pessoais e do campo de interesse de cada um. Alguns integrantes do grupo puderam descobrir finalmente suas afinidades, outros mudaram seu campo de interesse de trabalho por áreas de maior afinidade, tanto pela compatibilidade de seu perfil de funcionamento com a área escolhida, como pela compatibilidade do contexto laboral e das exigências específicas das diferentes áreas.

Na fase seguinte, destinada à apropriação do mundo do trabalho, observamos que os integrantes do grupo foram, aos poucos, no decorrer das propostas, tomando mais consciência de sua própria posição no mundo dos adultos e do trabalho, possibilitando uma postura mais madura nas suas colocações e escolhas.

Na fase destinada ao preparo para entrevistas seletivas, observamos a efetividade do uso de *role playings*. Os integrantes do grupo, que nesse momento já contavam com adequada percepção de si, puderam se beneficiar muito dessa estratégia, percebendo inadequações na sua postura, no seu tom de voz, na insegurança na fala, em gestos "estranhos", entre outros. O *role playings* permitiu uma reorganização dessas inadequações, por meio da possibilidade de assistir às diferentes alternativas de ação e identificar atitudes mais apropriadas à situação seletiva.

A chegada da fase do emprego apoiado se deu em momentos diferentes para cada membro do grupo, o que possibilitou uma troca enriquecedora a todos, tanto aos que partilhavam suas experiências, observando falhas, trazendo "dicas" e reflexões, como para os que escutavam, se projetando e buscando integrar essas informações.

Ao final do projeto CIS, todos os integrantes do grupo piloto encontravam-se adaptados e satisfeitos com seus postos de trabalho. Constatamos uma real inclusão nas empresas nas quais foram inseridos (duas multinacionais, uma ONG, uma renomada empresa nacional e duas escolas de grande porte). A inclusão extrapolava o ambiente laboral alcançando a participação (de todos os integrantes) da vida social, frequentando almoços, eventos e *happy-hours* com colegas de trabalho, compreendendo melhor os contextos, se comunicando de forma eficaz, expressando suas opiniões e considerando às dos outros. Essa situação se mantém num *follow-up* de dois anos após o término do projeto.

SÍNTESE DA FUNDAMENTAÇÃO TEÓRICA

Esses dois programas de adaptabilidade de natureza ecológica, PADP e CIS, são coerentes com os princípios gerais de todos os programas de intervenção do PAN, assentado nas premissas: contexto, sentido e ação, buscando a integração dos diferentes aspectos de si mesmo pela experiência. Todas as atividades propostas colocam o jovem como sujeito da situação e responsável pelas tomadas de decisão. Tomam como condição para estruturação da intervenção dois fundamentos, como nos demais programas do PAN:

1) O modelo teórico de base neurobiológica, norteado pela psicopatologia do desenvolvimento, embasado no aspecto biopsicossocial dos transtornos

do neurodesenvolvimento e suas decorrências (APA, 2013) (*vide* Capítulos 1, 2 e 3), toma como referência os aspectos específicos relativos a inserção e adaptabilidade social, conforme citado na introdução do presente capítulo.

2) Considera a Formação Pessoal, por meio dos Métodos Ramain e DIA-LOG (conforme o Eixo II do PAN, intervenções de base neurodesenvolvimentais), que precedem ou acompanham esses dois programas, como base fundamental ao desenvolvimento da autonomia pessoal, inserção social e profissional.

Do ponto de vista metodológico duas considerações devem se destacadas. Primeiro, o eixo metodológico dos programas embasa suas técnicas e estratégias nos Métodos Ramain (Ramain & Fajardo, 1975) e DIA-LOG (Fajardo & Ramain, 1997). Em segundo, toma como fundamento o valor da experiência.

O Método Ramain, tendo a perspectiva da Formação Pessoal, mais bem descrita anteriormente (e também nos Capítulos 1, 2 e 12), e o Método DIA-LOG (Capítulo 13), por meio de suas técnicas e estratégias, objetiva ampliar o valor da comunicação, enriquecendo as possibilidades de troca e favorecendo, por intermédio de sua prática, o desenvolvimento das diferentes linguagens ajustadas de modo pertinente a cada contexto.

Em ambos os programas é imprescindível uma avaliação diagnóstica para melhor compreensão da natureza dos déficits apresentados e do grau do comprometimento cognitivo, emocional e social, possibilitando um planejamento terapêutico adequado ao patamar de desenvolvimento da pessoa e particularizado aos potenciais e pontos frágeis a serem focados.

Além disso, todas as atividades propostas buscam colocar o jovem como sujeito e responsável pelas tomadas de decisão, e o terapeuta funcionando como mediador nas situações.

Do ponto de vista da manutenção dos programas, é de suma importância a parceria com a família, principalmente com os pais, cuidadores, equipes e profissionais envolvidos.

Com relação às famílias, o primeiro ponto a promover é a conscientização da autonomia adquirida pela criança ou pelo jovem para que esta possa ser solicitada igualmente nos diferentes ambientes, visando à ampliação da atitude autônoma.

Outro ponto igualmente importante é o incentivo à convivência em grupo, o que inicialmente pode demandar da família e profissionais envolvidos um esforço para encontrar soluções nesse sentido, pesquisando, por exemplo, no bairro alternativas compatíveis com os interesses pessoais do sujeito e a dinâmica da vida familiar.

A parceria com pais e cuidadores pode viabilizar, no dia a dia, a prática adequada dos cuidados pessoais, de atividades físicas, e uma conscientização em relação à alimentação e às escolhas mais benéficas.

Finalmente, uma questão que se estende à vida familiar e está mais bem descrita no Capítulo 15 é auxiliar e orientar as decisões práticas com relação à gerência das finanças, da compreensão do valor do dinheiro, dos sistemas disponíveis para gerenciar a movimentação do dinheiro e a familiarização do jovem com estes, favorecendo sua autonomia nesse sentido.

CONCLUSÃO

Retomando, nosso problema clínico inicial tratava-se de um grupo de jovens em situação de exclusão social, alguns já havendo passado por tratamentos na linha cognitivo-comportamental ou psicodinâmica sem sucesso.

Diante da necessidade de promover a adaptabilidade desses jovens, criamos dois programas ecológicos, neurodesenvolvimentais, com o objetivo de gerar o desenvolvimento das condições pessoais e das habilidades psicossociais que garantissem sua real inclusão na sociedade, tanto do ponto de vista social como laboral.

Sob um aspecto mais amplo, é importante considerarmos que nos encontramos na atualidade num momento de grande demanda de adaptação às trocas sociais; vivemos num mundo globalizado, onde a capacidade de trabalho em equipes e a multidisciplinaridade se tornaram fundamentais. Dessa forma, faz-se necessário pensar em programas de promoção de adaptabilidade que supram essas demandas e não se limitem a um treinamento pontual de habilidades.

Os programas PADP e CIS se mostraram eficazes nessa proposta, visto que todos os integrantes desse grupo piloto se desenvolveram significativamente do ponto de vista de adaptação global, no equilíbrio emocional, na inserção social e laboral, nas relações familiares, afetivas e de amizade e no ganho de autonomia.

Atualmente, dois anos após o encerramento dos programas, esses jovens continuam incluídos no mercado de trabalho, na sua área de afinidade, exercendo suas funções de forma engajada e responsável. Finalmente observamos terem alcançado maior sensação de bem-estar e alegria, demonstrando melhoria na qualidade de vida.

Promover desenvolvimento humano significa expandir alternativas para todas as pessoas no sentido de conquistarem melhor qualidade de vida e bem-estar (Shattuck *et al.*, 2012).

REFERÊNCIAS BIBLIOGRÁFICAS

Adrien, J. L. (1996). *Autisme du jeune enfant: développement psychologique et régulation de l'activité*. Paris: Expansion Scientifique Française.

Akoury-Dirani, L., & Adrien, J. L. (2006). Etude du développement des capacités cognitives et sociales d'un enfant autiste. *ANAE. Approche neuropsychologique des apprentissages chez l'enfant*, (87), 114-120.

Amaral, L. A. (1996). Algumas reflexões sobre a (r) evolução do conceito da deficiência. *Temas em educação especial*, 3, 99-106.

Arnett, J. J. (2000). Emerging adulthood: a theory of development from the late teens through the twenties. *American psychologist*, 55(5), 469.

Barker, R. G. (1968). *Ecological psychology*. Stanford: Stanford University Press.

Barker, R. G. & Schoggen, P. (1973). *Qualities of community life:* methods of measuring environment and behavior applied to an American and an English town. San Francisco: Jossey-Bass.

Barker, R. G. & Wright, H. F. (1954*). Midwest and its children.* The psychological ecology of an American town. New York: Evanston.

Barnhill, G. P., Cook, K. T., Tebbenkamp, K., & Myles, B. S. (2002). The effectiveness of social skills intervention targeting nonverbal communication for adolescents with Asperger syndrome and related pervasive developmental delays. *Focus on Autism and Other Developmental Disabilities*, 17(2), 112-118.

Bauminger, N. (2002). The facilitation of social-emotional understanding and social interaction in high-functioning children with autism: intervention outcomes. *Journal of Autism and Developmental Disorders*, 32(4), 283-298.

Beaumont, R. & Sofronoff, K. (2008). A multi-component social skills intervention for children with Asperger syndrome: The Junior Detective Training Program. *Journal of Child Psychology and Psychiatry*, 49(7), 743-753.

Bellini, S., Gardner, L., & Markoff, K. (2014). Social skill interventions. *Handbook of Autism and Pervasive Developmental Disorders*. New Jersey: Fourth Edition.

Carmo, J. C. D. (2011). *Construindo a inclusão da pessoa com deficiência no trabalho*: a experiência da indústria da construção pesada no Estado de São Paulo. São Paulo: Áurea Editora.

Clot, Y. (2007). *A função psicológica do trabalho*. Petrópolis: Vozes. Palestra conferida na Unicamp. Campinas. 2006.

Cragar, D. E. & Horvath, L. S. (2003). The application of social skills training in the treatment of a child with Asperger's disorder. *Clinical Case Studies*, 2(1), 34-49.

Fajardo, G. & Ramain, S. (1997). *DIA-LOG:* Expressão-Comunicação-Criatividade. Cari – Departamento de Publicações.

Freyssenet, M. (1995). Historicité et centralité du travail. *La crise du travail*, 227-244.

Fritsch, A., Murad, A., Kloss, S., Francescon-Rota, G., & Bizet, E. (2009, May). L'entraînement aux habiletés sociales chez les adultes avec autisme. In: *Annales Médico-psychologiques, revue psychiatrique,* 167(4), 299-302. Elsevier Masson.

Gresham, F. M., Elliott, S. N., Vance, M. J., & Cook, C. R. (2011). Comparability of the Social Skills Rating System to the Social Skills Improvement System: content and psychometric comparisons across elementary and secondary age levels. *School Psychology Quarterly*, 26(1), 27.

Gutman, S. A., Raphael, E. I., Ceder, L. M., Khan, A., Timp, K. M., & Salvant, S. (2010). The Effect of a motor-based, social skills intervention for adolescents with high-functioning autism: two single-subject design cases. *Occupational Therapy International*, 17(4), 188-197.

Hare, D. J. (1997). The Use of Cognitive-Behavioural Therapy with People with Asperger Syndrome A Case Study. *Autism*, 1(2), 215-225.

Koegel, L. K., Koegel, R. L., Hurley, C., & Frea, W. D. (1992). Improving social skills and disruptive behavior in children with autism through self-management. *Journal of Applied Behavior Analysis*, 25(2), 341-353.

Lopata, C., Thomeer, M. L., Volker, M. A., & Nida, R. E. (2006). Effectiveness of a cognitive-behavioral treatment on the social behaviors of children with Asperger disorder. *Focus on Autism and Other Developmental Disabilities*, 21(4), 237-244.

Mavranezouli, I., Megnin-Viggars, O., Cheema, N., Howlin, P., Baron-Cohen, S., & Pilling, S. (2014). The cost-effectiveness of supported employment for adults with autism in the United Kingdom. *Autism*, 18(8), 975-984.

Mottron, L. (2017). Should we change targets and methods of early intervention in autism, in favor of a stregths-based education? *Eur Child Adolesc Psychiatry* doi:10.1007/s00787-017-0955-5.

Mottron, L. (2016). *L'intervention précoce pour enfants autistes. Noveaux principes pour soutenir une autre intelligence*. Bélgica: Mardaga.

Mrug, S., & Hodgens, J. B. (2008). Behavioral summer treatment program improves social and behavioral functioning of four children with Asperger's disorder. *Clinical Case Studies*, 7(3), 171-190.

Organista, J. H. C. (2006). *O debate sobre a centralidade do trabalho*. Expressão Popular.

Pereira, C. D. S., Del Prette, A., & Del Prette, Z. A. P. (2008). Qual o significado do trabalho para as pessoas com e sem deficiência física?. *PsicoUSF*, 13(1), 105-114.

Perret, B. (1997). L'avenir du travail: des tendances contradictoires. *Esprit* (1940-), 102-118.

Ramain, S. & Fajardo, G. (1975). *Struturaction mentale par les Exercices Ramain*. Paris: Epi.

Rey, A., & Ramain, S. (1960). Prefácio in Conquet, A., Ramain, S., Tavernier, M., Gibert, L-F., Courduries, R., Guerry, J-L., Le Guillermic, R., Quef, P., Ribal, J-C., Sadou, E., Traverse, M. (1960) *Aptitudes e Capacités, Méthode Pédagogique des Écoles Techiniques de la Chambre e Commerce de Paris*. Paris: L'ÉPI.

Ribeiro, R. P. D., & Lima, M. E. A. (2010). O trabalho do deficiente como fator de desenvolvimento. *Cadernos de Psicologia Social do Trabalho*, 13(2), 195-207.

Rizzolatti, G., Fabbri-Destro, M., & Cattaneo, L. (2009). Mirror neurons and their clinical relevance. *Nature Clinical Practice Neurology*, 5(1), 24-34.

Rizzolatti, G. (2010). *Mirror neurons*: Interpretations and misinterpretations. Third Annual Fred Kavil Lecture in Neural Science, New York State Psychiatric Institute, Columbia University, New York.

Roux, A. M., Shattuck, P. T., Cooper, B. P., Anderson, K. A., Wagner, M., & Narendorf, S. C. (2013). Postsecondary employment experiences among young adults with an autism spectrum disorder. *Journal of the American Academy of Child & Adolescent Psychiatry*, 52(9), 931-939.

Sarriera, J. C., Silva, M. A., Kabbas, C. P., & Lópes, V. B. (2001). Formação da identidade ocupacional em adolescentes. *Estudos de Psicologia*, 6(1), 27-32.

Shattuck, P. T., Roux, A. M., Hudson, L. E., Taylor, J. L., Maenner, M. J., & Trani, J. F. (2012). Services for adults with an autism spectrum disorder. *Canadian Journal of Psychiatry. Revue Canadienne de Psychiatrie*, 57(5), 284.

Solomon, M., Goodlin-Jones, B. L., & Anders, T. F. (2004). A social adjustment enhancement intervention for high functioning autism, Asperger's syndrome, and pervasive developmental disorder NOS. *Journal of Autism and Developmental Disorders*, 34(6), 649-668.

Sperandio, J. C., & Wolff, M. (2015). *Formalismes de modélisation pour l'analyse du travail et l'ergonomie*. Presses Universitaires de France.

Strickland, D. C., Coles, C. D., & Southern, L. B. (2013). JobTIPS: A transition to employment program for individuals with autism spectrum disorders. *Journal of Autism and Developmental Disorders*, 43(10), 2472-2483.

Tse, J., Strulovitch, J., Tagalakis, V., Meng, L., & Fombonne, E. (2007). Social skills training for adolescents with Asperger syndrome and high-functioning autism. *Journal of Autism and Developmental Disorders*, 37(10), 1960-1968.

Vygotsky, L. S., Luria, A. R., & Leontiev, A. N. (1996). *Estudos sobre a história do comportamento: símios, homem primitivo e criança*. Porto Alegre, RS: Artes Médicas.

Webb, B. J., Miller, S. P., Pierce, T. B., Strawser, S., & Jones, W. P. (2004). Effects of social skill instruction for high-functioning adolescents with autism spectrum disorders. *Focus on Autism and Other Developmental Disabilities*, 19(1), 53-62.

White, S. W., Albano, A. M., Johnson, C. R., Kasari, C., Ollendick, T., Klin, A. & Scahill, L. (2010). Development of a cognitive-behavioral intervention program to treat anxiety and social deficits in teens with high-functioning autism. *Clinical Child and Family Psychology Review*, 13(1), 77-90.

Wolff, M., Gattegno, M. P., & Adrien, J. L. (2005). Un modèle des accompagnants de personnes avec autisme: pour la valorisation de la profession. In: *Handicap* (No. 105-106, p. 51-69). CTNERHI.

Eixo Metodológico III

Capítulo 15

PROGRAMA DE ACOMPANHAMENTO INTENSIVO E SISTEMÁTICO COM PAIS (PAIS)

Maria Clara Nassif

INTRODUÇÃO

O Programa de Acompanhamento Intensivo e Sistemático com pais (PAIS) constitui um programa psicoeducativo semiestruturado centrado sobre dois focos – Qualidade de Vida Familiar e Estimulação Neurodesenvolvimental – que possibilitam aos familiares de pessoas portadoras de Transtornos do Espectro do Autismo (TEA), ou de outros transtornos neurodesenvolvimentais, compreenderem a natureza desses quadros e em que medida as particularidades comportamentais de seu filho caracterizam seu diagnóstico.

A busca dessa compreensão, pouco a pouco, permite aos pais elaborarem do ponto de vista emocional sua posição parental na relação com seu filho, a qual envolve, face a seu problema, muitas angústias e preocupações. Nesse sentido, eles se sentem acolhidos e amparados, pois esse programa busca levar os pais, exercendo suas funções materna e paterna, a perceber seus próprios potenciais, sua capacidade de avançar juntos na descoberta de novos meios de favorecer a emergência das potencialidades de seu filho e despertar para uma participação direta e efetiva de seu desenvolvimento em um ambiente natural, o familiar. Por essa via, potencializa-se a melhoria na qualidade de vida familiar, compreendida como a capacidade da família em responder às necessidades de seus membros, lhes oferecer a oportunidade de estarem bem juntos e permitir-lhes realizar o que sintam ser importante (Turnbull, 2008).

Esse programa contempla os aspectos neurodesenvolvimental, multidimensional e socioambiental dos Transtornos do Neurodesenvolvimento, e mais particularmente dos TEA, e foi concebido como parte integrante às outras intervenções próprias do Programa Abrangente Neurodesenvolvimental (PAN).

Seus princípios gerais possibilitam o ajuste das intervenções com as famílias, a partir dos dados obtidos nas primeiras investigações, bem como oferecem uma flexibilidade de sua utilização em diferentes contextos ou para outras patologias do neurodesenvolvimento, tais como para transtornos de linguagem, transtornos de aprendizagem, transtornos do déficit de atenção e hiperatividade (TDAH), entre outros.

Tomando-se como base o apresentado na Seção I e considerando-se que o autismo representa um importante desafio aos familiares e aos profissionais em seus respectivos cuidados aos seus portadores, tomaremos os TEA como base para a apresentação do PAIS, sabendo que seus princípios gerais são extensivos e replicáveis para os outros transtornos do neurodesenvolvimento.

O diagnóstico de TEA de um filho atinge a saúde física e psíquica dos membros dessa família (Volkmar *et al.*, 2014; Rogé *et al.*, 2008; Abbeduto *et al.*, 2004; Olsson & Hwang, 2001) e desencadeia um transtorno estrutural ao equilíbrio conjugal e socioeconômico familiar (Rogé *et al.* 2008). Do ponto de vista conjugal, as medidas de bem-estar indicam alto nível de estresse (Proulx *et al.*, 2007; Kersh *et al.*, 2006; Boyd, 2002; Yau & Li-Tsang, 1999). Mesmo se o divórcio representa em torno de 20%, os fatores preditivos deste encontram-se mais ligados à depressão do que diretamente ao transtorno do filho (Hartley *et al.*, 2010).

O momento efetivo desse diagnóstico lança os pais e demais familiares em um terreno incerto, permeado de dúvidas e de forte impacto emocional para a família como um todo, manifestando-se nessa etapa alto nível não somente de depressão dos pais (Taylor & Warren, 2012), como, em outros, a emergência de estresse pós-traumático (Casey *et al.*, 2012). Em comparação com pais de crianças típicas (Dabrowska & Pisula, 2010; Lee, 2009; Rao & Beidel, 2009) ou mesmo com outros transtornos do neurodesenvolvimento (Estes *et al.*, 2009; Donovan, 1988), os pais de crianças portadoras de TEA apresentam níveis mais elevados de estresse e depressão, e mais particularmente as mães do que os pais (Dabrowska & Pisula, 2010; Olsson & Hwang, 2001; Moes *et al.*, 1992). Além disso, algumas mães abandonam suas carreiras, ou reduzem o ritmo de seu trabalho, enquanto muitos pais as mantêm (Gray, 2003; Olsson & Hwang, 2001; Seltzer *et al.*, 2001).

Entre o início das percepções, sutis a princípio, por um dos pais, por ambos ou por parentes próximos, de que certas manifestações da criança, como atraso no desenvolvimento da linguagem, ou certos comportamentos que chamam atenção por sua estranheza, ou dificuldades claras no contato com seus próximos, até o momento do efetivo diagnóstico de um TEA, pode transcorrer um longo período de tempo (Siklos & Kerns, 2007). Essa demora pode se dar por hesitação dos familiares, por falta de especialização dos profissionais procurados (Siklos & Kerns, 2007) ou por recursos escassos na esfera de saúde pública, como em nosso meio.

Conforme análise recente, dentre o grupo de países com modelos públicos de atendimento de acesso universal, dados do *Global Health Observatory data repository*, mantido pela Organização Mundial da Saúde (OMS), o Brasil era em 2013 o país que tinha a menor participação do Estado (União, Estados e Municípios) no financiamento da saúde (fonte: Jornal Medicina – Jan/2016 – CFM). A ausência de recursos e políticas públicas nessa esfera representa um forte impacto na dinâmica familiar, bem como posterga o início do efetivo tratamento, condição que repercute negativamente na própria trajetória desenvolvimental do portador de TEA e, consequentemente, atinge a qualidade de vida familiar, a curto, médio e longo prazo.

PRESSUPOSTOS TEÓRICOS

O PAIS, constituindo-se como um dos eixos fundamentais do PAN, desenvolve-se considerando os pressupostos de base teórica biopsicossocial, já abordados nos capítulos da Seção I. Organiza suas intervenções levando-se em conta as bases neurofisiológicas e neuropsicológicas expressas por alterações comportamentais (Barthélémy, Hameury & Lelord 1995: Blanc *et al.*, 2005) (Capítulo 11); contempla a importância dos fatores ambientais sobre a manifestação poligênica (Karmiloff-Smith, 2007, 2010); considera a expressão polimórfica desses quadros, hoje compreendida de modo dimensional abrangendo a noção de *continuum* e de comorbidades (APA, 2013); considera, no perfil atípico, a heterogeneidade das trajetórias desenvolvimentais distintas (Thomas *et al.*, 2009; APA, 2013); considera a interferência de "outros fatores clínicos", tais como as condições sociais e ambientais, problemas relacionais, problemas de maus-tratos ou negligência, problemas econômicos, criminais ou de educação (APA, 2013). Ainda considerando as recomendações do DSM-5 (APA, 2013), esse programa leva em conta, em suas perspectivas de atuação com os pais, os fatores que merecem atenção clínica ou médica, que influenciam o tratamento e as intervenções e que podem modificar a evolução, o prognóstico ou o tratamento.

O PAIS considera como fatores que guiam suas intervenções com os familiares e demais parcerias de cada paciente os conceitos que sustentam as diversas intervenções, conforme expostas no EIXO II do PAN (intervenções de base neurodesenvolvimental e também as de natureza ecológica), a saber: a *base relacional da interação*, conforme os princípios da Terapia de Troca e de Desenvolvimento (TED) (Barthélémy, Lelord & Hameury, 1995), os princípios de DIA-LOG – Comunicação, Expressão e Criatividade (Fajardo & Ramain, 1997), e do Método Ramain como Pedagogia do Sujeito, bem como os fundamentos antropológicos que sustentam esse Método (*vide* Capítulo 2).

O PAIS baseia-se sobre os modelos de apoio à família e à melhoria de sua qualidade de vida, diferindo dos modelos tradicionais, por não se apoiar exclusivamente na adaptação do ambiente ao portador de um *handicap* e sim sobre a noção de desenvolvimento e de busca de adaptação do portador de uma dificuldade especial ao meio ambiente, sublinhando a importância das relações afetivas entre pais e filhos e da família como um todo.

É justamente por essa condição que nesse programa as funções materna e paterna restam preservadas e equilibradas, não sobrecarregando, como tradicionalmente, a mãe ou os pais como terapeutas de seus filhos. Essa perspectiva diferencia-se também do enfoque tradicional por considerar que cada membro da família, pais ou irmãos, tenham oportunidade de desenvolver seus próprios projetos de vida e realizações pessoais, de acordo com a perspectiva de *qualidade de vida familiar,* baseada no Paradigma Progressista do Handicap – PPH (Turnbull & Turnbull, 2002), conforme segue.

Compatível a esse paradigma, esse programa de acompanhamento intensivo e sistemático aos pais adota a noção de *resiliência assistida* (Ionescu *et al.*, 2009), que considera a promoção da resiliência em um contexto familiar onde um, ou mais de um de seus membros, é portador do TEA.

Essa noção baseia-se na intervenção familiar realizada de modo não intrusivo ou diretivo, e sim por um acompanhamento que estimula o desenvolvimento de competências dos pais que, ao agirem para também atualizarem as competências de seu filho, percebem-se enfrentando as dificuldades e as adversidades, o que significa a promoção de sua própria resiliência.

Os dois polos desse programa – qualidade de vida familiar e estimulação neurodesenvolvimental – mantêm entre si uma relação de causalidade circular recursiva, quer dizer que um retroalimenta o outro em um sistema complexo, que é o ambiente familiar. É por essa via que se sustenta a noção de processo, condição pela qual se torna possível à família acompanhar ativamente as diferentes etapas do percurso da evolução de seu filho ao longo do tempo (Esteves, 2002).

A partir dos diversos patamares do PAN, organizados hierarquicamente segundo os marcadores dos estágios de desenvolvimento – intelectual, motor, linguagem, emocional e social – pretende-se que, da regulação comportamental, o sujeito evolua para uma atitude geral de adaptabilidade psicossocial, garantindo melhores níveis de qualidade de vida familiar.

Trata-se de um modelo sistêmico de abrangência global, centrado sobre a qualidade de vida familiar (Turnbull *et al.*, 2000).

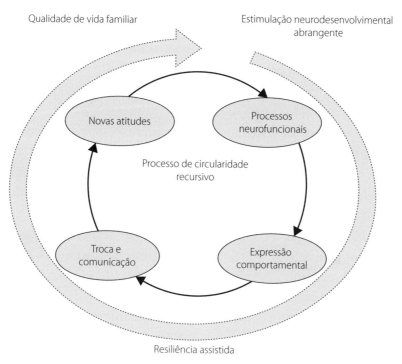

Figura 1. Qualidade de vida familiar e processo de circularidade recursivo.

AMPLIAÇÃO DA QUALIDADE DE VIDA FAMILIAR

O primeiro foco do PAIS tem como objetivo principal ampliar a qualidade de vida familiar, ideia que abarca a implementação, de imediato, de uma rede interativa de suporte às famílias; essa rede compreende a parceria entre a instituição, a equipe multidisciplinar e a família e muito frequentemente os membros da grande família e/ou cuidadores; estende-se ainda às demais equipes externas, tais como escolar, ocupacional ou laboral e eventualmente outras, tais como esportivas, de lazer ou de artes, comprometendo a todos em um projeto comum.

Para organizar esse programa, considera-se um preciso diagnóstico neuropsicológico que particularize as disfunções presentes, bem como o nível desenvolvimental de cada paciente, a partir de testes e escalas. Tendo em vista a amplitude de diferentes manifestações e de níveis de expressão dos TEA, é importante considerar que os instrumentos de avaliação utilizados tenham sido construídos especificamente para esse campo de atuação, podendo, então, refletir as condições gerais e as particularidades do paciente.

A partir desse patamar, serão gerados os diferentes procedimentos de tratamento, bem como, neste caso, o planejamento das intervenções com a família. Para tanto, organizou-se um mapa neurodesenvolvimental, setorizando os resultados obtidos pelos diferentes domínios investigados, para estabelecer, a partir desse perfil, os pontos-alvo como referencial para que a família possa participar da promoção do desenvolvimento dos processos cognitivos e socioemocionais que favoreçam a comunicação e a adaptação social de seu filho.

Diretamente do ponto de vista familiar, considera os aspectos afetivo-emocionais buscando desenvolver com os pais a compreensão das características do transtorno de seu filho para vinculá-los como parceiros na construção das perspectivas de sua evolução, bem como tomá-las como bases a qualidade de vida familiar e do casal.

Nesse sentido, compete à equipe multidisciplinar responsável pelo diagnóstico e intervenções clínicas articular o estabelecimento dessa rede. Sua função é a de promover reuniões sistemáticas com as diferentes equipes, buscando orquestrar, a partir da *criação* de uma linguagem comum, os ajustes necessários para que os procedimentos, independentemente de sua esfera específica, considerem as particularidades desenvolvimentais do paciente em questão, em suas respectivas intervenções. Além disso, busca nortear a todos em uma perspectiva de atuação baseada em princípios comuns aos desse programa: comunicação social e estimulação desenvolvimental visando o desabrochar de processos adaptativos.

Por meio desse segundo foco, Estimulação Neurodesenvolvimental, busca-se redimensionar, nas interações afetivas próprias do convívio familiar e de modo natural, as bases relacionais e de comunicação propostas pela TED, estendendo esses princípios aos demais ambientes da vida da pessoa portadora de TEA, tais como no escolar, ou outros similares. Nessa mesma perspectiva relacional, considera-se também a estimulação desenvolvimental em seus diferentes aspectos que se encontram na base dos processos adaptativos, incluindo-se de autonomia pessoal e social.

Mais particularmente, esse foco situa suas propostas de intervenção com as famílias de modo particularizado, levando em conta os referenciais de desenvolvimento: funcionais, cognitivos e socioemocionais evidenciados a partir do diagnóstico multidisciplinar (Capítulos 9 e 10); esse constitui a primeira etapa do processo de intervenção com a família do paciente. A discussão e a elaboração do projeto terapêutico em equipe multidisciplinar permitem ao profissional ter os elementos fundamentais para realizar uma devolutiva para os pais, oferecendo-lhes uma possibilidade de compreensão de suas dúvidas, de suas apreensões e de suas expectativas, trazidas na entrevista inicial.

A entrevista devolutiva e o modo como esses dados são tratados com os pais constituem um ponto de partida mais ou menos promissor ao processo terapêutico.

Além do profissional conhecer profundamente o campo dos TEA, é igualmente importante sua atitude de acolhimento e de disponibilidade emocional aos pais. Ao longo de todo o seu percurso, esse programa tem a função de incidir sobre os aspectos afetivo-emocionais dos pais, manifestos a partir do diagnóstico, como o sentimento de luto, a ansiedade ou a depressão; avaliar e se necessário orientá-los a buscar ajuda psiquiátrica e/ou psicológica, bem como ajudá-los a superar crises que sobrevenham no decorrer do processo terapêutico.

A noção de resiliência assistida, de modo mais ou menos intenso, constitui um dos preceitos centrais das funções do especialista em saúde mental que se encarrega do trabalho com os pais, em geral, um psicólogo.

A capacidade de expor a correlação entre as alterações funcionais e desenvolvimentais evidenciadas pela avaliação diagnóstica e o comportamento expresso pelo paciente já representa um meio de começar a criar fissuras no "terror sem nome" da representação emocional que acompanha invariavelmente um diagnóstico de TEA e aproximar os pais de uma realidade tocável, em parte, por eles.

Nesse mesmo sentido, a compreensão da pertinência das intervenções terapêuticas e sua possível ação sobre as disfunções, as possíveis consequências positivas do engajamento dos pais no processo, bem como a indicação das possíveis perspectivas evolutivas de seu filho, a partir de suas condições atuais, oferecem-lhes a chance de se abrir também a uma disponibilidade emocional na medida em que possam vislumbrar a ideia de um caminho a percorrer, e isso é fundamental. Marcam-se aqui os prenúncios da mobilização dos pais por meio do processo de resiliência assistida.

Ainda, nesse sentido, ao se apropriarem de que, após o início das intervenções com o paciente, a cada seis meses, serão realizadas reavaliações sistemáticas e novas metas a serem atingidas serão traçadas, os pais podem pressentir a perspectiva de evolução e a esperança abrir-se como uma força emocional que mobiliza a sua fundamental participação no trajeto a ser percorrido. A mobilização afetivo-emocional dos pais como parceiros e, da mesma forma, da equipe como seus parceiros, constitui a mola mestra que pode sustentar o processo ao longo do tempo. Inicia-se de modo mais preciso, nesse momento, a intervenção assistida em termos de resiliência.

Um fator fundamental a ser considerado na etapa inicial da intervenção com os pais é a observação e a percepção por parte do psicólogo, do modo como os pais lidam habitualmente com as situações de vida diária, isto é, o impacto correspondente desses eventos sobre seu nível de estresse (Volkmar et al., 2014). Outro aspecto é colocar atenção aos dois tipos de "*coping*" em relação à reação da família diante do diagnóstico e que podem ser considerados preditivos das possibilidades de sua adesão efetiva ao processo de tratamento de seu filho: *Coping* ativo, isto é, centrado sobre o problema, em que a família se disponibiliza de imediato a enfrentar as questões levantadas pelo diagnóstico e as novas demandas, os cuidados necessários ou as adversidades, evidenciando-se um nível de resiliência sem necessidade de uma intervenção para desenvolvê-lo (Cappe et al., 2011; Cappe et al., 2008).

Por outro lado, no *coping* centrado sobre as emoções (tipo *passivo*) (Cappe et al., 2008; Cappe et al., 2011; Lazarus & Folkman, 1984) em que a família evade-se do enfrentamento das novas demandas, o trabalho de resiliência assistida (Ionescu et al., 2009) constitui-se como um alvo de intervenção, pois que ele é determinante na capacidade de a família suportar o enfrentamento do problema e passar a uma atitude cooperativa, que favorecerá a evolução de seu filho e, por consequência, a qualidade de vida de todo o grupo familiar.

ESTIMULAÇÃO NEURODESENVOLVIMENTAL

Embora os dois focos do PAIS tenham seus objetivos bem definidos, apresentá-los separadamente só se justifica para fins de clareza deste capítulo. O fato de a presente abordagem situar-se como uma proposta sistêmica indica que o todo (sistema de causalidade recursiva, dentre outros aspectos) representa mais do que a adição das partes: então, qualidade de vida familiar e desenvolvimento neurodesenvolvimental, neste caso, guardam forte relação de interdependência.

O processo psicoeducativo organiza-se a partir do mapa neurodesenvolvimental que setoriza os resultados obtidos pelos diferentes domínios investigados na fase diagnóstica, denominado T_0, visando à construção de um programa individualizado, que considera: o nível de gravidade do autismo, o perfil neurofuncional, o perfil cognitivo e socioemocional, o perfil motor, o nível de desenvolvimento geral e o nível socioadaptativo. Nas avaliações sucessivas, a cada seis meses, novos mapas T1, T2, T3, servirão para definir novas linhas de base para as intervenções terapêuticas, bem como, em consonância, para o trabalho de acompanhamento dos pais.

Para esse programa, destacam-se do mapa neurodesenvolvimental os aspectos de maior impacto funcional no meio ambiente, bem como os potenciais que se integram na expressão desse perfil obtido e que serão retraduzidos para os pais em situações ecológicas próprias da convivência natural entre pais e filhos.

Desse modo, não se trata do treino de funções ou habilidades específicas, mas de atuar nas funções de base ou nos níveis hierárquicos anteriores que, se estimulados, possam de fato favorecer a emergência de estruturas mentais hierarquicamente mais evoluídas. Nesse sentido, um exemplo de situações que ocorrem amiúde: os pais insistem em fazer perguntas ou pedir que a criança repita alguma expressão dita por eles na intenção de que a criança comece a falar. Antes da fala a criança precisa descobrir a importância da comunicação e da troca, estágios que precedem a fala funcional... e antes ainda o desenvolvimento da imitação e da atenção compartilhada...

Como se passa então essa proposta em que se estudam tão criteriosamente os diferentes aspectos em jogo no desenvolvimento da criança, visando organizar um processo de intervenção na vida diária, se os pais não se encontram alçados ao papel de terapeutas de seus filhos?

Passa-se por meio das funções paterna e materna fundamentais, pelas quais todos os pais afetivos e ciosos de suas responsabilidades mantêm naturalmente ao longo de suas vidas: isto é, estimular o crescimento de seus filhos pelas mais diversas situações do cotidiano, ajudando-os a descobrir o mundo e construir suas experiências e diferentes saberes: brincando, cantando, jogando, ajudando-os a descobrir como se pedala um triciclo ou uma bicicleta... ajudando-os a se comunicar em um clima afetivo encorajador ao enfrentamento de dificuldades. Ajudando-os a cada vez ter mais autonomia para se autocuidarem na alimentação, na higiene pessoal, nos cuidados pessoais de se vestirem, se desvestirem, de buscar água quando tenham sede, de buscar algo para comer num armário ou geladeira, de aprender a expressar o que desejam.

Enfim, no amplo sentido, os pais ajudam seus filhos a desenvolverem uma autonomia baseada na autodeterminação para que possam crescer desenvolvendo uma consciência de si.

Assim, sem o saberem, os pais promovem nos primeiros momentos de vida da criança e posteriormente, por meio da vida escolar e social que lhes ofereçam, o desenvolvimento de estruturas mentais integradas que são compreendidas como a inteligência da criança que sabe falar, correr ou brincar de modo vivaz... E, de fato, é isso mesmo.

A proposta do PAIS se baseia justamente nessa perspectiva da função paterna e materna, de naturalmente estimular o desenvolvimento de seu filho, porém, retraduzindo aos pais, via compreensão dos processos neurofuncionais de base que se encontram subjacentes aos comportamentos particulares, os procedimentos e atitudes adequados ao desenvolvimento da criança e próprios ao ambiente familiar, para propiciar a sua evolução.

O foco de estimulação neurodesenvolvimental baseia-se em dois eixos-alvo de intervenções que são correspondentes, respectivamente, às alterações centrais dos TEA: 1. Comunicação e interação social e 2. Comportamentos estereotipados e restrição de interesses (APA, 2013). As orientações específicas baseiam-se no conhecimento das particularidades desenvolvimentais do autismo e no mapa neurodesenvolvimental, que indica os referenciais para o embasamento das intervenções com a família.

Essas considerações permitem aos pais desenvolver uma ampla compreensão que se estende a todas as áreas da vida da criança e norteiam suas atitudes nos cuidados diretos, tais como nas atividades de vida cotidiana quanto a alimentação, vestuário, higiene, lazer e convivência social; esses aspectos constituem, por consequência, o eixo-alvo 3, correspondente aos processos de autonomia pessoal e social.

Algumas premissas, tais como a noção de processo, de desenvolvimento e de trajetória desenvolvimental, em que a evolução da criança é sempre referenciada em relação às suas próprias etapas anteriores, sustentam a compreensão por parte dos pais de que o parâmetro do desenvolvimento de seu filho não se encontra focado no "aprender" propriamente dito, mas sim em um desenvolvimento de suas estruturas cognitivas e socioemocionais que lhe permitirão evoluir em suas aprendizagens. Assim, o comportamento atípico expresso pela criança e sua "aprendizagem" desarmônica representam a heterogeneidade no desenvolvimento das funções neuropsicológicas de base à construção dessas estruturas.

Nesse sentido, a TED (Capítulo 11) nos oferece as bases a partir das quais se estruturam alguns princípios que norteiam esse trabalho com os pais. Baseando-se na ideia de que a criança com autismo, como as demais, apresenta uma curiosidade de base fisiológica, natural (Capítulo 11), e necessita de um clima favorável à exploração e descoberta do mundo, as condições emocionais e afetivas são fundamentais para criar um clima familiar propício à sua evolução.

Podemos introduzir aqui a ideia de um efeito cascata: a promoção da resiliência familiar facilita a colaboração ativa da família nessa estimulação neurodesenvolvimental. Esta depende diretamente da possibilidade de os pais estabelecerem trocas relacionais com a criança, para as quais a tranquilidade, a disponibilidade e a reciprocidade – princípios centrais da TED – são os aspectos emocionais que favorecem o efetivo desenvolvimento das aptidões sociocomunicativas. Assim, os dois polos desse programa – qualidade de vida familiar e estimulação neurodesenvolvimental – se integram pela relação de causalidade circular recursiva, quer dizer que um retroalimenta o outro em um sistema complexo, que é o ambiente familiar.

Partindo da epistemologia do pensamento complexo, da qual tomamos a noção de causalidade circular recursiva, temos aqui esse mesmo sistema que integra os três eixos-alvo do programa (Estimulação Neurodesenvolvimental: Comunicação e Interação social, Comportamentos estereotipados e Restrição de interesses, e Autonomia pessoal-social). Esses três eixos-alvo se retroalimentam entre si, pela resiliência, como a força emocional que sustenta o processo em seu todo, e situa-se como premissa necessária ou a ser desenvolvida. As noções de diversidade, mobilidade mental, comunicação e expressão, e autonomia do sujeito, que norteiam os três eixos alvo, baseiam-se nos pressupostos metodológicos dos métodos Ramain e DIA-LOG.

A partir das referências tomadas desses métodos, bem como das premissas teóricas referentes à regulação geral da atividade (Adrien *et al.*, 2001), e da regulação, autorregulação e desregulação dos comportamentos (Nader-Grosbois, 2007), optou-se por duas categorias metodológicas abrangentes que permeiam as intervenções com os pais, ou demais parceiros e cuidadores; essas duas categorias condensam o conjunto dos referenciais teóricos anteriormente citados e buscam organizar, de modo amplo e claro, conceitos relativamente difíceis de delimitar e organizar (Bell & Bell, 1989) quando se trata de contextos dinâmicos e complexos como os da vida familiar:

Categoria 1 – A integração contexto–sentido–ação, delimitando claramente para os pais e/ou cuidadores as circunstâncias que situam o contexto, nesse dado momento (onde estamos, o que vamos fazer agora...), o que permite ao adulto, por um lado, alcançar uma clara noção da pertinência ou não de suas próprias verbalizações e ações, e, por outro lado, favorecer sua percepção dos contornos, mais ou menos precisos da intencionalidade e/ou funcionalidade da expressão comportamental de seu filho, e, a partir dessa percepção, intervir propiciando, por meio de interações, o despertar da criança para esse aqui e agora, estimulando e mediando seu gradativo processo de integração e adaptação ao meio ambiente.

Considera-se que, ao buscar situar a criança no contexto, simetricamente o adulto terá previamente se situado. Essa dinâmica favorece os processos atencionais e relacionais de engajamento dos adultos ao contexto, desenvolvendo trocas comunicativas, verbalizações e ações claras e pertinentes. Nesse sentido, a abertura da família à busca da evolução de seu filho suscita a evolução de seus próprios membros.

Categoria 2 – A segunda categoria abrangente trata da contínua mobilização de caráter multimodal, e integração das funções de base ao desenvolvimento cognitivo e socioemocional, por mediações particularizadas, consideradas de acordo com as demandas evolutivas de cada paciente evidenciadas pela avaliação diagnóstica. A partir desta, delineia-se a linha de base da intervenção, atentando-se aos pontos fortes e frágeis presentes no perfil neurofuncional, bem como em qual patamar do PAN a programação geral do projeto terapêutico se situa.

Como em toda situação complexa, o todo da integração dessas duas categorias abrangentes é amplo, maior do que sua somatória, e sua prática é pautada por intervenções norteadas pelos princípios teóricos da regulação geral da atividade e dos processos de autorregulação.

A regulação geral dos comportamentos atualiza-se como síntese da regulação funcional em seu conjunto. O enfoque sobre a regulação geral da atividade refere-se, na fisiologia do organismo, ao conjunto de mecanismos que possibilitam a manutenção de uma função. Do ponto de vista psicológico, a regulação da atividade, segundo a terminologia adotada pela teoria piagetiana, é entendida como a capacidade que possui qualquer organismo ou sistema de modificar uma resposta em função da informação transmitida pelo meio interno ou externo (Piaget, 1974).

A regulação geral da atividade implica três aspectos: a sensibilidade às informações advindas do meio, aptidão para integrá-las e capacidade para anular ou inibir um comportamento inoportuno, dando lugar à emergência de um comportamento novo e adaptado às circunstâncias presentes (eixo temporal e eixo espacial).

Daí a importância de que o nível de solicitação demandado à criança esteja ao alcance dos esquemas cognitivos já organizados pelo organismo, pois a regulação supõe uma comparação espaço-temporal entre as diversas ações aplicadas ao meio. É a atividade que suscita a criação de esquemas e os modifica a partir de sucessivos desequilíbrios, por mecanismos de acomodação e assimilação. Portanto, é por meio da atividade que se dá a construção contínua de estruturas cognitivas e socioemocionais.

A regulação geral da atividade é fator de particular atenção aos terapeutas, cujo conceito é "retraduzido" continuamente aos pais, fazendo-os compreender que as disfunções expressas pelas atitudes gerais da criança em seu cotidiano denotam, primeiro, uma dificuldade em captar a informação vinda do meio, daí, por exemplo, a importância de se estabelecer uma atitude tônico-postural, de sincronia entre o adulto e a criança, que favoreça a esta a percepção dos estímulos, isto é, favoreça o *"input"* do que advém do meio ambiente.

Segundo, a adequação da solicitação ao nível de desenvolvimento cognitivo e socioemocional atual da criança, buscando-se, por exemplo, mediar a emergência das trocas e comunicação e, no *continuum* de interações que mobilizam esse padrão basal, buscar a estabilização dessas aquisições recentes e a consolidação dos processos neurofuncionais até que estes se organizem em novos esquemas cognitivos e socioemocionais.

Terceiro, a contextualização precisa, temporal e espacial, da situação presente, no intuito de construção e estabilização dos esquemas da métrica temporoespacial, fundamentais à construção do real na ótica piagetiana (Piaget, 1974), por corresponderem à organização sequencial e estável das ações.

A conjunção desses três aspectos tomada a partir de referências decorrentes dos resultados da avaliação neurofuncional é transmitida aos pais em uma linguagem prática, coloquial, ilustrada por intermédio de exemplo ou por situações experienciais com a própria criança, constituindo-se em um norte no dia a dia da família, pois dá relevo/ênfase a determinados aspectos aos quais os pais e/ou cuidadores colocarão uma atenção particularizada em suas atitudes com a criança, no ambiente natural de convivência da família.

Por meio desse circuito, diagnóstico e perfil neurofuncional, estabelecem-se as prioridades a serem estimuladas com a criança, e o precioso cuidado na elaboração desse projeto e sua "retradução" aos pais na linguagem do dia a dia contribui diretamente à organização e à estabilização da atividade regulatória do ponto de vista neurofisiológico e, por consequência, gera desenvolvimento e evolução para novos patamares cognitivos e socioemocionais.

Tomando-se os aspectos teóricos já expostos nos Capítulos 1 e 3, referentes aos processos regulatórios, dá-se aqui relevo ao enfoque relativo ao curso de eventos interpessoais, em seus respectivos contextos, complexos, com a família, nos ambientes naturais de convivência, na casa. Ainda se estendem às atividades de lazer, ou outras de caráter social e comunitário, tais como a realização de pequenas compras, de atividades festivas ou outras.

Considerando-se que a capacidade autorregulatória é emergente a partir do período sensório-motor ou simbólico, conforme Nader-Grosbois (2007), o primeiro aspecto a ser considerado é a observação pelo adulto de como a criança mobiliza seus próprios recursos e os do meio ambiente para alcançar sua autonomia nesses diferentes contextos. Nesse sentido, é fundamental o ajuste das demandas e das atitudes dos pais e demais adultos, bem como a organização do ambiente (processos heterorregulatórios), para favorecer o desenvolvimento dos processos regulatórios em curso. Globalmente, por meio dessa dinâmica, o que se busca ao longo do tempo é o desenvolvimento de atitudes que expressem a intencionalidade e subjetividade de cada um.

A PRÁTICA

O foco de estimulação neurodesenvolvimental baseia suas orientações específicas no conhecimento das particularidades desenvolvimentais do autismo e no mapa neurodesenvolvimental, que indica os referenciais de base a partir dos quais propostas ecológicas serão sugeridas à família.

COMUNICAÇÃO E INTERAÇÃO SOCIAL

A estimulação familiar referente ao eixo-alvo Comunicação e Interação Social baseia-se nos princípios de base da TED, buscando-se estabelecer a comunicação social e respeitando-se suas regras fundamentais de tranquilidade, reciprocidade e disponibilidade, por parte dos cuidadores e do meio ambiente no geral, evitando-se a sobrecarga de estímulos para a criança. Essas bases sustentam de modo abrangente todo o programa de estimulação neurodesenvolvimental.

A orientação geral desse trabalho baseia-se na abertura ao contato e à comunicação, buscando-se sensibilizar os pais tanto na descoberta do sentido da comunicação, como dos meios que facilitem a troca comunicativa.

Nesse sentido, toma-se mais diretamente das bases do Método Ramain a premissa de que estimular o desenvolvimento não significa "ensinar" a fazer algo focalmente, ou ensinar a criança a falar, pedindo que repita certos vocábulos; espera-se que esses aspectos se manifestem advindos da troca comunicativa, como decorrência da evolução funcional, inseridos em um contexto, com sentido adaptativo, como um gesto que manifeste uma intenção da própria subjetividade, partindo de uma criança, de um jovem ou de um adulto.

Nesse programa, busca-se que o clima de trocas se manifeste por uma atitude ativa e de busca, por parte dos pais ou cuidadores, do olhar da criança por meio de um olhar vivaz de sua parte, de suas expressões faciais comunicativas de emoções; de gestos claramente expressivos de indicações ou trocas com a criança. Portanto, citamos aqui a postura ativa descrita por Simonne Ramain, uma postura com "anima", plena de vitalidade, disponibilidade e emoção.

Busca-se conquistar um sorriso, rir de uma situação engraçada, demonstrar decepção diante, por exemplo, de uma torre que cai, incentivando sempre uma reação da criança correspondente ao vivido. Consideramos ser esse o clima emocional a partir do qual as demais intervenções tomam sentido.

Nessa etapa, a atitude fundamental dos pais é a busca de trocas que são favorecidas pela sincronia da atenção entre eles e o filho; para tanto é aconselhável adotar posturas corporais que favoreçam o contato visual, colocando-se sempre que possível frente a frente da criança, facilitando e buscando o encontro do olhar. Nesse sentido, estabelecer trocas simples com a criança por intermédio de "jogos" que envolvam o circuito sensório-motor, preferentemente acompanhados de vocalizações, parlendas ou canções com rimas bem marcadas. Pode-se ilustrar essa possibilidade com a brincadeira "serra-serra": os pais colocam a criança sentada em seu colo, de frente para si, buscando o "olho no olho", segurando-a pelos braços, e balançando-a para frente e para trás, e cantam "serra, serra, serrador, serra o papo do vovô" etc. e assim, por meio de uma situação lúdica, busca-se capturar a atenção da criança, o prazer compartilhado, e envolvendo-se, entre outras funções, a propriocepção da transferência do ponto de apoio e de equilíbrio da criança.

Segundo Rogers & Dawson (2013), as rotinas que apelam à estimulação sensorial, a um ritmo, um tom de voz calmo, realizadas lentamente, tendem acalmar a criança, mobilizando sua atenção. Outras trocas que busquem a sincronia entre a criança e o adulto devem ser tentadas utilizando-se as imitações de gestos, tais como bater palmas ou pés no chão, acompanhando-se uma canção, entre outras tantas possibilidades das trocas entre pais e filhos, que fazem parte do repertório popular e das canções infantis. Outras interações, tais como a partir de brincadeiras que envolvem imitação com a presença de um objeto, trocas com bolas ou outros materiais com troca de turno: "agora eu... agora você...". Ou então, "é minha vez... é a sua vez...".

Nesse mesmo clima, buscando-se explorar o experimentar de diferentes sons, em um clima lúdico, e precedendo a linguagem expressiva propriamente dita, os jogos vocais, as onomatopeias, também acompanhados de expressões motoras ritmadas, favorecem a abertura à comunicação, bem como o desenvolvimento do repertório sonoro.

Em qualquer dessas situações, a ideia é de estabelecer um "diálogo" em que, em algum momento, a criança tome a iniciativa de manifestar, de alguma maneira, seu desejo de continuar essa interação. Por meio de situações ou brincadeiras agradáveis, que surpreendam a criança, fazendo-a despertar para a imitação e prazer compartilhado, busca-se desenvolver a reciprocidade socioemocional baseada na relação dos pais com o filho, que privilegia a expressão facial, a entoação de voz, a busca do olhar, evidenciando uma intenção comunicativa pautada no plano emocional. Os exemplos aqui citados correlacionam-se à fase inicial de um programa para intervenção precoce.

Para outros perfis neurodesenvolvimentais ou para outros níveis de desenvolvimento, mantêm-se as bases do trabalho, ajustando-se o tipo de proposta.

Busca-se estender aos diferentes aspectos da vida diária a integração dos meios de comunicação não verbal com o verbal embasados continuamente na categoria abrangente 1: contexto – sentido – ação. Propõe-se que as frases sejam curtas, mas indiquem a ação que vai se desenrolar, buscando contextualizar o evento, desde as ações preparatórias, à exploração das etapas intermediárias, até sua finalização. Os pais devem estar atentos a que essa integração entre meios não verbais e verbais seja de fato acompanhada pela criança. De modo amplo, os pais devem estimular, aguardando ou solicitando uma vez mais uma "resposta" da criança.

A ação pertinente dos pais que se segue a uma indicação verbal ajuda a criança a associar o enunciado ao seu sentido e representação e, dessa forma, favorece as bases da linguagem receptiva e as bases para a formação do léxico que antecedem a emergência da linguagem expressiva. A comunicação assim desenvolvida pelos pais nos mais diversos contextos sociais propicia a identificação e sua possível compreensão pela criança, facilitando seu processo adaptativo social, em geral acompanhado da diminuição das crises disruptivas e dos problemas comportamentais.

De acordo com a fase de desenvolvimento em que a criança se encontra, e conforme as linhas de base do mapa neurodesenvolvimental, a interação da criança com seus pares é também objeto de atenção no trabalho com seus familiares. Do ponto de vista familiar, é importante a estimulação das trocas sociais entre a criança e seus irmãos ou primos, bem como com outras crianças próximas ao seu ambiente de convívio. Nessas interações em geral as imitações jogam um papel inicial importante na adaptação da criança ao grupo. Por vezes um pequeno grupo encontra-se brincando de esconde-esconde e a criança portadora de TEA, mesmo sem compreender a intencionalidade da brincadeira, se põe a correr junto com as crianças e fica satisfeita com esse brincar. O adulto presente pode estimular a compreensão da brincadeira para de fato engajá-la à situação.

O adulto pode aproveitar o momento da atividade em grupo para chamar a atenção da criança sobre o que está se passando, do que se trata aquela atividade ou como se dá uma dada brincadeira e ajudá-la a participar em um dado momento e também favorecer sua participação das trocas de turno, dizendo "sua vez", ou é "a vez do João" nos mesmos moldes de estimulação, citados a propósito do ambiente familiar, isto é, sempre verbalizando o que se passa ou se passará logo a seguir, para garantir o sentido e a contextualização.

Embora o meio escolar ofereça um ambiente facilitador, nem sempre as intervenções dos adultos favorecem de fato a participação ativa da criança com dificuldades específicas. As indicações propostas aos pais também são úteis ao contexto escolar.

Esse apoio no maternal, se estendido à rotina escolar, pode facilitar a participação e o engajamento da criança nas atividades de roda, tais como inteirar-se da rotina do dia, participar das atividades musicais ou cantar uma pequena canção, de jogos motores, da apresentação de um pequeno filme ou escutar uma pequena história lida pela professora. Caso se avalie necessário, a presença de um auxiliar de vida escolar poderá ser de grande valia como mediador das interações entre criança e contexto, oferecendo-lhe os referenciais verbais e não verbais, que facilitem a criança captar o sentido do que se passa, bem como estimulá-la a se engajar, como garantia de que o estímulo chegou até ela.

Tanto na pré-escola quanto no ensino fundamental esse tipo de apoio deve prever e garantir o acesso da criança aos conteúdos apresentados, sempre adaptados ao seu nível – cognitivo, socioemocional e pedagógico – bem como ao seu estilo de aprendizagem, com vistas a sustentar sua capacidade de desenvolvimento. Esses dados, em seu conjunto, favorecem o ajuste da metodologia de intervenção às necessidades particulares de cada criança. Esses componentes específicos são objeto de trocas com as escolas em reuniões com a equipe clínica multidisciplinar, pois integram o conjunto de cuidados e responsabilidades dessa mesma equipe.

COMPORTAMENTOS ESTEREOTIPADOS E RESTRIÇÃO DE INTERESSES

O segundo eixo fundamental desse processo de estimulação neurodesenvolvimental diz respeito aos comportamentos estereotipados e à restrição de interesses, que conotam, de acordo com seu grau de intensidade, verdadeiras barreiras ao desenvolvimento, na medida em que limitam ou impedem que a pessoa portadora de TEA possa usufruir das diferentes oportunidades de exploração oferecidas pelo meio ambiente, como fontes naturais de estimulação, que estão na base da construção das estruturas cognitivas e socioemocionais.

O termo em inglês *sameness* parece-nos abrangente por evidenciar o caráter comum de mesmice, de repetição, que se manifesta por diferentes aspectos, conforme o DSM-5 (APA, 2013): movimentos repetitivos, certas características da linguagem, ou ainda movimentos particulares com objetos, tais como alinhamentos ou rotação; a resistência às mudanças em rotinas ou em rituais estabelecidos; restrição de interesses, ou por vezes interesses atípicos ou mesmo adesividade a determinados assuntos ou à utilização de objetos de modo bizarro; ou também, hipo- ou hiper-reatividade a estímulos sensoriais do ambiente, tais como atração por luzes que giram, dificuldades de processamento de determinados sons ou rejeição por certas texturas, ou ainda insensibilidade à dor ou à temperatura.

Em geral, esses interesses restritos ou estereotipados representam significativo impacto no meio ambiente, pois, por sua característica de imutabilidade, impedem a necessária flexibilidade adaptativa demandada pelas diferentes situações e contextos comuns à vida cotidiana. Por essa razão, encontram-se na base de crises disruptivas, que podem ocorrer em ambientes familiares ou públicos e que por vezes constrangem os pais, fazendo-os sentirem-se impotentes.

Várias particularidades neurodesenvolvimentais encontram-se nas bases desses comportamentos, mas podemos tomar aqui duas delas mais relevantes nesse sentido da repetição: o déficit de funções executivas, particularmente o controle inibitório (*vide* Capítulo 1), bem como o de regulação da atividade, que se expressam por impedir o contato com a realidade, gerando um alheamento ao momento presente e, por decorrência, importante desadaptação ao contexto.

Se considerarmos que o desenvolvimento das estruturas mentais se dá pela interação contínua e direta com o meio ambiente, temos aqui um desvio comportamental capaz de atingir tanto o desenvolvimento cognitivo quanto o socioemocional e o adaptativo. Por isso mesmo, traduzir esses mecanismos para os pais será fundamental para a compreensão de que essas disfunções impedem o desenvolvimento das potencialidades de seus filhos e que aceitar intervir sobre esses mecanismos cria a oportunidade de gerar desenvolvimento.

A situação é complexa, pois, em geral, ao "se ocupar" de suas estereotipias, a criança permanece "calma" e, no caso de os pais tentarem uma interferência para solicitar uma transição, habitualmente sobrevém uma crise que os desarranja emocionalmente; sentindo-se sem saída, tendem a perpetuar aquilo que deixa a criança "calma", caminho apaziguante aparentemente para todos. Por outro lado, frequentemente nas estereotipias da criança repercute simetricamente a rigidez do ambiente: o temor da mudança instaura-se no ambiente familiar e a família tende a fixar certos padrões, antecipando muitas vezes procedimentos compreendidos como evitativos de crises disruptivas, porém perpetuadores dos sintomas restritivos autísticos.

Em geral, muitas discrepâncias entre os padrões adaptativos e o que seria correspondente à idade cronológica da criança estão ligados a uma forte adesividade aos rituais e rotinas. Por exemplo, por vezes os pais nem tentam retirar a mamadeira da criança, pois, como ela não aceita o copo com canudo ou mesmo o copo, assim permanece. Ou ainda a criança só se alimenta se for em um determinado prato ou toma um líquido se for em determinado copo... ou somente sai de casa se carregar tal objeto, por vezes, bizarro...

Entretanto, ao compreenderem as restrições que esses comportamentos ocasionam ao desenvolvimento global de seu filho e ao mesmo tempo sentirem-se apoiados, tendo um norte para suas atitudes, os pais ganham autoconfiança para propor transições e ajudar a ampliar o leque de interesses da criança. Nesse foco consideramos a noção de diversidade e diversidade na continuidade, bases do Método Ramain como os referenciais metodológicos que estruturam as intervenções nesse eixo.

Um dos primeiros temas a ser estudado com a família é como se passa sua rotina na casa, como é sua alimentação, como é o brincar da criança e como estão dispostos seus brinquedos, se assiste à TV, se aprecia filmes ou livros. Quais são as particularidades comportamentais do filho que mais preocupam os pais e como os pais interagem com tais comportamentos.

Nessa esfera, podemos tomar como exemplo as estereotipias motoras, situação na qual é aconselhável buscar a mobilização da criança desviando-a para uma ação efetiva de outra ordem, a ser realizada de modo integrado no mesmo local onde se encontra, ou saindo para outro ambiente; ou ainda, propor-lhe uma outra situação sabidamente de seu interesse, brincar a dois, realizar jogos motores amplos, ou outras alternativas. É importante tentar convidá-la diretamente para a alternativa que se fizer mais oportuna naquele momento, buscando a sincronia entre o adulto e a criança, tentando garantir a troca comunicativa.

Nesse acompanhamento com os pais introduz-se a noção de que eles devam estar alertas a qualquer prenúncio de adesividade perceptível no dia a dia. É aconselhável, de imediato, buscar sua não cristalização, usando o recurso da diversidade continuamente, como, por exemplo, mudar trajetos, mudar marcas e rótulos de produtos, mudar copos, mudar certos tipos de roupas etc.

A seguir, tomamos como mais um exemplo a fixação em certos desenhos animados ou filmes, vistos repetidas vezes, favorecendo que a criança antecipe certos gestos ou falas dos personagens, ou ria antecipando essa expressão, e mesmo em muitos casos essas falas passam a ser repetidas de modo ecolálico e descontextualizadas. Diversas intervenções podem ser favoráveis à quebra desses automatismos.

Uma delas é a de o adulto tentar adentrar, de modo delicado, no mundo em que a criança se encontra, procurando suscitar um sentido, para uma fala descontextualizada, dizendo: "Pedro, você está se lembrando de..." ou outras falas que busquem quebrar o alheamento da criança do contato e da comunicação com o adulto ali presente. Ainda, no foco da diversidade, é importante ampliar a oferta para outros filmes, sempre atentando a introduzir novas alternativas e ajudando a criança a se ligar aos novos contextos.

Outro aspecto é o de diminuir o máximo possível a exposição da criança a esse tipo de estímulo: mínimo de filmes, de televisão ou de jogos eletrônicos, pois todos capturam o foco atencional de modo muito restrito. Esses dois aspectos evidentemente mobilizam maiores cuidados diretos e interação com os pais, o que já é extremamente positivo, mas aumenta o nível de requerência destes, em muitas vezes, havendo necessidade de partilhar esse momento com outros familiares ou outros cuidadores.

Por outro lado, é fundamental mobilizar a criança para outros tipos de interesse, brincadeiras que envolvam, por exemplo, jogos motores amplos, buscar brincar em brinquedões de parques ou jogos em piscina, que suscitem as interações e a capacidade de troca da criança; esta é uma alternativa importante, buscar mudanças de ambiente, ou mesmo aproveitar os fins de semana, ou período de férias, quando a família viaja para favorecer o desligamento das rotinas adesivas.

Compatível com o Programa de Adaptação e Desenvolvimento Psicossocial (Capítulo 14), essa proposta de mudanças de ambiente é possível a partir dos primeiros tempos das intervenções, quando a abertura à troca e à comunicação encontra-se em curso e que uma certa regulação geral dos comportamentos tenha emergido. Com o apoio do psicólogo responsável pelo programa, estabelece-se o preparo para essas transições, incluindo como apresentá-las para a criança, como potencializar esses momentos para favorecer o desabrochar de seu desenvolvimento global e como resgatá-las após o evento, sempre atentando-se à integração entre contexto–sentido–ação. Nesse sentido, a ênfase sobre a troca e a comunicação e os processos regulatórios garante a eficácia dessas propostas, de tal forma que sejam prazerosas para a criança e seus pais; estas se iniciam com pequenas saídas até se organizarem em programações mais amplas ou mesmo para o fim de semana todo.

Esses procedimentos, ao mesmo tempo que favorecem a diminuição da adesividade às estereotipias, estimulam a ampliação do campo de interesses e são uma modalidade proposta nesse programa, como um procedimento de base ao desenvolvimento global e adaptativo social, e simultaneamente agem como fator que promove a qualidade de vida familiar, possibilitando a todos um convívio em momentos de lazer, socialmente inseridos.

Conforme a criança evolui do ponto de vista neurofuncional, as estereotipias tendem a diminuir (Rogers e Dawson, 2013) e mesmo desaparecer, conforme se pode acompanhar pelo relato evolutivo de diferentes pacientes, tratados a partir dos diferentes níveis de TED, Ramain e DIA-LOG, na Seção III deste livro.

O desenvolvimento global, a flexibilização mental e de ações, e a ampliação do campo de interesses já denotam que a rigidez mental expressa pelos estereótipos deu lugar a uma evolução que possibilita um maior grau de adaptabilidade ao meio ambiente, indicando ao mesmo tempo uma redução dos sintomas autísticos.

AUTONOMIA PESSOAL E SOCIAL

Este eixo, que atenta globalmente aos processos de autonomia, encontra-se estreitamente ligado às proposições expostas nos dois eixos anteriores, pois a autonomia constitui-se em um processo complexo, dependente de diversos fatores subjetivos que impulsionam os mecanismos para a ação e sua pertinência aos diferentes contextos, aspectos esses próprios da função conativa.

A estreita correlação entre práxis e subjetividade evidencia-se pela consciência que a pessoa tem das consequências de suas ações para si mesma, ou para os outros; portanto, tratar de autonomia implica diretamente reconhecer-se agindo, na percepção de si agindo em um contexto dado, reconhecer como sendo nossos os atos físicos (ações), e mentais (pensamentos), e nossa possibilidade de causá-los voluntariamente e de controlá-los (Belayachi & Van der Linden, 2012).

Conforme esses mesmos autores, esse é o sentido da agentividade, isto é, a consciência de si advinda da experiência de si como autor – agente – de suas ações. Pode-se correlacionar essa perspectiva às próprias premissas do Método Ramain como Pedagogia do Sujeito (Aprofundar essas noções em Nassif, 2014, capítulo Uma palavra final, pp. 203 e 204), na qual "o sujeito existindo e trabalhando conjuntamente com os outros, não cessa de ser ele mesmo nos seus atos", assim como "aquilo que eu sou manifesta-se naquilo que eu faço", e ainda "o apelo a um reconhecimento de si por uma consciência de si".

Nessa direção, essas premissas, bem como as expostas nos Capítulos 1, 2, 12 e 13 da presente obra, sustentam globalmente o embasamento teórico do PAN, bem como do PAIS, e incrementam procederes que favorecem o emergir de potencialidades, pelo qual o caminhar de cada um se direciona, pouco a pouco, para uma atitude mais autônoma; acompanhada, também, gradualmente, da descoberta da própria subjetividade, da identidade, e da alteridade.

A integridade do aparato neurocognitivo, particularmente das funções executivas em relação aos processos de planejamento, execução, controle, retificação e avaliação da ação, encontra-se implicada diretamente nos processos de consciência de si; e essas são funções que se encontram alteradas nos TEA.

Assim, tratar do tema autonomia implica considerar os processos que tocam a subjetividade, a noção de identidade e de alteridade (*vide* Capítulo 1, desta obra) e também considerar uma gama de aspectos teóricos das particularidades neurocognitivas dos TEA, as noções de trajetória desenvolvimental e de modelos biológicos do desenvolvimento, conforme respectivamente expostos nos Capítulos 5, 6 e 7 desta obra.

Portanto, aqui estamos situando uma consistente moldura que contorna esse eixo, que envolve os processos perceptivos, motores, emocionais e de ação que se encontram subjacentes à cognição social, mais particularmente ligados aos processos metarrepresentacionais.

Além disso, para se pensar na estimulação da autonomia pessoal e social, implica considerar-se o conjunto das propostas de intervenção do PAN, que, por meio de seus diferentes patamares, possibilita o desenvolvimento gradual e contínuo das estruturas cognitivas e socioemocionais na direção de níveis hierárquicos superiores.

Portanto, "semear" as raízes da autonomia não compete a uma intervenção simplista, pois certos "fazeres" não configuram uma autonomia, se não estiverem integrados à funcionalidade, à iniciativa e à autodeterminação.

Assim sendo, aqui se consideram os aspectos ligados mais diretamente às atividades de vida diária, buscando mobilizar a estimulação nesse segmento, valorizando a independência na realização destas, *como um dos elementos* que vêm a favorecer o emergir da autonomia.

O mapa neurodesenvolvimental indica, mais uma vez, os referenciais específicos correspondentes a cada uma dessas esferas, a partir dos quais se estruturam as demandas a serem trabalhadas pelos pais, de modo contextualizado no ambiente familiar e em consonância com a atitude descrita anteriormente.

Os hábitos básicos adaptativos e as rotinas de vida diária serão as referências estabelecidas para a criança, com os pais convidando-as a essas adaptações, priorizando-se em cada caso os pontos-alvo. São propostas que envolvem realizar algo junto com a criança, introduzindo pouco a pouco as transições, na estimulação dos diferentes aspectos de autonomia pessoal e social que dizem respeito às esferas: higiene, vestuário, alimentação e autonomia pessoal e social.

Em toda a lida dos pais com seus filhos atenta-se à organização geral da casa, às rotinas regularmente estabelecidas, às ações coordenadas e contínuas, o adulto situando-se e situando a criança na proposição contexto–sentido–ação, no aqui e agora, buscando-se a funcionalidade das ações; assim, atenta-se para não interrompê-las abruptamente, cuidando particularmente da transição entre elas, sempre anunciadas verbalmente, por vezes, a depender da necessidade, acompanhada de pistas gestuais.

No mesmo sentido, outro aspecto a ser considerado trata-se da manutenção dos elos entre as subações que organizam uma ação mais ampla (Zalla *et al.*, 2010), e a noção sequencial delas. No caso de mudança de foco, por parte da criança, os pais devem tentar ressituá-la, muitas vezes etapa por etapa, tal como, por exemplo, a escovação de dentes, que inclui uma série significativa de subações; essas condições mobilizam fortemente a sequenciação temporal, bem como a capacidade de a criança sustentar um tempo de atenção mais longo. Ao estimular a manutenção de uma atividade iniciada, cuidar dos desvios de rota, incluindo a continuidade na linguagem e nas trocas comunicativas, institui-se ainda um investimento abrangente de base ao desenvolvimento da interação social. Ainda, a finalização clara de uma atividade, ou mesmo de cada subação, e a indicação da passagem para outra são aspectos a serem cuidados, pois envolvem os cuidados próprios das transições. Daí a importância da heterorregulação orquestrada pelo adulto, que pouco a pouco favorecerá o processo de regulação funcional geral e o desenvolvimento da autonomia da criança.

Dependendo da etapa de desenvolvimento geral da criança e de comum acordo com a equipe, o nível de ajuda efetiva da mãe nas ações motoras decresce em favor da estimulação da iniciativa, o que já pressupõe a interferência dos processos associativos e de compreensão, de ações solicitadas verbalmente, sem o apoio de pistas visuais.

Quanto ao aspecto dos gestos específicos que facilitam o vestir-se e o desvestir-se, orienta-se a família solicitando-se que, a princípio, os pais iniciem cada movimento junto com a criança para que ela possa, a partir de certas pistas motoras, vir a realizá-los por si mesma.

Deve-se considerar também dois outros aspectos: quanto menor é a criança, e/ou a presença de comportamentos desregulados, mais breve será sua capacidade de manter-se em uma situação; então é aconselhável propor atividades na rotina doméstica que sejam breves; e sempre sinalizar-se a finalização destas. Esses aspectos são regulatórios para a criança que apresenta um transtorno da atividade cognitiva (Adrien *et al.*, 2001) e ajudam-na efetivamente a organizar-se, a situar-se e a adaptar-se de modo mais flexível ao meio ambiente. Nesse sentido os pais, no exercício da paternidade, que naturalmente integra, entre outras, a função heterorreguladora, favorecem o emergir dos processos autorregulatórios de seu filho, que se encontram na base dos processos de sua autonomia.

UM EXEMPLO CLÍNICO

Optou-se por apresentar a evolução de um menino a partir de estudo comparativo dos dados de seu diagnóstico realizado quando se encontrava com 3 anos e 1 mês e os de reavaliação realizada quando se encontrava com 3 anos e 6 meses, tendo sido realizadas com os pais a entrevista devolutiva e quatro entrevistas de seguimento. Nesse período a criança permaneceu sem qualquer intervenção terapêutica específica, sendo a mudança de atitude dos pais em suas posturas em relação ao filho a condição que se modificou. Serão apresentadas a seguir as correlações entre os dados do diagnóstico e as intervenções com os pais.

Identificação:
Nome do paciente: C. L.
Data de nascimento: 09/03/2011
Data de avaliação: 06/05/2014
Idade: 3 anos e 1 mês
Lateralidade: destro

DESCRIÇÃO DA DEMANDA

Os pais chegaram com o objetivo de esclarecimento diagnóstico e possíveis orientações. Os dados a seguir sintetizam as dificuldades apresentadas pela criança nessa etapa de investigação diagnóstica realizada por nossa equipe.

Da avaliação inicial, destacam-se a seguir os aspectos que os pais relataram como suas preocupações: o atraso de linguagem e algumas particularidades no comportamento, tais como tendência ao isolamento em situações de interação com pares e alguns hábitos próprios, como correr em demasia, observar a própria mão e bater a cabeça no travesseiro repetidamente, de modo particular, ainda relatam que corre e movimenta as mãos, além de prender a respiração por breves momentos.

Ao correr pelos ambientes entre uma atividade e outra, C. L. para por alguns instantes para assistir à televisão, em relação à qual pode permanecer "vidrado". Conhece os filmes infantis, antecipando cenas e repetindo falas. Os pais observam que C. L. não gosta de ambientes muito amplos, permanecendo mais frequentemente perto dos pais. Demonstra alguma noção de perigo inicial, mas ainda não em relação à rua.

Do ponto de vista da comunicação, C. L. fala palavras isoladas, mas não formula frases. A fala nem sempre é inteligível, pois apresenta trocas fonêmicas. Geralmente não é capaz de relatar o que aconteceu na escola, por exemplo, repetindo as falas do interlocutor. Por outro lado, é capaz de apontar para pedir e mostrar algo aos pais. Compreende o "não", porém pode tentar desafiar os pais. Pode reagir às contrariedades com sinais de descontentamento, ameaçando dar soquinhos sem machucar-se e chorando. Demonstra dificuldade em conciliar o sono (luta contra o sono) e reclama ao acordar.

C. L. consegue diferenciar pessoas conhecidas de desconhecidas, porém demonstra alguma restrição para compreender as emoções dos outros. Frequenta escola regular, que observa timidez diante dos contatos sociais com colegas da turma, tendendo a brincar só, mas, apesar de não procurar pelos colegas, aceita a aproximação deles.

Com relação às atividades espontâneas, está iniciando o brincar de faz de conta, gosta de bonequinhos, porém não é paciente para montar (quando monta algo, logo joga ou desmonta). De acordo com os pais, a criança não sabia como brincar, mas atualmente já procura os pais para brincar junto, com bonecos.

Quanto às atividades diárias e à autonomia pessoal, começou recentemente a pedir e ir sozinho ao banheiro. Tira a parte de baixo do vestuário; ainda não escolhe as próprias roupas. Não aceita usar camisas com abertura na frente e blazer, por exemplo. Quanto à alimentação, demonstra preferências por alimentos mais úmidos (sopa, feijão) e não aceita pedaços.

Gestação e parto sem intercorrências, e desenvolvimento neuropsicomotor correspondente aos marcadores habituais de desenvolvimento, exceto para a fala. Realizou exames de eletroencefalografia e audiometria e não foram observadas alterações.

Os pais mostraram-se abertos ao diagnóstico, compreendendo e aceitando as intervenções propostas: iniciar a TED, realizar o programa PAIS na frequência quinzenal e continuar o acompanhamento com o neuropsiquiatra que encaminhara a criança para diagnóstico. Mostraram-se motivados, caracterizando um *coping* ativo.

Pelo fato de morarem em uma cidade a 70 km de São Paulo e por questões de ordem financeira, solicitaram iniciar o PAIS por sessões mensais, até se organizarem efetivamente para as novas demandas.

De acordo com a avaliação inicial, foram eleitas três funções de base ao contato e à comunicação que se encontravam mais frágeis, como alvos de estimulação neurodesenvolvimental: a imitação, o contato e a comunicação.

Tais funções encontravam-se comprometidas, especialmente quanto às habilidades específicas de imitação gestual, e verbal, linguagem compreensiva e expressiva, expressão emocional e imagem de si, que correspondem ao domínio socioemocional.

Os resultados também apontaram a necessidade de ampliar a regulação na utilização de suas capacidades globais, bem como as *associações* ligadas ao domínio do ambiente, adaptação e autonomia. Essas alterações traduzem dificuldades na organização de uma comunicação social mais efetiva, restringindo o interesse geral pelas trocas com pares e diminuindo o desenvolvimento do *contato* interpessoal.

Quanto ao domínio cognitivo, os setores mais frágeis referiram-se à construção da noção e imagem de si mesmo, do jogo simbólico e da associação entre meios e fins. No geral, observou-se a consolidação dos níveis mais iniciais de desenvolvimento, com habilidade para descobrir novos meios para a resolução de problemas práticos por experimentação ativa, indicando que a capacidade representacional e de combinação mental dos diversos esquemas ainda pode ser ampliada.

Notou-se um perfil de desenvolvimento neuropsicológico e funcional particular e relativamente imaturo em relação à idade, com a presença de aquisições representativas de etapas mais precoces de desenvolvimento, acompanhadas de características particulares, tais como alterações qualitativas nas interações sociais e nos processos de comunicação, além de atividades particulares e interesses restritos.

Em linhas gerais, observou-se um perfil de desenvolvimento neurofuncional relativamente homogêneo, o que permite supor um potencial positivo quanto ao ritmo e à harmonia do desenvolvimento global.

Observou-se alguma disparidade nos ritmos de desenvolvimento das capacidades específicas no domínio cognitivo, que engloba as funções básicas de percepção e noções centrais, tais como a causalidade, a organização temporal e espacial.

Em síntese, o núcleo das dificuldades centrais da criança, neste momento de seu desenvolvimento, é composto pelas funções responsáveis em especial pela cognição social, a saber: a comunicação, o contato e a imitação (de expressões faciais e vocais, de ações com sentido social e de interação).

Considerou-se que a família lidou emocionalmente bem com o diagnóstico apresentado de um perfil cognitivo e funcional particular, associado à observação da expressão comportamental clínica, denotando sinais de risco para um transtorno do neurodesenvolvimento, mesmo que em leve intensidade.

QUALIDADE DE VIDA FAMILIAR E ESTIMULAÇÃO NEURODESENVOLVIMENTAL

A atitude pró-ativa da família no enfrentamento do problema e na busca de caminhos resolutivos foi um aspecto positivo, favorecendo iniciar-se o PAIS mais diretamente sobre os aspectos de estimulação neurodesenvolvimental, visto que os pais apresentavam a necessária condição emocional de resiliência. O eixo qualidade de vida familiar sempre foi considerado como norte das intervenções por parte do psicólogo, no modo como foram introduzidos os novos meios de interação com a criança.

ESTIMULAÇÃO NEURODESENVOLVIMENTAL

Tomando-se os dados iniciais obtidos, apresentamos os pontos-alvo eleitos como linha de base no trabalho inicial junto aos pais.

COMUNICAÇÃO E INTERAÇÃO SOCIAL E AUTONOMIA PESSOAL E SOCIAL

Apresentou-se com a devida adequação da linguagem própria às trocas como os pais, os referenciais de base à troca e à comunicação, de acordo com a categoria 1 – buscar integrar ao longo do tempo contexto–sentido–ação (*vide* p. 253, considerando-se a linha de base às solicitações: buscar a sincronia com a criança, colocando-se sempre frente a frente com ela e buscar anunciar verbalmente o que ocorrerá logo a seguir, por meio de frases curtas, com foco olho no olho (*vide* p. 256), considerando-se situar os três fatores: regulação geral das atividades, adequação ao nível sociocognitivo da criança e contextualização precisa temporal e espacial.

Priorizou-se, a partir daí, o brincar com a criança, considerando-se anunciar o contexto e seu sentido, o aqui e o agora; as verbalizações sempre indicando o que acontecerá logo após; brincar com a criança por intermédio de jogos vocais acompanhados de imitações gestuais; canções infantis ou parlendas acompanhadas da mesma maneira de gestos.

Nessa mesma linha, foram tomados os aspectos ligados à autonomia pessoal e social; as mesmas condições de verbalizações antecedendo as ações para o banho, o vestuário ou a alimentação. Por exemplo, durante o banho ir estimulando a criança no reconhecimento das partes de seu corpo, com a esponjinha, de um modo lúdico. Dessa maneira, privilegiamos, dentre outros, a percepção proprioceptiva de seu corpo, como um meio de integrar novos esquemas ao reconhecimento da imagem de si, indicado em etapas iniciais do desenvolvimento sensório-motor. Como este, vários aspectos dos resultados da avaliação inicial que se encontravam alterados foram considerados nesse primeiro momento junto aos pais.

COMPORTAMENTOS ESTEREOTIPADOS E RESTRIÇÃO DE INTERESSES

Buscou-se ajudar os pais a lidarem com as transições, pois a criança chorava ou dava soquinhos ao ter que lidar com frustrações, que em geral ocorriam quando tinha que mudar de uma atividade prazerosa para si, normalmente ligada às repetições, tais como mudar um filme, que rapidamente era fonte de ecolalia, ou quando precisavam dar início a uma nova situação qualquer do cotidiano.

Foi proposto inicialmente dispor os brinquedos para a criança, já que estes se encontravam guardados; solicitou-se que fossem organizados em caixas, de acordo com sua categoria e em quantidade suficiente para que a criança não tivesse um excesso de estimulação não aproveitável. A cada semana trocava-se um dos brinquedos de cada caixa por um "novo", isto é, um dos que se encontravam guardados, com a criança acompanhando esses passos. Assim, introduziu-se uma diversidade de possibilidades como convite à exploração, mas focada de tal maneira que a criança pudesse se ligar efetivamente ao que iria servir de base à tentativa do brincar. Nesse sentido, a oferta de brinquedos é que era restrita inicialmente.

Para as falas ecolálicas e para os filmes, introduzimos as orientações apresentadas na p. 261.

A proposta inicial foi a de que toda a convivência entre pais e filho fosse uma oportunidade à troca e à comunicação, e o desenvolvimento dos aspectos que se encontravam na base das alterações neurodesenvolvimentais da criança.

O DECORRER DAS PRÓXIMAS ENTREVISTAS

À medida que o trabalho foi avançando os pais acrescentaram novos dados aos iniciais. E a cada entrevista face aos avanços da criança formulavam-se novas propostas para a estimulação, hierarquicamente superior em termos de níveis do desenvolvimento.

O pai sempre brincou com o filho, porém a mãe apresentava mais dificuldade nesse sentido. Quase não saía para o pátio do prédio e começou a descer com ele.

Do ponto de vista qualitativo, houve importante mudança no padrão de comunicação dos pais com seu filho. Na perspectiva citada de "anima", agora a fala dos pais expressava um sentido, ligado à vida.

Conforme proposto, os pais começaram a sair pouco a pouco com o filho, levando-o à quitanda, padaria, mercadinho, mantendo-se as orientações iniciais gerais.

O filho passou a comer sem ajuda e à mesa. A mãe retirou a cadeirinha dele de frente da TV e não permite mais que ele se alimente sentado no carpete.

A criança começou a ir sozinha ao banheiro, e os demais hábitos de vida diária foram sendo estimulados pela família, com boa resposta de sua parte.

Porém, o mais significativo foi que, de imediato, com a nova atitude dos pais, a criança tornou-se curiosa sobre o que via ou fazia. Esse dado surgiu na segunda entrevista e a reação da criança confirmou os resultados da avaliação de seu potencial positivo ao desenvolvimento.

Suas brincadeiras foram evoluindo para o jogo simbólico e a criança passou atender às demandas verbais dos pais. O nível de interação entre pais e filho ampliou-se.

Quanto aos comportamentos repetitivos, em relação aos filmes, praticamente os pais diminuíram a frequência de exposição do filho à TV ou vídeos, restringindo-a a somente um desenho por dia. A criança também passou a brincar com os brinquedos colocados à sua disposição.

Os pais notaram certa diminuição das estereotipias motoras, bem como da ecolalia. Reduziram-se os choros diante de seus pedidos imperativos.

Com o nível de troca e comunicação mais desenvolvido, passou-se de um foco de estimulação pré-verbal a verbal.

Os pais começaram a expor o filho mais socialmente. O pai criou uma rotina de levá-lo ao parque. Foi proposta uma ampliação gradativa desses passeios e agora os pais procuram levá-lo ao supermercado, shopping, zoológico, aquário e parques no geral. A criança evoluiu para um comportamento mais adaptado e ampliou o repertório do mundo fora de sua casa. Ampliaram-se também seus níveis de autonomia pessoal, vestindo-se e desvestindo-se, entre outras ações. Passou a realizar várias atividades que envolvem motricidade fina, tais como rosquear, desrosquear, usar tesoura ou chave de fenda. Melhorou no grafismo, imitando linhas horizontal e vertical, e conseguiu representar graficamente o sol. Quanto à motricidade global, também se soltou, saltando, por exemplo, com os dois pés, com discernimento de direção do que é para frente e para trás.

Evoluiu na fala, formulando frases completas, mas ainda não fala em primeira pessoa. Utiliza substantivos e atribui qualidades aos nomes. Consegue nomear as partes do corpo. Sua capacidade imitativa e de compreensão dos contextos melhorou. Os pais notam melhoras também no processo associativo. Compreende brincadeiras e consegui rir quando são engraçadas. Melhorou na interação social e os períodos de isolamento diminuíram, sendo essa evolução notada até pelos pais de seus amiguinhos. A escola deu aos pais um *feedback* positivo do progresso da criança.

Os pais dizem ser motivador para eles verem as mudanças no filho e que este está fazendo tudo melhor em relação ao início das orientações.

Essa evolução corresponde ao período de quatro meses. Na quarta entrevista, observando-se a criança que se encontrava presente e levando-se em conta o relato dos pais, decidiu-se por reavaliá-la antes de dar início ao processo de intervenção neurodesenvolvimental por meio da TED.

A reavaliação confirmou a evolução observada, e um novo projeto terapêutico foi desenhado, partindo-se agora para a proposta de um breve período de TED, a ser seguido pela intervenção neurodesenvolvimental em um pequeno grupo. Propôs-se intervenção por meio do Dossiê Ramain Pré-F (Nassif, 2011) e do Dossiê Ramain de movimentos corporais (Nassif, 2012), com o objetivo de favorecer a gradual estruturação mental em um processo evolutivo, com a estimulação integrada das funções motoras, cognitivas, afetivas e sociais.

Mantiveram-se as indicações do PAIS e do seguimento neuropsiquiátrico.

Ilustramos a evolução dessa criança apresentando a seguir os dados obtidos na avaliação inicial e na reavaliação desenvolvimental e neurofuncional. Não se tratando aqui de um estudo de caso propriamente dito, os resultados do estudo comparativo são apresentados e não discutidos. Para compreensão mais específica, as escalas utilizadas estão descritas no Capítulo 10.

Idade na avaliação inicial: 3 anos e 1 mês

Datas dos encontros de seguimento com os pais: 10/06/14, 26/06/14, 31/07/14, 04/09/14.

Idade da reavaliação: 3 anos e 6 meses.

Data da reavaliação: 11/09/2014.

Data da devolutiva: 30/09/2014.

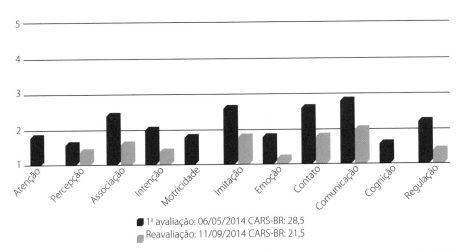

Figura 2. Resultados na Escala de Avaliação Funcional dos Comportamentos revisada (EFC-R) e na escala CARS-BR nos momentos T0 e T1 (antes e após intervenção de 4 meses pelo PAIS).

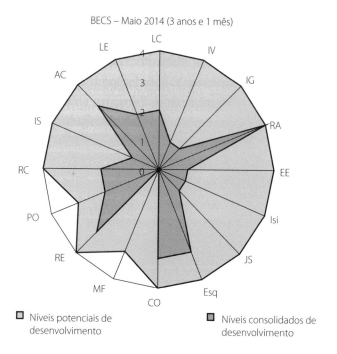

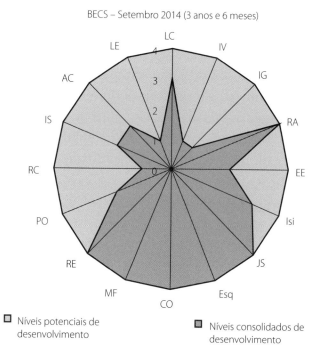

Figura 3. Resultados na Bateria de Avaliação Cognitiva e Socioemocional (BECS) em T0 e T1 (antes e após intervenção de 4 meses pelo PAIS).

Quadro 1. Comparação de resultados – Inventário Portage Operacionalizado

	Avaliação inicial T0	Avaliação T1
Data da avaliação	06/05/2014	11/09/2014
Idade cronológica	3 anos e 1 mês	3 anos e 6 meses
Socialização	2 anos e 1 mês	3 anos e 5 meses
Linguagem	1 ano e 7 meses	3 anos e 4 meses
Desenvolvimento motor	2 anos e 6 meses	3 anos e 6 meses
Autocuidados	2 anos e 3 meses	3 anos e 4 meses
Cognitivo	2 anos e 2 meses	3 anos e 4 meses
Idade de desenvolvimento	2 anos e 3 meses	3 anos e 5 meses

Finalmente, pontuamos que as chaves mestras desse processo são a descoberta do colocar-se em relação e a resiliência, que são continuamente estimuladas para que os pais as desenvolvam em si mesmos e em seus filhos. Como vimos nesse breve relato, a calma, a serenidade e a disponibilidade emocional são fundamentais ao aprender a colocar-se em relação; é por essa via que o processo evolutivo se desencadeia em todos os que estão implicados.

Em parte, tomando a premissa dos Métodos Ramain e DIA-LOG de que o conhecimento só se constrói na experiência, e os dizeres de Temple Grandin, a propósito da postura de sua mãe que sempre a solicitou muito a fazer, à quem ela refere ser muito grata (Conferência proferida nas *Journées Nationales des Centres de Ressources Autisme*, Tours, abril de 2014), propõe-se neste programa estimular os pais a fazerem seus filhos tentar, tentar, tentar... fazer, fazer, fazer... e assim muito se tem atingido e construído.

REFERÊNCIAS BIBLIOGRÁFICAS

Abbeduto, L., Seltzer, M. M., Shattuck, P., Krauss, M. W., Orsmond, G., & Murphy, M. M. (2004). Psychological well-being and coping in mothers of youths with autism, down syndrome, or fragile X syndrome. *American Journal on Mental Retardation*, 109(3), 237-254.

Adrien, J-L. (1996). *Autisme du jeune enfant: développement psychologique et régulation de l'activité*. Paris: Expansion Scientifique Française.

Adrien, J. L., Rossignol-Deletang, N., Martineau, J., Couturier, G., & Barthélémy, C. (2001). Regulation of cognitive activity and early communication development in young autistic, mentally retarded, and young normal children. *Developmental Psychobiology*, 39(2), 124-136.

American Psychiatric Association (2013). *Diagnostic and Statistical Manual of Mental Disorders (DSM-5)*, 4th ed. Washington (DC): American Psychiatric Association.

Barthélémy, C, Hameury, L., Lelord G. (1995). *La thérapie d'échange et de développement dans l'autisme de l'enfant*. Paris, Expansion Scientifique française, Elsevier.

Blanc, R., Adrien, J. L., Thiebaut, E., Roux, S., Bonnet-Brilhault, F., & Barthélémy, C. (2005). Bases neuropsychologiques des interactions sociales et des émotions dans l'autisme: de l'évaluation à la thérapeutique. *Neurologie de l'enfant et troubles du développement*. Marseille: Solal, 389-402.

Belayachi, S. & Van der Linden, M. (2012). *Action-effect learning in obsessive compulsive symptoms*. No prelo.

Bell, D. C. & Bell, L. G. (1989). Micro and macro measurement of family systems concepts. *Journal of Family Psychology*, 3 (2), 137-157.

Boyd, B. A. (2002). Examining the relationship between stress and lack of social support in mothers of children with autism. *Focus on Autism and Other Developmental Disabilities*, 17(4), 208-215.

Cappe, E., Bobet, R., Wolff, M. & Adrien, J. L. (2008). Qualité de vie des parents d'un enfant ayant un trouble autistique ou un syndrome d'Asperger. Effet de certains facteurs psychosociaux sur l'adjustment des parents au trouble envahissant du développement: description d'un projet de recherché. *Bulletin Scientifique de l'arapi*, 21, 130-132.

Cappe, E., Wolff, M., Bobet, R., & Adrien, J. L. (2011). Quality of life: a key variable to consider in the evaluation of adjustment in parents of children with autism spectrum disorders and in the development of relevant support and assistance programmes. *Quality of Life Research*, 20(8), 1279-1294.

Casey, L. B., Zanksas, S., Meindl, J. N., Parra, G. R., Cogdal, P., & Powell, K. (2012). Parental symptoms of posttraumatic stress following a child's diagnosis of autism spectrum disorder: a pilot study. *Research in Autism Spectrum Disorders*, 6(3), 1186-1193.

Dabrowska, A., & Pisula, E. (2010). Parenting stress and coping styles in mothers and fathers of pre-school children with autism and Down syndrome. *Journal of Intellectual Disability Research*, 54(3), 266-280.

Dawson, G., Rogers, S. Munson, J., Smith, M., Winter, J., Greenson, J., & Varley, J. (2010). Randomized, controlled trial of an intervention for toddlers with autism: the early Start Denver Model. *Pediatrics*, 125(1), e17-e23.

Dawson, G. & Osterling, J. (1997). Early intervention in autism: effectiveness and common elements of current approaches. In: Guralnick M. J. (Ed.). *The effectiveness of early intervention: second generation research* (pp. 307-326). Baltimore MD: Paul H. Brookes.

Dawson, G., Jones, E. J., Merkle, K., Venema, K., Lowy, R., Faja, S., & Smith, M. (2012). Early behavioral intervention is associated with normalized brain activity in young children with autism. *Journal of the American Academy of Child & Adolescent Psychiatry*, 51(11), 1150-1159.

Donovan, A. M. (1988). Family stress and ways of coping with adolescents who have handicaps: maternal perceptions. *American Journal on Mental Retardation*, 92, 502-509.

Esteves, M.J. (2002). *O pensamento sistêmico: o novo paradigma da ciência*. São Paulo: Papirus.

Estes, A., Munson, J., Dawson, G., Koehler, E., Zhou, X. H., & Abbott, R. (2009). Parenting stress and psychological functioning among mothers of preschool children with autism and developmental delay. *Autism*, 13(4), 375-387.

Fajardo, G. & Ramain, S. (1997). *DIA-LOG*: Expressão – Comunicação – Criatividade. São Paulo: Cari – Departamento de Publicações.

Fenske, E. C., Zalenski, S., Krantz, P. J., & McClannahan, L. E. (1985). Age at intervention and treatment outcome for autistic children in a comprehensive intervention program. *Analysis and Intervention in Developmental Disabilities*, 5(1), 49-58.

Gray, D. E. (2003). Gender and coping: the parents of children with high functioning autism. *Social Science & Medicine*, 56(3), 631-642.

Guédeney, A. & Wendland, J. (2014). Les difficultés de comportement avant 3 ans. In: Dans A. Guédeney, J. Le Foll, L. Vannier, S. *Troubles externalisés*, TOP, TDAH.

Hartley, S. L., Barker, E. T., Seltzer, M. M., Floyd, F., Greenberg, J., Orsmond, G., & Bolt, D. (2010). The relative risk and timing of divorce in families of children with an autism spectrum disorder. *Journal of Family Psychology*, 24(4), 449-457.

Ingersoll, B. (2010). Brief report: Pilot randomized controlled trial of reciprocal imitation training for teaching elicited and spontaneous imitation to children with autism. *Journal of Autism and Developmental Disorders*, 40(9), 1154-1160.

Ionescu, C., Klein, R. J., Hinkel, J., Kumar, K. K., & Klein, R. (2009). Towards a formal framework of vulnerability to climate change. *Environmental modeling & assessment*, 14(1), 1-16.

Karmiloff-Smith, A. (2007). Atypical epigenesis. *Developmental Science*, 10(1), 84-88.

Karmiloff-Smith, A. (2010). Neuroimaging of the developing brain: Taking "developing" seriously. *Human brain mapping*, 31(6), 934-941.

Kasari, C., Gulsrud, A. C., Wong, C., Kwon, S., & Locke, J. (2010). Randomized controlled caregiver mediated joint engagement intervention for toddlers with autism. *Journal of Autism and Developmental Disorders*, 40(9), 1045-1056.

Kersh, J., Hedvat, T. T., Hauser-Cram, P., & Warfield, M. E. (2006). The contribution of marital quality to the well-being of parents of children with developmental disabilities. *Journal of Intellectual Disability Research*, 50(12), 883-893.

Landa, R. J., Holman, K. C., O'Neill, A. H., & Stuart, E. A. (2011). Intervention targeting development of socially synchronous engagement in toddlers with autism spectrum disorder: a randomized controlled trial. *Journal of Child Psychology and Psychiatry*, 52(1), 13-21.

Lazarus, R. S., & Folkman, S. (1984). Coping and adaptation. *The handbook of behavioral medicine*, 282-325.

Lee, G. K. (2009). Parents of children with high functioning autism: How well do they cope and adjust? *Journal of Developmental and Physical Disabilities*, 21(2), 93-114.

Lovaas, I. O., Smith, T. (1988). Intervensive behavioral treatment for young autistic children. In: Lahey B. B. & Kazdin A. E. (Ed.). *Advances in Clinical Child Psychology*, (vol. 2), New York: Plenum Press.

Magerotte, G. (2001). Modalités de l'intervention précoce en autisme. *Le bulletin scientifique de l'ARAPI*, 7, 39-42.

Magiati, I., Charman, T., & Howlin, P. (2007). A two-year prospective follow-up study of community-based early intensive behavioural intervention and specialist nursery provision for children with autism spectrum disorders. *Journal of Child Psychology and Psychiatry*, 48(8), 803-812.

McGee, G. G., Morrier, M. J., & Daly, T. (1999). An incidental teaching approach to early intervention for toddlers with autism. *Research and Practice for Persons with Severe Disabilities*, 24(3), 133-146.

Moes, D., Koegel, R. L., Schreibman, L., & Loos, L. M. (1992). Stress profiles for mothers and fathers of children with autism. *Psychological Reports*, 71, 1272-1274.

Nader-Grosbois, N. (2007). *Régulation, autorégulation, dysrégulation: Pistes pour l'intervention et la recherche*. Wavre: Mardaga.

Nassif, M. C. (2011). *Dossier Pré-F: Método de Estruturação Mental Evolutiva*. (Disponível em CARI-Psicologia e Educação Rua Pedro Morganti, 68, CEP: 04020-070, São Paulo-SP, Brasil ou em Association Simonne Ramain Internationale, 92 bis Boulevard de Montparnasse, 70514 Paris).

Nassif, M. C. (2012). *Dossier Ramain de Movimentos Corporais* (Disponível em CARI-Psicologia e Educação Rua Pedro Morganti, 68, CEP: 04020-070, São Paulo-SP, Brasil ou em Association Simonne Ramain Internationale, 92 bis Boulevard de Montparnasse, 70514 Paris).

Nassif, M. C. (2014). *Neuropsicologia e Subjetividade: Fundamentos do Método Ramain*. São Paulo: Editora Alínea.

Olsson, M. B., & Hwang, C. P. (2001). Depression in mothers and fathers of children with intellectual disability. *Journal of Intellectual Disability Research*, 45(6), 535-543.

Pereira, A., Riesgo, R. S., & Wagner, M. B. (2008). Autismo infantil: tradução e validação da Childhood Autism Rating Scale para uso no Brasil. *J Pediatria, (Rio J)*, 84(6), 487-94.

Piaget, J. (1974). *A construção do real na criança (2a ed.)*. Rio de Janeiro: Zahar.

Proulx, C. M., Helms, H. M., & Buehler, C. (2007). Marital quality and personal well-being: a meta-analysis. *Journal of Marriage and Family*, 69(3), 576-593.

Rao, P. A., & Beidel, D. C. (2009). The impact of children with high-functioning autism on parental stress, sibling adjustment, and family functioning. *Behavior Modification*, 33(4), 437-451.

Rogé B., Barthélémy, C. & Magerotte, G. (2008). *Améliorer la qualité de vie des personnes autistes*. Paris, Dunod.

Rogers, S. J. (1996). Brief report: Early intervention in autism. *Journal of autism and developmental disorders*, 26(2), 243-246.

Rogers, S. J., Dawson, G. (2013). *L'intervention précoce en autisme*: le modèle de Denver pour jeunes enfants. Paris: Dunod.

Seltzer, M. M., Greenberg, J. S., Floyd, F. G., Pettee, Y., & Hong, J. (2001). Life course impacts of parenting a child with a disability. *American Journal on Mental Retardation*, 106, 265-286.

Siklos, S., & Kerns, K. A. (2007). Assessing the diagnostic experiences of a small sample of parents of children with autism spectrum disorders. *Research in developmental disabilities*, 28(1), 9-22.

Taylor, J. L., & Warren, Z. E. (2012). Maternal depressive symptoms following autism spectrum diagnosis. *Journal of autism and developmental disorders*, 42(7), 1411-1418.

Thomas, M. S., Annaz, D., Ansari, D., Scerif, G., Jarrold, C., & Karmiloff-Smith, A. (2009). Using developmental trajectories to understand developmental disorders. *Journal of speech, language, and hearing research*, 52(2), 336-358.

Turnbull, A. P. (2008). La qualité de vie des familles. In: Rogé, B., Barthélémy, C., Magerotte, G. (Eds), *Améliorer la qualité de vie des personnes autistes*. Paris: Dunod.

Turnbull, A. P., Turbville, V., Turnbull. H. R. (2000). Evolution of family-professional partnership models: collective empowerment as the model for the early 21st century. In: Shonkoff J. P., & Meisels S. L. *The handbook of Early Childhood Intervention*. New York: Cambridge University Press.

Turnbull, A. P., & Turnbull, H. R. (2002). From the old to the new paradigm of disability and families: Research to enhance family quality of life outcomes. In: Paul J. L., Lavely C. D., Cranston-gingras A. & Taylor E. *Rethinking Professional Issues in Special Education*. Westport: Ablex Publishing. pp. 83-119.

Vasconcellos, M. J. E. (2003). *Pensamento sistêmico: o novo paradigma da ciência*. Campinas: Papirus Editora.

Viaux-Savelon, S., Leclere, C., Aidane, E., Bodeau, N., Camon-Senechal, L., Vatageot, S. & Cohen, D. (2014). Validation de la version française du Coding Interactive Behavior sur une population d'enfants à la naissance et à 2 mois. *Neuropsychiatrie de l'enfance et de l'adolescence*, 62(1), 53-60.

Volkmar, F., Rogers, S., Paul, R., & Pelphrey, K. A. (2014). *Handbook of autism and pervasive developmental disorders*. New Jersey: Wiley.

Volkmar, F. R., Rowberry, J., Vinck-Baroody, O. D., Gupta, A., Leung, J., Meyers, J. & Wiesner, L. A. (2014). *Medical care in autism and related conditions*. Handbook of Autism and Pervasive Developmental Disorders, Fourth Edition.

Wendland, J., Gautier, Aq. C., Wolff, M., Brisson, J., & Adrien, J. L. (2010). Retrait relationnel et signes précoces d'autisme: étude préliminaire à partir de films familiaux. *Devenir*, 22(1), 51-72.

Yau, M. K. S., & Li-Tsang, C. W. (1999). Adjustment and adaptation in parents of children with developmental disability in two-parent families: A review of the characteristics and attributes. *The British Journal of Development Disabilities*, 45(88), 38-51.

Zalla, T., Labruyère, N., Clément, A., & Georgieff, N. (2010). Predicting ensuing actions in children and adolescents with autism spectrum disorders. *Experimental Brain Research*, 201(4), 809-819.

SEÇÃO III

A Clínica do PAN

Capítulo 16

AS ETAPAS INICIAIS DO PAN, UM ESTUDO DE CASO: DA INTERVENÇÃO PRECOCE TED AO DOSSIÊ RAMAIN PRÉ-F EM GRUPO

Camilla Teresa Martini Mazetto

HISTÓRICO INICIAL

No momento da avaliação inicial, H. é um menino de 2 anos e 8 meses (26 meses). Os pais se preocupam com o atraso na aquisição da fala e observam um brincar pouco funcional e imaturo, frequentemente desorganizado.

A gestação e o parto transcorreram sem dificuldades. O desenvolvimento no primeiro ano não trouxe preocupações, à exceção do desenvolvimento da linguagem; arrastou-se aos 7 meses, engatinhando em seguida, e andou com aproximadamente dez meses. É filho único, e a família tem um nível sociocultural e econômico médio.

H. começou a falar algumas palavras (mãe, pai, avó), mas sem progredir com o passar do tempo. Procuraram avaliação e terapia fonoaudiológica há três meses, e desde então vem pronunciando o final das palavras. Compreende o que é falado, mas nem sempre responde quando solicitado. Procura comunicar-se pelo contato visual, gestos, vocalizações simples e uso do outro como instrumento. Compreende e imita alguns gestos, e também leva objetos de seu interesse ao adulto, para realizar uma demanda e para compartilhar um interesse.

Entrou na escola maternal com 2 anos, com dificuldade no período de adaptação: não conseguia permanecer na sala, não participava de atividades e apresentava dificuldade para interagir com outras crianças. Gradualmente aumentou o interesse e a interação com os colegas, mas ainda com dificuldades para participar das atividades e brincadeiras coletivas.

Os pais descrevem uma criança afetiva, alegre e agitada, com dificuldade em permanecer sentado, necessitando de direcionamento para sustentar uma atividade. Tem dificuldade para discriminar diferentes estados emocionais das pessoas e para avaliar situações de risco, não temendo situações perigosas. Diante de frustrações mostra-se contrariado, jogando-se no chão, mas logo se conforma.

Aceita variar as brincadeiras quando direcionado. Tem preferência por carros e bolas, além de assistir a filmes infantis. Não se concentra para jogos estruturados ou cognitivos. H. apresenta grande interesse por areia e terra, tornando-se absorto nesses momentos. Também concentra a atenção em detalhes (pode permanecer muito tempo observando um pequeno objeto, como uma folhinha) e ainda leva os objetos até a boca.

É capaz de alimentar-se sozinho (não gosta de variar o cardápio), retirar e colocar as próprias roupas com auxílio, mas ainda solicita a ajuda dos pais. Ainda usa fraldas, mas pede para ser trocado ou para usar o peniquinho.

DESCRIÇÃO DA AVALIAÇÃO NEURODESENVOLVIMENTAL PRÉVIA ÀS INTERVENÇÕES

Comportamento e relação ao longo da sessão

Aceitou participar, com interesse pelas brincadeiras, parecendo não se incomodar com a novidade da situação. Manteve uma atitude estável, porém distanciando-se do outro quando envolvido com os brinquedos que eram de seu interesse.

Falou o começo ou o final das palavras, de forma pouco articulada, porém mostrou conhecer o nome de objetos apresentados, animais e algumas figuras geométricas. Fez tentativas de comunicação não verbal, aproximando-se para indicar o que desejava, mantendo o contato visual e apontando para os objetos.

Explorou funcionalmente os brinquedos, olhando-os e tocando-os. Imitou comportamentos simples, aceitou a troca de atividades e pareceu compreender as regras dos jogos. Demonstrou interesse e respostas funcionais para brinquedos de encaixe e de empilhar, mantendo a atenção e participando a seu modo nessas atividades. Foi capaz de folhear um livro, nomeando espontaneamente as figuras. Participou de jogo imaginativo, aceitando o convite da avaliadora para a brincadeira de faz de conta de comidinhas. Sorriu ao ver a própria imagem no espelho, mas pareceu não se reconhecer.

Apresentou grande interesse pelos brinquedos sonoros, mas não participou das cantigas. Demonstrou pouco interesse pela atividade gráfica, não rabiscando espontaneamente nem copiando traços ou formas simples. Aceitou o jogo de bola, mas com certa dificuldade em permanecer por um tempo satisfatório na atividade.

Notou-se bom potencial para a atenção compartilhada quando assim estimulado, uma vez que apresentou respostas de interação para a maioria das atividades direcionadas.

Durante a atividade lúdica, foi possível observar perseveração quando não era direcionado e brincar mais desorganizado, pois apenas espalhava os objetos, não sequenciando a brincadeira.

Resultados da avaliação desenvolvimental

O desenvolvimento foi avaliado pela escala Brunet-Lézine revisada (BL-R) (Josse, 2001), em sua validação francesa, que sugeriu atraso no desenvolvimento global (IDG = 16 meses; QDG = 51) e heterogeneidade em relação às escalas específicas. As dificuldades são mais marcadas para a motricidade fina (IDC = 13 meses; QDC = 41), seguida da linguagem (IDL = 18 meses; QDL = 56), da socialização (IDS = 18 meses; QDS = 57), e da organização postural (IDP = 20 meses; QDP = 62). Os quocientes de desenvolvimento (QD) são obtidos dividindo-se a idade de desenvolvimento obtida no teste pela idade cronológica e multiplicando-se por 100, sendo a média 100.

A escolha pela utilização dessa escala esteve ligada a objetivos de pesquisa, no contexto de uma cooperação internacional. Em virtude da ausência de dados normativos brasileiros, os resultados de H. devem ser considerados com cautela, mas fornecem informações relevantes que, em conjunto com outros resultados, permitem um estudo clínico aprofundado de sua trajetória, como veremos a seguir.

De acordo com a análise dos critérios dos manuais diagnósticos e o resultado na escala CARS-BR (Pereira, Riesgo & Wagner, 2008), observaram-se sinais leves de um desenvolvimento atípico e correlato aos quadros de TEA (33, 5 pontos).

O desenvolvimento cognitivo e socioemocional, avaliado pela Bateria de Avaliação Cognitiva e Socioemocional (BECS) (Adrien, 2007; 2008) (Figura 1), é heterogêneo (IHG = 9,1; decil 7), especialmente em relação ao domínio socioemocional (IHS = 9,4; decil 8). O nível médio de desenvolvimento (nível 3) é caracterizado pelas reações circulares terciárias, ou seja, pela capacidade de descoberta de meios novos por experimentação ativa para alcançar um objetivo.

A BECS mede os índices de heterogeneidade (IH) entre as 7 escalas avaliadas no domínio cognitivo, e as 9 escalas avaliadas no domínio socioemocional, ou seja, indica quão variáveis são os desempenhos para tarefas de tipos diferentes que compõem um mesmo domínio. Resultados entre 0 e 5 indicam ausência de heterogeneidade ou heterogeneidade leve, resultados acima de 5 e até 10 sugerem presença de heterogeneidade entre as habilidades, e resultados acima de 10 atestam a presença significativa de discrepâncias entre as diversas habilidades avaliadas em um mesmo domínio, ou de forma global. Já os níveis de desenvolvimento considerados são apoiados na teoria piagetiana dos estágios (Piaget, 1936/1987) e focam o período sensório-motor (nível 1 = 4 meses a 7 meses e 30 dias; nível 2 = 8 meses a 11 meses e 30 dias; nível 3 = 12 meses a 17 meses e 30 dias; nível 4 = 18 meses a 23 meses e 30 dias). Na expressão gráfica da escala cada nível é representado pelos círculos concêntricos (Figura 1).

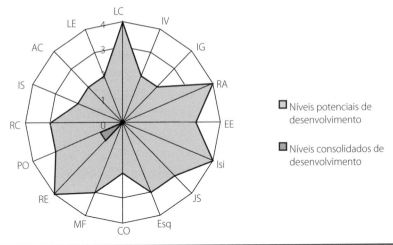

Domínio Cognitivo	Domínio Socioemocional
PO: permanência de objeto;	RC: regulação do comportamento;
RE: relações espaciais;	IS: interação social;
MF: meios e fins;	AC: atenção conjunta;
CO: causalidade operacional;	LE: linguagem expressiva;
Esq: esquemas de relação com os objetos;	LC: linguagem compreensiva;
JS: jogo simbólico;	IV: imitação vocal;
ISi: imagem de si.	IG: imitação gestual;
	RA: relação afetiva;
	EE: expressão emocional.

Figura 1. Resultados obtidos na escala BECS (T0).

Há desregulação na expressão das habilidades, e os níveis consolidados são muito discretos. Isso sugere que o desenvolvimento de H. não segue etapas bem estabelecidas, e que a expressão de seu potencial é irregular.

O domínio cognitivo apresenta níveis de desenvolvimento mais homogêneos entre os setores (IHC = 7,6; decil 7), sendo observado um potencial mais destacado para a construção das relações espaciais (RE) (nível 4) e da imagem de si (Isi), e menor evolução das noções de causalidade operacional (CO), cujo nível de desenvolvimento potencial (nível 2) reflete a capacidade de coordenação das relações circulares secundárias, isto é, de organizar uma sequência de ações orientada a um objetivo.

Do ponto de vista socioemocional, há um destaque positivo da linguagem compreensiva (LC) e da capacidade de manter relações afetivas adaptadas (RA), que alcançam o nível 4, porém sem nenhuma consolidação das habilidades mais primárias, dos níveis anteriores. Setores tais como a interação social (IS), a atenção conjunta (AC), a linguagem expressiva (LE), e a imitação vocal (IV) e gestual (IG) alcançam apenas o nível 2.

Em linhas gerais, observam-se alterações qualitativas em diversos domínios funcionais, tais como a imitação (dificuldade na imitação de gestos adaptados à sua faixa etária e com sentido social), a atenção (concentra a atenção a detalhes, dificuldade em sustentar o foco atencional), a comunicação (particularidades na comunicação verbal e gestual, variabilidade na utilização da linguagem verbal e pré-verbal) e a regulação geral dos comportamentos (instabilidade no uso de suas capacidades, agitação psicomotora significativa), observando-se particularidades em relação ao desenvolvimento típico esperado para a idade.

H. apresenta ainda alterações funcionais da organização perceptiva (é atraído por determinadas texturas, fixa a atenção a detalhes), da capacidade associativa (necessidade de direcionamento no brincar e auxílio para a realização das atividades diárias), das emoções (intensificação ou diminuição das reações emocionais, baixa tolerância às frustrações), e do contato (tendência ao brincar isolado, particularidades na interação).

A avaliação das características clínicas sugere comprometimento do desenvolvimento global, considerando-se sua idade cronológica, com a presença de alterações qualitativas do ponto de vista do desenvolvimento da comunicação, das interações sociais, dos interesses e atividades. Por outro lado, H. apresenta um potencial bastante positivo para a ampliação de sua comunicação social adaptada, com a presença espontânea de iniciativas dirigidas ao outro, mesmo que de modo inconsistente e por vezes pouco funcional.

A ETAPA INICIAL DE INTERVENÇÃO: TED I E II

H. manteve a terapia fonoaudiológica já em andamento e iniciou o programa de duas sessões semanais em Terapia de Troca e Desenvolvimento (TED). Os pais passaram a receber orientações sistemáticas, nos moldes da intervenção neurodesenvolvimental (PAIS).

O projeto da TED individual, apoiado na linha de base traçada a partir da avaliação inicial, identificou como pontos fortes no campo socioemocional a capacidade de compreensão e a manutenção de relações afetivas geralmente adaptadas (com a tentativa de se afirmar e a capacidade de distinguir situações novas de conhecidas) e no domínio cognitivo a noção de relações espaciais (com a exploração satisfatória das características concretas dos objetos) e da imagem de si (com interesse pelo seu reflexo no espelho). H. apresentava ainda um comportamento geralmente estável, com interesse pela exploração do ambiente, aceitando a proposição das atividades, a apresentação e a alternância no uso dos objetos. Como pontos fracos foram elencadas as dificuldades na imitação vocal e gestual, e para a linguagem expressiva (restrita a tentativas pouco inteligíveis de expressão verbal), além de dificuldades na manutenção da atenção conjunta e restrição nas interações. Do ponto de vista cognitivo, os pontos fracos referiam-se à construção das noções causais (ainda relativas à inteligência concreta).

Foram definidos os objetivos das sessões – inicialmente exercitar a capacidade de comunicação social (ampliação das funções ligadas à imitação vocal e gestual) e o brincar compartilhado (atenção conjunta, interação social) com vistas à consolidação das etapas mais iniciais de desenvolvimento – bem como as modalidades a serem utilizadas: atividades simples que favorecessem a exploração dos objetos em conjunto com o terapeuta, a imitação de ações e sons em brincadeiras sociais e a busca de reações emocionais que suscitassem surpresa, prazer compartilhado e sincronia.

Após seis meses (T1) o perfil de H. na BECS tornou-se homogêneo (os índices de heterogeneidade correspondem a zero), sendo observado um desenvolvimento potencial em ambos os domínios correspondente ao nível 4 (Figura 2).

Apesar de responder a problemas mais avançados da inteligência sensório-motora (nível 4), os níveis de desenvolvimento consolidado ainda sugerem uma expressão pouco regular de suas capacidades, com falhas para responder a desafios de níveis anteriores.

O desenvolvimento parece ser mais regular para o domínio cognitivo, com consolidação das noções de relações espaciais (RE) e do jogo simbólico (JS). Outros setores (PO, CO e ISi) também evidenciaram uma ampliação mais estável do desenvolvimento, ainda que discreta.

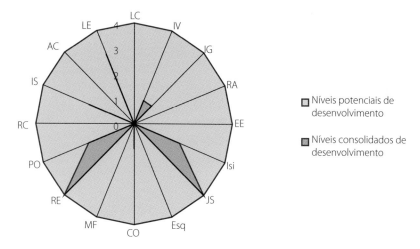

Figura 2. Resultados obtidos na escala BECS (T1).

No campo socioemocional, houve heterogeneidade entre os níveis consolidados, com respostas mais estáveis para a linguagem expressiva (LE) e para a interação social (IS). A imitação vocal (IV) e a gestual (IG) tiveram os níveis potenciais bastante ampliados, e a consolidação do nível 1. Os demais setores (RC, AC, LC, RA e EE) também alcançaram o nível 4, porém não apresentam nenhum nível consolidado.

A configuração do perfil de desenvolvimento nesta etapa de intervenção sugere ampliação da capacidade de responder aos desafios desenvolvimentais mais próximos à sua idade cronológica, alcançando os estágios finais da inteligência sensório-motora. A melhor expressão de suas competências indica a emergência da capacidade de se representar as ações e gestos próprios, e de antecipar seus efeitos sobre o ambiente. Entretanto, o desenvolvimento é irregular e não é possível observar uma hierarquia ou estabilidade na construção temporal de suas habilidades.

O programa terapêutico foi então ampliado para inserir sessões regulares em dupla, no contexto da TED. H. passou a realizar sessões individuais na mesma frequência, porém intercaladas por encontros em dupla com uma outra criança, cujo perfil de desenvolvimento era próximo ao seu.

As avaliações posteriores parecem confirmar essa característica de sua trajetória particular. Após um ano (T2) observa-se a manutenção dos níveis ótimos (nível 4), a ausência de heterogeneidade entre os setores e a ampliação dos níveis consolidados, em ritmo mais intenso no domínio cognitivo (Figura 3).

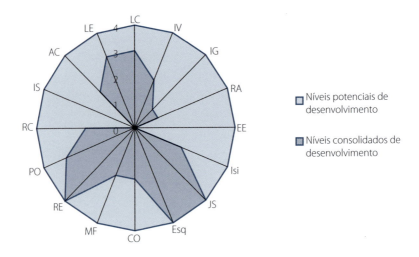

Figura 3. Resultados obtidos na escala BECS (T2).

Os procedimentos tornaram-se adaptados e estáveis no setor de utilização dos esquemas com os objetos (Esq), mantendo-se assim na avaliação subsequente (T3), do mesmo modo que para as relações espaciais (RE) e para o jogo simbólico (JS). Apesar da ampliação dos níveis consolidados nos diversos setores do domínio cognitivo (T2), a última avaliação (T3) (Figura 4) indicou a fragilidade na regulação dos níveis consolidados para diversos setores (PO, MF e CO).

No domínio socioemocional, a consolidação dos níveis iniciais apresentou-se mais gradual e estável, e apenas para a linguagem expressiva (LE) observou-se alguma oscilação entre a penúltima (T2), e a última avaliação do desenvolvimento (T3).

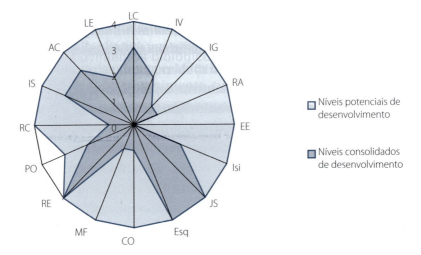

Figura 4. Resultados obtidos na escala BECS (T3).

Uma ampliação significativa na consolidação das primeiras etapas de desenvolvimento ocorreu entre seis (T1) e doze meses (T2), com maior regulação na expressão de diversos setores (RA, IV, LC, AC e RC) e alguma oscilação para a regulação dos procedimentos ligados às interações sociais (IS).

Entretanto, na última avaliação (T3) H. apresentou respostas estáveis e regulares neste último setor, o que reforça a hipótese de uma desregulação na expressão de suas capacidades, que eventualmente alcançadas (T1) não puderam ser expressas posteriormente (T2), e voltaram a tornar-se evidentes em novo contexto (T3).

Neste momento de sua evolução, H. apresenta um perfil de sinais discretos de autismo (CARS-BR = 28,5 pontos), passando da TED individual para sessões em pequeno grupo de psicoterapia Ramain.

Os índices de heterogeneidade e os níveis médios de desenvolvimento na BECS tornaram-se muito favoráveis logo após seis meses (Tabela 1) e mantiveram-se estáveis. Entretanto, a evolução dos níveis consolidados evidenciou a desregulação no desenvolvimento cognitivo e socioemocional, de acordo com os níveis de desenvolvimento.

Tabela 1. Resultados para os índices de heterogeneidade e notas médias de desenvolvimento ao longo das quatro avaliações sucessivas

Índices	T_0 Escore	T_0 Decil	T_1 Escore	T_1 Decil	T_2 Escore	T_2 Decil	T_3 Escore	T_3 Decil
IHC	7,6	7	0	1	0	1	2,8	1
IHS	9,4	8	0	1	0	1	0	1
IHG	9,1	7	0	1	0	1	1,2	1
Notas médias de desenvolvimento	T_0		T_1		T_2		T_3	
Cognitivo	3,1		4,0		4,0		3,8	
Socioemocional	2,6		4,0		4,0		4	
Global	2,8		4,0		4,0		3,9	

Observa-se manutenção do quoficiente de desesenvolvimento global na escala BL-R, apesar da ampliação das idades de desenvolvimento globais (IDG = 27 meses; QDG = 52) e parciais. Houve melhora para a coordenação oculomanual (IDC = 26 meses; QDC = 49), e manutenção do quoficiente e desenvolvimento da socialização (IDS = 18 meses; QDS = 57). Há atraso para as habilidades posturais (IDP = 27 meses; QDP = 51) e de linguagem (IDL = 28 meses; QDL = 53).

Ainda tem dificuldade para manter-se atento, interrompendo frequentemente o que está fazendo, com alguma agitação psicomotora e comportamentos provocativos. Tem dificuldade em lidar com frustrações. Já é capaz de formar frases simples e de compreender as solicitações. Apresenta interesses adaptados, procura pelo contato com crianças da mesma idade e consegue engajar-se em atividades imaginativas com facilidade. Pode voltar o interesse para conteúdos específicos e restritos (carrinhos) ou para o mundo da imaginação, quando solicitado a realizar atividades estruturadas ou que busquem ampliar seu foco de interesse.

PERCORRENDO AS ETAPAS DO PAN: A TRANSIÇÃO AO MÉTODO RAMAIN E A ETAPA DO DOSSIÊ PRÉ-F

Observando-se a trajetória desenvolvimental a partir dos indicadores da BECS, nota-se uma evolução positiva, com diminuição das características diagnósticas de um Transtorno do Espectro do Autismo (TEA), mas com evidências de particularidades no processo de regulação.

O perfil inicial apontava na direção de um desenvolvimento particular, porém com potencial para uma evolução favorável. As dificuldades no domínio socioemocional tornaram-se menos relevantes, assim como no campo cognitivo observou-se uma ampliação importante na qualidade dos procedimentos utilizados, tornando o desenvolvimento menos heterogêneo. Os ganhos observados primeiramente referiram-se aos níveis potenciais de desenvolvimento, com expressão de novas capacidades mais adaptadas à sua idade cronológica.

Entretanto, a estabilidade das competências emergentes nesse período inicial de acompanhamento foi consolidando-se gradativamente, isto é, tornou-se mais estável após 12 meses. Novamente os primeiros ganhos ocorreram no domínio cognitivo, estendendo-se em seguida para as habilidades socioemocionais.

Assim, a análise da trajetória de H. nesse período específico de seu desenvolvimento sugere que a observação dos níveis consolidados na BECS pode trazer informações importantes a respeito do modo como o desenvolvimento pode desenrolar-se. Mais do que os níveis atingidos, isto é potenciais, é a observação da estabilidade dos procedimentos nos níveis mais iniciais que parece fornecer os dados mais relevantes quanto às particularidades de sua trajetória.

Mesmo que leves, as dificuldades observadas inicialmente parecem acompanhar um processo de desenvolvimento próprio, no qual a aquisição de novas habilidades e a expressão de procedimentos adaptados podem mascarar a fragilidade da regulação e da estruturação das primeiras etapas de desenvolvimento.

A intervenção individual inicial (TED I) possibilitou a ampliação do desenvolvimento potencial e foi logo acrescida de um contexto socialmente mais complexo (TED II) com as sessões em dupla. Um período mais longo foi necessário até que H. apresentasse os requisitos mínimos para a transição ao trabalho mais estruturado com o Dossiê Ramain Pré-F (Nassif, 2011).

O período de transição entre a TED e o Método Ramain revelou uma capacidade de compreensão agora bem consolidada, além de um salto para a expressão verbal (agora acompanhada de leve "gagueira"). A capacidade de imitação e de autonomia também tornou-se bastante positiva, assim como H. dedicava-se a atividades imaginativas com maior elaboração, apesar da restrição de interesses e da perseveração com temas específicos.

Por outro lado, tornou-se mais evidente a dificuldade em aceitar as sugestões de outrem, com rebaixada capacidade para compartilhar o foco de atenção. H. preferia brincar a seu modo, mesmo próximo a uma outra criança, recusando-se a participar de atividades que não partiam de sua iniciativa. Tornava-se irritável quando não atendido, tinha dificuldade em aceitar regras e apresentava significativa agitação.

Apesar de novo período de instabilidade, mas com novas características de desenvolvimento global, ao atingir 4 anos e 7 meses H. passou a integrar um grupo Ramain, com atividades propostas de acordo com o Dossiê Pré-F.

Diante das atividades mais estruturadas apresentava significativa oposição e reações imaturas de evasão e recusa em participar. Também apresentava dificuldade em regular-se para atender à solicitação de manutenção da atenção, necessária à conclusão das atividades. As dificuldades na motricidade fina tornaram-se evidentes, sendo difícil para H. realizar as propostas voltadas a esse domínio funcional. Por outro lado, participava muito bem das propostas ligadas às realizações da vida cotidiana, aceitando bem a organização de atividades sociais (tais como pequenos passeios, culinárias e a construção de pequenos objetos funcionais). A intensa restrição de interesses refreava constantemente a descoberta de novas possibilidades de ação no meio, pois buscava repetir brincadeiras conhecidas e impor suas vontades... As situações de isolamento ocorriam com frequência, mas eram por vezes alternadas com situações de brincadeiras de movimento entre os colegas de grupo, quando reinava a agitação entre todos.

Os primeiros períodos do Pré-F foram marcados pelas tentativas recorrentes de H. em evitar as situações de maior estruturação, sendo notável a oscilação emocional diante da necessidade de regular-se para atender às demandas do contexto, agora mais estruturado, e que demandava mais de sua capacidade de crescimento e organização interna.

Aos poucos, ao longo do processo previsto pelas etapas iniciais do Dossiê, a estruturação do contexto passou a corresponder a uma maior estruturação interna e atitudinal de H. A realização mais estável das atividades passou a revelar uma capacidade de abstração bastante adaptada à idade, maior interesse por conteúdos ligados à vida prática e diminuição do interesse por conteúdos particulares (que haviam passado da fixação por carrinhos para o interesse por personagens da era medieval). As motricidades fina e global foram sendo ampliadas e, apesar das particularidades que ainda persistem (maior lentidão), não impedem a realização das tarefas apropriadas a seu nível de desenvolvimento. Cognitivamente, há indícios de uma organização bastante adequada à idade, sendo que a inserção escolar não apresenta maiores dificuldades.

Atualmente, no último período do Dossiê, nota-se uma atitude geral emocionalmente mais coerente com a idade cronológica, tendo H. atingido os 7 anos e 2 meses recentemente... Aceita participar das atividades e da rotina do grupo com empenho e prazer. Ainda apresenta oscilações importantes para a regulação atencional, mantém a tendência a focar-se preferencialmente em brincadeiras repetidas, mas aceita bem novas propostas. A comunicação verbal é adaptada à idade: inteligível, contextualizada e espontânea. Apresenta estratégias mais apropriadas à idade para buscar obter acordos em relação às atividades e brincadeiras, e já não apresenta reações imaturas de contrariedade. O interesse social é adaptado, bem como a compreensão de situações mais emocionais.

REFERÊNCIAS BIBLIOGRÁFICAS

Adrien, J-L. (2007). *Manuel de la Batterie d´Évaluation Cognitive et Socio-Emotionnelle (BECS)*. Paris: ECPA.

Adrien, J-L. (2008). *BECS Pratiques psychologiques et recherches cliniques auprès d´enfants atteints de TED*. Bruxelles: de Boeck.

Josse, D. (2001). *Manuel du Brunet-Lézine Révisé*. Échelle *de développement psychomoteur de la première enfance*. Paris: Éditions et Applications Psychologiques.

Nassif, M. C. (2011). *Dossier Pré-F: Método de Estruturação Mental Evolutiva*. (Disponível em CARI-Psicologia e Educação Rua Pedro Morganti, 68, CEP: 04020-070, São Paulo-SP, Brasil ou em Association Simonne Ramain Internationale, 92 bis Boulevard de Montparnasse, 70514 Paris.)

Pereira, A., Riesgo, R. S. & Wagner, M. B. (2008). Autismo infantil: tradução e validação da Childhood Autism Rating Scale para uso no Brasil. *J Pediatr*. 84(6).

Piaget, J. (1936/1987). *O nascimento da inteligência na criança*. 4. ed. Rio de Janeiro: LTC.

Capítulo 17

UM ESTUDO DE CASO NAS ETAPAS INTERMEDIÁRIAS DO PAN

Ana Paula Stefani

HISTÓRICO

Em dezembro de 2012 recebemos em nossa clínica um adolescente de 11 anos, trazido pela avó paterna. Luiz havia acabado de chegar de outro país da América Latina, onde nasceu e sempre viveu numa condição bastante atípica.

Tendo em vista essas particularidades, o acesso ao histórico propriamente dito é bastante restrito, sabendo-se que possivelmente informações importantes sobre a concepção, a gestação e a infância permanecem desconhecidas.

Foi-nos relatado que Luiz nasceu prematuro de 7 meses e apresentou epilepsia aos 2 anos. Os pais foram casados e se separaram quando ele tinha por volta de 5 anos. Nessa ocasião, o pai voltou para o Brasil e ele continuou morando com a mãe.

Sua progenitora é descrita como bastante instável emocionalmente, tanto nas relações pessoais quanto nas condutas e na tomada de decisões relativas à organização do cotidiano e decisões mais estruturais da vida, alterando frequentemente o contexto familiar (suspeita de bipolaridade). Além disso, a família vivia em situação de importante limitação financeira. Consta que Luiz viveu em ambiente instável, desestruturado e muito violento na primeira infância.

A mãe impediu seu contato com o pai, que ficou cinco anos sem encontrá-lo e sem saber seu paradeiro.

Por meio de um anúncio na internet que pedia ajuda para encontrar o pai da criança, localizaram Luiz. Soube-se, então, que se encontrava internado numa instituição, sem definição se psiquiátrica ou do conselho tutelar.

A mãe também se encontrava internada por depressão e alcoolismo em outra instituição. Nesse período a mãe havia se casado novamente, tido dois filhos, que estavam sob a guarda da avó materna. Luiz não foi assumido por ninguém da família materna e constava que já tinha estado na rua olhando carros, além de ter sofrido maus-tratos por parte do padrasto.

Assim foi trazido ao Brasil no segundo semestre de 2012 pela avó paterna e pelo pai, que, por sua vez, também apresentava dificuldades de autonomia, sendo dependente financeiramente. Luiz não apresentou possibilidade de inserção imediata em escola devido ao comportamento muito desadaptado, agressivo, hiperativo e imaturo, além das dificuldades com a língua portuguesa e a importante defasagem pedagógica; nessa ocasião mal sabia escrever o próprio nome.

Foi indicada uma avaliação diagnóstica para melhor compreensão de suas limitações e potencialidades e para elaboração de proposta de intervenção adequada.

AVALIAÇÃO DIAGNÓSTICA INICIAL:

Janeiro de 2013

Idade: 12 anos

Aspectos intelectuais

Com relação aos aspectos intelectuais, observou-se no teste Raven (Raven et al., 1988) que mede raciocínio fluido, raciocínio não verbal de 10 anos e 6 meses.

Em prova de avaliação das funções intelectuais do WISC-III (Figueiredo, 2001), observou-se:
- ✓ QI de execução (não verbal): médio inferior;
- ✓ Velocidade de processamento: limítrofe;
- ✓ Organização perceptual: médio inferior.

Apresentou dificuldades de raciocínio abstrato, de organização visuoespacial de coordenação motora e habilidades visuografomotoras. Constataram-se também dificuldades de compreensão das relações sociais e interpessoais, de perceber relações entre os eventos, estabelecer prioridades e ordenar atividades cronologicamente.

Pelas dificuldades relativas à língua, optou-se por não realizar provas relacionadas ao QI verbal.

No Teste de Desempenho Escolar (TDE) (Stein, 1994), observou-se déficit grave (faixa inferior) em escrita, aritmética, leitura. Apesar de já ter completado 12 anos, apresentou faixa de escolaridade de 3º ano (2ª série), desempenho esperado para 8 anos e meio.

A avaliação dos aspectos atencionais em testes como o Tavis 2R (Duchesne & Mattos, 1997) e o D2 (Bittencourt, 2000) revelou dificuldades graves na manutenção dos diferentes componentes da atenção, tendo se situado na faixa deficitária na capacidade de atenção sustentada e alternada. Na atenção seletiva seus resultados não revelam seu real nível de funcionamento, pois apresentou reação impulsiva, comprometendo a análise dos resultados.

Com relação à avaliação das Funções Executivas em teste como go-no-go (Nosek & Banaji, 2001) e Wisconsin Card Sorting Test (Heaton *et al.*, 1993), observou-se dificuldade importante na capacidade de mudar o contexto cognitivo, de flexibilidade mental, de criar estratégias consistentes na solução de problemas para se manter em atividades lógicas, lentidão para alcançar *insight* cognitivo e utilizar-se do *feedback* de ensaio e erro para fazer mudanças conceituais. Observou-se também tendência a perseveração, dificuldade de manter o contexto de respostas corretas, sugerindo pouca consistência do raciocínio lógico e oscilações no curso do pensamento.

Aspectos regulatórios

Utilizando-se a Escala de análise das estratégias autorreguladoras da criança em situação de aprendizagem (Grosbois, 2007), pode-se constatar restrições importantes na sua capacidade de autorregulação.

Apresentou dificuldades nas Estratégias cognitivas exploratórias, nas Estratégias cognitivas de identificação dos objetivos, nas Estratégias sociocomunicativas de atenção conjunta, nas Estratégias sociocomunicativas de demanda (Pedido de ajuda, de aprovação, de explicação), nas Estratégias Atencionais, Motivacionais e Cognitivas de Avaliação, obtendo um escore de 10, para um total de 21.

Aspectos afetivo-emocionais

A avaliação dos aspectos afetivo-emocionais do teste de Pirâmides Coloridas do Pfister (Villemor-Amaral, 2012) revelou um garoto emocionalmente instável, ansioso, inseguro, com reduzido senso de autocrítica e baixa tolerância à frustração.

Mostrou-se socialmente desadaptado e fixado a etapas iniciais do desenvolvimento, apresentando rigidez e estereotipia em seus comportamentos.

Observou-se insuficiência dos mecanismos de controle, favorecendo reações mais irritadas, impulsivas e egocêntricas.

Revelou agitação importante comprometendo adequação de atitudes e tornando sua produção ansiosa, excitada, dispersiva e incompleta.

Além disso, evidenciaram-se dificuldades de elaboração dos conflitos e possibilidade de dissociações no curso do pensamento.

CONCLUSÃO

Apresentou comprometimento importante nos processos regulatórios, e nos diferentes aspectos que englobam o funcionamento visuomotor, cognitivo, atencional, de funções executivas e emocional, com presença de reações irritadas e impulsivas, além de importante desadaptação social Apresentou, além das dificuldades relativas à adaptação à língua portuguesa, defasagem pedagógica grave (faixa inferior, condizente com 3º ano) em escrita, aritmética e leitura.

PROPOSTA DE INTERVENÇÃO

Com o objetivo de realizar uma intervenção que contemplasse a evolução de Luiz nos diferentes aspectos em que se observavam déficits e desadaptações e considerando as dificuldades de naturezas diversas sobrepostas, partimos da tentativa de compreender a base desse quadro de múltiplas desordens.

Com uma compreensão mais abrangente, identifica-se essencialmente um quadro de Transtorno do Neurodesenvolvimento, de base orgânica, neurológica observável (a prematuridade, a epilepsia, as dificuldades perceptuais e visuomotoras, o transtorno de déficit de atenção e hiperatividade [TDAH]). Associado a esse transtorno, um quadro emocional com antecedentes psiquiátricos e de maus-tratos na primeira infância, vivida em ambiente desestruturado e de abandono.

Essas dificuldades configuram um quadro de desadaptação social, envolvendo dificuldade de compreender regras e convenções sociais, que, somadas à privação de experiências, impactam a aquisição de habilidades e competências sociais, agravando o quadro global.

Considerando a complexidade de desordens, nossa opção de intervenção foi a psicoterapia Ramain (Ramain & Fajardo, 1975) em grupo, na frequência semanal de uma sessão de 2h30. Nossa hipótese era de que, por meio dessa proposta, seria possível: promover o desenvolvimento dos aspectos cognitivos e dos potenciais que permitissem novos meios de ação; desencadear a percepção de si associada aos potenciais sócioemocionais, favorecendo a emergência da capacidade autorregulatória, que finalmente poderiam traduzir-se em desenvolvimento emocional e da sociabilidade.

O Método Ramain baseia-se na hipótese de estimular uma integração equilibrada das diversas áreas psíquicas, incidindo diretamente sobre a evolução do indivíduo no desenvolvimento efetivo de suas possibilidades cognitivas (Nassif, 2014). Por outro lado, o "banho emocional" causado pela situação inovadora, vivida dentro de um grupo, na qual as respostas habituais não se fazem suficientes, mobiliza o indivíduo de forma global a lançar-se numa busca a fim de atingir uma meta, que ativa as funções superiores e pode desenvolver ferramentas neuropsicológicas funcionais e socioemocionais adaptativas (Nassif, 2014).

Paralelamente, indicou-se a inserção de Luiz numa escola inclusiva, apoio pedagógico e acompanhamento médico neuropsiquiátrico.

A proposta foi aceita, com exceção do apoio pedagógico, que a avó optou por fazer ela mesma, visto ser professora aposentada.

O PROCESSO TERAPÊUTICO

Fevereiro 2013

Inicia em escola particular em sistema de inclusão, com apoio e acompanhamento da equipe terapêutica. Seu processo de adaptação exigiu investimento importante da equipe escolar, pois não se situava no espaço, no tempo, nas relações, nos conhecimentos, *"parece desconhecido de si mesmo"* (sic diretora que o recebeu na escola). Segundo observações da escola, não tinha hábitos de higiene, nem de alimentação, não entendia que haviam horários designados para o lanche, comendo a qualquer momento e de forma voraz e desadaptada.

Do ponto de vista pedagógico, a escola avaliou a necessidade de retomar o conteúdo programático desde a alfabetização. O ponto positivo observado é que Luiz apresentava um grande desejo de pertença e era alegre, porém apresentava comportamento social bastante desadaptado, causando afastamento dos colegas por invadir o espaço do outro, com toques físicos e abraços exagerados, assim como pelo temor que gerava nos demais por suas reações explosivas e agressivas, desproporcionais.

Apresentou boa adaptação a nova casa e nova constituição familiar, apesar da instabilidade no comportamento. Era alegre e afetuoso, por outro lado não conhecia limites, mexia nos pertences da avó e do pai, e em vários momentos ficava nervoso e se fechava dizendo: *"me deixa solo"*. A avó se referia à dificuldade de elaboração e dificuldade de entrar em contato com suas emoções.

Após orientação no programa PAIS, iniciou-se em casa um processo de diferenciação, apropriação e organização dos objetos pessoais, roupas e de higiene, como, por exemplo, não misturar roupas limpas com roupas sujas, onde colocar, como guardar e organizar no guarda-roupa, tomar banho antes de dormir, cortar e limpar as unhas. E também de organização das rotinas, como definir claramente os horários das refeições, realizá-las sentado à mesa junto com os familiares.

A adaptação ao grupo Ramain se deu de forma tranquila, pois optou-se por iniciar a programação com um grupo bem pequeno, mais especificamente uma dupla, visto a intensidade das dificuldades sociais, por meio de um dossiê específico às suas condições (Dossiê Ramain F'), destinado a crianças ou jovens com limitações cognitivas e socioemocionais (Ramain & Fajardo, 1975).

Seu colega de grupo era um adolescente da mesma idade que não apresentava dificuldades cognitivas tão significativas, mas decorrentes de um quadro de Transtorno de Déficit de Atenção (TDAH), agravado por uma depressão grave. Com relação à sociabilidade, esse colega tinha habilidades sociais de base, mas também se encontrava em situação de exclusão social, com queixa de *bullying*.

Sendo assim, apesar de ser uma dupla, estava garantida a heterogeneidade entre eles, pré-condição para o bom funcionamento e dinâmica do grupo.

Luiz iniciou o trabalho em dupla com alegria, que beirava a excitação e com desregulação importante do comportamento. Sempre chegava agitado, esbarrando nos outros e nos objetos, falando muito alto, mexendo nos armários, nos materiais da terapeuta ou do colega.

Comentário metodológico:
A escolha da dupla se deu pela necessidade de iniciar os processos de sociabilidade por etapas bem anteriores à idade cronológica, como a escuta, a troca de turnos, o adiamento dos desejos imediatos em função dos desejos do outro, o respeito do espaço e a compreensão do que pertence a si ou aos outros.

Março 2013 – A impulsividade

Após um mês de trabalho, no espaço terapêutico, as conversas entre a dupla evoluíram, respeitando as trocas de turno e com surgimento da escuta.

Nesse momento iniciou um novo membro no grupo, uma menina, da mesma faixa etária, mas com dificuldades cognitivas, emocionais e sociais importantes. A adaptação a esse novo membro do grupo e a estabilização das trocas foram retomadas após um mês de trabalho.

Após consulta com neurologista, Luiz começou a tomar Ritalina, com melhora na concentração e piora na impulsividade.

Passou a perceber que no grupo de terapia se sentia diferente, não se sentindo pressionado, como muitas vezes se sentia na escola e em casa. Relata que nessas ocasiões sentia *"muitas coisas na cabeça e o cérebro fica mandando um monte de mensagens"*. Refere que sente muita fome, por isso não consegue se controlar para comer. Passou a entrar em contato com seu mundo emocional e a relatar o *bullying*, as agressões e as crises disruptivas que sofria em seu país de origem e que sentia saudades da mãe e dos irmãos.

Com relação aos aspectos funcionais, estava conseguindo se concentrar, mantendo o foco e desenvolvendo melhor as atividades, porém ainda se agitando e dispersando muito nas trocas de atividade.

Com relação à adaptação social, apresentava dificuldades importantes na escola, com comportamento explosivo, agressivo, brigas corporais, com necessidade de vários professores para contê-lo.

No programa PAIS, a família é orientada a se ocupar mais da relação pessoal entre eles, em detrimento das lições de casa, o que vinha gerando muitos atritos, e trabalhar com ele "combinados" para regular melhor o comportamento.

Após discussão em equipe, o médico propõe a substituição da Ritalina, pela hipótese de que esse medicamento pudesse estar causando aumento da irritabilidade.

Comentário metodológico:
Nesse momento, pode se observar que Luiz vivia, do ponto de vista de funcionamento mental, basicamente no sistema 1 (Kahneman, 2012) no qual prevalece o funcionamento automático, sem controle deliberado, que não respeita a lógica das possibilidades (conforme descrito no Capítulo 1). Do ponto de vista de processo, observou-se um início de percepção de si e de tomada de consciência de certas reações emocionais.

Maio 2013 – A desregulação e o começo da percepção dos próprios potenciais

Após três meses de terapia, segundo informações colhidas com a família e a escola, estava bem mais calmo, tirando notas melhores e se esforçando mais, por mérito dele. A classe estava sendo trabalhada para uma melhor aceitação, mas ainda se remetia muito aos seus comportamentos iniciais desadaptados.

Do ponto de vista social, tornou-se alvo, como detentor das dificuldades de todo grupo; começou a ser chamado de *gay*, por abraçar muito forte qualquer pessoa, inclusive os meninos, que se incomodavam muito com essas manifestações frequentes e desmotivadas.

No grupo terapêutico, onde esses comportamentos também ocorriam, pôde ampliar a sua percepção dessas inadequações, por meio da expressão de insatisfação dos colegas, com ajuda e mediação da terapeuta. Apesar dos rompantes de irritação, conseguia acatar e respeitar as indicações da terapeuta e não avançar para um comportamento disruptivo. A conscientização desse processo de autocontrole continuava sendo alvo na terapia. Observou-se, do ponto de vista funcional, melhora na qualidade de suas produções, pois passou a desenvolver uma atitude de apreço por suas atividades e desejo de fazê-las bem feitas, mesmo que seu "ídolo" do grupo (menino que admirava muito) estivesse, justo nesse momento, num movimento de se desprender dos resultados, com um consequente abandono da qualidade das atividades.

Comentário metodológico:

Nesta etapa do processo, pode-se observar que Luiz, por meio da ampliação da percepção de si, estava entrando em contato com potenciais e aspectos positivos de si mesmo, até então não considerados, trazendo a valorização maior de sua própria produção e maior engajamento nas situações. Como consequência, melhorou a percepção geral e o contato com as experiências do momento, isto é, com o aqui e agora, apresentando insights e criando estratégias adequadas para dar cabo às dificuldades inerentes ao contexto.

Do ponto de vista de funcionamento mental, podemos supor que começam a se observar prelúdios do sistema 3 (Kahneman, 2012), onde se percebe a busca de novas respostas, com inibição das habituais, e a luta para encontrar novos caminhos a partir da constatação de enganos e suas decorrentes manifestações emocionais (vide Capítulo 1).

Junho 2013

Em casa estava bem mais calmo, com melhor capacidade de contato e mais afetivo, por outro lado, começou a se colocar mais e impor certas condições, melhorando seu nível argumentativo.

Continuava ainda muito voraz para comer. Na terapia sempre chegava pedindo lanche e dizendo que queria chocolate.

Agosto 2013 – O início do processo elaborativo

Após seis meses de terapia, apresentava melhoras significativas em todas as esferas: emocional, social e pedagógica.

Na escola melhorou muito o desempenho e a letra cursiva estava excelente, estava gostando de estudar e foi escolhido como representante de classe. Nesse momento estava com poucos conteúdos pedagógicos adaptados, praticamente com a programação normal. No final de agosto, *"apesar de estar bem mais calmo"*, conforme colocação da escola, teve uma crise disruptiva grave e de difícil contenção.

A violência se tornou um tema para ele, que continuava contando na escola e na terapia as agressões que sofrera do padrasto. Ao mesmo tempo, percebeu por si só que a explosão que teve *"não foi legal"*, mas que ainda não havia conseguido se controlar.

Em reunião com a escola, optou-se pela presença de um auxiliar, na função de heterorregulador, para facilitar a identificação do início do descontrole, buscando-se evitar a explosão.

Por outro lado, observou-se o desenvolvimento de comportamento social adequado e afetivo, por exemplo, tendo sido ele o único a ajudar e apoiar um menino que convulsionou na escola.

Em casa a avó observou que Luiz estava bem mais tranquilo, encontrando um equilíbrio entre estudo e diversão. Por ter notado essa melhora significativa na adequação social, a avó o autorizou a andar sozinho pelo bairro.

Segundo a avó, ainda se observava baixo limiar a frustração e impulsividade, mas *"o tempo em que fica emburrado diminuiu e passou a pedir desculpas"*.

Comentário metodológico:
Anteriormente, em outras crises, a partir das intervenções terapêuticas, fixava-se nas questões factuais e não conseguia acessar os processos mentais ligados emocionalmente à percepção e aos associativos que estão na base da elaboração. Nesta etapa do processo, embora tenha apresentado crise disruptiva, o trato terapêutico desta, pôde propiciar a via elaborativa de questões emocionais e reações ligadas à violência, observando-se crescente capacidade de adaptação social.

Setembro 2013 – A percepção da impulsividade

No grupo terapêutico, tornou-se um tema de interesse de todos a exclusão social e as experiências de *bulliyng*, já vivenciadas por alguns e ainda presente para outros.

A família foi orientada a buscar oportunidades que facilitassem integrá-lo mais à vida social, frequentar festas e encontros com colegas, o que não ocorreu por restrições familiares.

Passou a reconhecer que as coisas aqui no Brasil estavam melhores que no seu país de origem, afirmando: *"aqui tem comida"*, e que lá era considerado *"retardado"*.

Comentário metodológico:
A partir desses comentários podemos supor o contexto de privação vivido na infância e o desafio afetivo-emocional de um processo evolutivo com vistas à busca de um equilíbrio interno.

Março 2014

Passaram a participar do grupo terapêutico dois novos participantes, um menino, da mesma faixa etária, que apresentava um fechamento emocional importante; e uma menina, um ano mais nova, portadora de TDAH, mas bastante aberta aos contatos, falante e com melhores habilidades sociais.

Neste momento, o grupo já contava com cinco participantes e rapidamente entrou numa dinâmica rica e interessante. Partindo de uma proposta de diálogo pontual ao início das sessões, observou-se em quatro semanas a instalação de uma dinâmica de trocas, em que todos os participantes demonstravam interesse em trazer algum conteúdo, compartilhando alegrias ou insatisfações.

Comentário metodológico:
Esse momento de troca social foi de extrema importância para a aquisição de habilidades e competências sociais. Foram priorizados ainda as trocas de turno, o respeito à escuta, para muito em breve passar à crítica em relação aos conteúdos.
Do ponto de vista de funcionamento mental, observa-se pouco a pouco um desenvolvimento do sistema 3 (Kahneman, 2012), com maior liberação da razão para reflexão e com diminuição de respostas automáticas e impulsivas.

Com vistas a um aumento de autonomia, Luiz foi preparado para se locomover de ônibus e metrô sozinho.

Com relação ao desenvolvimento social, a avó relata que ele fez muito bem os preparativos para valorizada festa religiosa, com empenho e dedicação. Conseguiu lidar bem com a vinda da mãe ao Brasil, que foi bastante tumultuada, tendo havido discussão entre os pais e ameaça da mãe em sequestrá-lo.

Em casa, segundo Luiz, o sistema continuava sendo de ameaças e castigos, o que gerava bastante indignação, assim como o fato de não poder sair ou ir para a *"balada"*.

Abril 2014

O médico optou por iniciar Risperidona, com boa resposta, estando mais controlado, menos agressivo.

Apresentava desejo de inserção, porém não percebia o implícito nas relações sociais, imitava as conversas dos outros por falta de experiências sociais, o que causava repúdio e dificultava ainda mais sua aceitação.

Diferente de todos os colegas, não tinha celular, iPad ou computador, o que dificultava ainda mais sua inserção nos grupos.

Comentário metodológico:

Tanto no momento da acolhida, mas também durante toda sessão, é focada a continuidade no trabalho de desenvolvimento social, agora num nível diferenciado, aprimorando a cognição social, considerando que as habilidades básicas já haviam se estabelecido: iniciação de um diálogo, troca de turnos e resposta a uma conversação iniciada pelo outro.

Neste segundo momento, objetivou-se a expressão de opiniões ou sugestões e a percepção de como manter um diálogo, já enfocando o conteúdo propriamente dito, a coerência, a organização temporal, a pertinência e a adequação do tema em relação aos interesses do grupo como um todo. Também se priorizaram a percepção da maneira de se expressar e suas inadequações, tendo o terapeuta um papel importante de heterorregulação na mediação das trocas.

Nossa hipótese é de que essa percepção pôde ir se refinando à medida que ocorreu em paralelo o desenvolvimento das funções cognitivas por meio das atividades do método Ramain, que possibilitou o desenvolvimento do sistema 3 (Kahneman, 2012), com melhora significativa das funções como percepção, atenção, velocidade de processamento, raciocínio, abstração, elaboração tanto com relação às situações propostas como em relação a si mesmo. Por outro lado, situações experienciais e vividas em grupo, nos pressupostos que sustentam as intervenções: contexto–sentido–ação, podem ter facilitado o contato com a realidade, e as implicações de seus próprios comportamentos e os dos outros.

Setembro 2014 – A percepção de si e o contato com a realidade

Apresentava nesta época comportamento social um pouco mais adaptado, não se irritando com tanta facilidade, conseguindo levar as situações mais na brincadeira e interromper um comportamento desagradável quando alertado. Aos poucos foi diminuindo a compulsão por bolachas e doces, comendo agora de forma menos voraz.

Comentário metodológico:
Em terapia, muitas vezes classificava sua produção como ruim e destruía o que havia conseguido com esforço, mesmo o resultado estando de acordo com a atividade proposta. Vivia, assim, um momento importante, confrontando-se e elaborando sua própria destrutividade, durante as atividades realizadas nas sessões, por meio de suas produções.
Vale ressaltar que a estrutura da proposta terapêutica, somada à dinâmica do grupo, possivelmente favoreceu o processo de flexibilização mental, considerando o trabalho massivo sobre as funções executivas. Ao mesmo tempo possibilitou a abertura da percepção interna de aspectos emocionais profundos refletidos e espelhados a ele mesmo por meio de suas reações na vivência experiencial das situações Ramain. Por esse "banho emocional" o processo de elaboração mental foi se desenvolvendo.

Outubro 2014

A entrada de um novo membro no grupo terapêutico, um garoto sem déficits cognitivos mas portador de TDAH, com significativa rigidez e autoexigência, revelou os progressos sociais de Luiz, que o recebeu com abertura e teve papel importante em sua integração ao grupo.

A família passou a percebê-lo como *"outra pessoa"*, podendo lidar com que é bom também.

Com relação à escolaridade, estava mais participativo e com ritmo melhor.

Devido aos conflitos entre ele e sua avó, gerados pela dificuldade de manejo das rotinas de estudos, optou-se por estratégia diferenciada de "combinados", passando a responsabilidade integral dos estudos para ele. A princípio o acompanhamento em relação a essa nova dinâmica deveria ser realizado mensalmente em conjunto: família, terapeuta e ele. No entanto, por dificuldades familiares, essa dinâmica não se concretizou.

Dezembro 2014 – O aprimoramento das funções executivas

O combinado surtiu efeito positivo imediato, mantendo-se a médio prazo e tendo, inclusive, possibilitado melhora significativa e ótimas notas na escola.

Luiz estava muito melhor, mais tranquilo e sociável, mais desenvolto e falante segundo a avó, que não tinha palavras para se expressar. Ela sentiu que ele mudou *"da água para o vinho"*, pois estava controlando mais a impulsividade e se recuperando mais rapidamente em eventuais momentos de nervosismo.

Comentário metodológico:

O aprimoramento das Funções Executivas se torna visível nesse momento do processo. Observou-se, por exemplo, que passou a criar estratégias para estudar sozinho, inventando perguntas e escrevendo as respostas, assim como melhora na função atencional, conseguindo se manter mais tempo focado em uma atividade, o que de fato gerou impacto positivo nas notas.

Do ponto de vista adaptativo social, vinha apresentando desejo de contar fatos, mas de maneira muito prolongada, o que criava desinteresse no grupo. Pôde perceber essa situação e criar estratégias para reduzir o discurso, tornando-o mais palatável aos outros. No aspecto emocional, observam-se diminuição da ansiedade e aumento do bem-estar. Diminuiu ainda mais a voracidade, deixando de ser o alimento única fonte de bem-estar e compensação de insatisfações de ordem emocional. Deixou de apresentar compulsão por bolachas ou pipoca, passando a se alimentar normalmente.

Março 2015 – Ganho de autonomia e adaptação social

Estava muito mais adaptado à escola, conseguindo se controlar e estabelecer diálogos, e chegou até a entrar num grupo que joga futebol.

Ainda apresentava certos desajustes sociais que parecem ocorrer em função da falta de orientação na infância. Em situações de refeição, precisava ser lembrado de manter hábitos e higiene apropriados para evitar incômodo no grupo.

No ambiente familiar o "combinado" parecia ter sido esquecido, e cobranças na rotina foram retomadas pela força do hábito, gerando novamente irritação.

Do ponto de vista de autonomia, apresentava independência total para se locomover, sendo capaz de ir de ônibus à escola ou à clínica, responsável pelos horários.

Maio 2015

Médico optou por mudança na medicação: interrompeu Risperidona e iniciou Zetron.

Luiz voltou a se irritar com facilidade e apresentar sonolência, possivelmente pela alterações químicas trazidas pela transição medicamentosa.

Em terapia pôde elaborar e refinar a percepção do momento em que vai começar a se descontrolar – *"irritação começa a subir"* – numa analogia a bomba e seu pavio.

Junho 2015

Em terapia, viveu um momento importante, nas suas produções, tendo se confrontado com certa impulsividade que, muitas vezes, o impede de se ater à percepção do contexto e das solicitações de determinada situação, podendo passar sem elaboração de forma desorganizada à ação. Viveu nesse momento do processo percepções mais profundas e estruturais de si.

No ambiente familiar apresentava dificuldades de relacionamento com o pai, especialmente pelas dificuldades deste em assumir a função paterna.

Agosto 2015 – Tomada de consciência de si

Apresentava mudança significativa na contenção dos impulsos, não tendo mais apresentado reações explosivas, conseguindo encontrar estratégias para não passar para agressão física.

Em terapia, passou a perceber espontaneamente o impacto negativo da impulsividade no desenvolvimento de suas ações e a tomar conhecimento da desproporção entre o estímulo desencadeante e a sua reação.

Conseguiu perceber seus progressos e as melhoras na sua qualidade de vida, relatando: *"Aqui me ajudou muito... porque antes ninguém me escutava... agora melhorou muito aqui dentro (mostrando o peito), 'tô' bem mais calmo..."*.

Contou que, às vezes, sentia que tinha "muita força" dentro de si e conseguiu, junto com a terapeuta, achar estratégias para dar vazão a esse excesso de energia que o assolava em muitas ocasiões. Percebeu que melhora muito quando, por exemplo, faz uma atividade física.

Por outro lado, manteve-se a dificuldade de relacionamento com o pai, as insatisfações, reclamações e agressões. Conseguiu com ajuda elaborar a situação e perceber que, a despeito das dificuldades, estava evoluindo e relatou que um dia será adulto e não fará o mesmo com seus filhos.

Percebeu-se, nesse momento, que as dificuldades cognitivas residuais são diretamente influenciadas pela ansiedade, impulsividade e hiperatividade.

Comentário metodológico:
Podemos levantar a hipótese de que a tomada de consciência desses aspectos estruturais do seu eu (dificuldade de conter impulsos e hiperatividade), vividos numa situação experimental, cognitiva, emocional e social, facilita a percepção e ao mesmo tempo oportuniza a criação de novas perspectivas e estratégias de manejo desses impulsos.

Outubro 2015

Interrompeu, sob orientação médica, o uso da medicação, o que gerou um novo desafio no controle dos impulsos, tendo apresentado inicialmente dificuldades e chegado a agredir fisicamente um menino na escola.

Sua percepção de se sentir injustiçado se acirrou nesse momento. Sentia que só era cobrado a estudar e ajudar nas tarefas domésticas e que tudo para ele era diferente em comparação aos seus colegas. Relatou que todos tinham celular, tablet, computador e videogame e que ele não podia nem assistir à TV: *"Tenho que ler ou ouvir no rádio, no meu quarto"*.

Dezembro 2015

Aparentava ter alcançado estabilização após a retirada da medicação, fez muito bem todas as provas de final de ano e atingiu melhor controle dos impulsos, tendo conseguido se conter e não partir para a agressão física num atrito com um colega.

Apresentava melhor adequação à mesa de refeições e expressava consciência do fato: *"Antes eu era um animal..."*.

Fevereiro 2016

Retornou das férias de verão um pouco agitado e falante, contando das aventuras no acampamento de férias, mas emocionalmente calmo e centrado. Cobrava muito uma atitude mais madura e coerente do pai e se entristecia ao perceber que eles não conseguiam estabelecer um diálogo. *"Só sabe pôr de castigo, só quer falar e não consegue ouvir.. tem medo da verdade..."*.

Março 2016 – Integração da emoção e razão

A família e Luiz observaram que ele apresentava muitos progressos. Ele comentou: *"Nossa como eu era idiota"*, *"Agora 'tô' tendo ótimo relacionamento com a minha avó e ótimo relacionamento com amigos... Agora converso com todo mundo, aprendi aqui no grupo a ter bom relacionamento,* aí comecei a falar com todo mundo! *Agora me dou bem com todo mundo"*. Percebeu que as dificuldades estavam restritas ao relacionamento com o pai.

Conseguia distinguir que continua fazendo muitos progressos e que os acontecimentos fora, no ambiente, às vezes estavam num nível muito diferente dos processos internos e que não eram passíveis de mudança. Estava sendo capaz, mesmo diante de tantas perdas, a valorizar o que tem de positivo dentro e fora dele: *"Eu não vou ter problema de saber quem eu sou, de não saber a sorte que tenho. Eu tenho você, minha escola, minha avó"*.

Abril 2017 – Reavaliação

Luiz realizou reavaliação para controle de sua evolução, visto que desde dezembro de 2016 está sem medicação e apresentando comportamento coerente, responsável e organizado e com boa condição de trocas sociais e capacidade de planejar o uso de seu dinheiro (que ganha em atividade religiosa), para a realização de planos e metas.

RESULTADOS

Aspectos cognitivos:

Conforme resultados abaixo, nesta avaliação foi possível aplicar todas as provas do WISC IV, pois Luiz adquiriu domínio da língua portuguesa:
- ✓ Compreensão verbal: 97 – Média
- ✓ Velocidade de processamento: 95 – Média
- ✓ Organização perceptual: 102 - Média
- ✓ Memória Operacional : 83 – Média Inferior
- ✓ QI total: 93 Média

Constatamos assim uma melhora cognitiva significativa, além da harmonização funcional. Em comparação com testagem anterior, observa-se uma melhora na Organização Perceptual (de 85 para 102), passando da faixa Média Inferior para Média; na Velocidade de Processamento (de 79 para 95) passando da faixa Limítrofe a Média. Os demais índices desta prova, não puderam ser avaliados na época, mas observa-se nesta reavaliação, que com exceção de Memória Operacional, todos os outros encontram-se dentro da média.

Aspectos regulatórios e emocionais

Utilizando-se a Escala de análise das estratégias autorreguladoras da criança em situação de aprendizagem (Grosbois, 2007), pode-se constatar evolução importante na sua capacidade de autorregulação : nas Estratégias cognitivas exploratórias, nas Estratégias cognitivas de identificação dos objetivos, nas Estratégia sócio-comunicativas de atenção conjunta, nas Estratégias sócio-comunicativas de demanda (Pedido de ajuda, de aprovação, de explicação), nas Estratégias Atencionais, Motivacionais e Cognitivas de Avaliação, passando de um escore inicial de 10, para 19 num total de 21.

Segundo Whitman (1990) a autorregulação se define por: "Um sistema complexo que permite ao indivíduo examinar seu contexto e seu repertório de respostas para enfrentar o meio ambiente e tomar decisões sobre como agir, avaliar a pertinência dos resultados de sua ação e revisar seus planos se necessário."

Pode-se relacionar a melhora na autorregulação, aliada ao aprimoramento e harmonização funcional e da elaboração de questões emocionais ao ganho significativo de autonomia.

Concluindo, do ponto de vista de adaptação global, observa-se evolução significativa nas esferas cognitivas, e da aprendizagem, não necessitando mais de conteúdos adaptados e seguindo a escolaridade normal; e na esfera emocional, tendo adquirido capacidade de autorregulação e controle de reações mais impulsivas. Adquiriu autonomia e responsabilidade no gerenciamento da vida cotidiana. Sob o aspecto social, apresenta muito interesse e melhor capacidade nas trocas com pares e adultos, sendo solícito e colaborador.

Comentário metodológico:

Neste momento, do ponto de vista de estruturação mental, observa-se claramente a instalação do sistema 3 (Kahneman, 2012), com evidências da luta entre mecanismos mais impulsivos e automáticos e a possibilidade de desenvolver uma percepção, compreensão e elaboração pelo sistema lógico, no contato com o aqui e agora, integrando emoção e razão, melhor descrito por Damásio em sua teoria do marcador somático e o cérebro cognitivo-emocional. (Bechara & Van Der Linden, 2005; Bar-On, R., Tranel, D., Denburg, N. L., & Bechara, A. 2003; Damásio, 1996).

REFERÊNCIAS BIBLIOGRÁFICAS

Bittencourt, M. S. B.

Teste D2: Atenção concentrada. São Paulo: CETEPP.

Damásio, A. R. (1996). O erro de Descartes: Emoção. *Razão e o Cérebro Humano*. São Paulo: Companhia das Letras.

Duchesne, M., & Mattos, P. (1997). Normatização de um teste computadorizado de atenção visual. *Arq Neuropsiquiatr*, 55(1), 62-9.

Figueiredo, V. L. M. (2001). *Uma adaptação brasileira do teste de inteligência WISC-III*. Tese de Doutorado, Universidade de Brasília, Brasília.

Heaton, R. K., Chelune, G. J., Talley, J. L., Kay, G. G., & Curtiss, G. (1993). *Wisconsin card sorting test manual: revised and expanded*. Odessa: Psychological Assessment Resources.

Houdé, O. (2014). *Le raisomnememt*. Paris: Prests Universitaires de France.

Kahneman, D. (2012). A proposal to deal with questions about priming effects. *Nature*, 490.

Nassif, M. C. (2014). *Neuropsicologia e subjetividade: Fundamentos do método Ramain*. São Paulo Editora Alínea.

Nader-Grosbois, Nathalie (2007), *Régulation, autorégulation, dysrégulation. Pistes pour l'intervention et la recherche*. Éditions Mardaga.

Nosek, B. A., & Banaji, M. R. (2001). The go/no-go association task. *Social Cognition*, 19(6), 625-666.

Ramain, S., & Fajardo, G. (1975). *Structuration mentale par les exercices Ramain: grands adolescents et adultes*. Épi.

Raven, J. C., Raven, J. & Court, J. H. (1988). *Matrizes Progressivas Coloridas de Raven: manual*. São Paulo: Casa do Psicólogo.

Stein, L. M. (1994). *TDE: teste de desempenho escolar: manual para aplicação e interpretação*. São Paulo: Casa do Psicólogo, 1-17.

Villemor-Amaral, A. E. (2012). *As pirâmides coloridas de Pfister*. São Paulo: Casa do Psicólogo.

Wechsler, D. (2003). *Wechsler intelligence scale for children- WISC-IV*. Psychological Corporation.

Whitman, T. L. (1990). *Development of self-regulation in persons with mental retardation*, 94(4), 373-376.

Capítulo 18

UM ESTUDO DE CASO NAS ETAPAS AVANÇADAS DO PAN

Ana Paula Stefani

Em novembro de 2008 recebemos em nossa clínica um jovem de 19 anos, Jorge, trazido por seus pais. Jorge era um jovem bonito, de altura mediana, cabelos escuros e pele clara, que apresentava, porém, uma postura corporal atípica, "desmontada", como se não tivesse músculos e ossos para lhe dar sustentação. Frequentemente realizava movimentos corporais bizarros e complexos, retorcendo e entrelaçando braços e mãos, principalmente quando sem atividade, na sala de espera, ou durante uma conversa, enquanto escutava o outro; além desses movimentos, regularmente cheirava os objetos ou suas mãos.

Sua expressão verbal, bastante formal, construída com excelente vocabulário e domínio das regras gramaticais, especialmente da sintaxe, contrastava com seu discurso pouco fluido, muito lento, extremamente rígido, que revelava uma prosódia atípica, pouca compreensão dos contextos, de si mesmo, e das relações sociais, denotando importante imaturidade. Seu tom de voz oscilava de modo bastante irregular, tendendo para um tom muito agudo.

Nessa ocasião Jorge havia finalizado o Ensino Médio, porém com dificuldades importantes de socialização, assim como em toda escolaridade. Apresentava isolamento social importante e restrição de interesses e de atividades. Permanecia a maior parte do tempo dentro de casa e somente saia com estímulo, se acompanhado pelos pais.

Suas escolhas demonstravam uma desconexão entre a decisão tomada, e as suas afinidades e capacidades pessoais pareciam "aleatórias". Por exemplo, nessa época, decidiu que deveria fazer faculdade de Educação Física, apesar da sua condição física limitada, do rebaixamento do tônus e do completo desinteresse por esportes, ou por cuidados físicos. Parecia não se perceber, nem mesmo estabelecer as correlações entre esses aspectos, denotando pouca compreensão dos contextos, de si mesmo, e das relações sociais.

Após entrevista com os pais, que revelavam preocupação importante com a adaptação de Jorge e com seu futuro, foi proposta avaliação psicológica como base para um plano de intervenção adequado às suas demandas.

AVALIAÇÃO INICIAL

Dezembro 2008

Com relação ao quociente intelectual, apresentou funcionamento dentro da média.

No que diz respeito às Funções Atencionais, observou-se uma oscilação significativa quanto à capacidade em manter a atenção ao longo do tempo e dificuldade de selecionar estímulos relevantes na presença de distratores, assim como lentidão importante na velocidade de processamento das informações.

Não apresentou, em situação de teste, dificuldades significativas nas funções executivas na organização e no planejamento da ação dirigida a objetivos, nem de flexibilidade mental, tanto em raciocínio abstrato não verbal como na organização do pensamento e da ação a partir de estratégias verbais.

Quanto à avaliação dos aspectos afetivo-emocionais, revelou instabilidade emocional importante, dificuldade de elaboração dos conflitos, acentuada desadaptação social, imaturidade emocional e insegurança, com necessidade de amparo e proteção.

Observou-se estrutura de personalidade frágil, com possibilidade de reações imprevisíveis, além de possibilidade de perda do contato com a realidade e alterações no curso do pensamento.

A avaliação também revelou tendência a evitamento de contatos afetivos ou de manifestações mais expressivas de afeto por temer não conseguir controle adequado sobre as emoções.

Observaram-se enfraquecimento da capacidade de ação e necessidade de seguir rituais, com tendência a apegar-se a padrões fixos, normas e costumes.

Em síntese, observou-se, do ponto de vista neuropsicológico e das queixas familiares, lentificação do processamento das informações, falhas atencionais, problemas de sono, movimentação corporal atípica (além do *flapping*), fala e grafia lentificadas. Do ponto de vista emocional, apresentava-se imaturo, inseguro e com enfraquecida capacidade de ação.

Quanto ao aspecto social, notaram-se desadaptação importante, isolamento, retraimento, sensação de tensão em situações sociais, dificuldade em aceitar críticas, seriedade e braveza desmotivadas mesmo em casa.

Diagnosticado como autista de alto funcionamento, apresentava características típicas do quadro como fala sem melodia, riso estereotipado, necessidade de cheirar objetos e as próprias mãos, *flapping*, marcha e movimentação corporal atípica, dificuldade de manter contato do olhar e necessidade de seguir rituais com tendência a apegar-se a padrões fixos.

Comentário metodológico:
Esses comportamentos revelam déficits importantes de atenção conjunta, de cognição social: na tomada de perspectiva do outro, no respeito ao espaço do outro fisicamente ou no volume de voz; déficits de habilidades sociais de iniciar, responder ou manter uma conversação, dificuldade de partilhar; déficits nas competências sociais: no julgamento e percepção adequada dos códigos e regras sociais; falta de autoconsciência e dificuldade de reconhecer "dicas" não verbais e contextuais (Bellini et al., 2014).

PROPOSTA DE INTERVENÇÃO

Em reunião de equipe multidisciplinar, consideraram-se aspectos de diferentes naturezas, com vista à eleição de propostas de intervenção adequadas.

O primeiro deles é a própria situação de teste e a fidedignidade dos instrumentos de avaliação. Apesar de o seu desempenho nos testes em muitos aspectos terem se apresentado dentro da faixa de normalidade, a observação do comportamento de Jorge e as informações fornecidas pela família indicavam um comprometimento das Funções Executivas nas situações ecológicas que não se revelaram na situação de avaliação formal.

Partindo do conceito de Gazzaniga (Gazzaniga *et al.*, 2006) de Funções Executivas, entendemos ser este um dos aspectos mais complexos da cognição, que se refere à capacidade de organizar um comportamento orientado para um objetivo, de maneira adaptada (Lezak, 2004), levando em conta as experiências passadas e ao mesmo tempo ser moldado à situação atual, por meio de ações flexíveis e adaptativas, o que requer um monitoramento das ações em andamento e controla e regula o processamento da informação pelo cérebro. Jorge, nesse momento, apresentava comprometimento visível nessas habilidades.

Outros déficits igualmente importantes, como as falhas na Coerência Central (Capítulo 6) e na Teoria da Mente, que sabemos serem as bases de determinadas desordens, foram observados ao nível do comportamento, como restrição de interesses e transtornos das interações sociais, da comunicação e das relações afetivas.

Consideraram-se também a complexidade e a inter-relação dos fatores: biológicos, afetivo-emocionais, familiares e sociais, para compreender as condições de Jorge numa perspectiva global, bem como a evidente desregulação de comportamento presente nesse momento.

Para contemplar o que se configurou como um distúrbio do neurodesenvolvimento, nossa opção de intervenção foi a psicoterapia Ramain – Dossiê D (Ramain & Fajardo, 1975) e DIA-LOG (Fajardo & Ramain, 1997).

O Método Ramain baseia-se na hipótese de estimular uma integração equilibrada das diversas áreas psíquicas, incidindo diretamente sobre a evolução do indivíduo no desenvolvimento efetivo de suas possibilidades cognitivas (Nassif, 2014). Por outro lado, o "banho emocional" causado pela situação inovadora, vivida dentro de um grupo, na qual as respostas habituais não se fazem suficientes, mobiliza o indivíduo de forma global a lançar-se numa busca a fim de atingir uma meta, que ativa as funções superiores e pode desenvolver ferramentas neuropsicológicas funcionais e socioemocionais adaptativas (Nassif, 2014).

O Método DIA-LOG (Fajardo & Ramain, 1997) se situa no mesmo paradigma do Método Ramain (Ramain & Fajardo, 1975), mas é centrado na estrutura da comunicação, estimulando a expressão e a criatividade, e finalmente possibilitando uma compreensão mais profunda do valor da comunicação de forma compromissada e espontânea.

Ambos os métodos trabalham no paradigma: contexto–sentido–ação. A estrutura que sustenta todas as intervenções é o contato com a realidade, a percepção e a compreensão desta, e das próprias atitudes em relação a uma dada situação, suas implicações práticas e relacionais. Toda situação Ramain ou DIA-LOG age como uma intervenção heterorreguladora, visando a ampliação da autorregulação (Capítulo 12).

Dessa forma, contemplaríamos o desenvolvimento cognitivo, por meio da apropriação das ferramentas internas, como atenção, percepção, memória, integração, organização e outros potenciais que permitem novos meios de ação, assim como o rompimento dos estereótipos mentais e de ação. Ao mesmo tempo a descoberta dessa nova condição poderia gerar, do ponto de vista emocional, uma nova percepção de si: a ampliação de possibilidades, enquanto agir no mundo.

Nossa hipótese é que, por meio dessa experiência, Jorge pudesse perceber o sentido de suas ações no mundo e encontrar sentido em suas realizações.

O PROCESSO

Fevereiro 2009

Em fevereiro de 2009 se deu o início do processo de terapia num grupo, por meio das terapias Ramain-Dossiê D e DIA-LOG, com frequência semanal em sessões de duas horas e trinta minutos.

Jorge começou a frequentar um grupo constituído previamente e que já estava em processo terapêutico há algum tempo. Um grupo heterogêneo, composto inicialmente por cinco integrantes, todos com dificuldades de adaptação social importantes, sendo duas moças portadoras de déficits cognitivos, dois rapazes portadores de transtornos do neurodesenvolvimento, e um outro rapaz portador de um quadro de autismo de alto funcionamento.

No momento em que Jorge iniciou a terapia, o grupo já havia se desenvolvido de modo significativo na capacidade de comunicação e nas relações pessoais. Jorge se mantinha inicialmente mais isolado, frequentemente torcendo mãos e braços em movimentos bizarros. Durante a sessão ficava sempre bastante sério, com olhar desconfiado e demonstrando pouca disponibilidade para os contatos. Do ponto de vista funcional apresentava dificuldades na realização das atividades, frequentemente ouvia as instruções mas demorava muito para iniciar, precisava de estímulo para tanto, e durante a atividade não percebia que sua produção não correspondia à proposta, tanto pela rigidez de pensamento e fixação em determinadas ideias, como pela dificuldade de usar outras referências e pistas do ambiente. Frequentemente era preciso que o terapeuta incentivasse a percepção mais pertinente da diferença entre a proposta inicial e o realizado por ele, estimulando a pesquisa de seu trabalho, e ao mesmo tempo trazendo a referência do tempo e a necessidade de se desprender de certas perseverações para avançar com o trabalho, pois geralmente estava atrasado em relação ao grupo. Ou seja, nas atividades, além de apresentar importante lentidão, muitas vezes não conseguia uma boa resolução da situação-problema, em decorrência da extrema rigidez mental e a despeito do bom nível cognitivo.

> *Comentário metodológico:*
>
> *Reportando-nos ao conceito de autorregulação da atividade (Vieillevoye & Nader-Grosbois, 2008), podemos constatar que Jorge apresentava déficit importante de autorregulação considerando que inicialmente apresentava as seguintes condições:*
>
> *1) Com relação aos objetivos: era capaz de escutar as indicações, mas não conseguia sozinho identificar os objetivos. Observa-se o funcionamento mental com Predomínio do Sistema 1 (S1), conforme descrito no Capítulo 1.*
>
> *2) Com relação às Estratégias Cognitivas exploratórias, inicialmente apresentava pouca atividade espontânea, precisando de estímulo para antecipar os meios a colocar em ação.*
>
> *3) Com relação às Estratégias Sociocomunicativas de atenção conjunta, iniciava ou respondia de forma irregular e eventual à atenção conjunta.*
>
> *4) Com relação às Estratégias Atencionais, apresentava falhas importantes, não conseguindo manter o foco em diversos momentos.*
>
> *5) Com relação às Estratégias Motivacionais, não exprimia prazer nem se autorreforçava, mantendo moderadamente sua motivação.*
>
> *6) Com relação às Estratégias de Avaliação, não era capaz de identificar erros ou corrigi-los sem intervenção do terapeuta.*
>
> *Observa-se, assim, comprometimento inicial de todas as esferas da capacidade de autorregulação da atividade.*
>
> *Neste momento o terapeuta exercia a função de heterorregulador trazendo as referências de tempo, de utilização de pistas do ambiente, e até mesmo de uma percepção mais fidedigna dos dados de realidade na condução da pesquisa e das trocas.*

Após um mês de trabalho já apresentava boa adaptação ao grupo, parecendo compreender o contexto terapêutico. Do ponto de vista funcional, passou a perceber a valorização dos processos em detrimento aos resultados e, do ponto de vista emocional, o interesse de todos em progredir na capacidade de comunicação e socialização.

Nessa época começou a se aproximar mais de D., colega de grupo, que também apresentava quadro de autismo de alto funcionamento. Jorge apresentava lentidão importante na fala, principalmente no tempo de latência para iniciá-la, além de dificuldade de acompanhar as conversas, falta de repertório, falas descontextualizadas e dificuldade para compreender as trocas de turno nas trocas verbais em grupo.

Do ponto de vista de planejamento futuro, desistiu do curso de Educação Física e decidiu fazer curso superior de Rede de computadores, levando em conta a afinidade com informática, descoberta recente. É interessante observar que o incentivo e a orientação a ele e à família, por parte da equipe, foram fundamentais neste momento. Jorge e seus pais ainda não haviam percebido a possível afinidade com a área de informática e estavam pressionados pela necessidade de escolha do Ensino Superior ou dos planos para a vida profissional. A equipe decidiu, então, propor curso introdutório à informática para verificar a sua real afinidade com essa área e ao mesmo tempo estimular a percepção dos potenciais para uma futura escolha profissional. Tal curso foi realizado com sucesso e de fato pôde abrir a percepção e fazer emergir o interesse de Jorge em cursar a faculdade nessa área, evitando, assim, o desgaste e a frustração de iniciar e não conseguir avançar num outro curso escolhido ao acaso.

Maio 2009 – 18 sessões

No mês de maio, após quatro meses de trabalho, correspondendo a 18 sessões, os pais relatam que observaram aumento na curiosidade e no interesse por aprender novos temas. A mãe observou já nessa época uma melhora substancial na capacidade de Jorge de estabelecer um diálogo, e ouvir sem se irritar, e orientada pela equipe, começou a estimulá-lo a não ter atitudes infantis. Por outro lado, os pais relatam que ele *"não presta atenção no rosto das pessoas, não reconhece os vizinhos do prédio"*.

Comentário metodológico:
O início da ampliação dos interesses, de flexibilização mental, de emergência da curiosidade, parece denotar uma quebra nas estereotipias, possivelmente pela mobilização do sistema executivo, S3, conforme descrito no Capítulo 1 (Houdé, 2014).

No decorrer do trabalho clínico, tinha-se como foco principalmente a luta contra a rigidez mental, a busca da descoberta do valor da comunicação ligada ao reconhecimento dos contextos, por meio das atividades propostas pelos dossiês Ramain e DIA-LOG. Ao mesmo tempo, buscávamos, por intermédio das atividades ecológicas do Programa de Adaptação e Desenvolvimento Psicossocial (PADP), a compreensão das relações sociais de modo mais abrangente, ganho de autonomia e sensibilização pelo mundo da arte e da música.

Setembro 2009 – 30 sessões

No mês de setembro, após 7 meses de trabalho, correspondendo a 30 sessões, Jorge já estava bem mais à vontade com o grupo, mais aberto, integrado aos colegas e interessado na comunicação. Apresentava, ainda que com menor frequência, falas descontextualizadas e estranhas, às vezes expressando fantasias em relação à estrutura militar, de quartel, generais e soldados, relacionando aos integrantes do grupo, numa hierarquização e rigidez de posições não compatíveis à abertura e à maleabilidade da situação terapêutica. Também apresentava fixação em pés e meias, trazendo sempre esses conteúdos de forma descontextualizada.

Segundo o relato dos pais, em casa, os comportamentos disfuncionais diminuíram ou mesmo desapareceram: "*Parou de andar para lá e para cá*" sem objetivo, foca nos olhos do outro para falar e está conversando melhor, com vocabulário mais amplo, mais fluido e mais à vontade. Apresenta-se mais aberto para os contatos e participando mais das atividades cotidianas dentro e fora de casa.

Do ponto de vista afetivo, houve mudanças que denotam espontaneidade afetiva ainda que de forma instável e polarizada. Começou a apresentar comportamento carinhoso espontâneo com bichos e crianças, no meio social. No entanto, em casa, apresentava comportamento rebelde, falando termos de baixo calão.

Do ponto de vista de autonomia, desenvolveu a capacidade de lidar com dinheiro, tendo se beneficiado de intervenção específica para compreensão do uso e do valor do dinheiro, de controle de extrato e administração de finanças, oferecido na época pela equipe, no PADP.

Paralelamente a família foi preparada para dar apoio ao trabalho do PADP, de aprendizado da utilização do metrô, já que até essa época vinha para a clínica trazido por sua mãe; adquiriu plenamente essa habilidade e passou a se locomover sem necessidade de auxílio ou orientação.

Novembro 2009 – 40 sessões

No final do ano de 2009, após 9 meses de trabalho e 40 sessões, os pais relatam que Jorge estava evoluindo mais rápido do que poderiam imaginar e descreveram diversos pontos nos quais percebem mudanças: "*De maneira geral está mais fluente, mais solto, bem mais ligado em tudo*". Apresentou melhora na percepção e interesse pelo que se passa à sua volta, lendo placas e letreiros e fazendo perguntas, tentando compreender melhor o sentido do lhe chama atenção. Estava menos desajeitado e fisicamente melhor, com movimentação mais adaptada, parou de fazer *flapping*, agora cruza os braços e permanece em uma postura natural. Passou a ler revistas para esperar o sono chegar em vez de andar para cá e para lá. Diminuiu a repetitividade tanto nos comportamentos quanto nas falas. Os pais relatam que melhorou muito, principalmente na regulação do humor e dos comportamentos, e a rebeldia deu espaço à escuta. Nesse momento passou a aceitar tranquilamente algumas "dicas" da mãe: *"Agora leva numa boa (quando a mãe dá umas "dicas"), antes se fechava, emburrava, não ouvia. Não bate mais de frente, aceita mais".*

Melhorou bem no contato com as pessoas, começou a atender ao telefone em casa e conversar com vizinhos no elevador. Percebeu, por si só, certo dia que um vizinho no elevador estava cansado (reconhecendo pela fisionomia e postura corporal) e puxou conversa contextualizada sobre o tema, referindo-se ao cansaço após um dia de trabalho.

Comentário metodológico:
Essas observações dos pais foram extremamente importantes, pois pudemos levantar a hipótese de que, do ponto de vista funcional, Jorge estava começando a desenvolver a Teoria da mente, começando a observar melhor as reações dos outros e inferir estados mentais às expressões destas, ou seja, tomando a perspectiva do outro (Crick & Dodge, 1999; Howlin et al., 1999; Sigman & Capps, 1997).

Do ponto de vista de autonomia, nessa época os pais ainda relataram que Jorge estava mais independente, que já estava indo sozinho para a faculdade de ônibus e metrô. Passou a ir ao supermercado sem os pais e aprendeu a escolher legumes e frutas. Parecia mais confiante e demonstrando gosto em cuidar da mãe e ajudar em casa espontaneamente, por exemplo tirando o lixo e cuidando do gato sem que ninguém pedisse. Com relação aos seus estudos na faculdade, apresentava atitude atenta e responsável.

Fevereiro 2010

Início do projeto no Centro de Integração Socioprofissional (CIS) (*vide* Capítulo 14) com objetivo de inserção de Jorge no mercado de trabalho. Nessa primeira etapa iniciou-se com o foco sensibilização mundo do trabalho.

Junho 2010 – 60 sessões

Em meados do ano de 2010, após 60 sessões de terapia e 4 meses de trabalho de inclusão no mercado, apresentava evolução significativa. Em sala de terapia assim como em atividades ecológicas, tanto no planejamento quanto na execução das atividades, observava-se melhora na flexibilidade mental, na organização do pensamento, na capacidade de diálogo, com aumento significativo de repertório e aumento de compreensão de situações sociais e relacionais.

Os pais, por sua vez, relataram que Jorge vinha despertando-se ainda mais para as situações de vida; estava mais atento, relatando situações com mais detalhes e visivelmente com pensamento mais organizado, aprendendo a dialogar com mais propriedade. Constataram o desaparecimento total do *flapping* e de outros comportamentos desadaptados, como cheirar objetos e movimentos corporais e caminhar atípicos.

Do ponto de vista de autonomia, está se locomovendo para vários lugares, com iniciativa, capacidade de planejamento e execução. Pela primeira vez teve vontade de sair e fazer algo no fim de semana. Foi à Liberdade (bairro típico japonês, em São Paulo, passeio que já havia feito com o grupo terapêutico) porque queria comprar um CD. De lá foi, por iniciativa própria, para outro bairro, em busca da Galeria Pajé; um local desconhecido para ele, no qual conseguiu chegar por si só, seguindo indicações que foi colhendo no trajeto. Também foi pela primeira vez para um barzinho com colegas depois da aula, acabou experimentando cerveja, dizendo não ter gostado da bebida, mas tendo se sentido bem na situação.

Comentário metodológico:
Neste ponto do processo, podemos observar como as características que representam o coração do autismo foram desaparecendo. Diminuição das esteriotipias motoras e de pensamento, diminuição da perseveração mental, dos déficits inerentes à cognição social: nas falhas na tomada de perspectiva do outro, na atenção conjunta, na resolução de problemas sociais, na Teoria da Mente, nas falhas na Coerência Central, e nas funções executivas (Crick & Dodge, 1999; How et al., 1999; Sigman & Capps, 1997).
É interessante ressaltar que, além de desenvolver comportamentos adaptados, podemos observar o emergir do sujeito, com sua espontaneidade, com aumento da sede de conhecimento, com desejo de evoluir e se relacionar de uma forma mais positiva e ampliar sua rede social.

Outubro 2010 – Sessão 75

Em novo encontro com os pais, estes relatam que Jorge estava acompanhando muito bem a faculdade, que chegava alegre e cantando. *"Tem estado mais feliz, fazendo as coisas com gosto, por exemplo, adora fazer mercado".*

Notam que a autoestima melhorou e a ansiedade diminuiu muito. Tem tido conversas mais adultas com a mãe e percebeu com satisfação que, nesse momento, sua dependência dos pais é somente financeira.

Comentário metodológico:

Conforme apresentado no Capítulo 14, observa-se que, ao longo de suas trajetórias, as dificuldades que esses jovens apresentam no domínio social acabam gerando rejeição por parte dos outros jovens e trazendo consequências desastrosas sobre a autoestima e o equilíbrio psicológico, aumentando o risco de ansiedade e depressão (Gresham et al., 2011). E neste momento podemos constatar, observando Jorge, como a adaptação e o sentimento de pertença social adquirido diminuíram a ansiedade e aumentaram a qualidade de vida e a sensação de bem-estar.

Faz-se necessário expandir alternativas, oferecendo um contexto estimulante para promover o desenvolvimento humano, com autonomia na liberdade de tomada de decisões e melhora na qualidade de vida (Shattuck et al., 2012).

Fevereiro 2011

Nesse período no Projeto CIS, iniciou-se efetivamente a busca de postos de trabalho, de acordo com as necessidades e afinidades de Jorge, visando a sua inserção no mercado de trabalho.

No grupo terapêutico, houve a entrada de um novo elemento. Esse rapaz portador de déficits cognitivos, mas de sociabilidade muito desenvolvida e excelente humor, trouxe uma perspectiva interessante para Jorge, na dinâmica do grupo. Jorge que não sabia "brincar" e levava as situações sempre muito ao pé da letra aprendeu com B. a sorrir, brincar, fazer piadas e *"ser mais leve"* (sic Jorge).

Os pais notavam significativa melhora, achando-o *"mais ligado"* e cada vez mais interessado, fazendo planos e pensando em trabalhar. Teve pela primeira vez vontade de comprar roupas novas, foi ao shopping em companhia do pai e fez as próprias escolhas.

Solicitamos que os pais fizessem uma orientação em relação a hábitos alimentares. Por falta de experiência, já que a casa não contava com mesa para as refeições, apenas um pequeno balcão, pudemos observar em situações ecológicas que Jorge não tinha noções básicas à mesa de refeição, como, por exemplo, tinha o hábito pegar comida do prato do outro, com a própria mão, dentre outras dificuldades.

Os pais faziam nesse período planos de se mudar para o interior, fato que Jorge aceitava com tranquilidade.

Março 2011

No grupo CIS, por meio de *Role playing*, começou a se dar conta que, às vezes, dependendo do jeito como se colocava, *"parecia autista"* (sic Jorge), e conseguiu uma melhora significativa em sua postura para as entrevistas de emprego das quais começava a participar.

> *Comentário metodológico:*
> Conforme apresentamos no Capítulo 14, o Role playing *facilita o uso de competências sociais por meio da síntese da informação motora, sensitiva, cognitiva e emocional. Pudemos constatar que de fato, nesse momento, quando Jorge já apresentava uma boa percepção de si, o* Role playing *facilitou a emergência de estratégias objetivas para o aprimoramento da* performance *social no contexto-alvo (Barnhill et al., 2002).*

Apresentava nessa época certa fixação no tema das classes sociais, sentindo necessidade de classificar, a si próprio e todas as pessoas, assim como as situações, em uma das categorias da escala social. Por exemplo, certa vez, ao decidirmos um passeio que seria feito no PADP, entendia que não deveria ir ao cinema em determinado shopping, porque era destinado à classe A, e ele se classificava como classe média. Esse pensamento nos revelou que, apesar da importante evolução, ainda apresentava rigidez em algumas esferas do funcionamento mental.

Outubro 2011 – Sessão 110

No grupo terapêutico, com ajuda da terapeuta e dos participantes, percebeu as inadequações de certas brincadeiras. É importante ressaltar que essa situação de "brincar" com os outros é algo bastante recente e, apesar de ser um adulto, demonstrou não ter noções importantes no trato com os outros. Foi orientado a não se expor, não ficar beijando, abraçando e "pegando ou apertando" colegas de convivência. Alguns colegas do grupo expressaram se sentir incomodados com esses comportamentos, dando-lhe o *feedback* de que tais comportamentos poderiam ser mal interpretados em público.

Março 2012

Neste período, devido às dificuldades encontradas em aceitar se inscrever como "autista" nos *sites* das empresas que buscava vaga, começou a apresentar resistência ao grupo terapêutico. Não aceitava não ter ido a nenhuma entrevista, enquanto todos os outros já haviam passado por essa experiência. Teve dificuldades de entender que muitas variáveis estão envolvidas, como o perfil, o tipo de vaga, as oscilações do mercado de trabalho. Passava a impressão de que a responsabilidade por ainda não ter um emprego, algo que desejava muito, era da equipe.

Junho 2012 – Sessão 130

No grupo CIS pudemos observar maior comprometimento com agenda pessoal, e depois de um longo preparo, acabou aceitando sua inclusão, pela lei de cotas, como autista, já que, apesar dos importantes progressos que havia feito, ainda apresentava uma deficiência social e infelizmente a lei de cotas ainda não contava com essa classificação e sim somente deficiente físico, mental ou autista. Deficiência social, melhor descrita no Capítulo 14, de fato seria a classificação mais indicada, pois define apropriadamente a situação de Jorge, que já havia superado determinadas limitações, mas ainda sofria as consequências que essas limitações trouxeram.

Comentário metodológico:
Conforme já discutimos no Capítulo 14, pessoas com deficiência são aquelas que, por conta de impedimentos de longo prazo de natureza física, mental, intelectual ou sensorial, podem ter obstruído sua plena e efetiva participação na sociedade em igualdade de condições (Sassaki, 2011).
É importante ressaltar que aqui se observa uma situação bastante comum de desadaptação, que se trata justamente daqueles que, como Jorge, já foram portadores de um transtorno mental ou do neurodesenvolvimento, ou de uma deficiência específica, e que com intervenções adequadas puderam ter um processo de evolução significativo, mas que ainda trazem sequelas desses transtornos e que são justamente classificados como portadores de deficiência psicossocial.

No grupo CIS começou assim a fase do emprego apoiado.

No grupo terapêutico apresentava ainda certa resistência, porém mais reflexiva.

Começou a trabalhar, na área de suporte técnico de informática, numa empresa reconhecida, numa vaga temporária de três meses com chance de contratação. Após um mês de adaptação, orientação e suporte da equipe do CIS, começou a atender o rádio de comunicação interno da empresa, que fazia parte de suas atribuições mas que Jorge inicialmente sentia como um obstáculo, visto que o evitava, sentindo-se constrangido. No entanto, ainda não atendia o telefone e apresentava postura inadequada na recepção.

Os pais estavam muito felizes e emocionados com os progressos do filho. Choravam de emoção ao relatar nunca terem imaginado que ele pudesse um dia alcançar tais progressos, como estar empregado numa empresa qualificada e engajado na situação de trabalho.

Jorge se sentia bem no trabalho, acordava sozinho, organizava-se nos cuidados pessoais e roupas. Estava se formando na faculdade. Não apresentava mais receio de falar com as pessoas e se abriu emocional e cognitivamente, passou a ver novas possibilidades nas situações, *"não é mais disco arranhado"*, segundo os pais. O relacionamento social estava mais fácil e agora já tinha um pouco de malícia.

Novembro 2012 – Sessão 150

Os pais estão muito felizes! *"Hoje Jorge sente-se adulto"*, dizem.

Começou a paquerar uma menina no trabalho e se tornou mais rápido para responder quando questionado.

Há mais de 1 ano, não apresentava *"ares de angústia"*.

Passou a frequentar um grupo religioso da mocidade espírita, do qual começou a participar efetivamente em todos os eventos. Com esse novo movimento em sua vida, passou a sentir-se culpado por estar ligado a outro grupo, além do seu grupo de Ramain e DIA-LOG. Parecia ter dificuldades para compreender que podia se relacionar com outros grupos e demonstrava sentir-se traindo esse grupo.

No grupo CIS, passaram a ser trabalhadas questões mais específicas do ambiente de trabalho, como administrar situações bem pontuais, como, por exemplo, o fato de sentir-se inseguro e perdido quando sai de dentro da sala do suporte técnico, entre outras.

Comentário metodológico:
Podemos observar, do ponto de vista de adaptação social, que os progressos alcançados por Jorge são compatíveis com os objetivos do Método Ramain. Do ponto de vista metodológico, esse método toma os exercícios propostos segundo caráter não finalístico, ou seja, o objetivo é a pesquisa, o buscar, e não os resultados a se obter. Busca, assim, a abertura ao sujeito de pesquisar e questionar suas próprias atitudes, destituídas de julgamento de valor, possibilitando-o perceber-se em relação consigo mesmo e com seu entorno, finalmente resgatando as noções de sujeito, de autonomia e de identidade relacionadas à de alteridade (Nassif, 2014).

2013

Foi contratado na mesma empresa, por merecimento, e passou a ser um funcionário incluído como CLT (regularmente, sem estar em processo inclusivo), já não ocupando uma vaga reservada a deficientes.

Pais e equipe o observavam muito feliz. Jorge melhorou a autoconfiança, a responsabilidade e a autoestima.

Cantava no banho, ou quando se barbeando, e se sentia muito bem.

Os pais relatam que estava muito mais paciente e calmo para ensiná-los e tirar dúvidas de informática nas dificuldades caseiras. Estava falando muito mais. Passou a demonstrar vontade de vencer. A mãe acha que antes tinha "dificuldades afetivas" e hoje tem preocupação afetiva com D., seu colega de grupo.

Comentário metodológico:
Retomando o Capítulo 14, podemos observar que, conforme Pereira (Pereira et al., 2008), a inserção laboral pode transformar a realidade de exclusão social, por uma melhoria do nível de qualidade de vida. E o trabalho, além de trazer relativa independência financeira e contribuir para o autossustento, favorece a sensação de aceitação e de pertencimento em pessoas que sempre viveram em situação de exclusão social (Amaral, 1996).

Pela primeira vez resolveu fazer uma viagem sem os pais, acompanhando o grupo espírita, num total de mais de 200 pessoas. Decidiu e inscreveu-se sozinho. Sentiu-se feliz e incluído, conheceu pessoas novas e passou a frequentar encontros e novas viagens.

Teve a primeira paixão por uma moça casada e aprendeu, por si só, a reparar na aliança nas mãos das moças.

Comentário metodológico:
Mais uma vez podemos inferir que esse comportamento, somado à capacidade de se adaptar a novos grupos e novas situações, demonstra uma evolução nas competências sociais, ou seja, na capacidade de julgamento e percepção dos comportamentos do outro e passou a perceber e fazer uma leitura de código social, sem necessidade de orientação. Com relação às habilidades sociais, também apresentou progressos significativos, visto que é capaz de iniciar, responder e manter interações sociais recíprocas (Bellini et al., 2014).
Com relação aos déficits de cognição social, podem-se constatar progressos importantes, visto que não apresentava mais dificuldades na tomada de perspectiva do outro (Crick & Dodge, 1999; Howlin et al., 1999; Sigman & Capps, 1997), na atenção conjunta e na resolução de problemas sociais, ou seja, na capacidade de interpretação e análise de situações sociais para determinar melhor resposta adaptativa.

2014

Os pais acham que Jorge *"às vezes não é mais autista"*. Relatam cada dia ter uma surpresa diferente. Jorge tem apresentado mais abertura no campo de interesses e agora se interessou por curso de *photoshop*.

Queria ganhar mais e passou a fazer cursos na própria empresa onde trabalha. Já havia feito de *web-designer* e estava interessado em fazer cursos de línguas. Parece ter descoberto que tem facilidade para aprendizagem de outras línguas.

Simultaneamente estava fazendo curso de habilitação, pois pretendia dirigir e futuramente comprar um carro.

Apresentava ótima capacidade de organização, respeitava regras e horários, e tinha planejamento de como atingir metas no futuro. Seu objetivo era ser empreendedor e abrir um negócio no interior, pois se deu conta que prefere um estilo de vida mais tranquilo. Acreditava que não devia se casar porque seria muita responsabilidade sustentar uma família e que isso acarretaria uma elevação importante dos seus custos.

Neste ano foi convidado para ser padrinho de casamento que, a princípio, o deixou ansioso com as possíveis e desconhecidas responsabilidades envolvidas. No entanto, antecipou o que causaria ansiedade na hora e conseguiu se acalmar, encontrando sozinho uma estratégia para lidar com a ansiedade: decidiu colocar um lenço no bolso caso chorasse. Segundo o relato dos pais e dele mesmo, ficou muito bem na festa, foi às mesas espontaneamente cumprimentar as pessoas e às vezes até se sentava para conversar. Dançou com um pouco mais de desenvoltura, com movimentos mais naturais e espontâneos na pista de dança e nos comportamentos de troca social.

Julho 2014

Devido à evolução apresentada por todo o grupo, decidimos suspender o programa terapêutico Ramain e manter apenas o DIA-LOG, com vistas à melhora na expressão, na sociabilidade e nas trocas comunicativas.

Antes do final do ano, Jorge decidiu que gostaria de *"dar um tempo"* na terapia porque achava que estava muito bem e queria testar para ver como se sentiria. A equipe concordou com sua posição e Jorge tem prosseguido atingindo as metas estabelecidas por ele e traçando novos planos de uma maneira muito tranquila, de acordo com seus desejos e em sintonia com suas possibilidades e recursos internos, dosando os desafios com suavidade e sabedoria.

Follow-up: Dois anos após o término da intervenção

Considerando que poucos estudos têm examinado o *follow-up*, e informações de aproximadamente um ano depois do tratamento em psicoterapia são raras, julgamos cientificamente relevante esse *follow-up* de dois anos após o término do processo.

Em maio de 2016, em contato telefônico, a mãe nos relatou que Jorge estava muito bem, *"muito ativo, conectado com tudo, acompanhando a política"* e percebendo as situações de forma realista. Relatou-nos ainda de forma bastante emocionada que só puderam fazer uma viagem para o sul do país *"por causa do Jorge"*, nos explicando que ele tem direito de utilizar uma rede hoteleira ligada à empresa e que tinha se organizado financeiramente para os gastos da viagem. Conta feliz: *"Agora somos dependentes dele!"*, rindo de satisfação e contando como esse fato os deixou orgulhosos!

Podemos constatar que a evolução de Jorge e sua atitude de interesse, organização, respeito por si mesmo e pelos outros e prazer em viver têm se mantido ao longo de sua trajetória, com ganho importante na sua qualidade de vida e de sua família, denotando a eficácia do programa de intervenção na sua totalidade dos objetivos.

REFERÊNCIAS BIBLIOGRÁFICAS

Amaral, L. A. (1996). Algumas reflexões sobre a (r) evolução do conceito de deficiência. *Temas em Educação Especial*, 3, 99-106.

Barnhill, G. P., Cook, K. T., Tebbenkamp, K., & Myles, B. S. (2002). The effectiveness of social skills intervention targeting nonverbal communication for adolescents with Asperger syndrome and related pervasive developmental delays. *Focus on Autism and Other Developmental Disabilities*, 17(2), 112-118.

Bellini, S., Gardner, L., & Markoff, K. (2014). Social skill interventions. *Handbook of Autism and Pervasive Developmental Disorders*. Fourth Edition.

Crick, N. R., & Dodge, K. A. (1999). 'Superiority' is in the eye of the beholder: a comment on Sutton, Smith, and Swettenham. *Social Development*, 8(1), 128-131.

Fajardo, G., & Ramain, S. (1997). *Dossiê DIA-LOG: Expressão – Comunicação – Criatividade*. São Paulo: Cari – Departamento de Publicações.

Gazzaniga, M. S., Ivry, R. B., & Mangun, G. R. (2006). *Neurociência cognitiva: a biologia da mente*. Artmed.

Gresham, F. M., Elliott, S. N., Vance, M. J., & Cook, C. R. (2011). Comparability of the Social Skills Rating System to the Social Skills Improvement System: content and psychometric comparisons across elementary and secondary age levels. *School Psychology Quarterly*, 26(1), 27.

Houdé, O. (2014). *Leraisomnememt*. Paris: Prests Universitaires de France.

Howlin, P., Baron-Cohen, S., & Hadwin, J. (1999). *Teaching children with autism to mind-read: a practical guide for teachers and parents*. New York: Wiley.

Lezak, M. D. (2004). *Neuropsychological assessment*. Oxford University Press, USA.

Nassif, M. C. (2014). *Neuropsicologia e subjetividade, fundamentos do método Ramain*. São Paulo: Alínea.

Pereira, C. D. S., Del Prette, A., & Del Prette, Z. A. P. (2008). Qual o significado do trabalho para as pessoas com e sem deficiência física? *PsicoUSF*, 13(1), 105-114.

Ramain, S., & Fajardo, G. (1975). *Structuration mentale par les exercices Ramain: grands adolescents et adultes*. Épi.

Sassaki, R. K. (2011). Deficiência psicossocial: A nova categoria de deficiência. *Agenda do Portador de Eficiência*, 13-16.

Shattuck, P. T., Roux, A. M., Hudson, L. E., Taylor, J. L., Maenner, M. J., & Trani, J. F. (2012). Services for adults with an autism spectrum disorder. *The Canadian Journal of Psychiatry*, 57(5), 284-291.

Sigman, M., & Capps, L. (1997). *Children with autism: a developmental perspective*. Vol. 34. Harvard University Press.

Stefani, A. P. (2007). *Programa de Desenvolvimento de Habilidades Psicossociais*. (Este programa vem sendo utilizado desde então na Cari Psicologia e Educação.)

Stefani, A. P. (2010). *Centro de Integração Socioprofissional*. (Este programa vem sendo utilizado desde então na Cari Psicologia e Educação.)

Vieillevoye, S., & Nader-Grosbois, N. (2008). Self-regulation during pretend play in children with intellectual disability and in normally developing children. *Research in Developmental Disabilities*, 29(3), 256-272.

SEÇÃO IV

Conclusões, Limitações e Perspectivas

Capítulo 19

CONCLUSÕES, LIMITAÇÕES E PERSPECTIVAS

Ana Paula Stefani
Camilla Teresa Martini Mazetto
Maria Clara Nassif

CONCLUSÕES

O conjunto desta obra, o Programa Abrangente Neurodesenvolvimental – PAN, representa uma nova perspectiva de intervenção na área da Psicologia, mais especificamente no campo do Neurodesenvolvimento, integrando os fundamentos teóricos da biologia, da psicologia do desenvolvimento clássica e contemporânea, e da fenomenologia, de uma maneira original que considera o ser humano em sua globalidade e como um ser *em desenvolvimento*.

Essa integração de saberes se faz possível pela eleição de métodos globais que têm como foco a evolução pessoal, baseada no desenvolvimento cognitivo, motor, emocional e social. Privilegia o colocar-se em relação, pelo questionamento e reflexão como o meio favorecedor dos processos adaptativos.

Esses métodos diferenciam-se de outras intervenções focais, pois, além desses aspectos, tomam como perspectiva as noções de subjetividade, identidade e alteridade.

Insere-se como programa original de intervenção na clínica psicológica por basear-se em uma perspectiva de abrangência biopsicossocial, por meio de um modelo articulado, de caráter longitudinal, multidimensional e ecológico.

A relevância desse programa abrange diferentes aspectos. No campo clínico é original por apresentar uma metodologia que incide na base dos transtornos do neurodesenvolvimento e não sobre sua expressão comportamental. A base desses transtornos se dá em vários domínios do desenvolvimento, nas esferas cognitiva e socioemocional e na disfunção do controle executivo em relação aos processos regulatórios.

As metodologias eleitas incidem sobre o desenvolvimento neurocerebral afetado, por meio de vivências experienciais, minimizando o impacto dessas alterações ao longo da vida.

Seu caráter longitudinal é garantido pelo agrupamento de métodos de avaliação e de intervenção coerentes, coordenados e seriados, desde a intervenção precoce à idade adulta.

Outro aspecto de relevo é a intervenção precoce por meio da qual também é possível minimizar o impacto desses transtornos sobre o desenvolvimento, favorecendo a emergência de potencialidades latentes que sustentam as etapas desenvolvimentais subsequentes. Particularmente nas etapas mais avançadas conta com programas específicos para adaptação e inserção social e laboral.

Conta ainda com a relevância de promover a sustentação da família, num programa original, de natureza ecológica, que provê os meios de apoio e melhoria de sua qualidade de vida.

A apresentação da evolução de pacientes que se beneficiaram desses programas, por meio de estudos longitudinais por vários anos consecutivos (incluindo a efetiva participação dos familiares nesse processo), demonstra a efetividade do PAN, e dos programas que o compõe, situando-o como importante opção clínica na área da psicologia.

Nessa perspectiva inovadora, o PAN pode ainda ser considerado um modelo compreensivo de que o desenvolvimento é um processo global de interação continuada com o meio ambiente e que a evolução desse mesmo processo é dependente de uma estimulação que comporta diferentes interfaces.

LIMITAÇÕES

Por se tratar de contextos complexos e de seu caráter longitudinal, uma das dificuldades de se estudar os efeitos de tal abordagem refere-se à necessidade de se modificarem os instrumentos de avaliação e de intervenção eleitos, restritos a determinadas faixas etárias. Também é evidente que o próprio paciente é quem vai se modificando ao longo do tempo.

Entretanto, a significativa evolução de cada paciente, por meio dos procedimentos terapêuticos da etapa em que foram trabalhados, nos permite constatar os benefícios do presente programa.

Um dos aspectos mais relevantes a serem considerados para a avaliação dos efeitos de tal programa são as mudanças na qualidade de vida familiar, que se mantêm no foco de nossa equipe para futuras investigações.

PERSPECTIVAS

Contribuições para o campo de pesquisas

O PAN abre-se ao campo de pesquisas como possibilidade de trazer à luz novos conhecimentos sobre a estimulação neurodesenvolvimental, pelo seu caráter multidimensional, ecológico e pela sua perspectiva integrativa biopsicossocial.

Isso se viabiliza por meio do registro dos dados evolutivos das intervenções, desde o diagnóstico e as reavaliações sistemáticas (incluindo suas respectivas filmagens). Todos esses dados são lançados no mapa neurodesenvolvimental, que agrega em documento único as informações clínicas que permitem futuras investigações.

Contribuições para saúde pública

O PAN, de caráter sistêmico, conta com programas estruturados pelos métodos neurodesenvolvimentais, destinados às diferentes etapas do desenvolvimento.

Contribui com escalas específicas de diagnóstico desenvolvimental e neurofuncional, em vias de validação para a população brasileira.

Cobre as demandas para diagnóstico e intervenção, para as diferentes etapas da vida, por meio de protocolos que consideram as esferas biopsicossociais, que constituem as bases efetivas para um amplo protocolo de saúde pública.

Nesse sentido, pode também se constituir como um meio efetivo para a sustentação do desenvolvimento de alunos portadores de transtornos do neurodesenvolvimento que se encontrem em processo de inclusão escolar.

Especificamente, do ponto de vista do PAIS, considerando-se a efetiva demanda de programas psicoeducativos, este se apresenta como uma possibilidade de suprir a ausência de programas abrangentes que possam atuar em dois níveis: a) como fator de sustentação aos pais para a compreensão das dificuldades de seus filhos, decorrentes dos diferentes transtornos do neurodesenvolvimento e b) como fator preventivo, considerando-se sua utilização a partir do acompanhamento dos familiares de bebês de risco, favorecendo inclusive a possível detecção oportuna. Em ambos os casos, contribui para a qualidade de vida familiar.

UMA PALAVRA FINAL

A partir da compreensão multidimensional dos transtornos do neurodesenvolvimento, o PAN introduz na prática clínica instrumentos de avaliação e de intervenção inovadores, que podem contribuir efetivamente para mudanças no campo da Psicologia aplicada.

O PAN propõe deslocar o olhar de intervenções focais para globais, bem como de alterações funcionais específicas para integração neurofuncional. Atuar sobre o desenvolvimento abrangente da pessoa tomada em sua totalidade, incluindo sua inserção no mundo que a cerca. Propõe ainda um olhar e cuidados solidários à família e igualmente a todos os seus membros.

Nesse sentido, esperamos que o apresentado nesta obra possa contribuir para um novo alento das famílias para o cuidado de seus filhos a partir de um trabalho coordenado por uma equipe multidisciplinar.

Esperamos também que possa contribuir para a compreensão e formação de novos profissionais para a clínica dos transtornos do neurodesenvolvimento.

ÍNDICE REMISSIVO

A

Abordagem
   campo-específica, 95
   campo-geral, 96
Afetividade, 45
Anomalia da decodificação da voz humana, 173
Aprendizagem, transtorno específico de, 59
Atenção conjunta, 83, 113
Atitude tônico-postural, 255
Atividade
   do jogo simbólico, 148
   do sujeito sobre o meio, 40
   grade de análise da desregulação da atividade, 163
   simbólica, desenvolvimento da, 148
Autismo
   atípico, 57
   criança com
      condições e estratégicas para o exame psicológico da, 142
      exame psicológico de, 141-170
      instrumentos de avaliação do desenvolvimento da, 143
   de alto funcionamento, 57
   de Kanner, 57
   exame psicológico de crianças com
      condições e estratégias para, 142
   infantil, 57
   pesquisas sobre as particularidades do desenvolvimento sociocognitivo
      capacidades não deficitárias de reconhecimento da identidade dos rostos, 83
      detecção dos movimentos biológicos, 80
      exploração visual atípica dos elementos internos dos rostos, 83
      os rostos não suscitam o interesse, 83
      resultados heterogêneos relativos ao reconhecimento das configurações emocionais faciais, 84
      tratamento dos rostos e de seus componentes expressivos, 81
   transtornos-chave do, 112
Autonomia pessoal e social, 263
Autorregulação, processo de, 41

B

Bateria de avaliação cognitiva e socioemocional, 273
Bebê(s)
   com desenvolvimento típico, 110
   ulteriormente diagnosticados autistas, 110
BECS, 145

C

Capacidade(s)
 discriminativas auditivas, 85
 integrativa, 18
 intelectuais não verbais, 156
 socioemocionais e cognitivas
  evolução das, 181
"Cegueira dos estados mentais", 90
Centro
 de integração socioprofissional, 229
 Pró-Autista Social, 138
"Cérebro social", 70, 79, 173
CHAT-R (*Checklist for Autism in Toddlers*), 127
Coeficiente
 de desenvolvimento, 144
 intelectual, 144
Cognições, 92
Competências sociocomunicativas, 176
Complexidade, 192
Comportamento(s)
 agressivos, 143
 autístico, particularidades do, 159
 autoagressivos, 143
 estereotipados, 259
 motor repetitivo, 60
 socioadaptivo, avaliação do desenvolvimento do, 158
Comunicação
 pragmática, transtornos da, 56
 social, transtornos da, 56
 social precoce, avaliar o desenvolvimento da, 147
 transtornos da, 55
Conectividade, falha de, 69
Confrontação, 35
 entre linguagem e ação, 36
Conhecimento, 34
Consciência de ser, 35
Construção(ões), 40
 cognitivas, 42
 da inteligência, 43
Continuum, 255
Coordenação
 dinâmica temporal entre si e o outro, 86
 sensório-motora, 86
Coping, 250
Córtex pré-frontal, 70
Crescimento cerebral, padrão particular de, 64
Criança com autismo, perfil das idades de desenvolvimento psicomotor de uma, 146

D

Deficiências intelectuais, 55
Déficit(s)
 da "teoria da mente", 70
 de coerência central, 69
 de motivação social, 71

  em funções intelectuais, 55
  na comunicação, 55
  na fala, 55
  na linguagem, 55
  nas funções adaptativas, 55
"Desembaraçar", 177
Desenvolvimento
  afetivo, 44
  aspecto espontâneo do, 42
  cognitivo, 44, 149
  cognitivo e socioemocional global de Nathan, 150
  da comunicação social precoce, avaliar, 147
  da inteligência, 152
  das funções executivas e da atenção, 158
  déficits de, 54
  em termos piagetianos, 40
  humano, aspectos centrais do, 39-48
  infantil, transtornos do, 51-62
  psicoeducativo, 151
  psicológico, 41
  psicomotor
    avaliar, 145
    de uma criança com autismo, perfil das idades de, 146
  psicopatologia do, 41
  sináptico, 67
  sociocognitivo no autismo, síntese das pesquisas obre as particularidades do, 80
  socioemocional, 149
Disfasia
  de compreensão, 57
  de expressão, 57
Disponibilidade, 177
Diversidade, 192
Dossiê Ramain, 190
  representação analógica da estrutura de um, 195
DTI (*diffusion tensor imaging*), 65

E

Ecolalia, 57
EDEI-R, 145
Eficiência intelectual de alto nível, 82
Emoção(ões), 92
  compartilhamento das, 57
  faciais, resultados heterogêneos relativos ao reconhecimento das, 84
Emparelhamentos simultâneos, 86
"*Empathizing-systemizing*", 71
Empatia, processos elementares de, 86
Entrevista a propósito do método DIA-LOG, 199-215
Equilibração, 41
Equilíbrio móvel, 43
Equipe multidisciplinar
  formação de uma, 137
  funções, 134
Escala
  BECS, 284, 288

Brunet-Lézine, 145, 283
de avaliação
    dos comportamentos autísticos, 159, 160
    da comunicação social precoce, 147
    dos comportamentos autísticos, 159, 160
    funcional dos comportamentos, 161, 272
        restritivos e restritos, 161
de Uzgirus-Hunt, 149
de Vineland, 159
de Weschler, 152
ECA-N, 159
EFC-R, 175
K-ABC-II, 154
não verbal de inteligência de Weschler, 156
WISC-IV, 153
Estimulação neurodesenvolvimental, 250, 268, 269
Estudo(s)
    anatomopatológicos, 65
    de acompanhamento de crianças que se beneficiam com sessões de TED, 179
    dos neurotransmissores, 66
    metabolômico, 68
Experiência
    da relação, 34
    de si, 34
    lógico-matemática, 41
    pessoal, 35
    realidade da, 35
    valor relacional da experiência, 28
"Extreme male brain theory", 71
Eye-tracking, 176

F

Fala
    atraso da, 57
    ausência de, 57
    transtornos da, 56
Falha de concectividade, 69
Fator temporal, 40
Fenômeno
    de estresse oxidativo, 68
    neuroinflamatório, 68
Fenótipo
    empathizing, 71
    systemizing, 71
Flexibilidade mental, 17
    emergência da, 21
Fluência, transtornos da, 56
Função(ões)
    da regulação, 43
    do animador, 35
    executivas e da atenção, 158
    superiores, ativação das, 18
Funcionamento sináptico, 67
Fusiform Face Area (FFA), 82

G

Gagueira, 56
Gene KCNMA1, 67
Grade de análise da desregulação da atividade, 163

H

Habilidade(s)
   cognitivas, desenvolvimento das, 175
   mentalistas, 91
   socioemocionais, desenvolvimento, 175
"Handcap", 18
"Hiperimitação", 88
Hiperserotoninemia plasmática, 66
Hiporreatividade temporal esquerda, 69

I

Imaginologia anatômica, 65
Imitação, 86
Increasing, 18
Índice de heterogeneidade, 289
Input, 255
Instrumento de avaliação do desenvolvimento da criança com autismo, 143
Inteligência
   construção da, 43
   desenvolvimento da, 152
Inter-ação, 40
Intervenção
   de adaptabilidade de natureza ecológica, 219-270
   neurodesenvolvimental, 44
   PAN e estádios de desenvolvimento cognitivo, correlação entre, 191
Inventário Portage Operacionalizado, 274

J

Jogo simbólico, 286

L

Limitação das atividades, 112
Linguagem, 176
   atraso na aquisição da, 57
   compreensão e produções de, 93
   déficits na, 55
   desenvolvimento da, 158
   transtorno da, 56
"Linha de base", 176

M

Mapa neurodesenvolvimental, 136

Marcador
  do *liking*, 71
  "wanting", 71
Matrizes progressivas de Raven, 156
Método
  DIA-LOG, 23, 28, 189
    como nasceu?, 4
    comunicação, expressão e criatividade, 199-215
    entrevista a propósito do, 199-215
  Neuropsicológico de Estruturação Mental Evolutiva, 138
  Ramain, 23, 28, 189
    fundamentos antropológicos do, 33
    três aspectos do
      cotidiano das sessões, 36
      função do animador, 35
      fundamentos antropológicos, 33
Mielinização, 53
Mind-blindness, 90
Modelizações, 95
  compreensão e produções de, 93
Modelos neurodesenvolvimentais, 98
Motivação social, déficit de, 71
Movimento(s)
  corporais, 28
  faciais, 81
  linguísticos relacionais, 28

N

Neuroliginas, 67

O

Ordem de sucessão, 41
Orquestração intencional dos atos motores, problemas de, 173
  da decodificação da voz humana, 173

P

PAN (Programa Abrangente Neurodesenvolvimental), 17
  estudo de caso, 281
  etapas
    iniciais, 281, 286
    percorrendo as, 290
  metodologia, 21
  objetivo global, 18
  originalidade do, 19
Particularidades sensoriais, avaliação das, 163
PEP-3, 145
Perfil
  psicoeducativo, 151
  sensorial de Dunn, 163
Perspectiva sociocognitiva, exame por meio da, 93

Plasticidade, 174
Potenciais evocados auditivos, 176
Processo(s)
   de autorregulação, 41
   de equilibração, 40
   heterorregulatórios, 256
Programa
   abrangente neurodesenvolvimental (*v. tb*. PAN), 17
      estudo de caso, 281
      etapas
         avançadas, estudo de caso nas, 311- 328
         iniciais do, 281
         intermediárias
            estudo de caso nas, 293-310
         percorrendo as etapas do, 290
      limitações, 332
      perspectivas, 333
   de acompanhamento
      intensivo e sistemático com os pais
         aplicação da qualidade de vida familiar, 247
         autonomia pessoal e social, 263, 269
         comportamentos estereotipados e restrição de interesses, 259
         comunicação e interação social, 269
         descrição da demanda, 266
         estimulação neurodesenvolvimental, 268, 269
         exemplo clínico, 265
         prática, 256
         pressupostos teóricos, 245
         qualidade de vida familiar, 268
   de adaptação e desenvolvimento psicossocial, 226
      objetivos, 227
   TEACCH, 151
Projeto psicoativo individualizado, 151
Próstata, tratamento da, 85
Proteína SHANK3, 67
Protoconversações, 86
Psicopatologia
   do desenvolvimento, 41
Psicologia do processo, 41
Psicopatologia do desenvolvimento, 41
Pulsão, 34

Q

Qualidade de vida familiar, 246, 247, 268

R

RAMAIN, DIA-LOG e TED, congruências entre, 27
Realização, 36
Reatividade atípica dos sistemas cerebrais espelhos, 173
Receptividade, 35
Reciprocidade, 177
   sequencial, 86

Relação(ões), 29, 34
    espaciais, 286
Resiliência
    assistida, 246
Resistência às mudanças, 182
Ressonância de si/do outro, 86
Restrição de interesses, 259
Role playing, 224
Rosto
    e seus componentes expressivos, tratamento dos, 81
    elementos internos dos, exploração visual atípica dos, 83
    que suscitam o interesse e o tratamento específico habitual, 83
    reconhecimento da identidade dos, capacidades não deficitárias de, 83

S

Sameness, 259
Sequência sensório-motoras, 28
Serenidade, 177
Sessão de DIA-LOG, como acontece na?, 203
SGIPA (*Société Genevoise pour l'Intégration Profissionnelle d'Adolescents et d'Adultes*), 220
Sinal(is)
    de alerta, 98
    de autismo, precocidades dos, 110
Sincronia relacional, 28
Sincronização, 86
Sistema
    de neurônios-espelho, 70, 89
    de recompensa, 97
    lógico formal, 21
Subjetividade, 192
Sujeito piagetiano, 41
Sulco temporal superior, 85
Superação, 35

T

Técnica de *eye-tracking*, 83
TED, ver Terapia de troca e desenvolvimento, 4
Teoria da mente, 70
    desenvolvimento da, 156
    implícita e explícita, 89
Terapia de troca e desenvolvimento, 138, 286
    do projeto à aplicação, 174
    efeitos no comportamento e no desenvolvimento de crianças com autismo e deficiência mental associada, 179
    prática da, 176
Teste(s)
    das duas bonecas, 157
    de identificação, 127
    de Lowe e Costello, 148
    de Stroop, 158
    dos conceitos de Boehm-3 para idade de maternal, 158
    "Falsos Passos", 92

Tique, transtornos de, 60
TOM-test, 157, 158
Trajetória desenvolvimental, 112
Transcedência, 35
Transtorno(s)
    da comunicação, 55
        evolução dos níveis de severidade, 182
    da exploração visual dos rostos, 173
    da fala, 56
    da fluência, 56
    da linguagem, 56
    da percepção sensorial, 69
    das funções executivas, 70
    das interações sociais, evolução dos níveis de severidade, 182
    de Asperger, 57
    de déficit de atenção/hiperatividade, 59
    de tiques, 60
    desintegrativo da infância, 57
    do comportamento, 175
    do desenvolvimento
        infantil, 125
        sem outra especificação, 57
    do desenvolvimento
        especificado, 60
        infantil, 51-62
        não especificado, 61
        tratamento farmacológico, 127
    do espectro do autismo, 57
        classificação atual, 57
        disfunções precoces de crianças com, 109
        hipóteses psicofisiológicas, 69
        modelo neurodesenvolvimental, 64
    do movimento estereotipado, 60
    do neurodesenvolvimento, 18
        impactos de um, 77-107
    específico de aprendizagem, 59
    funcionais, 175
    motores, 60

U

Unicidade, 35

V

VBM (*voxel-based morphometry*), 65
Vigilância, 35
Voz humana, 81
    tratamento da, 85